广视角 · 全方位 · 多品种

皮书系列为
"十二五"国家重点图书出版规划项目

湖南蓝皮书

BLUE BOOK OF
HUNAN

2013年
湖南产业发展报告

ANNUAL REPORT ON HUNAN'S INDUSTRIAL
DEVELOPMENT(2013)

湖南省人民政府经济研究信息中心
主　编 / 梁志峰
副主编 / 唐宇文

社会科学文献出版社
SOCIAL SCIENCES ACADEMIC PRESS (CHINA)

图书在版编目（CIP）数据

2013 年湖南产业发展报告/梁志峰主编. —北京：社会科学
文献出版社，2013.5
（湖南蓝皮书）
ISBN 978 - 7 -5097 -4486 -4

Ⅰ.①2… Ⅱ.①梁… Ⅲ.①产业发展 - 研究报告 - 湖南省 -
2013 Ⅳ.①F127.64

中国版本图书馆 CIP 数据核字（2013）第 067904 号

湖南蓝皮书

2013 年湖南产业发展报告

主　　编 / 梁志峰
副 主 编 / 唐宇文

出 版 人 / 谢寿光
出 版 者 / 社会科学文献出版社
地　　址 / 北京市西城区北三环中路甲 29 号院 3 号楼华龙大厦
邮政编码 / 100029

责任部门 / 皮书出版中心（010）59367127　　　　责任编辑 / 陈　颖
电子信箱 / pishubu@ ssap. cn　　　　　　　　　　责任校对 / 李海云
项目统筹 / 邓泳红　桂　芳　　　　　　　　　　　责任印制 / 岳　阳
经　　销 / 社会科学文献出版社市场营销中心（010）59367081　59367089
读者服务 / 读者服务中心（010）59367028

印　　装 / 北京季蜂印刷有限公司
开　　本 / 787mm×1092mm　1/16　　　　　　　印　张 / 24.75
版　　次 / 2013 年 5 月第 1 版　　　　　　　　　字　数 / 465 千字
印　　次 / 2013 年 5 月第 1 次印刷
书　　号 / ISBN 978 - 7 - 5097 - 4486 - 4
定　　价 / 79.00 元

说　　明

本书部分文章的作者及所涉个人，其个人职务截止到 2013 年 3 月 31 日，特此说明。

主要编撰者简介

梁志峰　湖南省人民政府经济研究信息中心主任，管理学博士。历任中共湖南省委办公厅秘书处秘书，中共湖南省委高校工委组织部部长，湘潭县委副书记，湘潭市雨湖区委书记，湘潭市委常委、秘书长、组织部部长。主要研究领域为资本市场和区域经济学，先后主持多项省部级研究课题，发表 CSSCI 论文 20 多篇，著有《资产证券化的风险管理》《网络经济的理论与实践》等。

唐宇文　湖南省人民政府经济研究信息中心副主任，研究员。1984 年毕业于武汉大学数学系，获理学学士学位，1987 年毕业于武汉大学经济管理系，获经济学硕士学位。2001～2002 年在美国加州州立大学学习，2010 年在中共中央党校一年制中青班学习。主要研究领域为区域发展战略与产业经济。先后主持国家社科基金及省部级课题多项，近年出版著作有《打造经济强省》《区域经济互动发展论》等。

摘　要

　　产业经济是国民经济的重要组成部分，在湖南"四化两型"战略中起着举足轻重的作用。加快产业经济发展，是湖南实现"两个率先"、积极应对国际国内产业转移发展变化、实现"富民强省"奋斗目标的重要抓手。

　　本书由湖南省人民政府经济研究信息中心组织编撰，系统回顾了2012年湖南省产业经济发展情况及针对湖南目前产业情况提出的发展对策、建议。本书共7个部分，包括主题报告3篇、总报告1篇、行业篇15篇、区域篇10篇、园区篇8篇、专题篇8篇、附录1篇，共46篇。"主题报告"是省领导对湖南产业经济发展的重大问题提出的战略构想和指导思想；"总报告"是湖南省人民政府经济研究信息中心课题组对2012年全省产业发展形势和社会环境的分析和研究；"行业篇"是研究全省包括机械、文化、旅游、有色金属等特色行业本年度的发展情况；"区域篇"着重介绍湖南各地区新型工业化发展情况及存在的问题；"园区篇"把湖南有代表性的产业园发展现状作为研究对象，探讨全省产业集聚与合作趋势；"专题篇"是全省经济专家学者对湖南经济发展热点问题的研究成果、社会调查报告，"附录篇"记录2012年湖南产业发展的大事要事。

目录

B Ⅳ 区域篇

B V 园区篇

B VI 专题篇

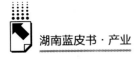

B VII 附录

皮书数据库阅读**使用指南**

CONTENTS

ⅅ I　Keynote Reports

ⅅ Ⅱ　General Report

B Ⅲ   Industry Reports

B IV Reports on Regional Subjects

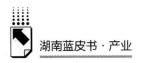
B V　Reports on Industrial Zone

主题报告

Keynote Reports

B.1

加快转型升级　提升质量效益
奋力开创湖南特色新型工业化工作新局面

陈肇雄*

　　坚持走湖南特色新型工业化道路，是贯彻落实党的十八大精神的必然要求，是顺应当前工业经济发展形势的必然选择，是实现湖南科学跨越发展的重要任务。必须认真总结过去五年全省新型工业化工作成绩和经验，立足当前面临的形势任务，突出加快转型升级、提升质量效益，开创湖南特色新型工业化工作新局面，为加快富民强省、建成全面小康做出新的更大贡献。

一　过去五年全省工业经济实现科学跨越发展

　　过去五年，全省上下坚决贯彻落实党中央、国务院各项决策部署，攻坚克难，大力推进"一化三基""四化两型"建设，创新发展理念，强化工作举措，初步探索出一条湖南特色新型工业化发展新路子，工业经济成为湖南省经济社会发展的第一推动力。

---

　　* 陈肇雄，中共湖南省委常委、常务副省长。

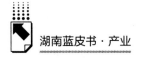

（一）总量规模快速壮大

规模工业增速连续多年居全国前列，2012 年，全省规模工业完成增加值超过 8500 亿元，是 2007 年的 3.2 倍，5 年年均增速达到 19.4%；工业占全省生产总值的比重达到 41.3%，比 2007 年提高 5.3 个百分点。全省工业领域千亿产业达到 9 个，比 2007 年增加 6 个。全省百亿企业达到 15 家，比 2007 年增加 6 家。五矿有色控股 2011 年成为首家千亿企业，华菱、中联等企业正稳步向千亿企业迈进。

（二）质量效益稳步提升

根据工业和信息化部最新公布的全国工业发展质量年度评价报告，2011 年湖南工业发展质量居全国第九位，在全国的排位比上年前移 3 位，居中部六省第一位。从主营业务收入看，2012 年全省规模工业企业实现主营业务收入 2.75 万亿元，是 2007 年的 3.3 倍。从实现利润看，2012 年在全国工业企业实现利润基本持平的情况下，全省规模工业企业实现利润同比增长 10.5%，五年累计实现利润超过 6000 亿元。从对经济增长的贡献率看，2012 年工业对全省经济增长的贡献率达到 49.6%，比 2007 年提高 4 个百分点。

（三）结构调整取得突破

大力推进传统产业高新化、高新技术产业规模化、特色优势产业集群化发展，统筹区域协调发展，全省工业经济结构调整取得重大突破。2012 年，全省战略性新兴产业实现增加值同比增长 20.2%，占 GDP 的比重达到 10.3%；高新技术产业实现增加值 3317 亿元，占全省规模工业增加值的比重达到 38.7%，比 2007 年提高 9.2 个百分点；全省规模工业新产品产值占规模工业总产值的比重达 12.2%，比 2007 年提高 2 个百分点。环长株潭地区核心带动能力不断增强，湘南地区开放崛起步伐明显加快，大湘西地区特色优势产业提速发展，全省工业经济区域布局更趋合理。

（四）发展方式加快转变

创新发展能力增强，新建了一批国家级企业技术创新中心和产业技术创新联盟，取得并转化了碳/碳复合材料、中低速磁悬浮列车等一批重大技术创新成果，全省工业经济核心竞争力不断增强。集聚发展态势强劲，2012 年省级及以上产业园区规模工业增加值占全省规模工业的比重达到44.1%，比2007年提高15个百分点；五年新增千亿产业园区3个、国家级产业园区9个；新增千亿产业集群3个。融合发展深入推进，长株潭城市群国家级和13个省级"两化融合"试验区建设步伐加快，信息技术在重点行业、重点领域的集成应用和融合创新不断深化，"数字湖南"建设步入新的发展阶段。绿色发展进展顺利，全面完成工业节能降耗和淘汰落后产能目标任务，六大高耗能行业增加值占全省规模工业的比重五年下降9.9个百分点，全省工业经济绿色发展水平明显提升。

（五）开放合作成效显著

坚持"引进来"和"走出去"并举、引资与引技引智并重，全面提升了工业经济参与国际国内竞争与合作的能力。央企对接合作取得新成效，五年累计与23户央企签署战略合作协议，与71家央企实施对接项目294个，实际到位资金2000亿元。承接产业转移取得新突破，大力推进国家级承接产业转移示范区建设，近年来共承接产业转移项目8300多个，承接转移项目新增税收85亿元，引进了一大批战略投资者，2012年在湘投资的世界500强企业达到125家。国际合作开创新局面，华菱收购FMG部分股权、中联收购意大利CIFA公司、南车时代电气控股丹尼克斯等取得良好成效，迈出了资源配置全球化、生产布局全球化、市场网络全球化的坚实步伐。

（六）支撑能力全面增强

国有经济发展活力不断增强，2012年全省国有规模工业企业实现营业收入2949亿元，是2007年的1.72倍。非公经济带动能力全面提升，2012年全省非公经济实现增加值达到1.28万亿元，占全省生产总值的比重达到57.7%；其中非公有制规模工业实现增加值5878.48亿元，占全省规模工业的比重达到68.6%。要素保障能力不断增强，人才供需对接和银企合作成效明显，有效破解了影响工业经济发展的瓶颈制约。环境承载能力不断提升，城镇、交通、物流等基础设施加快改善，政策、法治、市场、服务等软环境明显优化，为工业经济要素集聚、市场开拓、项目建设、转型升级等营造了良好环境。

二　科学把握当前面临的机遇和挑战

当前，国内外宏观经济环境依然复杂多变，工业经济发展既面临难得机遇，

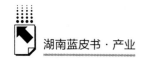
也面临诸多挑战。必须把思想和认识统一到中央和省委对国内外经济形势的分析判断上来，化压力为动力，变挑战为机遇，进一步坚定做好工作的信心和决心，牢牢把握加快发展的主动权。

综观国际国内大势，当前工业经济发展具备不少有利条件和积极因素。一是全球生产要素加快流动重组的趋势仍将持续。世界经济重心加速向亚太地区转移，有利于更好地利用国际资本、技术和人才等生产要素，加快企业和产品"走出去"步伐，全面提升产业国际竞争力。二是全球产业和技术革命方兴未艾。应用需求对创新的导向作用明显增强，技术突破与商业模式创新加速融合，有利于湖南省发挥科教人才优势，推进技术创新和产业升级，抢占新一轮竞争制高点，提升长远发展能力。三是城镇化给工业发展带来强劲动力。2011年我国城镇化率首次超过50%，今后一段时期我国城镇化将步入加速发展的新阶段，每年将有相当数量的农村富余劳动力及农村人口转移到城市，这将带来投资大幅增长和消费快速增加，为工业经济发展提供多层次的劳动力资源和广阔的市场空间。

同时，我们也必须清醒看到，当前全省工业经济发展还面临一系列风险和挑战。一是市场开拓难度加大。国际金融危机的深层次影响还在不断显现，世界经济由危机前的快速发展期转入转型调整期，经济低迷成为全球经济新常态，主要经济体需求疲软，贸易保护主义持续升温，外需萎缩短期内难以根本好转。受投资拉动型产业增速下滑、沿海企业出口转内销等因素影响，开拓内需市场难度加大。二是区域竞争更趋激烈。发达国家纷纷实施"再工业化"战略和扩大出口，新兴经济体开始加大发展比较优势产业的投入，资源富集国家也在积极谋求产业链延伸，全球市场竞争更加复杂激烈。随着国内用工、电力、土地等生产成本逐步上升，我国制造业部分产能逐步向成本更低的印度、印尼等东南亚国家转移，加剧了招商引资的竞争。三是要素成本持续上升。国际大宗商品价格大幅震荡，国内土地、矿产等资源供给日趋紧张，廉价劳动力优势快速削弱，生态环境约束更加突出，企业生产经营成本持续上升。四是转型升级任务繁重。工业经济产业结构偏重化、能源和资源消耗强度大、核心关键技术受制于人、工业品牌建设滞后等状况仍未从根本上得以扭转，在国际市场和要素争夺日趋激烈、国内资源与环境制约日益加剧的大背景下，这些深层次矛盾和问题将进一步凸显，倒逼我们加快转型升级。

三 扎实做好2013年各项重点工作

2013年是深入贯彻落实十八大精神的开局之年，是实施"十二五"规划承前启后的关键一年。按照省委、省政府对全省经济工作的总体要求，2013 年全省新型工业化工作的总体思路是：全面贯彻落实党的十八大精神以及中央和省委经济工作会议精神，以科学发展为主题，以转变发展方式为主线，以提高增长质量和效益为中心，以稳定增长、调整结构、创新驱动、"四化"联动、改革开放、优化环境为着力点，努力实现全省工业经济持续健康发展。具体目标是：规模工业增加值增长 14% 以上，规模工业万元增加值能耗下降 4.5% 以上。

落实总体要求，实现既定目标，要切实抓好以下六个方面的重点工作。

（一）突出持续健康稳定发展，不断取得工业经济发展新成效

针对湖南省工业经济发展不充分、发展不优的问题，既要注重保持总量规模的适度增长，更要确保增长质量和效益，确保全省工业经济持续健康稳定发展。

1. 着力抓好重点项目建设

科学谋划一批技术含量高、市场前景好、产业关联度大、创新能力强的大项目、好项目，加快推进富士康衡阳工业新城、湖南南方宇航高精传动、霍尼韦尔博云航空系统等重大项目建设。启动实施技术改造专项，重点抓好特色优势产业改造升级、创新成果转化应用、两化融合、军民结合等技术改造项目，积极培育工业经济新的增长点。

2. 着力抓好产品市场开拓

在当前国际市场需求持续低迷的情况下，要紧紧抓住国家促消费、扩内需等方面的政策机遇，坚持以市场为导向，加大内需型、消费型、民生型产品开发和产业发展力度，以适销对路的优质产品抢占市场份额。深入开展产需对接活动，提高工业产品的省内市场占有率。大力实施工业质量品牌能力提升专项行动，鼓励企业申请并用好驰名商标，打造知名品牌，拓展市场空间。

3. 着力抓好企业帮扶工作

建立和完善以企业为中心的监测分析制度，加强对工业用电、交通物流、要素价格等跟踪分析，及时采取应对措施，引导企业最大限度地发挥产能、提升效益。创新服务举措，破解能源、土地、用工等瓶颈制约，增强要素保障能力。积极拓宽企业融资渠道，深化银企合作，健全担保体系，鼓励企业通过上市、发行债券等扩大直接融资规模，保障工业经济发展的资金需求。

4. 着力抓好非公经济发展

毫不动摇地鼓励、支持和引导非公经济发展，降低市场准入门槛，保证各种所有制经济平等利用生产要素资源、公开参与市场竞争和同等受到法律保护。深

入开展全民创业，鼓励和引导创业者进入战略性新兴产业领域。大力促进非公经济壮大规模、提升素质、转型升级，进一步提升非公经济对工业经济发展的贡献度。

（二）突出转方式调结构，构建现代产业发展新体系

坚持把优化产业结构作为主攻方向，改造提升传统优势产业，培育发展战略性新兴产业，发展壮大生产性服务业，促进产业集群集聚、绿色低碳、特色差异发展，着力构建现代产业发展新体系。

1. 加快改造提升传统优势产业

坚持提速、提质、提效的有机统一，调整优化冶金、石化、有色、建材等原材料工业，提升精深加工水平。适应消费升级需要，改造提升食品、纺织、轻工等消费品工业。按照尊重规律、分业施策、多管齐下、标本兼治的原则，加快推进兼并重组，大力淘汰落后产能，为发展先进产能腾出资源、市场和环境空间。

2. 培育壮大战略性新兴产业

进一步强化技术创新、示范应用、市场培育等措施，促进先进装备制造、电子信息、节能环保、生物医药、文化创意、新材料、新能源等产业扩张规模、提升效益，尽快形成先导性、支柱性产业。大力推进商业模式创新，打通重点产品应用环节，推动产业链上下游联动发展。鼓励企业从生产加工向研发设计、售后服务、使用全过程延伸，促进制造业企业加快剥离或外包非核心业务，增强生产性服务业对先进制造业的支撑能力，带动生产性服务业加快发展。

3. 促进产业集群集聚发展

引导各类技术、资源、要素向优势产业集聚，引导同类企业向优势园区集聚，引导同类产业向优势区域集聚，加快建设一批大产业、大集群、大园区、大品牌，打造一批产业竞争高地。深入开展国家级和省级新型工业化示范基地创建工作，促进园区规范化、集约化、特色化发展，增强产业承载和集聚功能。

4. 推动工业向绿色发展转型

坚持工业文明和生态文明协调发展，牢固树立设计开发生态化、生产过程清洁化、资源利用高效化、环境影响最小化的理念，扎实推进工业节能降耗工作，加强节能减排重大技术示范推广，落实工业节水约束性目标，深化"两型"企业建设，加快形成节约资源和保护环境的空间格局、产业结构、生产方式。

5. 促进区域特色协调发展

环长株潭地区要先行先试，努力在发展高端产业、总部经济、服务经济等方

面形成集聚和示范效应。湘南地区要充分利用国家级承接产业转移示范区的政策优势，吸引更多的资本、技术、人才，打造工业经济新的增长极。大湘西地区要抢抓国家武陵山片区区域发展与扶贫攻坚试验区建设机遇，加快培育特色优势产业。

（三）突出发挥企业主体作用，增强创新驱动发展新动力

更加注重发挥企业主体作用，深入实施创新驱动战略，促进科技与工业的紧密结合，推动工业经济尽快走上创新驱动、内生增长发展轨道。

1. 强化核心关键技术攻关

大力推进自主创新和协同创新，集中力量实施一批重大科技专项、产学研结合专项，围绕战略性新兴产业等重点领域开展联合攻关，着力提升关键基础零部件、基础工艺、基础材料、基础制造装备研发和系统集成水平，增强工业经济核心竞争力，抢占未来发展制高点。

2. 提升技术创新平台水平

加强重点实验室、企业技术中心建设，整合优化重点园区、企业和高等院校、科研院所的创新资源，打造一批面向市场、服务产业、开放运行的高水平技术创新平台，提升企业、行业和区域技术创新能力。大力实施企业技术中心创新能力提升工程，培育更多拥有自主知识产权的技术创新示范企业。

3. 加强技术标准体系建设

建立健全相关行业产品标准、安全标准，支持省内企业牵头或参与制定国家、行业新标准，增强在国际国内市场的话语权。全面推进工业企业知识产权运用能力培育工程，指导企业建立知识产权管理制度。

4. 健全创新成果转化机制

进一步强化企业在研发投入、科研攻关和成果转化中的主体地位，加快形成以企业为主体、市场为导向、产学研相结合的技术创新体系，加强产品创新、品牌创新、产业组织创新、商业模式创新，增强企业发展内生动力。指导企业用好研发费用加计扣除政策，提高重点企业技术中心研发经费占销售收入的比重。

（四）突出深化改革扩大开放，激活各类市场主体新活力

坚定不移地深化改革扩大开放，进一步破除体制机制障碍，充分释放企业活力，筑牢全省工业经济持续健康发展的坚实基础。

1. 全面深化国有企业改革

抓紧完成省属国企改革攻坚扫尾工作，全面推进市州国企改革改制。加快国有企业股份制改造，完善公司法人治理结构，促进企业经营机制创新，建立规范的现代企业制度，进一步提升国有经济的市场竞争力、影响力和带动力。

2. 推进全方位的开放合作

进一步深化央企对接合作，打造一批央企对接合作产业基地、专业园区。加大承接产业转移工作力度，重点引进一批世界 500 强企业、行业龙头企业和战略投资者。创新开放合作模式，支持有条件的企业"走出去"，以资本、技术、资源为纽带，参与全球产业分工，充分利用"两个市场""两种资源"加快工业经济发展。

3. 提升企业科学管理水平

坚持向管理要活力、要潜力、要效益，引导各类企业创新运行机制、建立现代企业制度，全面提升科学管理水平。大力开展企业管理提升年活动，支持专业管理咨询和信息化服务机构积极为企业管理提升提供服务。加强专题培训培养，加大人才引进力度，造就一批优秀企业家和高水平企业经营管理团队。

（五）突出统筹兼顾，开创"四化"联动发展新局面

更加注重把新型工业化发展放到全省"四化两型"建设的总体战略中来谋划、来推进，加快形成新型工业化与新型城镇化、农业现代化与信息化联动发展的新格局。

1. 大力推进新型工业化与新型城镇化联动发展

工业化创造供给，城镇化提供支撑、创造需求。坚持工业园区建设与城镇设施建设同步推进、产业集聚功能与城镇承载功能同步提升、工业发展环境与城镇服务环境同步优化，构筑优势互补、合理分工的城镇产业发展格局，增强城镇综合承载能力和可持续发展能力。

2. 大力推进新型工业化与农业现代化协调发展

积极运用现代工业理念服务农业发展，加快发展农产品精深加工，促进湖南省农业资源优势加快向产业优势、经济优势转化，促进农业发展方式向专业化、规模化、集约化转变。带动农业现代化的加快发展，保障了工业发展原料供给，拓宽了工业产品市场空间。

3. 大力推进新型工业化与信息化融合发展

普及应用信息技术，构筑全面、动态、优化的资源配置方式，推进信息化与

工业化融合发展。大力推进信息技术在产品研发、生产经营、节能减排、创新发展等方面的应用和渗透，实施制造业信息化科技工程，构建先进适用的信息基础设施，促进"两化"深度融合，加快"数字湖南"建设。

（六）突出优化环境，培育区域竞争发展新优势

牢固树立环境就是生产力、环境就是竞争力的理念，全面营造政策环境优、营商成本低、服务效率高的发展环境。

1. 优化政策环境

对国家和省里出台的一系列扶持工业经济发展的政策措施，要不折不扣地抓好落实，放大政策效应。要结合省情加强产业政策研究，加快完善产业转型升级、战略性新兴产业发展、小微型企业发展等方面的配套政策措施。

2. 优化商务环境

进一步改善城镇、交通、物流、生活等基础设施，健全信息、融资、管理、技术创新及孵化等公共服务平台，抓好减轻企业负担工作，降低企业营商成本，增强环境对产业要素的承载力、吸纳力和集聚力。

3. 优化服务环境

认真贯彻落实中央和省委关于改进工作作风、密切联系群众的规定要求，进一步强化服务意识、提高服务效能，把时间和精力更多地用在为企业解难题、为基层办实事上，为各类市场主体提供更加优质高效的服务，切实营造加速推进湖南特色新型工业化发展的优良环境。

B.2

突出重点　务实推进全省
开放型经济发展

何报翔*

一　开放型经济在逆境中实现平稳发展

2012 年，在世界经济复杂多变的严峻形势下，面对湖南开放型经济底子薄、基础差、发展慢的现实，全省按照"内需外需并重、内资外资并举，以开放促开发、以环境促招商、以投资促发展"的总体思路，从重点地区、重点园区、重点产业、重点项目、重要平台着手，夯基础，稳增长，促发展，取得了较好成效。

1. 各项任务全面完成

一是外贸实现稳增长目标。全年完成进出口额 219.4 亿美元，同比增长 15.5%，较全国增幅高 9.3 个百分点。其中，出口 126 亿美元，增长 27.3%，增幅排名全国第 9。二是招商引资成效明显。新批外商投资项目 558 个，实际利用外资 72.8 亿美元，增长 18.4%，规模居中部第 1 位。实施内联引资项目 4737 个，实际到位资金 2465.6 亿元，增长 18.2%。三是外经工作继续领先中部。省内企业积极"抄底"海外，对外直接投资实际发生额 14.02 亿美元，创历史新高，增长 73.9%，居全国第 7 位、中西部第 1 位。对外工程承包和对外劳务合作业务新签合同额 23.67 亿美元，增长 106.5%；完成营业额 25.76 亿美元，增长 15.6%。四是旅游保持快速增长。全省旅游总收入 2234.1 亿元，增长 25.11%。其中，接待国内旅游者 3.03 亿人次，增长 26.61%。旅游产业总收入在 2009 年过千亿的基础上实现了 3 年再翻一番的既定目标。五是消费市场平稳运行。完成社会消费品零售总额 7854.89 亿元，增长 15.3%。六是非公经济健康发展。实现增加值 12791.20 亿元，增长 13%，比全省 GDP 增速快 1.7 个百分点，占 GDP 比

---

* 何报翔，湖南省人民政府副省长。

重达57.7%，较上年提高0.7个百分点。七是口岸建设取得新的成效。全年航空口岸出入境人数达82.48万人次，增长19.86%，连续7年居中部绝对领先地位。

2. 发展基础进一步提升

一是引进战略投资者取得成效。新引进耐克、威立雅、渣打银行等世界500强企业10家，在湘投资的世界500强企业达到128家。华电集团、电力投资集团等一大批国内战略投资者进入湖南，蓝思科技、富士康、欧姆龙、台达电子、深圳华阳城等一批大项目落地。成功启动了湘南承接产业转移示范区首批92个重大项目。二是外贸新的增长点加快形成。全省加工贸易进出口63.7亿美元，增长136%，占全省进出口总额的29%，较上年提升14.8个百分点，过去靠一般贸易"单腿"走路的格局得到改变。外资企业进出口62.72亿美元，增长37.9%，增幅超过国有企业和私营企业，已成为湖南省第二大外贸主体。三是优化了外贸结构。机电、高新技术产品出口保持快速增长，占比较上年分别提升4.4个、2.8个百分点。机电产品出口增长42.7%；服务外包合同执行额11.5亿美元，增长41.7%。四是旅游发展后劲充足。旅游项目建设如火如荼，全省在建旅游项目481个，总投资额3587亿元，累计完成投资1601亿元。2012年完成投资548亿元，其中，投资过10亿元的项目超过50个。先后有18家国际顶级品牌酒店进驻湖南。

3. 平台建设取得新成效

湘南承接产业转移示范区建设扎实推进，衡阳综合保税区、湘西海关和检验检疫局、长沙海关永州办事处成功获批，郴州国际快件中心恢复营运，城陵矶至港澳外贸集装箱国际直达航线开通，衡阳、郴州、永州"无水港"建设进展顺利。浏阳经开区、娄底经开区成功晋级国家级园区。长沙国际会展中心定址黄兴镇，规划、征地、拆迁等前期工作全面启动，国家级经贸平台申报正在抓紧进行，目前暂定为中非国际商务博览会，并跟商务部做了初步对接。张家界旅游综合改革试点稳步推进。全省5A级旅游景区达到6家，4A级旅游景区达到64家。

4. 开放合力进一步形成

省委省政府先后出台了推进湘南示范区建设的若干政策意见、建设旅游强省的决定、推进流通产业发展的意见等一系列重要文件，进一步健全了全省大开放的政策体系。湖南异地商会网络进一步完善，实力不断增强，宣传湖南、投资湖南、营销湖南、服务湖南的作用日益凸显。建立了省部省际省校省企战略合作框架协议落实机制。举办了首期厅、处级开放型经济专题研讨班，对省直部门和市县分管领导进行了全面的轮训。通过开放促动、政策推动、人才拉动、上下联动等多种措施，全省大开放的体制机制和服务环境更加优良，开放崛起的意识和氛围更加浓厚，大开放的格局加速形成。

虽然湖南省开放型经济发展取得了一定成绩，但存在的差距和问题一样不容回避。一是总量不大。2012年，湖南省的外贸依存度依然仅为6.3%，远低于全国47%的平均水平。外贸多年来居中部第5位，并且与前4位的差距不断拉大。上年湖南省外贸总量仅为中部第4位湖北的68%，少了整整100亿美元。2012年湖南省常住人口比湖北多837万人，但社会消费品零售总额少1342亿元，人均社会消费品零售额仅为湖北的75%。二是发展不快。近年来，湖南省外贸虽然保持了一定的增长势头，但与周边地区比，增速太慢。2007年，湖南省进出口总额居全国第16位，2012年已退至第21位。2012年外贸增幅虽然达到15.5%，但同期中西部地区的重庆、河南、广西、安徽、四川增幅分别达到82.2%、58.6%、26.2%、25.6%、23.9%。三是后劲不足。主要体现在产业结构不优和骨干企业不强。2012年，全省外贸进出口过3000万美元的企业只有63家，过1亿美元的仅26家，过5亿美元的仅8家，过10亿美元的仅3家；销售额过100亿元的商业企业仅有步步高1家。

二　高瞻远瞩，科学把握经济发展大势

一是要善观大势。2013年是全面贯彻落实党的十八大精神的开局之年，整体形势比2012年要略好，但依然不容乐观。必须咬紧牙关，做好打硬仗、打苦仗的准备。形势严峻主要基于以下判断：第一，国际市场需求未见明显好转。第二，区域竞争依然非常激烈。第三，2012年湖南省的增长特别是外贸的增长更多的是政策性的刺激增长，2013年在新的政策出台前，进出口能否进一步发力还有待观察。

二是要解放思想。解放思想是制约湖南省开放型经济发展最大的瓶颈。江西打造粤港澳后花园、广西打造北部湾经济圈、重庆打造中西部开放高地、新疆打造欧亚桥头堡、吉林打造东北亚区域经济合作中心，无一不是解放思想的结果。对于思想解放，大家要把握三条具体标准：第一，外省能办的湖南可以办；第二，外省1天能办好的事情湖南不要2天；第三，外省1张纸能办好的事情湖南不要2张纸。

三是要增强信心。在开放型经济发展方面，湖南有许多的优势。第一，市场的优势。湖南省出口占比很小，空间还很大，这既是差距之所在，也是希望之所

在。我国经济增长模式将由出口导向型逐步向出口与内需并重转变，中部地区的机会将会越来越多。同时，随着各区域板块承接平台的进一步夯实，湖南省在承接产业转移、吸引投资等方面的优势将逐步得到体现。长株潭两型社会建设示范区、湘南承接产业转移示范区、武陵山片区扶贫攻坚与开发、洞庭湖生态开发区，都为湖南省提供了广阔的承接平台，也提供了广阔的市场空间。第二，要素的优势。在人力资源、土地资源、劳动力资源、能源等方面，湖南仍具有一定的比较优势。同时，随着高速公路、高速铁路的开通，交通区位优势也将进一步凸显。第三，一定的产业优势。包括工程机械、汽车产业、电子信息、轨道交通，等等。

三　突出重点，务实推进开放型经济发展

2013 年，全省要认真落实十八大"全面提高开放型经济水平"的要求，围绕建设"四化两型"的总体目标，按照《政府工作报告》和省委经济工作会议的部署，努力实现以下目标：实际利用外资、内资均增长 15% 以上，外贸进出口增长 12% 以上，对外投资中方合同投资额、对外承包工程营业额均增长 10% 以上，社会消费品零售总额增长 15% 以上；旅游总收入 2400 亿元，增长 18%。

1. 在关键环节重点突破，夯实发展基础

一是在平台建设上寻求突破。加快综合保税区申报、建设进度，确保衡阳综保区 2013 年 10 月封关运行。重点推进岳阳城陵矶临港新区和长沙临空产业园的建设，打造湖南省的水上、空中大通道。推进长沙、衡阳、郴州、永州"无水港"建设。加大通关平台建设力度，除怀化外，努力使全省海关和检验检疫机构实现全覆盖。加强会展平台建设。力争长沙国际会展中心 2013 年上半年开工建设，加快国家级经贸会展平台申报。二是在环境优化上寻求突破。以创建"项目服务年"为抓手，坚持不懈地打造好诚实守诺的信用环境和快速高效的政务环境。三是在做强重点产业、龙头企业上寻求突破。配合全省产业发展规划，瞄准世界顶尖企业、一流技术开展招商引资，引进一批新企业、开工一批大项目，引进一批成长性好、附加值高、带动性强、具有市场前瞻性的高端产业。力争在电子信息产业整机项目的引进上有新的突破。争取培植一批过 1 亿美元、过 10 亿美元的商贸和工业企业，并将 100 家进出口额在 3000 万美元以上的外经贸企业作为省级重点予以支持调度。

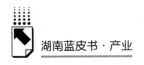
2. 大力引进内外资本，增强投资驱动力

一是改革招商方式。以引进重大项目为目标，有针对性地瞄准相关跨国公司和境内外商协会，开展专业化、产业链、点对点招商。抓好招商项目库和客商资源库的开发建设。深入实施重大项目调度机制和服务机制，切实提高签约项目履约率。二是瞄准重点地区。境外资金上，深耕台湾、香港，筹划组织好港洽周、湖南—台资企业产业转移对接交流会；加强与欧美日在汽车、工程机械、电子信息等产业上的对接，重点抓好欧洲工程机械、美国商会湖南周等境外专题经贸活动。在境内资金上，深耕北京、珠三角、长三角，突出与央企的对接合作、承接沿海产业的转移。三是抓好内外经济合作。以落实省部省际省校省企战略合作为重点，以商业协会为纽带，以泛珠大会、中博会、东盟博览会、湖南经济合作洽谈会暨湘商大会等经贸活动为协作平台，主动对接长三角、珠三角和环渤海，深入推进国内区域经济协作。四是抓好民营经济。要把内资当做外资抓。完善扶持非公有制经济发展的政策措施，在企业品牌创建、销售渠道开拓、技术研发升级、人才引进和培养等方面给予支持。培养和造就懂市场、善经营、有社会责任感的企业家队伍。

3. 狠抓新兴增长点，扩大外贸规模

扶植一批行业龙头，引进一批代理平台，开拓一批新兴市场，培育一批新的增长点。一是充分利用新建平台开辟增长渠道。充分利用好新获批的城陵矶冻品进出口平台、新华联获得的原油进出口业务、上年恢复运营的郴州国际快件中心等，扩大外贸业务。二是把重点企业培育成新的增长点。扶植、培育一批大型外经贸企业。支持富士康、蓝思科技、九星控股等企业扩大外贸业务。引进一批进出口代理公司，力争引进 10 家年进出口额 1 亿美元以上的专业外贸代理公司。三是把重点县（市、区）和园区培育成新的增长点。结合承接产业转移，实施"3581"外贸强县、强园工程，对进出口规模达到 3000 万美元、5000 万美元、8000 万美元、1 亿美元的县（市、区）和 3 亿美元、5 亿美元、8 亿美元、10 亿美元的开发园区，按业绩大小给予重点支持，打造一批外贸强县和外贸重点园区。

4. 加快流通、旅游产业发展，增强经济发展活力

流通产业是基础性和先导性的产业，对引导生产、促进消费、方便生活、促进转型具有十分重要的意义。据我对相关流通企业的调研，湖南省消费的各类商品中，本土商品仅占 15%，如果我们提高 10 个百分点，那就是差不多 800 亿元。在这个方面，一是抓政策促进。认真落实国发〔2012〕39 号文件和省政府《关于加快流通产业发展的实施意见》，加大对重点领域、重点地区、薄弱环节的政策倾斜和资金扶持，减轻企业负担，激发企业活力，畅通流通渠道。二是抓体系建设。在全国率先启动"百城千镇"流通再造工程，在全省100个左右县城、1000个左右乡镇建设集聚商业要素和人气的"乡镇商圈"，建立完善"工业品下乡和农产品进城"的畅通渠道。抓好农贸市场三年行动计划、"万村千乡"市场工程、都市商圈提升工程、社区商业示范工程的实施。2012年完成400个农贸市场标准化改造，建设1600个农产品直销店。三是抓主体培育。壮大限额以上骨干企业，打造湘菜、湘酒等千亿产业集群，培育一批营业额100亿元以上的商圈、50亿元以上的市场和10亿元以上的企业。四是抓消费热点培育。大力推广湘菜产业、家庭服务业和休闲娱乐业。发展电话购物、网上购物、电视购物等网络商品与服务交易。抓好长沙国家现代服务业示范基地建设。

加快旅游强省建设步伐。以项目建设、行业管理和市场开拓为抓手，打造一批旅游精品，扩大旅游产业规模，增强旅游产业对消费和产业的带动作用。一是突出重点景区、重点项目，集中资金、精力进行建设、提升，打造精品，创造品牌。提高项目的策划、包装水平，吸引国内外有实力、有影响的旅游投资商开发经营。二是提高旅游服务管理水平。开展"旅游品质提升年"活动，加大旅游市场秩序整顿力度。三是提高旅游宣传促销水平。在央视等主流媒体加大广告投入力度，精心策划、组织好旅游节等活动。助推城镇化建设，着力在全省建设一批产业转移型、商贸流通型、旅游休闲型的特色城镇。

5. 畅通"走出去"渠道，扩大优势产业影响

发挥湖南省工程机械、杂交水稻、建筑工程、路桥工程等方面的产业优势，瞄准南美、非洲、东盟、中东市场，引导三一重工、中联重科、隆平高科、远大住建、湖南路桥、二十三冶等省内优势企业走出去，瞄准国际市场，开拓海外资源，通过开展工程和项目总承包，带动湖南省工程机械、装备制造等产品出口，扩大对外劳务输出规模。作好巴西住建部部长到湘工作访问的接待，力争促成远大住建在巴西、乌克兰、苏里南等地廉租房建设领域的突破。

B.3
构建新型经营体系　加快农业
现代化建设

徐明华*

党的十八大报告中提出要加快发展现代农业，指明了当前和今后相当长时期农业农村工作的重点努力方向，即构建集约化、专业化、组织化、社会化相结合的新型农业经营体系。湖南作为一个传统农业大省，构建新型农业经营体系，对探索有湖南特色的农业现代化道路，对提升经济总量、增加人均收入、保障供给、扩大内需都意义重大，对建成全面小康社会同样显得十分迫切。

一　构建新型农业经营体系意义重大

当前，新型工农、城乡关系正加快形成，构建新型农业经营体系已经成为现代化进程中必须完成的重大课题和战略任务。农业发展方式也正从传统农业加快转型为现代农业，生产经营方式从单一农户种养、依靠人力畜力加快转变为主体多元、领域拓宽、依靠机械动力和现代科技的新型农业。

1. 加快构建新型农业经营体系，是发展现代农业的现实选择

当前，工业化、城镇化加速发展，生产要素加速向城市流动；与此同时在农业领域，耕地、淡水资源不断减少，劳动力素质结构性下降，而对农产品的需求则持续呈刚性增长态势，因此十八大报告提出，要加快发展现代农业，增强农业综合生产能力，确保国家粮食安全和重要农产品有效供给。要调和资源、供给减少而需求增大的矛盾，必须立足国情、农情和现代化发展阶段、发展水平，提高农业生产现代化水平，切实优化农业资源使用方式，大力提高农业资源配置效率，着力推进现代农业发展。这就要求我们高效利用耕地、水、劳动力等传统要素，积极引入资金、管理、技术等先进要素，利用有限资源扩

＊　徐明华，湖南省人大常委会副主任。

大农产品供给。在坚持农村基本经营制度的同时，大力发展适度规模经营，加快构建农业集约化、专业化、组织化、社会化相结合的新型农业经营体系。

2. 加快构建新型农业经营体系，是促进农民增收的重要途径

十八大报告提出，到2020年城乡居民人均收入要比2010年翻一番。就农村而言，实现这一目标，需要进一步拓宽农民收入来源，着力促进农民增收，保持农民收入持续较快增长。加快构建新型农业经营体系，从而转变农业发展方式，提高农业生产规模化水平和组织化程度，延长农业产业链条，拓展农业功能范围，提高劳动生产率和土地产出率，增加农民家庭经营性收入。从土地上解放出来的农村剩余劳动力就可以到城镇从事生产效率更高的职业，从而推动农民工资性收入增长。

3. 加快构建新型农业经营体系，是城乡一体发展的重大任务

十八大报告要求，要促进城乡要素平等交换与公共资源均衡配置，形成以工促农、以城带乡、工农互惠、城乡一体的新型工农、城乡关系。当前，我国正处于全面建成小康社会的关键时期，未来较长时间内的核心任务是显著缩小贫富差距和城乡差距。构建新型农业经营体系可以使得农村土地、劳动力、资本等生产要素以合理价格进入市场，能够有效改变城乡资源要素交换方式，推动城镇优质资源向农村延伸，促进城乡产业融合互补，从而加快推进城乡发展一体化，实现城乡统筹和均衡发展。

4. 加快构建新型农业经营体系，是促进"四化"同步发展的必然要求

十八大报告强调要促进工业化、信息化、城镇化、农业现代化同步发展。加快构建新型农业经营体系，其一可以强化工业化、信息化、城镇化对农业的反哺带动作用，利用工业实力、信息畅通和城镇繁荣带动农业农村快速发展；其二可以保障农产品有效供给、保持农产品价格稳定，为国民经济平稳健康运行奠定基础，使农业现代化对工业化、信息化、城镇化的支撑更为坚实。

二　新型农业经营体系建设内涵丰富

几千年来尤其是封建社会，我国一直以农业立国，小农经济是农业的主流状态，并由此产生了相应的文化社会架构。但是在城乡一体化发展的大趋势下，传统的单个农户的经营模式根本无法适应农业社会化、产业化、市场化的发展需求，农业经营体制上的变革也必将渐进式推进中国农村文化社会组织架构的演变。十八大报告对这一发展趋势做了高度凝练的概括："坚持和完善农村基本经营制度，构建

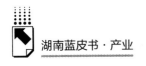

集约化、专业化、组织化、社会化相结合的新型农业经营体系。"

集约化指的是改变粗放经营的方式,以适度的规模、相对少的投入获得更高的农业产出。专业化指的是形成农业生产分工体系,提高农业生产的效率、质量,提高农民收入。组织化指的是把分散的小农组织起来,构造有规模、有组织并科学管理的合作模式,以应对日渐激烈的农业市场竞争。社会化指的是形成农村社会化的生产服务体系和技术支持体系,以改造小农经济,形成新型社会化服务网络体系。这就要求农民的自我组织能力进一步增强,农民间的合作形式更加多样,农村社会化服务网络体系逐步完善,总之,相互分割的"小农"转变为有组织的"大农"。

三 构建新型农业经营体系任重道远

经过改革与发展,我国已形成了以承包农户为基础、多种生产经营主体共存的农业经营格局。但是,离构建以"四化"相结合为主要特征的新型农业经营体系还有很大差距。

1. 农业劳动力结构性短缺

随着农村劳动力特别是青壮年劳动力大量持续转移,农业劳动力呈现老龄化、妇女化、低文化趋势,农业劳动力结构性短缺问题非常突出。湖南省第六次人口普查显示,在全省农业从业人员中,51 岁及以上的占 23.44%,比城市高出 5.26 个百分点;小学及以下文化程度的占 27.59%,比城市高出 19.83 个百分点;女性占 59.84%。对宁乡县 1000 户农户调查显示,粮食生产从业人员 50 岁以上的占了 63%,20~29 岁的只有 3.5%,30~49 岁的约占 25.3%;男性仅占 34.3%,女性占到 65.7%;小学文化占 17.2%,初中文化 67.7%,高中及以上学历仅占 15.1%。

2. 农业集约化、规模化水平偏低

承包农户规模小,劳动生产率低下,农户兼业化、农业副业化倾向明显,农业集约化、规模化水平偏低问题非常突出。湖南承包农户先天规模小,户均耕地不足半公顷,且分布零散;年均生产性固定资产支出仅千元,扩大再生产能力严重不足,既不利于标准化生产和机械化作业,又增加了降低成本和增加收入的难度;承包农户不断分化,兼业化倾向明显,撂荒等粗放经营现象多发频发。从 2006 年到 2011 年,湖南纯农户占农户总数的比例由 61.2% 下降到 54.9%,80% 以上的农业从业人员亦工亦农,人均粮食产量 1484 千克,仅为吉林省的 1/4。

3. 农业生产组织化程度偏低

农户家庭经营大多属于分散经营，仍存在着"小生产"与"大市场"的矛盾，农业生产组织化程度偏低问题非常突出。2012年，湖南耕地流转面积68.7公顷，仅占耕地承包面积的21.6%，4000多万农民桎梏在土地上，加入农民合作社的农户只占总数的12.5%，龙头企业与农户间的利益联结机制还不健全，近80%农产品仍是自产自销，"小而全"的家庭生产，面临着自然、市场和质量安全"三重风险"。

4. 农业社会化服务不足

伴随着农业生产向专业化分工、社会化协作转变，农业社会化服务不足问题非常突出。2011年，全省农村集体资金总额为36.77亿元，村均仅8万元左右，52%的村无集体经济，怀化市67%的村无集体收入。2010年，全省村级债务163.4亿元，村均36.3万元，益阳市随机调查的14个村平均负债93.9万元。集体经济薄弱，普遍缺乏为农民提供"统"的服务能力。公共性农业社会化服务组织虽经改革，职能得到强化，但为农服务办法不多、手段不新、措施不力。经营性服务组织发育不充分，服务能力有限。如全省水稻专业化统防统治服务面积仅占26%。

四 突出抓好新型农业经营体系建设的关键环节

构建新型农业经营体系，要深入贯彻落实党的十八大精神，按照工业化、信息化、城镇化、农业现代化相互协调、同步发展的总体要求，紧紧围绕建设现代农业的中心任务，坚持和完善农村基本经营制度，突出发展多种形式的规模经营和培育新型经营主体两大重点，大力发展农业社会化服务，壮大农村集体经济，加快推进家庭经营向提高集约化水平方向转变，统一经营向提高组织化程度方向转变，促进农业生产经营的集约化、专业化、组织化和社会化。当前和今后一段时期，着力抓好以下几项工作。

1. 着力巩固完善农村经营制度体系

这是构建新型农业经营体系的前提条件。一是要依法保障农民土地权益。坚持以家庭承包经营为主的农村基本经营制度不动摇，加强农村土地承包管理，稳步开展农村土地承包经营权登记试点，建立、健全土地承包经营权登记制度。同时建立完善保障农民土地权益的法律体系。加快建设农村土地承包经营纠纷仲裁基础设施，建立健全乡村调解、县市仲裁、司法保障的农村土地承包经营纠纷调解仲裁体系，化解土地承包经营纠纷，保障农民权益。二是要积极稳妥推进农村土地的流转。按照产权明晰、管理严格、形式多样、流转顺畅的要求，加快培育土地承包经营权流转有形市场，逐步健全村有站点、乡镇有中心、县（市）有市场的流转体系，搭建公开、公平、规范、有序的土地流转交易平台，加强土地承包经营权流转管理与服务，规范土地流转行为，引导土地规范有序流转。大力推广农村土地信托流转，支持各级地方政府采取符合法律政策规定、群众乐于接受的方式进行土地承包经营权流转，加速土地向种养能手、农民合作社、专业大户、龙头企业等集中，稳步提高土地集中率，促进农业适度规模经营。

2. 着力培育新型农业经营主体

这是构建农业新型经营体系的主要载体。一要加快培养新型职业农民。把培养职业农民作为农业劳动者素质建设的核心任务。鼓励各地结合实际，从居住地域、农业劳动时间、生产经营规模、素质能力水平等方面制定职业农民标准，完善培养政策，拓宽培养渠道，突出培养重点，着重抓好种养大户、家庭农场主、科技示范户、农民合作社理事长的培养，发挥其示范带动作用。支持农民工返乡务农，鼓励新生代农民工子承父业。把农业职业培训纳入中等免费职业教育范围，完善农业职业培训体系，开展多形式、经常性的职业教育培训，完善绿色证书制度，健全农业技能持证上岗制度，着力提高农民创业创新能力。二要大力发展专业大户和家庭农场。设立专项资金，鼓励各地按照"生产有规模、产品有标牌、经营有场地、设施有配套、管理有制度"的要求，培育不同生产领域专业大户、家庭农场，对认定的专业大户和家庭农场，新增农业补贴重点向其倾斜，对达到一定规模的专业大户、家庭农场予以奖励，鼓励金融机构将专业大户和家庭农场纳入信用贷款支持范围，支持专业大户和家庭农场参加农业保险。鼓励有条件的地方建立家庭农场注册登记制度。加强对专业大户、家庭农场的指导和服务，提高其经营管理水平和市场竞争力。三要加快发展农民合作社。进一步加大财政、税收、金融、土地等政策资金扶持力度，鼓励社会各界兴办、领办、创办农民专业合作和股份合作等多元化、多类型合作社，深入推进示范社建设行动，建立示范社评定机制，培育一批规范化管理、标准化生产、品牌化经营的示范社，继续抓好大宗农产品联合社建设。加快制定具体办法，规范引导合作社承担国家涉农项目、开展信用合作试点，研究新增农业补贴向合作社倾斜的办法，探索按照种养规模和服务效果等予以补贴，创新适合合作社生产经营特点的保险产品和服务。开展合作社人才培训，打造合作社领军人才队伍和辅导员队伍，逐步推行"一社一名大学生"，努力形成广覆盖、多层次、可持续的合作社人才培养体系。

3. 着力推进农业产业建设

这是构建农业新型经营主体的重要依托。一是要加快建立现代农业产业体系。把保障粮食等主要农产品供给作为首要任务，切实转变粮食生产方式，大力开展粮食高产创建，认真实施新增粮食产能规划，坚持依靠科技创新，提高粮食单产、品质和效益，确保湖南粮食总产稳定在 600 亿斤以上。实施新一轮"菜篮子"工程，高标准建设一批城镇蔬菜基地，稳定发展优质棉花和双低油菜，抓好优质油茶生产，扩大畜禽水产品标准化健康养殖规模，确保"菜篮子"产品供应。建立一批具有湖湘特色的农产品基地，重点抓好棉麻丝、果茶、家禽、水产、竹木、油料、草畜、食用菌等特色产业建设，加快构建以长株潭都市农业圈、环洞庭湖区适水农业带、湘中湘南丘岗节水农业带和武陵雪峰南岭罗霄山地生态农业带为依托的农业主体功能区。培育一批特色明显、类型多样、竞争力强的专业村和专业乡镇，打造一批高标准现代农业示范县、示范园区，推进农业区域特色布局。发展一批以现代农业为基础的休闲农业产业园，建立以长株潭城郊型生态休闲农业为龙头、市州精品休闲农庄为骨干、特色生态民俗家园为基础的全省乡村休闲观光旅游农业体系。二是要加快发展农业产业化龙头企业。坚持把农产品加工作为新型工业化的重要组成部分，认真组织实施农产品加工振兴计划，着力抓好粮食、畜禽、果蔬三大产业发展，培育一批起点高、带动力强的农产品加工龙头企业，建设一批特色鲜明、功能配套的农产品加工园区。提供政策支持，引导龙头企业向优势产区集聚，形成上、中、下游配套的现代农业产业体系，推进农业产业化示范区建设，打造区域经济发展的增长极。围绕优势资源和主导产业做文章，引导龙头企业以资本运营和优势品牌为纽带，优势互补，开展跨区域、跨所有制的联合和合作，推进企业兼并重组，重点培育一批龙头企业集团，建立农产品加工企业上市递次推进机制，积极支持符合条件的龙头企业上市融资、发行债券。鼓励龙头企业发展农产品精深加工，延长产业链条，提升产品的附加值。三是要加快完善产业链联结机制。广泛推广"龙头企业＋农民合作社＋农户"的新型组织运行模式，引导农民以资金、技术、劳力等要素入股，实行多种形式的联合与合作，与龙头企业形成互利共赢的利益共同体。鼓励龙头企业采取订单农业、设立风险资金、利润返还、为农户承贷承还和信贷担保等多种形式，建立与农户、农民合作社间的利益共享、风险共担机制。引导龙头企业创办或领办各类合作组织，实现龙头企业与农民专业合作社深度融合。支持龙头企业为生产基地农户提供农资供应、农机作业、技术指导、疫病防治、市场信

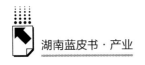

息、产品营销等各类服务，让农民真正从产业化经营中得到实惠。

4. 着力发展农业社会化服务组织

这是构建农业新型经营体系的必然要求。要以农业公共服务为依托、合作组织为基础、龙头企业为骨干，构建多形式、多元化、多层次的新型农业社会化服务体系。一是要完善农业公共服务体系。围绕建立健全基层农业公共服务机构建设，结合事业单位分类改革，因地制宜、科学合理设置乡镇或区域性公共服务机构，充实服务人员，完善工作设施，强化职责职能。面向市场、面向生产、面向农民，建立健全农技推广责任制度、农技人员培训制度、农技人员工作考评制度，推进农科教、产学研和技术推广紧密结合，采取招投标、委托服务、政府订购等方式，积极探索农业公共服务的多种实现形式，大力提高公共服务机构为农服务能力。二是要积极培育农业经营性服务组织。研究制定扶持政策，鼓励集体经济组织、农民合作社、龙头企业、专业化农业服务公司、专业化服务队、农民经纪人等参与农业社会化服务，推进农业社会化服务主体多元化、形式多样化、运作市场化，使农民享受到低成本、便利化、全方位的社会化服务。设立专项资金，采取以奖代补等方式，对农业经营性服务组织在生产服务设施、生产作业服务、提升耕地质量、种苗培育、良种示范、抗旱排涝、沼气维护、统防统治、产品营销等方面的投入给予支持，并减免相应领域的税费。引导金融机构优先提供浮动抵押贷款、仓单质押贷款和农田基础设施建设中长期贷款。三是要开展农业社会化服务示范创建工作。在服务基础较好、经验带有普适性的县（市、区）开展农业社会化服务示范县创建工作。健全各类服务组织，构建便捷服务机制。积极探索"专业化服务公司＋合作社＋专业大户""村集体经济组织＋专业化服务队＋农户""农资连锁企业＋农技专家＋农户"等多种服务模式，推动农业社会化服务向纵深开展。

5. 着力壮大村级集体经济

这是构建农业新型经营体系的重要内容。一是要增强集体经济组织服务功能。抓紧制定支持集体经济发展的政策措施，引导和鼓励集体经济组织以入股、合作、租赁、专业承包等形式，与承包大户、技术能人、企业等联合与合作，充分利用资金、资产和资源，壮大集体经济实力。引导和鼓励集体经济组织与农民合作社、农业产业化龙头企业以及其他社会化服务组织实现多元化、多形式、多层次联合，解决一家一户不好办、办不好、办不了的事情，以更好地为家庭经营服务。二是要加强农村"三资"管理。建立健全管理制度，强化民主管理与民主监督的制度建设，并保障集体经济组织成员对资金、资产以及资源的占有、使用、收益和分配的知情权、决策权、管理权、监督权。规范农村集体财务管理，强化财务公开工作，充实公开内容，完善公开程序，做到财务公开经常化、制度化、规范化。切实加强农村集体经济组织的财务审计监督，重点做好村干部任期和离任审计、土地补偿费以及惠农资金专项审计。三是要推进农村集体经济组织产权制度改革。探索集体经济有效实现形式，稳步推进农村集体经济组织产权制度改革，以股份合作为主要形式，以清产核资、资产量化、股权设置、股权界定、股权管理为主要内容。建立农村集体经济组织产权制度，实现归属清晰、权责明确、保护严格、流转规范、利益共享、监管有力的现代管理要求。完善农村集体经济组织管理决策机制与收益分配机制，构建新型农村集体经济组织治理结构与激励约束相结合的运行机制。

总 报 告

General Report

B.4
2012～2013 年湖南产业
发展研究报告

湖南省人民政府经济研究信息中心课题组*

　　2012 年，湖南产业经济发展较快，产业基础更加牢固，新兴产业加速崛起，产业增长潜力和后劲进一步增强，为湖南加快建成小康社会奠定了良好基础。2013 年，随着稳步推进新型工业化和加速推进新型城镇化，湖南产业经济将踏上科学发展的新征程。本文在总结 2012 年湖南产业经济运行情况的基础上，客观分析 2013 年产业发展面临的形势，提出改善产业发展环境等促进湖南产业经济发展的对策建议。

一　2012 年湖南产业经济运行基本情况

　　2012 年，湖南省产业经济较快发展，规模工业增加值、固定资产投资、社会消费品零售总额等主要经济指标增速高于全国平均水平，全省产业经济呈现稳中有进的发展态势。

---

* 课题组组长：梁志峰；课题组成员：禹向群、左宏、文必正、曹宝石、侯灵艺。

（一）产业增长情况分析

初步核算，2012 年全省实现地区生产总值 22154.2 亿元，中部六省中居第 3 位，全国排第 10 位；按不变价格计算，增长 11.3%，高于全国平均水平 3.5 个百分点，中部六省中与湖北并列排第 2 位，已连续 9 年保持两位数的增长。

1. 第一产业

全省紧紧围绕农业增产、农民增收，狠抓各项惠农政策的落实，努力促进农业生产发展，总体经济形势运行较好。全年实现农林牧渔业增加值 3004.2 亿元，比上年增长 3.0%，低于全国平均水平 1.5 个百分点，总体保持稳定发展态势。一是农业经济总量稳定增长。2012 年，湖南省农林牧渔业总产值 4904.1 亿元，增长 3.0%。其中，农业产值 2651.7 亿元，增长 1.2%；林业产值 260 亿元，增长 5.0%；牧业产值 1488.6 亿元，增长 4.7%；渔业产值 279.9 亿元，增长 5.5%。二是粮食种植面积稳定，粮食产量稳步增长。2012 年，各项惠农政策扶持力度加大，农产品价格基本稳定，农作物播种面积保持稳定。全年粮食播种面积 7362.1 万亩，比上年增加 42.7 万亩，增长 0.6%；粮食总产 601.3 亿斤，比上年增加 13.4 亿斤，增长 2.3%，总量与增速分别居全国第 9 位和第 16 位。其中，早稻总产增长 1.5%，达到 818.7 万吨；中稻播种面积比上年减少 2.8%，单产增长 2.1%，总产减少 0.7%；晚稻播种面积、单产和总产量全面增加，增幅分别为 2.3%、3.2% 和 5.6%。薯类产量 124.84 万吨，增长 5.1%。三是经济作物平稳协调发展。蔬菜、水果、茶叶、烟草等稳定发展。全省油料种植面积 1982.55 万亩，比上年增长 2.0%，总产量 207.8 万吨，下降 3.5%。蔬菜种植面积 1858.8 万亩，增长 3.8%，产量 3480.91 万吨，增长 4.3%。麻类继续萎缩，种植面积 15.6 万亩，减少 41.5%，产量 2.4 万吨，减少 43.4%。甘蔗种植面积 21.7 万亩，减少 0.3%，产量 73.8 万吨，增长 2.2%。烟叶种植面积 167.7 万亩，增长 6.7%，产量 24.6 万吨，增长 0.2%。水果产量 909.3 万吨，增长 4.7%。此外，秋冬播种物面积平稳增加，油菜子、蔬菜播种面积分别为 1894.9 万亩和 972.22 万亩，分别增长 2% 和 2.8%。四是畜禽、水产全面增长。2012 年，湖南出栏生猪 5878.80 万头，比上年增长 5.4%；生猪存栏 4245.52 万头，增长 2.1%，其中能繁母猪存栏 427.63 万头，增长 1.0%；出栏牛 146.60 万头，增长 3.6%；出栏羊 638.16 万只，增长 0.8%；出栏家禽 41650.30 万羽，增长 6.1%。2012 年，水产养殖面积 41.921 万公顷，增长 3.9%，水产品产量 220.08 万吨，增长 10.0%。"青、草、鲢、鳙"四大家鱼价格平稳，环比增幅在 4.3%

左右。五是林业继续培养经济增长点。2012 年以来，全省各级投入 40.55 亿元，继续培育生态旅游、茶油产业、楠竹产业、家具产业和林下经济等五大林业经济增长点。全省完成营造林 622.9 万亩，增长 14.5%；新造茶油 51.1 万亩，改造低产茶油林 70 万亩，新增楠竹 21.66 万亩。六是农业综合生产能力继续提高。全年开工各类水利工程 6.2 万处，增长 10.2%；水利工程完成土石方 5.3 亿立方米，增长 26.4%；水利工程投入资金 237.0 亿元，增长 13.9%；全省新增农田有效灌溉面积 5.7 万公顷，增长 4.8%；农村用电量 110.23 亿千瓦时，增长 4.0%。全年化肥施用量 249.11 万吨，增长 2.7%。年末农业机械总动力 5189.24 万千瓦，增长 5.1%。

2. 第二产业

全年实现增加值 10506.4 亿元，首次突破万亿元大关，增长 12.8%，比全省 GDP 增速高 1.5 个百分点，但幅度与 2011 年、2010 年相比逐年收窄，比上年低 4.2 个百分点，比全国平均水平高 4.7 个百分点。

工业发展保持中速增长。全省全部工业增加值 9140 亿元，比上年增长 13.5%。其中，规模工业增加值增长 14.6%，比全国平均水平高出 6.7 个百分点。七大战略性新兴产业增加值增长 20.2%。规模工业新产品产值增长 20.3%，所占比重达 12.2%，比上年提高 0.5 个百分点。规模以上高加工度工业和高技术产业增加值分别增长 18.1% 和 32%，增速比全省平均水平分别高 3.5 个和 17.4 个百分点。39 个大类行业中，38 个行业实现增长。其中，非金属矿物制品业、化学原料和化学制品制造业、有色金属冶炼和压延加工业、烟草制品业、专用设备制造业分别增长 19%、16.7%、16%、15.4% 和 12%。全省规模工业统计的主要工业产品中，产量增长的有 292 种，占产品总数的比重为 68.4%。原煤产量 8823 万吨，比上年增长 12.8%；发电量 1260.1 亿千瓦时，下降 2.6%；平板玻璃 1804.5 万重量箱，下降 2.1%；原油加工量 913.9 万吨，增长 20.3%；水泥 10445.4 万吨，增长 12.8%；钢材 1847.5 万吨，下降 4%；十种有色金属 276.2 万吨，增长 8.5%；汽车 25.8 万辆，增长 14%。

建筑生产形势回暖。建筑业出现了较好的发展势头，主要体现在五个方面：一是产业规模与效益稳步提高。全省建筑业总产值 4375.7 亿元，比上年增长 11.8%；建筑业增加值 1366.4 亿元，增长 7.9%，占全省 GDP 的 6.1%；实现利税总额 300 亿元，同比增长 16%，其中具有资质等级的总承包和专业承包建筑企业实现利润 159.6 亿元，增长 19.8%；吸纳农村富余劳动力约 270 万人，对全省经济社会发展贡献突出，已实实在在成为全省支柱产业、基础产业。二是企业竞争力明显提升。企业人才储备得到强化，全年新增注册建造师 4245 人，比上年增加 1656 人，新增项目关键岗位人员 26533 人；项目管控能力提高，发展思路进一步明确。三是外拓市场成效明显。全省外拓产值 1332 亿元，同比增长 25％，较全省建筑业总产值增速高 11 个百分点；对外工程承包完成营业额 17.3 亿美元，同比增长 18.5％，有效带动了相关设备产品特别是工程机械出口。四是房屋建筑稳步增长。房屋施工面积 36344.1 万平方米，增长 10.8％；房屋竣工面积 12721 万平方米，增长 8％。五是质量安全形势稳定好转。全省发生建筑施工安全事故 18 起、死亡 22 人，同比分别下降 10％和 15％，百亿元产值死亡率 0.5，死亡人数仅占省安全委员会下达年度控制指标的 68.7％；获鲁班奖 6 项、省芙蓉奖 51 项，创省优质工程 179 项，工程质量一次交验合格率达 98％以上。

3. 第三产业

第三产业发展较快。全年实现增加值 8643.6 亿元，增长 12.2％，比上年提高 1.2 个百分点，比全国平均水平高 4.1 个百分点。文化产业、旅游业保持较快增势，房地产经营有所好转，全省服务业实现平稳发展。其中，交通运输、仓储和邮政业增长 11.4％，金融业增长 13.6％，营利性服务业增长 15.3％。交通运输生产增速上行。全省货物周转量 4007.1 亿吨公里，比上年增长 17.8％。其中，铁路货物周转量 1043.8 亿吨公里，减少 4.6％；公路货物周转量 2392.5 亿吨公里，增长 27.4％。旅客周转量 1749.2 亿人公里，增长 4.6％。其中，铁路旅客周转量 804.9 亿人公里，下降 0.9％；公路旅客周转量 854 亿人公里，增长 9.8％；民航旅客周转量 87.7 亿人公里，增长 10.8％。全省邮电业务总量 477.9 亿元，比上年增长 9.7％。其中，邮政业务总量 36.6 亿元，增长 8.8％；电信业务总量 441.3 亿元，增长 9.8％。年末局用交换机总容量 897.6 万门，减少 28％。年末固定电话用户 959.5 万户；移动电话用户 4261.9 万户，新增 489.8 万户。年末互联网宽带用户 619.5 万户，增长 23.3％。全省接待国内旅游者 3 亿人次，比上年增长 20.7％；接待入境旅游者 224.6 万人次，减少 1.8％。实现旅游总收入 2234.1 亿元，增长 25.1％。其中，国内旅游收入 2175.5 亿元，增长 26.6％；旅游外汇收入 9.3 亿美元，减少 10.7％。金融保险业快速增长。年末全省上市公司数量 91 家，比上年增加 6 家。企业证券市场融资 88.2 亿元，减少 51.4％。年末全省证券公司营业部 182 家，证券交易额 14033 亿元。辖区共有期货公司 4 家，成交金额 55688.6 亿元。全年保险公司原保险保费收入 465.1 亿元，比上年增长 4.9％。其中，寿险原保费收入 283.6 亿元，减少 2.1％；健康险原保费收入 24.6 亿元，增长 26.7％；意外伤害险原保费收入 12.1 亿元，增长

6.8%；财产险原保费收入 145 亿元，增长 17.7%。信息传输、计算机服务和软件业稳步运行。其中，电子信息传输服务全年增加值 199.11 亿元，占全部信息产业的 29.7%；电子信息设备销售和租赁、计算机服务和软件业分别占 0.7% 和 1.2%。科技服务业效益提高。前三季度，全省限额以上科技服务业企业实现营业收入 103.49 亿元，同比增长 6.4%；实现利税合计 17.10 亿元，同比增长 26.9%，高出全部限额以上生产性服务业企业平均水平 11.8 个百分点。

4. 各市州产业增长情况

前三季度，全省绝大多数地区经济增速呈下滑的趋势，但经济总体保持平稳运行，经济增速仍在较快区间。全省有 13 个市州 GDP 保持两位数增长，其中长沙、郴州和湘潭居前三位，GDP 增速分别为 12.9%、12.3% 和 12.2%。

与上年同期相比，市州生产总值排位方面，益阳超过永州，由第 10 位晋升为第 9 位。市州生产总值占全省比重方面，长沙、益阳和娄底占比增长 0.15 个百分点以上，而岳阳、湘潭、永州、衡阳和常德占比减少 0.15 个百分点以上。增速方面，仅有常德提高了 0.1 个百分点，其他市州增速下降0.8 ~ 2.7 个百分点，降幅明显的有张家界、岳阳、株洲，其降幅均在 1.8 个百分点以上；增速的排名情况变化较大，下滑明显的有张家界、益阳、岳阳、永州，分别下滑 5 个、3 个、3 个和 2 个名次，而排名上升的是常德、怀化、株洲、衡阳和娄底。此外，各市州增速的集体下滑使得增长更趋平衡，增长最快的长沙与增长最慢的湘西土家族苗族自治州之间相差 4.8 个百分点，而 2011 年、2010 年同期二者增速相差达 5.4 个和 7.7 个百分点，增速差距逐年缩小。

区域统筹发展取得成效。长株潭、湘南、大湘西、洞庭湖生态经济区分别实现地区生产总值9441.67 亿元、4523.54 亿元、2870.13 亿元和5633.58 亿元，同比增长 12.7%、11.8%、11.3% 和 12.2%。其中，长株潭、湘南、洞庭湖生态经济区增幅比全省平均水平分别高 1.4 个、0.5 个和 0.9 个百分点，大湘西地区持平。长株潭城市群带动作用进一步增强，占全省经济总量的比重升至 42.6%，提高了 0.4 个百分点。各区域间发展的差距有所缩小。长株潭地区与大湘西地区 GDP 增速差距由上半年的 2.2 个百分点缩小到前三季度的 1.6 个百分点，全年缩小至 1.4 个百分点。

工业方面，全省规模工业增长 14.6%，增速比上年同期回落 5.5 个百分点。从市州来看，14 个市州规模工业增加值增速与上年同期增速相比，均有不同程度的下滑。其中，娄底、株洲、郴州、长沙、常德下滑程度低于全省平均水平，而湘西土家族苗族自治州、张家界、邵阳等地下滑 7 个百分点以上。市州规模工

表 1　湖南各市州 2012 年前三季度 GDP 及增速排名情况

市州	GDP		增速		
	数值(亿元)	排名	数值(%)	排名	与上年同期相比(排名变化)
长沙市	4584.62	1	12.9	1	0
株洲市	1146.25	5	11.9	6	2
湘潭市	904.81	7	12.2	3	-1
衡阳市	1366.51	3	12	4	2
邵阳市	770.39	8	11.1	10	0
岳阳市	1495.23	2	11.7	7	-3
常德市	1317.01	4	11.7	7	6
张家界市	233.31	14	11.1	10	-5
益阳市	748.62	9	10.9	13	-3
郴州市	1040.9	6	12.3	2	0
永州市	733.93	10	11	12	-2
怀化市	683.41	11	12	4	3
娄底市	628.11	12	11.7	7	2
湘西州	282.25	13	8.1	14	0

业增加值增速排名变化较大，张家界、邵阳、永州排名下滑明显，张家界由原来的第 3 位跌至第 13 位，工业增长波动较大；郴州、娄底、株洲、常德排名上升明显，其中郴州从原来的第 10 位上升至目前的第 2 位，名次提升了 8 位。

表 2　2012 年湖南各市州规模工业增加值增速情况

地区	2012 年		2011 年		增速变化(个百分点)	排名变化
	增长(%)	排名	增长(%)	排名		
全省	14.6	—	20.1	—	-5.5	—
长沙	16.8	1	22.0	1	-5.2	0
株洲	14.6	8	19.0	12	-4.4	4
湘潭	14.4	12	20.0	10	-5.6	-2
衡阳	14.8	6	21.5	5	-6.7	-1
邵阳	14.9	5	22.0	1	-7.1	-4
岳阳	14.5	9	20.7	7	-6.2	-2
常德	15.3	4	20.6	8	-5.3	4
张家界	14.2	13	21.6	3	-7.4	-10
益阳	15.4	2	21.6	3	-6.2	1
郴州	15.4	2	20.0	10	-4.6	8
永州	14.5	10	21.0	6	-6.5	-4
怀化	14.5	10	20.5	9	-6.0	-1
娄底	14.7	7	19.0	12	-4.3	5
湘西	3.8	14	12.7	14	-8.9	0

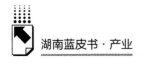

（二）产业结构演进情况分析

1. 三次产业结构调整优化

2012 年，全省三次产业结构为 13.6∶47.4∶39，与 2011 年相比，第一、第二产业比重分别下降了 0.5 个和 0.2 个百分点，第三产业则提高了 0.7 个百分点。与全国相比，第一、第二产业分别高出 3.5 个和 2.1 个百分点，第三产业则低 5.6 个百分点。工业增加值占地区生产总值的比重为 41.3%，与上年持平；高新技术产业增加值占地区生产总值的比重为 15%，比上年提高 0.3 个百分点。第一、第二、第三产业对经济增长的贡献率分别为 3.6%、54% 和 42.4%。其中，工业增加值对经济增长的贡献率为 49.6%；生产性服务业增加值对经济增长的贡献率为 19.1%。

2. 工业内部结构进一步优化

全省规模以上工业中，高加工度工业和高技术产业增加值分别占规模工业的 34.6% 和 7.5%，比上年分别提高 0.9 个和 2.2 个百分点。六大高耗能行业增加值占规模工业的 31.5%，比上年降低 3.5 个百分点。非公有制规模工业增加值增长 18.5%，比规模工业增速快 3.9 个百分点。分轻重工业看，轻工业增加值增长 14.8%，重工业增加值增长 14.5%。分区域看，长株潭地区规模工业增加值增长 15.5%，环长株潭城市群增长 15.4%，湘南地区增长 15%，大湘西地区增长 13%。规模工业新产品产值增长 20.3%，所占比重达 12.2%，同比提高 0.5 个百分点。产业集聚继续推动园区工业较快发展，省级及以上产业园区（含省级工业集中区）规模工业增加值增长 17.1%，增幅比全省规模工业平均水平快 2.5 个百分点。

3. 非公有制经济发展较快

全省非公有制经济实现增加值 12791.20 亿元，同比增长 13%，增速较上年同期降低 1.5 个百分点。但比全省 GDP 增速快 1.7 个百分点。一是非公有制经济占比进一步提高。全省非公有制经济增加值占 GDP 比重已达 57.7%，较上年同期提高 0.7 个百分点。其中，第一产业非公有制经济占比为 25.6%，较上年同期下降 0.7 个百分点；第二产业非公有制经济占比为 68.7%，较上年同期占比有较大提升，提高 2.4 个百分点；第三产业非公有制经济占比为 55.6%，较上年同期下降 0.9 个百分点。二是三次产业竞相发展。第一、第二、第三产业非公有制经济增加值分别增长 5.0%、16.1% 和 9.9%。其中，第一产业增速较上年同期提高 4.7 个百分点，比全部第一产业增速快 2.0 个百分点；第二产业增速较上年同期降低 4.4 个百分点，比全部第二产业增速快 3.3 个百分点；第三产业增速较上年同期提高 0.9 个百分点，但比全部第三产业增速低 2.3 个百分点。非公有制经济三次产业结构比为 6.0∶56.4∶37.6，与上年同期比较，第二产业比重提高 1.0 个百分点，第一、第三产业分别下降 0.5 个百分点。三是各行业非公有制程度不一。从各行业非公有制经济发展的程度来看，非公有制增加值占本行业全部增加值比重超过 50% 的有房地产业（92.2%）、批发零售业（85.9%）、住宿餐饮业（82.8%）、建筑业（70.6%）和工业（68.7%）。从各行业非公有制经济发展的速度来看，增速高于本行业全部增加值增速的有：工业、建筑业和房地产业，增速分别快 3.4 个、3.1 个和 0.2 个百分点。

（三）工业效益进一步提升

全省规模以上工业企业累计实现主营业务收入同比增长 15.1%；盈亏相抵后实现利润 1322.70 亿元，增长 10.5%。每百元主营业务收入中的成本为 80.14元，主营业务收入利润率为 4.80%。其中，非公有制工业企业贡献突出。全省非公有制规模工业企业实现利润 981.93 亿元，占规模工业利润的 74.2%，同比增长 16.2%，高于全省利润增速 5.7 个百分点，拉动全省利润增长 11.4 个百分点。分经济类型看，国有企业实现利润 117.42 亿元，同比下降 3.2%；股份制企业实现利润 849.83 亿元，增长 10.8%；集体企业实现利润 17.16 亿元，增长13.8%；外商及港澳台商投资企业实现利润 111.33 亿元，增长 15.1%；股份合作制企业实现利润 8.93 亿元，增长 13.8%；其他内资企业实现利润 218.02 亿元，增长 15.4%。分行业看，39 个大类行业中，38 个大类行业整体实现赢利。整体赢利的大类行业中，31 个大类行业利润同比增长。利润总额居前五位的是专用设备制造业、烟草制品业、化学原料和化学制品制造业、非金属矿物制品业、有色金属冶炼和压延加工业，分别实现利润 218.92 亿元、109.56 亿元、96.73 亿元、89.89 亿元和 85.88 亿元，这五个行业共实现利润 600.98 亿元，同比增长 3.6%。石油加工、炼焦和核燃料加工业继续亏损，电力、热力的生产和供应业扭亏为盈。

（四）产业投资高位增长

全省完成固定资产投资 14576.6 亿元，同比增长 27.5%，与上年基本持平，比全国平均水平高 6.9 个百分点。其中，民间投资 8834.8 亿元，增长 24.5%，占全省投资的比重达 60.6%。从投资结构看，三次产业投资结构更趋优化。全省三次产业的投资结构为 3.2∶43.4∶53.4。其中，第一产业投资占比提高 0.4 个百分点，第二产业提高 0.6 个百分点。从投资方向看，工业、产业、民生工程、生态环境、基础设施、高新技术产业和技改分别投资 6185.7 亿元、4557.3 亿元、511.9 亿元、426.7 亿元、3302.9 亿元、598.5 亿元和 5629.0 亿元，分别增长28.5%、29.0%、26.3%、57.3%、15.9%、101.5% 和 36.1%。高新技术产业、战略性新兴产业、技术改造投资明显加快。技改投资占全省投资的 38.6%，同比提高 2.4 个百分点；高新技术产业投资占工业投资的 9.7%，同比提高 3.5 个百分点。而传统型、产能相对过剩的产业投资则有较大回落。其中，石油加工、炼焦及核燃料加工业投资下降 42.7%，黑色金属冶炼及压延加工业投资下降5.7%。从民生和生态投资看，全省民生工程投资增长 26.3%，生态投资 426.7 亿元，占全省投资比重提升 0.5 个百分点。从房地产投资看，全省房地产开发完成投资增长 13.7%，比前三季度提高 1.4 个百分点。其中，商品住宅完成投资增长 5.7%，比前三季度提高 4.6 个百分点。从区域投资看，长株潭、湘南、大湘西、洞庭湖生态经济区分别完成固定资产投资 6000.38 亿元、2965.05 亿元、1808.98 亿元和 3076.06 亿元，分别增长 27.4%、35.7%、32.8% 和 35.9%。其中，湘南、大湘西、洞庭湖生态经济区增幅比全省平均水平分别高 8.2 个、5.3 个和 8.4 个百分点。

全省外商直接投资新批项目 558 个，实际利用外商直接投资 72.8 亿美元，增长 18.4%。其中，第一产业利用外资 2.5 亿美元，下降 27.4%；第二产业利用外资 57.3 亿美元，增长 21.0%；第三产业利用外资 13.0 亿美元，增长21.4%。全省新批内联引资项目 4737 个，实际到位内资 2465.6 亿元，增长18.2%。

（五）市场运行情况分析

社会消费平稳增长。全省实现社会消费品零售总额 7854.9 亿元，增长15.3%，增速比上年同期回落 2.6 个百分点，扣除价格影响实际增长 13.4%。按经营地分，城镇实现零售额 7117.30 亿元，增长 15.5%；乡村实现零售额737.58 亿元，增长 13.9%。限额以上批发零售、住宿餐饮业法人企业实现零售额 2996.18 亿元，增长 16.6%，比上年同期低 12.6 个百分点。零售额居前六位的为汽车类、石油及制品类、粮油食品饮料烟酒类、服装鞋帽针纺织品类、中西药品类、家用电器和音像器材类，六大类商品共实现零售额 2325.35 亿元，占限额以上批发和零售业法人单位零售额的 82.3%，拉动限额以上批发零售业零售额增长 13.7%。家具、金银珠宝、化妆品、机电产品及设备、通信器材等商品销售较好，零售额分别增长 34.1%、24.9%、24%、24% 和 23.3%。而家用电器和音像器材类、建筑及装潢材料类零售额分别增长 13.1% 和 7.6%，分别比上年同期回落 16 个和 22.6 个百分点。吃、穿、用类零售额均保持平稳增长。粮油食品类、服装鞋帽针纺织品类和日用品类分别实现零售额 210.95 亿元、223.57 亿元和 79.45 亿元，分别增长 20.4%、15.2% 和 18.7%；限额以上餐饮业法人企业实现零售额 94.59 亿元，同比增长 24.1%。耐用品、非耐用品零售额分别增长 16.7% 和 16.6%，增幅分别比上年同期低 6 个和 17.4 个百分点。

对外贸易有所回升。全省实现进出口总额 219.4 亿美元，同比增长 15.5%，高于全国平均水平 9.3 个百分点。其中，出口 126 亿美元，增长 27.3%；进口 93.4 亿美元，增长 2.7%。出口产品中，机电产品出口 50.9 亿美元，高新技术产品出口 13.8 亿美元，分别增长 42.6% 和 75.8%；占出口额的比重为 40.4% 和 11%，同比分别提高 4.4 个和 3 个百分点。全省对欧盟、东盟出口分别增长 16.0%、40.1%，对非洲出口增长 59.7%。长株潭、湘南、大湘西、洞庭湖生态经济区（未含望城区）进出口总额分别为 129.03 亿美元、50.84 亿美元、7.5 亿美元和 15.36 亿美元，分别增长 9.1%、68.9%、9.2% 和 24.3%。其中，长株潭、大湘西地区增幅比全省平均水平分别低 6.4 个和 6.3 个百分点，湘南、洞庭湖生态经济区高 53.4 个和 8.8 个百分点。

居民消费价格涨幅较低。全年居民消费价格上涨 2.0%，涨幅较上年低 3.5 个百分点。其中，城市上涨 2.2%，农村上涨 1.6%；食品价格上涨 3.3%，非食品价格上涨 1.4%，食品类价格上涨影响消费价格总指数上涨 1.1 个百分点；消费品价格上涨 2.2%，服务项目价格上涨 1.4%。分月看，同比涨幅前高后低。1 月上涨 3.7%，为年内最高，之后回落明显，10 月上涨 1.0%，涨幅为 32 个月以来最低，11 月和 12 月有所回升，分别为 1.1% 和 1.7%。分类别看，八大类指数"七涨一跌"。其中，食品类上涨 3.3%、医疗保健和个人用品类上涨 2.7%、烟酒类上涨 2.0%、居住类上涨 1.7%、家庭设备用品及维修服务类上涨 1.4%、娱乐教育文化用品及服务类上涨 1.2%、衣着类上涨 1.1%，交通和通信类下降 0.1%。

二 2013 年面临的形势

2013 年是湖南省实施国民经济第十二个五年规划的攻坚年、关键年，全省产业经济发展中存在的不平衡、不协调、不可持续矛盾仍然突出，能源、煤电油

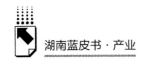
运等要素供应紧张，人民币升值压力加大、企业融资困难等因素仍然存在，产业经济运行中面临很多不确定性。

（一）国际经济环境复杂多变

2013年，世界经济仍处在调整期，金融危机的影响呈现长期化趋势。同时，全球产业结构调整出现新动向，发达国家实施再制造业化战略，以互联网、新能源为代表的第三次工业革命正在兴起。总体看，2013年国际经济环境依然复杂多变，全球经济仍将处于深度结构调整之中，预计比2012年有所改善：一是2013年美国经济复苏势头增强。房地产市场持续好转和因页岩气大规模开发所带动的能源成本降低将带动相关产业投资增长，3D打印、智能机器人等新技术优势也将带动高端制造业加速发展，"再工业化"政策效果强化了美国经济增长的动力。二是欧洲经济2013年表现可望略好于2012年。德国捍卫欧元和欧元区的强硬表态，G20国家特别是美国在增资IMF救助欧债国家的态度转变，以及欧洲央行推出的"直接货币交易计划"，为欧洲国家赢得了解决债务问题和国内结构问题的时间，使欧债危机对欧洲经济和世界经济的冲击得到缓解。三是印度和俄罗斯等新兴市场国家正在谋求结构调整、对外开放的政策突破。

（二）国内经济有望继续保持平稳较快发展

党的十八大报告确定的我国未来经济社会发展新思路以及政府换届将进一步激发全国上下改革开放和加快发展的热情，稳增长系列政策将进一步推进落实，2013年我国经济有望继续保持平稳较快增长。一方面，受投资建设周期影响，五年规划第二、三年往往是投资加速年份。2013年作为"十二五"规划的第三年，大量审批并开工的"十二五"规划重点建设项目有利于投资增长和经济回升。另一方面，居民收入较快增长有利于消费保持稳定增长。近年来，我国城乡居民收入增长明显加快，特别是酝酿多年的收入分配体制改革总体方案有望出台，将有助于提高居民收入水平和改善居民收入分配结构。我国消费金融快速发展拓宽了消费市场空间，激发了居民消费热情，日益成为促进我国经济发展和转型的重要手段。

（三）产业结构调整成重中之重

产业结构调整是2013年转变经济发展方式的主基调。党的十八大报告明确提出，推进经济结构战略性调整是加快转变经济发展方式的主攻方向。湖南省委经济工作会议上也提出，湖南 2013 年经济工作将加快调整产业结构，提高产业素质和增长质量，把优化产业结构作为转变经济发展方式的主攻方向。2013 年，湖南产业的发展要从速度效益型向质量效益型转变，这也是建设发展"绿色"湖南的内在要求。《绿色湖南建设纲要》已于 2012 年 4 月出台。强调对生态环境保护的《湘江流域科学发展总体规划》《洞庭湖生态经济区规划》等一批规划已相继在 2013 年发布实施。湖南产业发展应尽快对接文件中的产业定位，及时做出调整，培育新的增长点。

（四）稳健的货币政策和积极的财政政策将继续实施

货币政策方面，根据党的十八大精神和中央经济工作会议的部署，2013 年继续实施稳健的货币政策，并增强前瞻性、针对性和灵活性，进一步深化金融改革和金融开放。目前，我国存款准备金率仍保持在 20% 的高位，预计 2013 年对冲外汇占款的压力将明显减轻，存款准备金率仍有较大下降空间；与主要发达经济体相比，我国基准利率相对较高，存贷款利率也有下降空间。财政政策方面，2013 年我国将继续实施积极的财政政策，并结合税制改革完善结构性减税政策。2013 年营业税改增值税试点工作将加快，试点范围将进一步扩大。我国仍具有一定减税空间，中西部地区基础设施、民生社会保障等公共服务体系投资缺口较大，财政支出需求也较高，因此采取更为积极的财政政策空间仍然较大。

三　2013 年推进湖南产业经济发展总体思路

2013 年是贯彻落实党的十八大精神和推进实施"十二五"规划的关键之年，湖南要认真分析国际国内产业发展形势，超前谋划，主动应对，创新思路，牢牢把握工作主动权，不断提升自主创新能力，紧紧围绕全省产业发展工作重点，继续调整和优化结构，转变经济增长方式，促进湖南省产业经济又好又快发展。

（一）总体思路

2013 年，全省产业经济的总体思路是：全面贯彻落实党的十八大、中央经济工作会议、湖南省委经济工作会议精神、省第十次党代会精神，以邓小平理论和"三个代表"重要思想为指导，深入贯彻落实科学发展观，围绕加快实现工业强省目标，以提高经济增长质量和效益为中心，大力调整产业结构，转变发展方式，扩大产业规模，提高产业效益，夯实产业基础，壮大支柱产业，推动湖南省经济持续健康发展。具体来说，要抓好以下几方面工作。

一是稳增长。产业经济发展要贯彻落实好稳中求进的工作总基调。一方面，要坚决贯彻中央宏观经济政策，保持经济平稳较快发展，保持物价总水平基本稳定，保持社会大局稳定。另一方面，要着力拓宽资金供应渠道，增强资源供给能力，规范国有资产管理、营运和处置，强化人才保障，推动湖南省产业经济在转变经济发展方式上取得新的进展。

二是调结构。要加快调整产业结构，提高产业素质和增长质量。始终以新型工业化作为第一推动力，构建现代产业体系，千方百计做好优化存量与做大增量并重的文章，一手抓推动产业转型升级，一手抓化解部分行业产能过剩，推进信息化与工业化深度融合，强化创新驱动，大力推进数字湖南建设和创新型湖南建设。

三是抓改革。要加大改革开放力度，增强发展动力和活力。继续深化国企改革，推进国企改革扫尾工作。深化行政体制、财税、投融资体制改革，在城乡一体化发展、产业转型升级、政府职能转变等重点领域和关键环节力求取得新的突破，大力推进招商引资和承接产业转移，鼓励和引导优势行业和企业"走出去"。

四是强保障。加强产业政策与规划的制订与落实，引导产业集聚发展，合理布局。建立健全管理体制、市场机制和保障体系，引导产业向规范化、规模化、高水平、高效益方向发展。加大投入，加强财政金融政策的支持力度。加强产业服务体系建设，为产业发展提供良好的发展环境。加大对产业的监督力度，引导产业有序发展。

五是促协调。要整体规划，统筹协调，充分考虑产业、城镇与生态之间的关系，促进产业与城镇互动发展，形成科学布局、合理分工、功能互补、产业错位、集约发展的良好局面。要加快构建现代产业体系，深化农业、工业、服务业等各大产业之间的分工协作，促进产业之间的协调发展。要大力培育产业集群，打造优势产业链，促进企业与产业部门之间的优势整合集成。要进一步实施区域发展总体战略和主体功能区战略，同时加强省内区域之间以及与省外其他区域协作，推动形成更加合理有效的区域产业分工格局。

六是惠民生。切实保障和改善民生，坚持富民优先政策，不断提高人民群众的生活水平。要加快推进重点民生工程建设，继续开展为民办实事活动，实施更加积极的就业政策，加快建立和完善各类社会保障体系，坚持教育优先发展，统筹发展卫生、体育等社会事业，继续深化医药卫生体制改革，实施文化惠民工程，扎实推进保障性住房建设，保持物价总水平基本稳定，认真落实最低生活保障、失业保险标准与物价上涨挂钩联动机制。

（二）预期目标

根据"十一五"以来湖南的经济走势、湖南产业发展潜力等基本情况以及国内外发展形势，预计 2013 年全省生产总值的增长速度为 10% 以上。主要产业预期目标如下。

第一产业：全年增长 4.0% 左右。丝毫不放松抓好粮食生产，严格保护耕地，大兴农田水利和农业机械，促进粮食播种面积稳中有升，在 7400 万亩左右，加强水稻耕种收综合机械化水平，达到 60% 左右。全力推进茶叶扩张，同比增长 15%，达到 180 万亩，产量增长 20% 以上；继续扩大油菜种植面积，同比增长 10% 以上，力争突破 2000 万亩；蔬菜产量稳步增加，增长 5% 以上，达到 3500 万吨；全力治理零星抛荒，加大小麦、蚕豌豆和马铃薯等作物的种植，避免面积下降情况。扩大生猪养殖规模，2013 年争取同比增加 50 万头以上。

第二产业：力争增长 13% 左右。全部工业增加值增长 12% 以上，规模工业增加值增长 15% 以上；建筑业总产值和增加值分别增长 18% 和 10% 以上。继续支持机械装备制造业做大做强，努力打造湖南第一个万亿元产业，同时大力发展食品、新材料、电子信息、文化创意等优势支柱产业，把它们培育成新的经济增长点，形成多点支撑和湖南未来发展的新优势，确保湖南工业经济良好发展势头。食品行业力争增长 35% 以上，工业总产值达到 4000 亿元，实现工业增加值 1000 亿元；电子信息产业力争增速达 35%，总产值突破 2500 亿元大关，实现工业增加值 600 亿元以上；石化产业工业总产值突破 11 万亿元，同比增长 10% 以上；有色金属同比增长 3% 以上。轻工业同比增长 20% 以上，总产值达 2600 亿元；冶金行业同比增长 30%，工业总产值达到 2700 亿元，工业增加值达 600 亿元以上。狠抓重点项目投资，力争 2013 年固定资产投产同比增长 30%，达 19000 亿元。重点支持交通干线、水运枢纽、能源通道、信息网络、市政工程等建设；把民生改善含保障性住房、农林水利等基础设施投资列入 2013 年重点投资对象，同比增长达 40%，总额达 1800 亿元。战略性新兴产业增加值力争达到 4300 亿元以上，同比增长 20% 以上。

第三产业：力争全年增长 10% 左右。社会消费品零售总额增长 16% 以上。文化产业保持强劲增长势头，同比增长 25%，实现总产值 2900 亿元以上。实现商贸物流总额 70000 亿元，同比增长 28% 以上；实现社会物流总额 176 万亿元，同比增长 8%。接待入境旅游者达 290 万人次，同比增长 16% 以上，实现入境旅游收入 14 亿美元以上，同比增长 18% 左右，接待国内旅游者 3 亿人次，增长 20% 以上；实现国内旅游总收入 2280 亿元，同比增长 20% 以上；实现旅游总收入 2400 亿元以上，同比增长 20% 以上。

（三）发展重点

2013 年，湖南省要着力发展提升以装备制造、汽车和优势原材料工业为重点的支柱产业；加快发展以生产性服务业和优势特色服务业为重点的现代服务业；培育壮大以高技术产业和战略性新兴产业为主体的先导产业；发展提升以传统制造业和生活服务业为重点的传统产业；加速发展优质高效现代农业；发展提升以能源、交通、水利等为主的基础产业。

1. 第一产业

加快推进农业现代化。运用现代科技和先进生产方式改造提升传统农业，重点改造提升水稻、畜禽、水果、茶叶、油料、蔬菜、水产、棉麻、竹木、中药材等 10 大支柱产业。大力发展农产品加工，做大做强一批龙头企业和农业品牌，大力发展生态农业、特色农业、休闲农业、城市农业和外向型农业。

2. 第二产业

培育发展战略性新兴产业。重点发展先进装备制造、新材料、文化创意、生物、新能源、信息和节能环保七大战略性新兴产业。改造提升传统优势产业。认真实施"9 + 3"产业调整振兴规划，重点实施"四千工程"，继续壮大机械、石化、食品、有色、轻工、冶金、建材、电子信息 8 个千亿元产业及工程机械、电工电器、汽车 3 个千亿元子产业；继续建设长沙工程机械产业集群、岳阳石化产业集群等年产值过千亿元的产业集群；推进长沙经开区、长沙高新区、株洲高新区等千亿元产业园区向纵深发展。加快华菱、中联等企业向千亿元企业迈进步伐。

3. 第三产业

壮大发展特色服务业。加快发展以长株潭为中心的文化产业，围绕长株潭、大湘西、大湘南三大旅游板块发展特色旅游，大力建设特色旅游县。优先发展生产服务业。突出发展长株潭、湘北、湘西、湘南四大物流区域，重点建设长沙金霞、长沙空港、湘潭九华、株洲石峰等八大物流园区。大力发展交通运输业、邮电通信业、商业饮食业与信息服务业。

四 2013 年湖南产业经济发展的对策建议

2013 年，湖南产业发展将进入全面的转型升级阶段，发展侧重点从总量增长向质量提升转变，增长动力从投资拉动向投资—消费双轮驱动转变。

（一）以体制改革和效能提升为抓手，着力改善产业发展环境

改善产业发展环境是当务之急。省委经济工作会议指出湖南省的发展环境问题仍然突出，要研究制定进一步优化发展环境的具体措施。优化环境是一项需要长期坚持，而又难以立见成效的工作，但这是最基础、最重要的工作，因为只有有了良好的发展环境才能吸引企业、留住企业、积聚企业，打造具有国际竞争力的区域产业体系。2013 年，湖南省可以从体制改革和行政效能提升两方面着手，不断优化湖南产业发展环境。

1. 全面梳理湖南投资—创业—经营环境，对各地区开展产业发展环境评估

开展全省性的投资—创业—经营环境摸底整治工作，组织专家和职能部门研究建立湖南发展环境评估体系，建议评估体系中引入公众/企业打分机制，并对各地区、各部门开展发展环境年度评估，发布发展环境指数，实行公开通报。将发展环境评估指数纳入考核体系，作为各级政府和各部门的工作重点之一，并与主要负责人的绩效考核挂钩。

2. 推进法治湖南建设，形成公平透明可预期的产业发展环境

深入实施《法治湖南建设纲要》，创造公开、公平、公正、可预期的法治环境。按照《湖南省行政程序规定》《湖南省规范行政裁量权办法》《湖南省政府服务规定》三部省级法规推进行政环境优化，减少审批事项、提高办事效能、建立服务型政府，切实为产业发展提供一个优良的政务服务环境。树立司法系统的权威，建立起以快速反应为主要内容的全方位服务企业发展的工作机制，对企业发展利益诉求快速受理，对影响企业发展环境的刑事案件快速打击，对事关企业生存发展的民商事案件快速调解、快速审结、快速执行，对关系当地发展的大企业、大项目快速服务，对知识产权快速保护，并逐一规定办理流程与完成时限，确保企业和当事人平等享受到快速有效的法律保护和法律服务。

3. 加快电子政务建设，以信息化手段推进政府流程再造

完善和推进湖南省网上政务服务和电子监察系统建设，通过信息化流程再造倒逼政务公开透明高效。进一步加大应用系统整合力度，加强顶层设计，在完善

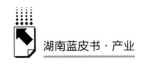

保障体系的基础上，实现湖南省电子政务由技术创新服务中心向政务创新服务中心转变；电子政务理念由以政府为中心向以服务对象为中心转变；信息资源由分散独享向集中共享转变；网上服务由粗放向精细转变；发展模式由单一集约化向复合集约化转变等。

（二）以信息化渗透为关键，抢占第三次工业革命发展先机

第三次工业革命浪潮已经在全球掀起，其本质是信息技术向各领域深度渗透形成的低碳生态发展模式，其核心是信息网络与新能源的有机结合。我国高度重视信息技术对经济社会的推动作用，十八大报告第一次将信息化与新型工业化、新型城镇化、农业现代化并列"四化"，提到新的高度。湖南应加快信息技术向各个产业，特别是新能源产业的渗透，以数字湖南建设为载体，抢抓先机，实现新产业的率先布局。

1. 借助数字湖南建设契机，推动数字衍生产业发展

数字湖南和智慧城市建设主要涉及四个技术层面，第一层主要是分布于城市各处的 RFID、传感器、二维码等传感及控制技术形成的物联网络；第二层主要是实时准确传送信息的电信网络；第三层则是对接收的海量数据进行处理的云计算平台；第四层则再次将数据传送至终端各个智能系统的应用网络。各技术层面都依附着大量技术型公司及新兴细分产业，涉及的行业众多，产业链布局也较为复杂。湖南省应该加快研究相关的产业布局，并出台一系列优惠政策鼓励数字应用的产业化，引进国内外企业到湘发展，鼓励本土软件企业和电信运营商深度参与新兴产业的培育与发展。

2. 加强对智能电网、太阳能装备制造、风能装备制造、储能新材料、可持续建筑、3D 打印等行业的扶持

湖南在新能源、信息、新材料和先进制造等方面均具有一定的技术和产业优势，应抓住机遇，率先布局第三次工业革命相关产业，着力打造以威盛电子为首的智能电网产业集群；以中电 48 所为首的太阳能光伏产业集群；以湘潭电机为代表的风电装备制造产业集群；以比亚迪、时代新材和科力远等为首的储能产业集群；以远大住工为代表的可持续建筑产业；以华曙高科为代表的 3D 打印产业集群。结合"两型"社会综改试验区建设，争取成为第三次工业革命的试验区，成为中部乃至全国的新兴产业发展高地。

（三）以"产城融合"为支撑，优化区域产业布局

湖南近年来城市化进程滞后于工业化，需要加强新型工业化与新型城镇化的

互动发展，使城镇化发展与产业转型升级协调联动，推进产业园区化、园区城镇化、城镇组团化、产城一体化、产城集群化，走出一条产城融合发展的新路子。

1. 构建与城镇化相配套的产业体系

城镇化推进取决于两个能力：一是城市产业对富余劳动力的吸纳能力；二是城市配套对转移人口的承载能力。前者需要工业化的不断推进，形成具有竞争力的工业产业体系；后者需要城市配套服务业的发展和壮大。坚持产业驱动，在产业发展基础上建设城镇，增强城镇的经济实力，实现新型工业化和新型城镇化的协调联动。优化城市产业布局，加快发展优势产业和特色产业，发展壮大县域经济；优化产业承载地及其发展环境，发展低碳经济，带动产业"两型"化发展；将新型城镇化发展新政策与"四千工程"发展新举措结合起来，加强土地节约集约利用，加快配套企业发展，加快产业做大做强。

2. 围绕产业发展规划新型城镇化

围绕产业的基础配套和发展布局，形成科学的城市交通网络和明确的城市功能分区。围绕交通条件和产业发展推进新城建设，为产业发展留足空间。同时配套建设完善的商贸和公共服务设施，努力建设城市新区，拓展城市发展空间。加强重点市政项目特别是重要交通道路、节点工程建设的统筹协调，加快项目建设进度，确保项目建设质量，彻底解决城市干道交通"瓶颈"问题。

3. 形成以长株潭都市圈为中心的产业极核

根据主体功能区发展思路，结合湖南"大城市不强、小城市偏弱"的现状，湖南省应着重引导大都市圈做大做强，提升带动力和影响力。首先，着力打造长株潭都市圈产业极核，带动全省经济发展，形成极核辐射效应，重点打造全国文化创意之都、中部综合交通枢纽、区域金融中心、总部经济集聚区、全国有影响力的技术和体制创新区，在先进制造、文化创业、生物医药、高端服务等方面形成具有全国竞争力的产业发展优势。其次，推动长株潭都市圈之外的区域中心城市发展，根据比较优势，有所侧重地占据产业链节点，对接长株潭城市群的同时带动区域产业经济发展。最后，县域小城镇则重在生态保护，加快旅游和现代农业的发展。

4. 打造产城融合互动平台

把园区作为产城融合互动的联结纽带，既建产业园区又建城市新区，将产业园区建设与城市新区建设结合起来。打造各具特色的产业园区，加快工业集中区建设，通过规划引导企业搬入园区，优化布局，围绕园区主业延伸产业链。推动产业园区从单一的产业生产区到城市组团的综合，将产业园区建设成城镇的一个

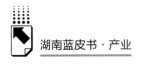
功能区、一个组团，打造现代化产业园区，营造良好的生产生活环境，成为城市的特点、亮点、增长点，形成湖南发展新优势。

（四）以战略性新兴产业发展为重点，打造两型产业体系

战略性新兴产业是新兴科技和新兴产业的深度融合，代表科技创新和产业发展的方向。湖南要继续加快战略型新兴产业发展，打造现代产业体系。

1. 强化创新体系建设，加强新兴技术对传统产业改造

湖南传统产业比重大，推动全省产业优化升级和高端化发展，急需运用高新技术和先进适用技术改造提升传统产业。加强实施战略性新兴产业重大技改专项，加快重点领域产业化和规模化进程。落实《湖南省首台（套）重大技术装备认定及奖励实施办法》，落实战略性新兴产业领域企业享受引进技术设备免征进口关税、国家支持发展的重大技术装备进口关键零部件免征关税和进口环节增值税等优惠政策。加强科技成果转化力度，加强企业与科研院所的合作力度，鼓励和支持企业以多种方式与科研院所联合建立科技创新机构，加快建立一批省级以上的重点实验室、企业技术中心、工程研究中心、工程技术研究中心、公共技术平台、公共检测平台、科技信息共享平台、技术产权交易平台。充分发挥环长株潭地区科技创新的引领和示范作用，重点发挥该地区的科技创新优势，形成对全省的辐射效应，布局上加快向该区域的集中，形成引领示范作用。

2. 重点扶持一批高成长性企业和特色产业基地

把品牌培育作为湖南战略性新兴产业发展的重要抓手，做大做强一批优势骨干企业。精心培育壮大一批现有基础好、潜力较大、势头较强的战略性新兴产业企业和集团，培育成自主创新能力强、主业突出、掌握核心关键技术、拥有自主知识产权和品牌优势、产品市场占有率及主要经济指标居全国领先，在国际上有一定影响力的骨干企业。鼓励战略性新兴产业企业争创中国驰名商标、名牌产品，促进提升品牌市场竞争力和品牌价值。完善孵化平台，扶持成长型中小企业加快发展。支持孵化器基础设施建设和专业技术公共服务平台建设，设立孵化器种子基金和创业引导基金，在科技型中小企业培育计划中安排一定额度，优先支持孵化器内的初创企业。以产业链打造为核心，引进和培育形成集聚效应。以产业聚集基地为纽带，大力推进技术创新联盟的建设，促进跨行业技术交流。鼓励产业链上游的知识创新、技术创新和应用开发，集中建设一批研发平台、检测平台、信息平台、培训平台，为产业聚集成长创造条件。以新型工业化示范基地为平台，推动战略性新兴产业发展壮大。

3. 组织实施新兴产业产品应用示范工程

加强新能源并网及储能，新能源汽车等领域的市场配套基础设施建设，建设一批 LED 节能产品应用示范城市、应用示范园区和应用示范街道。鼓励绿色消费、循环消费、信用消费，支持企业大力发展有利于扩大市场需求的专业服务、增值服务等新业态，积极推行合同能源管理、现代废旧商品回收利用等新兴商业模式。引导社会投资和社会消费向战略性新兴产业倾斜。在环保、生物医药、基础设施建设、公共交通等领域制定有利于推广使用新能源、新技术、新工艺、新创意、节能环保产品的价格体系，引导社会投资和社会消费向七大新兴产业倾斜。将具有自主知识产权的新兴产业产品列入政府采购目录，加快建立政府补贴和重大建设项目工程采购制度，支持创新药物优先进入医疗保险和公费医疗药品目录。制定和完善新兴产业的标准体系。引导湖南战略性新兴产业企业采用国家标准和国外先进标准，并在重点和先进领域率先开展标准体系建设，形成具有全国领先价值的湖南标准体系。例如，探索数字湖南标准体系建设，为全国信息化发展提供标准化示范。

（五）以流通产业和消费品工业为着力点，提高消费贡献率

受制于不完善的流通体系和积弱的消费品工业，消费对湖南经济的拉动作用还未充分发挥出来。湖南省商贸流通服务业发展不足，流通成本偏高，极大地影响了扩内需政策对经济的拉动效果。消费品工业偏弱的产业格局也使得本省释放的有效需求成为外省经济增长的动力，而对本省经济拉动力有限。

1. 加强资金支持力度

一方面，明确商贸流通服务业公益性性质，加大省级财政预算支持内贸流通的资金规模，并按照财政收入增长和内贸规模增长速度同比增长。重点用于流通品牌培育、城市商业网点建设、连锁经营、电子商务、商品推广、居民服务业、商品储备、市场监管、信息化和公共服务体系建设等，特别是注重公益性、保障市场供应、关系民生等方面的投入。另一方面，加大投资力度改善基础设施。确定商品流通基础设施目录，除政府商品储备库外，将具有公益性特点的农产品骨干批发市场、公共商务与物流信息网（平台）、跨省区枢纽型物流中心和中继性冷藏物流中心、县城和乡镇为农家店服务的中转配送站（中心）、部分社区菜市场，以及商品质量和食品安全检测及追溯体系等，列为商品流通基础设施。选择一批商品流通基础设施项目，由政府投资或牵头建设。

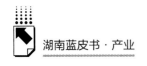
2. 围绕消费品工业发展与壮大，推广湖南品牌产品

将消费品工业发展同商贸流通服务业发展结合起来，推广本地名牌产品，支持本地产品的消费，打造"湘品出湘"工程。一方面加大省内促销。开展节会促销、主题促销、行业促销等活动，帮助湘菜、湘绣、湘酒、湘瓷、湘茶等行业企业扩大知名度。另一方面拓展异地展销。支持本省企业扩大在国内的市场份额，建立省外直销店、展示中心、物流集散中心等；支持湘字号特色产品积极参加省外、境外各类大型展览展示会，鼓励进入国际国内大型零售商的超市、百货店；支持国内大型零售企业在湘组织采购商大会、农商对接采购订货会。

3. 创新多模式业态

加快培育适应新时代发展流通主体，鼓励省内大型商贸流通企业以参股、承包、加盟、收购、托管等方式，快速实现规模扩张，培育出一批竞争能力强的大型商贸流通企业和商业综合体。推进电子商务、电视购物、手机购物快速发展。加强电子商务基础设施、认证、支付、物流、信用等支撑体系建设，扶持各类电子商务信息服务、咨询和中介机构的发展；支持发展社区电子商务、农村电子商务、移动电子商务和电视购物、手机购物等新型电子商务模式。全力加快商业连锁化和特许经营步伐。积极推进连锁经营向多行业、多业态延伸，鼓励本地商贸龙头企业跨区域发展连锁网点，提高流通规模化、组织化程度，扩大连锁业的市场占有率。鼓励发展直营连锁，规范发展加盟连锁。提升统一采购、统一管理、统一核算、统一配送水平，形成一批市场发展潜力大、标准化管理能力强、诚信经营度高的知名商业特许经营企业品牌。

行 业 篇

Industry Reports

Ⓑ.5
打造大湘西国家级文化旅游产业
融合发展示范区的战略构想

湖南省文化体制改革和文化产业发展领导小组办公室课题组

一 打造国家级文化旅游产业融合发展
示范区的必要性和紧迫性

近年来，加快大湘西地区经济社会文化发展，上升为国家战略并确定为武陵山片区扶贫攻坚的重点，成为省委、省政府推进"四个湖南""两型"社会建设的重要组成部分，并成为大湘西地区人民群众的深切期待。大湘西地区因地制宜、突出特色，探索建立国家级文化旅游产业融合发展示范区，其势已成、其时已至。

1. 是践行"美丽中国"理念、加快生态文明建设的重大举措

党的十八大报告提出了建设有中国特色社会主义事业"五位一体"的总体布局，强调"把生态文明建设放在突出地位，努力建设美丽中国，实现中华民族永续发展"。省委、省政府结合湖南省情制定了"四化两型"的总战略，以生态文明建设引领两型社会建设，以长株潭实验区建设带动全省两型社会建设。打造大湘西国家级文化旅游产业融合发展示范区，是湖南"四化两型"建设向纵深推进的重大举措，也是真正践行"美丽中国"执政理念的具体实践。大湘西地区是湖南省不可多得的绿色生态空间,损耗资源、破坏环境的现象却屡屡发生,化工、有色、冶金等工业在经济总量中占较大比重,高投入、高消耗的特征仍然比较明显,如不加快其产业结构调整和发展方式转变,将无法留下这片可供子孙后代永续发展的绿洲。打造国家级文化旅游产业融合发展示范区,树立绿色、低碳发展理念,强化对大湘西生态山水、历史文化、红色文化、民俗文化等的保护与开发,大力发展生态旅游、低碳旅游、绿色旅游、和谐旅游,是尊重自然、顺应自然、保护自然的生态产业安全屏障,是最低限度地降低对资源环境依赖和破坏的重大举措。

2. 是破解扶贫攻坚难题、突出自身特色优势的内生需要

2011 年 10 月,国务院出台《武陵山片区区域发展与扶贫攻坚规划(2011 ~ 2020 年)》,决定把武陵山片区作为今后十年扶贫攻坚的主战场。这是国家扶贫开发战略的重大创新,对于推动大湘西经济社会全面协调可持续发展,具有重大的现实意义和深远的历史意义。从实现全面小康程度来看,2010 年全国为80.1%,湖南为80.2%,而武陵山湖南片区仅相当于全国平均水平的60.5%。按照 2300 元的新扶贫标准,湖南片区贫困发生率比全国高 20.5 个百分点,扶贫攻坚的任务非常艰巨。在这种严峻的形势面前,如果仍旧沿用常态的工作方式来推进武陵山湖南片区的扶贫开发,缩小全面小康社会差距的压力将会更大。为此,要用全新的思维和加快构建大湘西国家级文化旅游产业融合发展示范区等创新强力举措,作为扶贫攻坚的切入点和突破口,通过发挥区域自身比较优势,以促进文化旅游产业融合发展为纽带,以打破行政分割、建立跨区域协作机制为途径,以文化旅游项目扶持和建设文化旅游扶贫示范县(基地)为抓手,形成协同推进、整体受益的良好格局,破解扶贫攻坚这一发展难题,增强大湘西扶贫开发的造血功能和内生动力。

3. 是加快文化强省建设、推动湖南科学发展的力量之源

省委省政府加快实施文化强省战略,把文化创意产业作为全面推进"四化两型"、实现"两个加快"的重要着力点,提出把大湘西打造成湖南文化产业新增长极的战略部署。大湘西是个多元文化交融区域,文化底蕴深厚,文化资源丰富,文化特色鲜明,"神秘大湘西"文化旅游品牌驰名中外,永顺老司城遗址、凤凰区域性防御体系、侗族村寨(通道、绥宁)三处重要世界文化遗产申报有望实现零的突破,怀化大湘西文化旅游产业园等一批重点项目建设稳步推进,环大湘西的文化旅游产业圈已初具规模。据统计,2011 年大湘西地区文化旅游产业总收入达 431.99 亿元,占全省文化旅游产业总收入的比重达 10.44%,占地区 GDP 的比重达 28.7%,逐渐成为湖南区域经济增长的重要一极、文化强省建设的强力支撑、人民群众脱贫致富的重要来源，为加快打造大湘西国家级文化旅游产业融合发展示范区，提供了不可或缺的发展基础与条件。以此为引擎，合纵连横，着力把文化旅游产业培育成引领带动大湘西经济发展的增长型主导产业，最终形成战略性支柱产业，不仅是支撑文化强省建设的内在需求，也是推动湖南科学发展的力量之源，更是大湘西地区经济社会发展实践的现实要求和人民群众的殷切期盼。

4. 是全面提高开放水平，助推区域协调发展的战略选择

近几年来，与湖南相邻的中西部省区，全力谋划文化旅游产业融合发展的战略路径和重大举措，对湖南文化旅游产业发展形成了强烈冲击和挤兑之势。以湖北为例，2011 年，全省共接待国内外旅游者 2.74 亿人次，实现旅游总收入1992.89 亿元，分别增长 29.53% 和36.45%，各项指标均远超湖南；贵州近期公布的《贵州省生态文化旅游发展规划》，计划投资 2 万~3 万亿元，涉及 10 个国家级重大项目、50 个省级重大项目、200 个省级重点项目，力图迎难而上、后发赶超；广西在继续保持领先优势的基础上，提出了着力打造桂东北山水文化旅游、桂东南宗教文化旅游、桂西南养生文化旅游、桂中少数民族文化旅游、桂西红色文化旅游、北部湾海洋文化旅游、南国边关文化旅游、红水河流域奇石文化旅游等系列精品品牌发展战略。正是这种千船竞发、百舸争流的竞争态势，迫使湖南在文化旅游产业谋划上，应着力调整思路、另辟蹊径、屡出奇招、异军突起，全面提高开放水平，强化省际区域协作，通过打造大湘西国家级文化旅游产业融合发展示范区这个平台，作为生态、文化、旅游和经济社会整体协调发展的"国家典范"，抢占发展先机，积极呼应中西部文化旅游产业的快速发展。

二 打造国家级文化旅游产业融合发展
示范区的战略构想

1. 发展目标

依托大湘西特色鲜明的民俗文化软实力和雄厚坚实的旅游产业硬基础，紧抓新一轮西部大开发的政策机遇和武陵山片区连片扶贫攻坚的战略机遇，以旅游促进文化发展，以文化提升旅游内涵，统筹推进大湘西文化旅游产业融合发展。将大湘西打造成世界知名、国内一流的生态文明建设先导区、文化与旅游融合发展的创新区和民族文化展示的核心区。到 2015 年，力争大湘西地区文化旅游产业总收入年均增长 20% 以上，占全省文化旅游产业总收入的比重达 14% 以上，文化旅游产业占区域 GDP 的比重提高到 40% 左右，年接待游客量达 7600 万人次。

区域经济实力显著增强，人民生活水平和幸福指数达到西部地区先进水平，大湘西文化旅游产业主导地位更加凸显，成为区域经济增长的重要一极（发展目标所用指标体系仅限张家界市、湘西土家族苗族自治州、怀化市）。

2. 发展思路

一是推动绿色发展，实现生态保护与产业开发的有机融合。保护好、利用好大湘西山清水秀生态美的独特资源，以生态建设作为推动大湘西经济社会发展的突破口、着力点与创新点，坚持"在保护中开发、在开发中提升"的原则，将生态资源与张家界的奇山异水资源、湘西土家族苗族自治州的民族民俗风情资源、怀化的古城古镇古村资源深度融合，以市场为导向、以企业为主体、以资本为纽带，形成具有大湘西地域特色的生态文化旅游产业。推动大湘西成为以生态建设带动经济发展、以生态产业支撑绿色发展、以生态文明引领和谐发展的"新样本"。

二是推动协同发展，实现特色文化与旅游资源的有机融合。充分发挥文化对旅游的引领作用、旅游对文化的载体功能，加快两大产业之间的融合发展。着力推进重点项目带动战略，着力培育文化旅游龙头企业，着力构建文化旅游产业集群，着力打造具有自主知识产权的文化旅游精品品牌。创新体制机制，整合生态、文化与旅游资源，借助旅游产业发展平台，凸显特色文化资源的经济效益，构建大湘西生态文化旅游一体化发展的内生增长模式，推动大湘西成为全国文化旅游产业融合发展的先导区与示范区。

三是推动创新发展，实现扶贫攻坚与文化旅游的有机融合。将湖南武陵山片区扶贫攻坚战略作为推动大湘西文化旅游产业融合发展的重要契机，把扶贫攻坚的相关政策与推动文化旅游产业融合发展结合起来，把扶贫攻坚的相关项目与推动文化旅游产业融合发展结合起来，把扶贫攻坚的资金支持重点向文化旅游产业融合发展倾斜。以扶贫攻坚促进文化旅游产业融合发展，以文化旅游产业融合发展推进脱贫致富。强化大湘西民族文化基础设施建设和民族文化及自然遗产保护传承，重点扶持民族文化精品工程，重点发展民族工艺品开发，重点培育"神秘大湘西"民族文化品牌，实现扶贫攻坚与文化旅游的有机融合。

三 打造国家级文化旅游产业融合发展
示范区的工作建议

1. 统筹管理，创新机制

文化旅游产业融合发展示范区建设是一项涉及多部门、多层面的复杂社会系统工程，也是大湘西区域扶贫攻坚的战略任务。因此，为了更好地推动大湘西文化旅游产业的融合发展并将之打造成国家级的文化旅游产业融合发展示范区，目前亟须在管理体制和工作机制上做出创新，具体来说，需要在以下几方面发力：一是要加强组织领导和工作协调，借鉴国内省内现有跨行政区划实验区的成功经验和发展模式，打破区域壁垒，加强协调合作，努力走出一条少数民族聚集区科学发展、绿色发展、生态发展之路，为全国乃至世界贫困落后地区脱贫致富探索新路子；二是要构建大湘西文化旅游产业融合发展的管理体制，增强二者融合发展的内在活力和动力，造福广大人民群众，进一步明确示范区区情、战略定位、发展思路及重点任务；三是要完善大湘西文化旅游产业市场的运行机制，结合大湘西区情和基础条件，逐步走出一条"政府主导、市场运作、企业经营、群众受益"的文化旅游融合发展之路。

2. 依托资源，科学规划

科学规划文化旅游产业布局，统筹整合大湘西生态资源和人文资源，是推进大湘西文化旅游产业科学发展的重要基础和前提。为此，在总体规划上，要以党的十八大精神为指导，贯彻落实科学发展观，确保实现文化旅游产业的可持续发展。要正确处理生态资源与人文资源的关系，以生态资源推动大湘西地域文化传播，以人文资源丰富生态资源的内涵，提升文化旅游产业的档次和水平。要正确处理好建设利用与保护传承的关系，使文化资源产生更大的社会效益和经济效益。坚持以国际化标准进行顶层设计，突破现有文化旅游产业融合发展的局限，充分体现规划的科学性和前瞻性。在具体产业布局上，要始终围绕将大湘西打造成世界知名、国内一流的生态文明建设先导区、文化与旅游融合发展的创新区和民族文化展示的核心区这三个战略定位来展开，形成功能明确、融为一体、点面互动、协调推进的产业空间发展格局。

3. 解放思想，放宽政策

各级党委、政府在推进文化旅游产业融合发展进程中，要继续解放思想，敢为人先，积极探索符合大湘西区情的文化旅游产业融合发展的新思路、新政策、新举措。一是要强化对大湘西文化旅游产业融合发展的宏观指导，加大在财政、税收、金融、土地、环境保护、人才等方面的政策支持力度；二是要加快放宽准入门槛，鼓励国内外投资财团、企业集团和本地民营资本投资创办或经营文化旅游骨干企业，建设和经营大湘西重点区域的文化旅游产业融合开发项目；三是要着力在文化旅游企业前置审批限制、文化旅游企业注册登记权限，支持发展连锁文化旅游产业企业、新兴文化旅游产业业态，简化文化旅游企业改制登记手续等

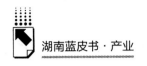

方面做出一些有益探索，适时进行政策性调整，提升为企业服务的能力和水平。

4. 转型提质，项目带动

通过实施精品带动战略，重点推出一批市场潜力大、辐射力强的文化旅游产业融合发展项目、建设一批文化旅游产业融合发展示范县区、打造一批文化旅游产业融合发展示范园区，提升大湘西文化旅游产业融合发展的质量和效益，实现大湘西文化旅游产业真正从"观光型"向"休闲度假型"和"文化体验型"转变。以重点项目带动战略作为推进大湘西文化旅游产业深度融合的有效推手，打造具有区域民族特色的文化旅游产业融合发展品牌，把文化产业的内涵优势与旅游产业的市场优势紧密结合起来。依据大湘西得天独厚的资源禀赋，对文化旅游产业融合的资源进行优化配置，确定区域差异化的发展方向，以避免产品雷同，业态相似。在文化旅游产业融合发展的项目建设中，应与国家《武陵山片区区域发展与扶贫规划》相衔接，形成建设一个项目、推动一片发展、致富一方百姓的良好格局。

打造大湘西国家级文化旅游产业融合发展示范区刚刚开题、任重道远，需要我们深入贯彻落实中央"求真务实、实干兴邦"的要求，面向基层转作风、扎扎实实抓落实，为大湘西地区人民谋福祉，为全省文化旅游产业拓增长，为文化强省"加快建设、走在前列"添贡献。

2012~2013年湖南农业行业发展研究报告

湖南省农业厅

一 2012年湖南农业运行情况分析

2012年，湖南各级农业部门牢牢把握"稳中求进"总基调，克服农业生产成本增加、农产品价格波动、生物灾害和局部自然灾害多发重发等困难，在高基数上再夺农业丰产丰收，保持了农业农村经济稳定发展的好势头。

（一）湖南农业运行情况

1. 粮食总产创历史新高

据国家统计局公布，2012年全省粮食总产达到601.3亿斤，实现历史性突破，比上年（下同）增加13.4亿斤，粮食面积增加42.7万亩，单产增加13.6斤，实现了面积、单产、总产"三增长"。

2. 经济作物提质增效

蔬菜、水果、茶叶、烟草、花卉等稳定发展，棉麻等作物结构进一步调优。预计蔬菜总产3600万吨，订单与规模生产面积比上年增加250万亩，新扩补城镇蔬菜基地10万亩以上；油菜收获面积1805万亩，增加24万亩，总产196.2万吨；棉花面积352.8万亩，减少27.2万亩，皮棉总产33万吨，万亩单产创历史新高；水果总面积827万亩、总产502万吨，其中柑橘面积594万亩、总产440万吨；茶叶面积164.5万亩、总产14.2万吨，茶叶出口额稳居全国第2位。

3. 养殖业生产加快升级

省级以上畜禽养殖标准化示范场发展到410个，部级水产健康养殖示范场102个。畜禽规模养殖大户达36万户，生猪规模养殖比重提高到68.3%。预计全年出栏生猪7900万头（按统计部门预计口径），增长2.2%；出笼家禽6.14亿羽，增长3.6%；水产品产量220万吨，增长10.7%。

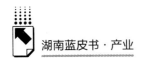
4. 农业产业化水平显著提升

农产品加工企业发展到5.1万家，实现销售收入4800亿元，增长23%；实现利润162亿元，增长15.7%。规模以上农产品加工企业达到3120家，省级以上农业产业化龙头企业发展到429家，其中国家级龙头企业47家。大宗农产品加工转化率达到35%。农业产业化组织联结农产品基地4000万亩、农户760万户。休闲农业企业超过4000家，接待游客9800万人次，完成经营收入140亿元，增长25%。

5. 农机农垦事业健康发展

农机化水平不断提高，全省农机总动力达到5300万千瓦，水稻耕种收综合机械化水平提升至59.7%，水稻机插秧面积610万亩，比上年增加310万亩，机插面积居南方稻区首位。垦区经济稳步发展，生产总值首次突破百亿元大关，达到110亿元，增长17%；垦区民生事业扎实推进，实施危房改造4.99万户；垦区现代农业建设成效显著，示范带动作用明显增强。

6. 农民收入持续较快增长

全省农村居民人均纯收入预计达7300元，同比增长11.2%，实现连续九年较快增长。

（二）湖南农业发展特点

1. 科学谋划、宏观指导有力有效

坚持以科学谋划来明确方向、凝聚力量、促进发展。推动出台了全省"十二五"现代农业、农业信息化、环洞庭湖区生态渔业经济圈等发展规划，拟定了粮食、生猪、蔬菜、果茶、农机五大千亿元产业规划，编制了长株潭等重点区域现代农业、高标准农田、新一轮"菜篮子"工程、龙头企业培育、休闲农业和科技创新能力条件建设等规划和方案。以省委省政府名义召开了粮食、农业科技教育、农业产业化、农业标准化等一系列重要会议，出台重要文件，明确目标任务和工作措施。

2. 强化责任、督促落实有力有效

扎实推动粮食生产、蔬菜生产、农业产业化、动物疫病防控、现代种业、农机渔业安全生产、重大项目建设等责任的落实，完善考核奖惩办法，严格检查督促，调动各级各部门积极性，确保各项工作措施落实。特别是在粮食生产和基层农技推广体系改革方面，农业部门反复研究部署，全年召开各类会议专题研究30多次，建立了厅级领导联系市州制度，一个县一个县地反复检查督导，确保粮食生产和基层农技推广体系改革取得历史性突破。

3. 争取政策、落实项目有力有效

2012 年，各级在认真落实农业"四补贴"、产粮产油大县和生猪调出大县奖励等政策的同时，争取各级财政投入大幅度增加。全省共争取种植业、农垦财政投入 39 亿元，增长 29%；养殖业财政投入 19 亿元，增长 17.4%；落实购机补贴资金 10.2 亿元，补贴机具 36 万多台（套）；农业产业化扶持资金由 3000 万元增加到 5000 万元；生猪调出大县奖励资金增长 23%；全国蔬菜产业发展 580 个重点基地县中，湖南有 40 个。

4. 完善体系、科技支撑有力有效

基层农技推广体系改革圆满完成，乡镇农产品质量监管机构建设扎实推进，在全国率先建立了从省到村五级农药管理体系；继水稻、生猪两大产业之后，启动了棉花、柑橘、蔬菜三个省级产业科技创新体系。加强关键技术推广应用，全省主导品种和主推技术入户率达 90% 以上，现代种业、病虫害统防统治、旱作节水农业、外来物种管理等在全国处于先进行列，开展了声势浩大的水稻集中育秧工作，全省集中育秧面积 667 万亩，减少水稻直播 150 万亩以上，省委书记批示"抓早稻集中育秧抓住了关键，抓得早、抓得及时"，农业部 2012 年两次在湖南召开现场会议。

5. 质量管控、防范风险有力有效

构建了覆盖省市县乡并延伸到村组的质量安全监管体系；农业标准化实施面积突破 1400 万亩，生猪标准化养殖规模达 2600 万头；新认证"三品一标"产品 800 多个；强化质量安全监督检测和专项整治；加强农产品产地环境监测管理和农业面源污染治理；2012 年，在农业部例行监测中，湖南的畜禽水产品、蔬菜、水果等检测合格率均居全国前列。狠抓重大动物疫病防控，严格落实强制免疫、疫情监测等措施，全年没有发生区域性重大动物疫情。积极开展农作物病虫害大面积防治，大力推进绿色防控和专业化统防统治，全年共组织完成防治面积 7.7 亿多亩次，确保病虫害损失率控制在 5% 以下。加强灾害监测和预警，科学指导防灾减灾，有效地减轻了灾害损失。

6. 协同配合、综合服务有力有效

深入开展送政策、送技术、送信息、送农资等支农助农活动，切实帮助农民解决生产生活中的实际问题。大力扶持农产品加工龙头企业和农民专业合作组织发展，组织龙头企业广泛开展银企对接、产销对接和招商引资等活动。积极推进规模种养业发展，帮助种养大户协调解决实际问题，全省承租耕地面积 30 亩以上的种粮大户发展到11.6万户。加强农产品供求、价格等信息监测和分析发布，引导农民科学发展生产。开通了"12316"农业信息服务平台，及时为农民提供信息技术咨询服务。加强农产品营销促销，广泛组织参加各类农业展会活动，在长沙市启动了蔬菜直销店建设试点。组织开展了农资打假、农产品质量安全等多类农业执法行动，查处各类违法案件3000余起，为农民挽回经济损失上亿元。

（三）湖南农业发展的亮点及困难

2012年，湖南农业农村经济发展成就显著，各项工作齐头并进，亮点突出：粮食总产量第一次突破600亿斤大关；农民人均纯收入第一次突破7000元；双季稻面积是全国唯一一个连续九年增加的省份；在全国第一个大面积推广水稻集中育秧；在全国率先实施农业标准化整市推进；农作物现代种业走在全国前列，商业化育种成为全国的一面旗帜；创新农机购置补贴办法，实行全价购机、县级结算、直补到卡，提高了资金使用效率。但总的来看，也存在不少问题，面临着一些困难和挑战。一是气象灾害和生物灾害呈偏重发生。上半年长时低温阴雨和多轮暴雨，给油菜、早稻生产带来了一定影响，水稻病虫害发生也明显重于常年。二是部分农产品价格下行压力大。2012年，国内主要农产品市场持续走弱，生猪价格持续下滑、棉花价格大幅下挫，给农民增收带来了冲击。三是宏观经济环境影响不容忽视。国内经济下行压力较大，部分劳动密集型企业经营困难，农民工就业规模和工资水平增速出现双下滑迹象，农民收入持续快速增长难度加大。四是农业生产进入高成本阶段。生产资料和人工成本都呈较快增长态势，农业生产的比较效益仍然偏低。

二 2013年湖南农业发展面临的形势分析

当前和今后一个时期，我国工业化、信息化、城镇化、市场化继续深入发展，宏观经济环境继续发生深刻变化，农业农村继续发生深刻变革，农业发展面临诸多新挑战。

（一）湖南农业发展面临的挑战

1. 保障国家粮食安全和重要农产品有效供给面临新挑战

我国农产品需求持续刚性增长，主要农产品供给已转为总量基本平衡、结构性紧缺。随着农业进入高成本阶段，农业比较效益持续下降，调动农民务农种粮积极性任务艰巨。同时，消费者对质量安全的要求越来越高。今后，确保农产品总量平衡、结构平衡、质量安全的压力越来越大。

2. 广辟增收渠道、促进农民收入持续较快增长面临新挑战

党的十八大提出，到2020年城乡居民收入比2010年翻一番，每年需实际增长7%左右，在目前农民增收基础还不牢固、长效机制还未建立的情况下，实现这个目标有一定难度。一是加快转变农业发展方式、促进农业可持续发展面临新挑战。随着工业化、城镇化快速推进，耕地刚性减少，农业生产废弃物对生态环境的影响，化肥、农药、农膜过量低效使用造成的面源污染和土壤退化，畜禽养殖和农村生活垃圾造成的污染日益凸显，加快转变农业发展方式刻不容缓。二是培养新型职业农民、保证农业发展"后继有人"面临新挑战。农村劳动力大规模转移就业、农业劳动力数量不断减少、素质结构性下降等问题日益突出，农村留守人员以老弱病残妇幼居多，占农民工总量60%以上的新生代农民工不愿回乡务农。今后谁来种地、如何种好地形势严峻。三是建立城乡要素平等交换关系、推动城乡发展一体化面临新挑战。城乡要素交换不平等、资源配置不均衡，农村资源大量、廉价流向城市，公共投入投向农村数量、比重偏低，农村公共服务严重滞后。

（二）湖南农业发展面临的机遇

1. 中央强农惠农政策持续利好

党的十八大、中央经济工作会议、中央农村工作会议提出，要推进"四化同步"，到2020年全面建成小康社会，明确提出把城乡发展一体化列为解决"三农"问题的根本途径；要着力促进农民增收，保持农民收入持续较快增长；要构建集约化、专业化、组织化、社会化相结合的新型农业经营体系。把夯实农业基础，保障农产品供给摆上重要位置。特别强调2013年农业农村工作要"保供增收惠民生、改革创新添活力"，要确保粮食等重要农产品再获丰收，确保农民收入增长势头不减弱，继续改善农民生产生活条件，进一步消除制约农业发展的体制障碍，激发农村发展活力，并将继续加大对农田基本建设、农业科技、新型经营主体的投入。这些新政策新动向，为农业农村经济发展带来了新的机遇。

2. 各级重农抓粮意识不断提高

从中央到地方，各级高度重视农业和粮食生产工作，书记省长等主要领导亲自研究部署，把粮食生产作为一件丝毫不能放松的头等大事来抓。全省各级各部门严格实行行政首长负责制，认真落实各项惠农政策，粮食生产"四项补贴"均提前下拨，充分调动农民生产积极性，全省重农抓粮氛围进一步形成。

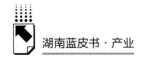
3. 农业工作机制日益完善

强化了责任落实机制，各级把农业特别是粮食生产列为一把手工程，层层落实责任，层层包干负责，并出台了相应的问责追究措施，强化了各级重农抓粮的责任。健全了农业投入机制，各级农业及粮食生产投入不断加大，粮食奖励资金、新增的农资综合补贴资金、专项技术补助资金等用途进一步明确。严格了督促考核机制，省里建立了定期督促检查制度；农业部门坚持厅级领导联系市州责任制，定期督促粮食生产各项重点工作；基层市县也建立完善了相应督察工作机制。同时，还自上而下建立了农产品质量安全监督检测、动物防疫、农机农技服务等多级工作体系，为农业生产提供了有力的服务支撑。

4. 市场供求环境长期向好

各行各业对农产品的依存度越来越高，我国农产品市场特别是粮、肉、棉、油等大宗农产品长期处于紧平衡状态，供需关系稳定，为农产品价格稳中有升创造了条件。同时，农产品市场营销不断加强，农业区域合作、农超对接、农校对接等产销对接形式不断发展完善，大型农产品物流集散中心（市场）、各类专业市场、农产品产地市场等不断健全，为农产品流通打下了较好的硬件基础。

三 2013 年湖南农业工作的发展重点

（一）发展思路

2013 年湖南农业工作指导思想是：认真贯彻党的十八大精神，坚持以科学发展观为指导，按照"四化同步"和城乡发展一体化的总体要求，牢牢把握加快发展现代农业的重大任务，以稳定提高粮食、生猪等大宗农产品生产能力为重点，以推进农业经营体制机制创新为动力，着力强化政策、科技、设施、装备、人才和体制支撑，千方百计稳定粮食生产，千方百计促进农民收入较快增长，确保不发生重大农产品质量安全事件和区域性重大动物疫情，持续提高农业科技进步贡献率和农业资源利用率，巩固和发展农业农村经济好形势，为全省经济社会发展提供有力支撑。

（二）发展重点

1. 加快推进现代农业建设

启动实施环洞庭湖生态经济区、长株潭地区、湘江流域现代农业发展规划。

继续抓好长沙县等 6 个国家级现代农业示范区和贺家山原种场现代农业示范建设。着力打造现代农业产业体系。推进农业生产经营机制创新，大力发展规模种养大户和农民专业合作组织，力争新增承包耕地 30 亩以上的种粮大户 1 万户。支持垦区加快发展现代农业，壮大优势种养业和农产品加工业，抓好危房改造等民生工作。

2. 全力稳定发展粮食生产

力争增扩双季稻 100 万亩、玉米 50 万亩以上，粮食产量稳定在 600 亿斤以上。水稻集中育秧大田面积突破 1000 万亩，其中早稻集中育秧不少于 800 万亩。扎实推进做优做强湘米产业工程，在 50 个县建设高档优质稻标准化生产基地 150 万亩。

3. 大力发展标准化健康养殖

力争出栏生猪、肉牛、肉羊分别达到 8000 万头、200 万头、750 万头，出笼家禽 6.5 亿羽，牛奶产量 6.5 万吨，禽蛋产量 110 万吨，水产品产量 235 万吨。全省生猪规模养殖比重达到 70%，标准化规模养殖比重达到 38%，水产健康养殖比重达到 35%。全省畜禽标准化规模养殖示范场基本实现无害化处理和达标排放。

4. 推进经济作物优结构提效益

力争蔬菜播种面积达到 2000 万亩，确保 14 个市州三年新扩 30 万亩蔬菜基地的任务 2013 年内全面完成。油菜播种面积稳定在 1850 万亩以上；棉花稳定在 340 万亩以上；水果总面积达到 780 万亩，其中柑橘 570 万亩左右，优质果率、商品化处理率和品牌覆盖率进一步提高；茶叶面积达到 170 万亩，名优品牌茶叶产量、产值稳步提升。苎麻、蚕桑、中药材、烟草等稳定发展。

5. 加快发展农村第二、第三产业

大力发展农产品加工业，确保全省农产品加工业销售收入、省级以上龙头企业销售收入分别增长 20%、22% 以上，各类农业产业化经营组织安排农民就业人数新增 10%。休闲农业重点抓好 10 个示范县、100 个示范镇和 500 个示范村建设，实现经营收入增长 25% 以上。

6. 大力推进农业科技创新

推广超级稻面积 1500 万亩以上，粮油高产创建规模突破 1500 万亩。杂交水稻制种面积 40 万亩以上，建好 10 个标准化种子区试基地。努力提高农业机械化水平，主要农作物综合机械化水平提高 2 个百分点，水稻综合机械化水平达到 63% 以上，全年推广插秧机 8000 台以上，在 70 个县开展机插秧示范，力争全省水

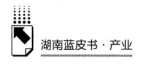

稻机插面积突破 1000 万亩，水稻机插率提高到 15% 以上。深入开展农民教育培训，分专业集中轮训乡镇农技人员 8000 人次以上，培训农村劳动力 24 万人次。

7. 切实保障农产品质量安全

确保蔬菜等农残超标监测合格率 96% 以上，畜产品、水产品合格率分别达 99%、98% 以上。重大农资案件执法查处率达到 100%。培训省市级农产品质量安全监管人员 3000 人次以上。省级制定水稻、茶叶等农业技术规程和产品分级标准 50 个。全年新认证"三品一标"农产品 800 个。

8. 强化农业生产基础支撑

扎实推进高标准农田和耕地质量建设，推广测土配方施肥 8800 万亩以上，完成绿肥播种面积 1000 万亩，推广节水农业技术 4800 万亩。建设 120 个农村清洁工程示范村。集中铲除 100 万亩以上重点外来入侵物种。重点扶持畜禽原种场、种公畜站、精液配送站和水产良种场建设，加强畜禽遗传资源保护，力争全省生猪人工授精 630 万胎次以上，完成池塘标准化改造 20 万亩，新增人工种草面积 45 万亩，改良天然草地 30 万亩。

9. 努力拓展国际国内两大市场

加强农产品市场监测和信息收集、发布。积极组织形式多样的产销对接活动，发展农业会展经济，拓展农产品销售渠道。加强农业对外交流与合作，积极做好利用外资工作，实施好农业援外项目。努力确保大宗农产品产销两旺、价格平稳，力争农产品出口额增长 10% 以上。

10. 扎实推进依法治农护农

加强农业立法和普法，广泛开展农业政策法规服务。加强农业执法示范窗口创建。抓好乡镇执法机构建设，争取 3 年内实现乡镇机构设施装备全覆盖。深入开展农资打假专项整治，严厉打击违禁使用高毒剧毒农药和兽药、渔药以及滥用添加剂行为。加强农业资源与环境保护执法、农产品质量安全执法、农业知识产权保护执法和农业转基因监管。深入开展"放心农资下乡进村"活动，构建放心农资销售主渠道。

四 2013 年湖南农业发展的对策建议

（一）切实加大行政推动力度

要不断完善重农抓粮工作机制，加大争取支持、协调配合的力度，加强督促考核，巩固上下联动、齐抓共管的好局面，进一步推动粮食生产行政首长负责制、"菜篮子"市长负责制以及动植物疫病防控、质量安全监管、农机渔业安全生产等责任制落实。要进一步加强对各级政府的绩效考核，层层落实工作责任，尤其要强化县、乡政府重粮抓粮的责任，形成各级党委政府主要领导亲自抓、分管领导牵头抓、相关部门协调抓的工作格局。各级农业部门更要全面动员、全力以赴，把扩双增面计划、高产创建示范、关键生产技术等落实到位。继续实行厅级领导联系市州制度，开展经常性的检查督促，完善标兵县、先进县考核办法，确保工作责任落到实处。

（二）谋划实施重大农业项目

要继续围绕全省现代农业发展的中心任务，加强农业战略研究和规划编制，精心谋划和积极争取项目，抓好项目资金监管和财政支农政策落实，争取大幅度增加农业生产投入。要力争国家农业项目一般有 1/20 以上的比例落户湖南，省市县各级财政对农业的投入有明显增加。要通过大力实施农业项目，构筑强有力的基础设施、科技进步、农机装备、质量安全、市场信息等现代农业建设支柱。

（三）加快农业组织和制度创新

在坚持和完善农村基本经营制度的基础上，强化农业公益性服务，着力培育新型农业经营主体，构建集约化、专业化、组织化、社会化相结合的新型经营体系，增强农业发展活力。重点要完善"五个体系"。一要完善农业基础支撑体系。2013 年着重推进基层农技推广机构条件建设，增强农技推广服务能力。二要完善现代农业产业体系。加快推进优势特色农业产业发展，优化农业生产布局，提升产业集聚效应；大力发展农产品加工业，推动农产品加工业向园区化、集团化、集群化和国际化方向发展。三要完善新型农业经营体系。引导农村土地承包经营权依法有序流转，发展多种形式的适度规模经营，加快培育新型经营主体，提高农业组织化程度。四要完善农产品市场体系。科学布局农产品产地市场体系，建设好一批区域性产地市场和农村"田头市场"。大力发展现代流通方式、新型流通业态和农业会展经济，积极发展连锁经营和电子商务，推广"农超对接""农社对接"等直供直销模式。五要完善新型农业社会化服务体系。鼓励支持经营性组织参与良种示范、农机作业、抗旱排涝、统防统治、产品营销、农资配送等农业生产服务。

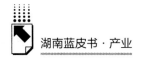
（四）努力提高科技支撑保障能力

要进一步完善省级现代农业产业技术体系，加强基础性、前沿性重大科技攻关，强化自主创新，研究开发一批有自主知识产权的农业新品种、新技术和新工艺，抢占农业科技制高点。加大种业改革创新力度，加快高产、优质、多抗、广适新品种选育，重点抓好超级稻高产攻关。继续抓好重大成果和关键技术推广应用，强化农机农艺结合，重点推广水稻集中育秧、机插秧、病虫害专业化统防统治、测土配方施肥、生猪人工授精、畜禽粪污无害化处理等技术措施。加强新型职业农民培训，重点培训种养能手、农机手、科技带头人、立志务农的初高中毕业生和返乡创业的农民工，确保农业发展后继有人。

（五）强化农产品质量安全监管

认真贯彻落实《国务院关于加强食品安全工作的决定》，持续加大工作力度，扎实推进全程质量管控。要进一步强化监管体系建设，完善县乡两级监管机构和手段。要加强监管制度建设，探索建立诚信体系，推行农产品质量安全承诺。要加快发展标准化生产，健全标准体系，扩大标准化生产规模，深化厅市共建和整建制推进标准化的成果。要深入推进专项治理，重点打击非法使用高毒农药和制售假劣农资、饲养畜禽非法添加"瘦肉精"和兽用抗生素、水产品非法使用孔雀石绿等违法行为。要加强农产品产地环境质量安全监测监督，抓好农药等投入品管理，强化"三品一标"监管，妥善处置质量安全突发事件。

（六）不断提高农业设施装备水平

要突出强化农田基础设施建设，实施好新增粮食产能工程等项目，推进高标准农田建设、中低产田改造和耕地质量提升。大力发展设施蔬菜生产，高标准建设一批城镇蔬菜基地、特色蔬菜基地，实现水、电、路和排灌系统配套。扩大蔬菜、水果、茶叶等标准园创建规模，推进经作产业种苗繁育基地和预冷保鲜等设施建设。加强畜禽养殖、渔政等设施条件建设和更新改造，加大动物疫病防控基础设施建设和良繁体系建设的投资力度。大力推进农业机械化，重点加快实现水稻生产全程机械化，提高油菜、棉花等经济作物生产机械化水平。加强农业信息技术创新集成，开展信息化智能农业试点，完善"12316""三农"公益热线服务平台。

（七）加强资源利用和生态保护

党的十八大提出"建设美丽中国"，推进"绿色发展、循环发展、低碳发展"。这就要求更加重视资源利用和生态保护，大力发展生态循环农业，建设美丽乡村。要切实加强农业产地环境保护，开展土壤重金属污染普查和治理修复试点。要扎实推进农业面源污染防治，推广病虫害绿色防控和节肥技术，改进施药施肥方式，促进农药、化肥科学节用；要高度重视养殖粪污处理，加强规模化养殖场粪污处理设施建设，逐步实现养殖废弃物统一收集和处理。要加强动植物种质资源保护，充分利用地方种质资源打造优势特色产业。要依法推进外来物种管理，深入开展外来入侵生物灭毒除害活动。

（八）大力拓宽农民增收渠道

中央农村工作会议明确提出，要在"收入倍增"中着力促进农民增收，农民收入至少应与城镇居民收入同步增长，并力争超过。保持农民收入持续较快增长，重点是稳定家庭经营收入、促进工资性收入增长。一要立足农业增效促增收，大力发展优势特色产业，优化品种结构，推进规模化、标准化、产业化生产，增加农业经营收益。二要立足拓展市场促增收，加强农产品营销促销，完善生产、加工、流通环节的利益分配机制，使农产品卖得出、卖得起好价钱，让农民从价格上升、产品增值中得到更多实惠。三要立足就业创业促增收，大力发展乡镇企业、农产品加工业和休闲农业，深入实施创业就业培训计划，扶持农民创办小微企业，促进农民就地就近就业。

B.7

2012～2013 年湖南电子信息制造业发展研究报告

湖南省经济和信息化委员会电子通信产业处

一 2012 年总体情况和主要特点

2012 年，在省委、省政府的坚强领导下，全省电子信息产业紧紧围绕加快构建多点支撑产业发展新格局的战略部署，突出大企业培育、大项目建设和产业链拓展，加压奋进，继续保持了近年来的平稳快速增长态势。电子信息产业成为湖南工业领域增长最快、最稳健的产业。

1. 产业增速持续高位，行业效益质量好

2012 年，湖南省电子信息制造业实现销售产值 1258.94 亿元，同比增长 46.2%，增速居全国第 5，比全国行业平均高 33.6 个百分点；总量规模超过安徽省 201 亿元，在全国和中部排位均上升 1 位。工业增加值增速 34.9%，连续 20 个月以上领跑全省各主要行业。利润增速 51.1%，利税总额列中部六省第 2 位，销售利税率居中部六省第 1 位。

2. 龙头企业高速增长，电子百强实现突破

蓝思科技 2012 年销售收入 249 亿元，创造了四年过百亿、五年过两百亿的跨越发展奇迹。衡阳胜添 178 亿元，步入百亿企业行列，成为衡阳市产值规模最大的工业企业。南车时代电气、红太阳光电、科力远电池入围全国行业百强。继 2011 年长沙高新区规模过百亿后，衡阳华新、浏阳经开区跨入百亿园区行列。

3. 外贸出口、项目投资增势突出

2012 年，全省电子信息产品出口增长 75.8%，增速居全国第 7。蓝思科技、胜添精密、欧姆龙电子、台达电子进出口额列全省重点加工贸易企业第 1、第 3、第 6 和第 7 位。500 万元以上项目完成投资 445.5 亿元，比上年同期净增 215.7 亿元，投资额居全国第 8 位；增长 106.5%，投资增速居全国第 2 位。全省新建、续建项目 189 个。富士康（衡阳）工业园、蓝思科技九华基地和栗犁基地、南车时代电气 8 英寸 IGBT 芯片、创芯集成电路 6 英寸晶圆等重点项目扎实推进。

4. 产业对接、科技创新取得新进展

国科微电子、威胜集团牵手世界 500 强，分别与富士通、西门子在长沙成立合资公司。中国电科 48 所获准组建"国家光伏装备工程技术研究中心"。威胜集团"院士专家工作站"正式挂牌运作。南车时代电气轨道交通用 3300 伏等级 IGBT 芯片研制取得突破，填补国内空白，达到国际先进水平。

二 面临的形势及发展预判

通过近年来的加快发展，全省电子信息产业发展成效明显。同时，影响产业持续快速发展的主要问题仍然没有大的改变，如规模总量仍然偏小，优势企业不多，缺少像安徽京东方、河南富士康、重庆笔记本、陕西 12 英寸闪存等投资力度大、带动作用强的大项目支撑，园区、企业、产品、产业链等结构调整没有大的突破，产业支撑服务体系还不健全，全省科技创新优势没有充分转化为现实的产业优势，信息技术渗透、带动、融合特征发挥不够，等等。当前全省电子信息产业正处于突破预期和掉队风险并存的重要关口。

从全国看，在全球经济衰退的外部冲击下，对国际市场依存度高达 55% 以上的电子信息制造业，自 2011 年 9 月起增速放缓，2012 年全年增速 12.6%。国际需求低迷，产品出口下滑，行业投资增速放缓，有机构预测，全国电子信息产业增速放缓还将持续一段时间。

从中西部地区看，近年来，受益于产业转移，中西部省市保持快速增长，成为新的区域增长极。2012 年 1～10 月，中部和西部地区分别增长 30.2% 和 40.0%，仍保持高速增长，但增速比 2011 年同期、2012 年初和第二季度有所回落。一是惠普、联想、戴尔等计算机制造龙头及富士康等代工龙头面向中西部的布局调整基本结束，受国际市场影响，暂无扩大产能计划，使承接地区产业增速正常回落。如四川、重庆增速分别为 31.4% 和 94.1%，比 2011 年同期回落 28.4 个和 117.9 个百分点。二是部分行业如太阳能光伏、LED 进入重要的调整发展期，部分以光伏产业为发展重点的地区出现增速回落。如江西、新疆增速分别为 5.7% 和 16.6%，比 2011 年同期回落 28.4 个和 10.8 个百分点。因此，中西部地区将从超高速增长转向较快增长。

从省内看，全省电子信息产业的快速增长主要得益于多点支撑产业发展战略的深入实施，得益于蓝思科技、富士康等大企业大项目的有力带动，得益于一批

产业转移项目的扎实推进。从 2012～2013 年的增长点看，蓝思科技、富士康还有比较大的增长空间。威胜集团、长城信息、科力远等骨干企业将稳健增长。中电 48 所在当前光伏产业不景气的大环境下，2012 年实现产能的低成本扩张，营业收入突破 70 亿元，是全国为数不多运转良好的光伏企业之一，实属不易。介面光电、宇顺电子有增长，但 2013 年很难达到投资预期。南车时代电气 IGBT 芯片、创芯集成电路晶圆项目 2013 年将建成投产，产能可能要到 2014 年才能释放。从目前掌握的情况看，2013 年全省电子信息制造业将保持 30% 以上的快速增长，但增速较 2011 年的 65.9%、2012 年的 46.2% 会有所回落。

三　2013 年工作思路、发展目标及对策建议

（一）工作思路

以科学发展为主题，围绕多点支撑产业发展新格局战略，以转变发展方式、调整产业结构为主线，以园区基地、骨干企业、重大项目为抓手，坚持集聚发展、特色发展、创新发展、开放发展，乘势而上，推动全省电子信息产业又好又快发展。

（二）发展目标

2013 年，全省规模以上电子信息制造业增长 30% 以上。

（三）对策建议

1. 坚持规模、集聚发展

一是努力保持快速发展良好势头。围绕打造多点支撑产业发展新格局的战略部署，集中更多资源，深入实施"四千工程"，支持长沙等优势地区尽快迈上千亿元台阶，支持湘南三市利用获批国家级承接产业转移示范区的重大政策机遇，承接更多产业转移企业和项目，为扩大总量、改善质量打牢基础。二是加强产业载体建设。重点建设长沙光伏产业基地、长沙信息产业园、长沙星沙、株洲田心、衡阳华新、湘潭九华、岳阳田谷、常德德山、益阳会龙、郴州白鹭、永州凤凰园、娄底太和等 12 个省级电子信息产业园，益阳长春工业园、衡南云集工业园、湘阴工业园等 3 个省级新型工业化（电子信息）示范基地，以及浏阳经济技术开发区、道县电子信息产业园等产业集聚区。三是谋划推进一批重大项目。

加快富士康、蓝思科技、介面光电、国晶硅业、源科高新、创芯电子、南车IGBT、国富通半导体、大唐电信、邵阳超薄玻璃基板等项目建设，打造新的产业增长点。

2. 坚持特色、品牌发展

一是打造一批特色优势产业。支持蓝思科技等企业创建智能触控及电子玻璃新材料产业加快发展，拓展平板显示产业链，打造国家级产业基地。依托富士康项目，吸引配套企业，延伸消费整机及配套产业。依托南车株机所、南车时代电气等，打造从设计研发、生产制造到运行服务的轨道交通电子产业。依托湖南高校、企业在材料领域的学科和产业优势，发展壮大电池及储能材料产业链。发挥中电48所光伏装备和工艺优势，利用国家光伏装备工程技术研究中心创新平台，加强技术攻关，关注国晶硅业、共创光伏等项目建设，理性发展太阳能光伏产业。立足长城信息、威胜集团、湘邮科技等企业优势，发展面向金融、医疗、电力、邮政等行业的应用电子和军民结合产品。二是加大企业品牌培育力度。鼓励企业通过合并、并购等方式，整合资源，集团发展。通过环境营造、机制创新、资本运作等，培育一批管理规范、主业突出、创新能力强、行业影响力大的龙头骨干企业。推动蓝思科技、富士康、中电48所、南车时代电气、威胜集团、长城信息等企业跨越发展。

3. 坚持创新、融合发展

一是加快转变产业发展方式。在争取规模、速度的同时，更加注重发展质量和行业效益的同步提升。通过结构调整、技术人才引进、消化吸收等，鼓励再创新、集成创新和原始创新，建立创新文化，改善创新环境，逐步实现从产业链中低端向产业链中高端，从加工制造为主向硬件、软件、网络、服务融合发展方向转变。二是加快新一代信息技术的研发和产业化。加强产学研结合和产业创新联盟建设，充分发挥科研机构、高等院校的科技资源和企业的资金、市场与生产优势，实现优势互补，突破核心和关键共性技术，加快新技术成果的转化和产业化。推进物联网、传感网、云计算等新技术的发展。三是强化市场应用拉动。充分利用信息化、城镇化建设机遇，大力挖掘电子产品和信息技术应用市场。加强与汽车、工程机械产业的对接，发展汽车电子、工程机械电子产业。支持信息技术企业与传统企业对接合作，推进信息技术和产品在工业各领域的应用，切实推进两化融合。

4. 坚持开放、服务发展

一是加大大项目、大企业、高端创新人才和团队的引进力度。紧盯国际资本和产业发展动向，发挥好区位交通、资源要素、科研创新等比较优势，完善财税、金融、科技、土地等配套支持政策，以龙头型大项目大企业招商带动配套企业跟进，促进产业链和产业集群快速形成。加大对顶层设计人才、精通国际管理和国际资本运作人才和团队的引进力度。二是积极抓好产业对接。深化与三大电信运营商、中国电子、中国电科、大唐电信等央企合作，积极推动信息网络基础设施建设和相关产业发展。积极承接产业转移，服务华为、中兴、惠普、富士通、大唐电信等 IT 知名企业在湘加快发展。加强与台湾地区的交流，促进湘台两地产业对接合作。三是强化要素保障工作。深入开展企业服务活动，精心组织产业产需对接洽谈。结合产业、企业关注的热点、焦点，坚持不懈开展专题调研。积极帮扶太阳能光伏、LED 等产业克服当前困难，渡过难关。搞好信息、人才服务，加快发展职业培训和专业技术人才培养。有针对性地做好重点企业用人、用工、用钱、用电等生产要素的保障协调工作。

2012～2013 年湖南有色金属
行业发展研究报告

宋建民 *

2012 年，湖南有色行业深入贯彻落实科学发展观，按照"四化两型"战略的总体要求，以转方式、调结构为主线，以"稳增长、促和谐"为目标，开拓进取，奋力拼搏，有力地推动了有色产业转型升级工作，各项事业取得了新成效。

一　2012 年湖南有色金属行业发展情况分析

1. 行业发展迈上新台阶

全省有色行业主动适应经济形势变化，不断调整发展策略，保持了平稳健康的发展态势，经济总量和规模迈上了新的台阶：全省有色金属工业完成十种有色金属产量 276.2 万吨，同比增长 8.54%；实现工业总产值 2934.4 亿元（含五矿有色省外部分），同比增长 10.06%，在全国上升 1 位、排第 5 位；完成工业增加值 811.3 亿元，同比增长 16.2%；完成主营业务收入 3529.01 亿元（含五矿有色省外部分），同比增长 11.94%；实现利税 238.4 亿元，同比增长 16.33%，其中利润 119.09 亿元。主要行业发展指标实现新突破，增幅高于全国、快于全省规模工业平均水平。

2. 结构调整呈现新变化

在产品结构方面，铜铝等大金属产量占全省十种有色金属总产量的比例上升至 13%。精深加工产品比重较 2005 年增长 76.8%，达到 32%。其中，钛深加工综合能力进入全国前三，高纯铋项目达产后市场份额将占全球铋制品市场的 60%。在技术结构方面，技改投入达到 349 亿元，同比增长 24.4%。采选冶及深

＊ 宋建民，湖南省有色金属管理局党组书记、局长。

加工的装备水平迅速提升，行业共性和关键技术的攻关和应用取得明显进展。低品位粗铅制取高纯度电铅、高纯超细球状三氧化二铋粉末制备、稀贵金属高效提取及深加工、多金属硫化铋精矿湿法清洁冶金等新工艺、新技术得到有效推广应用。在企业组织结构方面，行业前10家企业的产业集中度由2011年的31%提高到2012年的36%，主营业务收入过亿元、10亿元的企业由2011年的210家、27家分别增加到2012年的220家、30家。五矿有色、晟通科技、湘投金天、金龙铜业、宇腾有色等一批企业发展迅速，实现了规模化、集团化经营。在人才结构方面，高技能型人才培养有了新突破，湖南有色金属职业技术学院正式建院，目前在校人数近3000人。

3. 科研成果再创新佳绩

围绕增强创新发展能力，深入推进自主创新、协同创新，科研取得丰硕成果。中南大学参与完成的《复杂难处理镍钴资源高效利用关键技术与应用》项目，荣获2012年度国家科学技术进步奖一等奖。株硬集团的《网状结构硬质合金及其制备方法》项目，荣获第七届国际发明展金奖和荣誉大奖。《空区预热反向风流及风温联动防冻井技术研究》《复杂联贯地下空区条件下露天强化开采协同技术》等10个项目，荣获中国有色金属工业科学技术奖一等奖。《复杂难采地下残留矿体开采关键技术》《深井循环风水浴丝碳式净化与实时监控技术研究》和《大规格、复杂结构炭阳极生产技术开发与产业化》《氧化钪国家标准》等39个项目，分获中国有色金属工业科学技术奖二等奖和三等奖。另外，2012年全省有色行业还获得湖南省科学技术进步奖一等奖3项、二等奖4项、三等奖5项；湖南省技术发明奖二等奖、三等奖各1项。

4. 资源勘探实现新突破

2012年，以省有色地勘局为主实施的全省有色金属地质勘察工作实现新突破，全年共投入地勘经费3.3亿元，完成钻探总进尺91393米，新发现矿产地5处，预计提交省内资源储量铅锌26.7万吨、锑2.1万吨、钼6502吨、钨2755吨、锡10735吨、金4384千克，创潜在经济价值1500亿元。同时，海外勘察取得重大进展，在澳大利亚、巴西共获得32个自主探矿权，面积达3840平方公里。有色地勘局获得2012年第三届中国有色金属找矿成果奖一等奖2项、二等奖3项；该局二一七队被评为全国模范地勘单位。

5. 循环节能凸显新亮点

深入推进绿色发展，围绕资源节约、环境友好的"两型"发展要求，积极探索低碳、绿色、安全发展新路子。全面完成了行业节能降耗和淘汰落后产能目标任务，综合能耗下降了 3.8%，单位规模工业增加值能耗下降了 17.1%，淘汰以铅锌为主的落后产能 44 万吨，争取中央财政淘汰落后产能补贴 8882 万元。宝山矿业公司、黄沙坪矿业分公司、黄金洞矿业有限责任公司等 7 家企业被列为第二批国家级绿色矿山试点单位。有色金属循环再生经济成为全行业的发展亮点，产值达 960 亿元，同比增长 20%，初步形成了以"长株潭"为核心的有色循环再生产业圈以及永兴和汨罗南北两大再生资源工业基地。为促进循环经济发展科学化、规范化、法治化，2009 年申报的《湖南省有色金属工业循环经济促进条例》立法项目，通过长达 3 年的努力，2012 年入列省立法论证项目，现正积极争取进入立法程序。

二 2013 年湖南有色金属行业发展趋势分析

综观国际国内大势，当前有色工业发展具备不少有利条件和积极因素。一是全球生产要素加快流动重组的趋势仍将持续。世界经济重心加速向亚太地区转移，有利于全省有色行业更好地利用国际资本、技术和人才等生产要素，有利于企业和产品加快"走出去"，全面提升产业国际竞争力。二是全球产业和技术革命方兴未艾。应用需求对创新的导向作用明显增强，技术突破与商业模式创新加速融合，有利于发挥全省有色行业的科教人才优势，推进技术创新和产业升级。三是新型工业化、城镇化为有色产业发展带来强劲动力。2013 年是贯彻党的十八大精神和国家新一届政府的开局之年，是实现"十二五"规划的关键之年，十八大确定了收入倍增目标，新型工业化、城镇化都将强力推进，随着基础设施投资加快、"十二五"国家战略性新兴产业发展规划和节能产品惠民工程的出台落实，对有色金属尤其是有色金属精深加工产品的需求将进一步加大。预计2013 年有色金属工业整体运行环境将好于上年，生产将呈稳定增长的态势，效益状况有所改善。最近又出台了《湖南省战略性新兴产业新材料产业专项规划实施方案》，为有色产业加快发展注入了新的活力。

当前，全省有色工业发展还面临一系列新的风险和挑战。一是世界经济仍处于低迷状态。国际金融危机的深层次影响还在不断显现，经济发展的各种不确定因素仍然较多，特别是国际经济环境仍然充满变数，基本金属产能仍然以过剩为主，价格回升动力仍然不足，有色金属工业面临严峻的考验。二是要素成本持续上升。矿产资源、能源供给日趋紧张，廉价劳动力优势明显减弱，生态环境约束更加强化，企业生产经营成本将持续上升。三是转型升级任务繁重。全省有色工业产业结构不合理、产业集约化程度低、能源和资源消耗强度大、自主创新能力不强等状况未从根本上得以扭转，体制性、机制性矛盾十分突出；在国际市场和要素争夺日趋激烈、国内环境与资源制约日益加剧的大背景下，这些深层次问题将进一步凸显，倒逼全省有色工业加快转型升级，否则有可能陷入被动局面。

三　2013 年湖南有色金属行业发展的对策建议

（一）总体思路

全面贯彻党的十八大以及中央和省委经济工作会议精神，以科学发展为主题，以转变发展方式为主线，以提高增长质量和效益为中心，以调整结构、资源保障、科技创新、改革开放、循环节能、优化服务为重点，努力实现有色工业高端发展、创新发展、绿色发展、持续发展。具体目标是：十种有色金属产量增长8% 以上；工业总产值、主营业务收入、工业增加值增长 14% 以上。

（二）具体举措

1. 突出调整结构，提升质量效益

一要着力推进产业结构调整。要坚持以产品结构为主导，以技术结构、企业组织结构、人才结构为保证，实施全方位的产业结构调整。产品结构调整方面，要在巩固传统优势产品的基础上，着力研发新产品，大力发展精深加工，推进储能材料产业链、高端金属结构材料产业链建设，加快株洲硬质合金材料基地、节能环保新材料产业基地、水口山铜冶炼及深加工基地、汽车轻量化材料及制品研发生产基地建设；大力实施先进电池材料及电池工程、高性能复合材料工程、交通装备关键材料工程。提高产品附加值，延伸拉长产业链，培育新的增长点，打造新的增长极。技术结构调整方面，要进一步加大技改投入，2013 年全省有色行业技改投入增长 20% 以上，力争超过 420 亿元。大力提高行业装备工艺技术水平，加快淘汰落后工艺、技术、装备，全面推广节能、环保、高效的新工艺、新技术、新装备。在企业组织结构方面，提高产业集中度，使行业排名前 10 家企业的产业集中度由 2012 年的 36% 提高到 2013 年的 42%。在支持五矿有色做大做强的同时，重点培育 1~2 家本土龙头企业，支持一批特色民营企业加快发展。在人才结构调整方面，加强企业家队伍、科技人才队伍、高技能人才队伍建设，重点培育一批在行业有较大影响、在全国有较高知名度的优秀企业家。将湖

南有色金属职业技术学院建成省内一流、国内知名的有色金属高技能人才培养培训基地。二要着力推进项目、企业、园区建设。要以项目带动企业、产业发展，科学谋划一批技术含量高、市场前景好、产业关联度大、创新能力强的大项目、好项目，促成在建项目早日达产达效；坚持向管理要活力、要潜力、要效益，引导各类企业加快结构调整、创新运行机制、建立现代企业制度，全面提升科学管理水平，增强抵御市场风险能力；加强园区共建，引导同类企业向园区聚集，促进园区规范化、集约化、特色化发展，重点建好常德、湘潭等新型有色金属产业园区。三要着力推进两化融合。以实现全省有色金属行业信息化与工业化深度融合为目标，通过加强"点"（企业）、"线"（产业）、"面"（地区）三方有机结合和联动，建设"两化融合"示范企业、"两化融合"试点示范工程和"两化融合"试点示范区域，全面、有效、深入地推进和实施"两化融合"。着力推动信息技术的集成应用，提高融合发展能力，加快走新型工业化道路步伐，构建现代产业体系，促进产业结构整体优化升级。到 2013 年底，全行业信息化与工业化深度融合取得明显突破，信息化对有色金属行业转型升级的支撑促进作用明显增强，智能工业深入发展，信息技术在企业研发设计、生产制造、产品流通、企业管理等业务环节得到进一步应用。力争到 2015 年末，全行业信息化发展水平总指数达到 0.8。规模以上企业中，50% 实现管理信息化，20% 实现产品设计研发和流程控制信息化。大中型企业关键工序数控化率达到 75%。80% 中小企业开展电子商务和网络营销。

2. 突出资源勘探，提高资源保障力度

一要加强资源勘探。引进应用新技术、新方法、新装备，以老矿山、大型矿山为重点开展深部边部找矿工作，力争新增资源储量，提高资源控制程度，延长矿山服务年限。以湘西鄂西成矿带、南岭成矿带、钦杭成矿带等重点成矿区带为重点，加强资源勘察工作，尽快实现找矿重大突破。重视稀有、稀散、稀土"三稀"金属的勘察，综合利用宝贵资源，加强全省先进装备、电子信息、新能源等战略性新兴产业的资源保障能力。加大地质勘察投入，建立找矿激励机制，设立海外地质勘察资金。争取中央、省市各级财政支持，推动市场化运作，引导、支持社会资金开展商业性矿产资源勘察。二要加强资源控制。鼓励有实力的企业和专业地质勘察队伍以多种形式"走出去"开发资源，以钨、锑、铅锌、铜为重点，建立以新疆、西藏、青海等省份为重点的西部资源基地；以蒙古国等周边国家及澳大利亚、巴西、赞比亚等国为重点，以企业为主体，政府扶持建设境外资源基地，形成多元稳定资源供应格局。三要加强资源整合与保护。继续深入开展矿业秩序专项整顿和"打非治违",联合地方政府严厉打击乱采滥挖、超深越界开采行为,坚决关闭资源浪费严重、安全隐患大的小矿山。与此同时要坚持政府引导、市场运作的原则,综合运用经济、法律和必要的行政手段,推动资源向投资规模大、技术水平高、市场前景好和实施深加工的大企业、大集团集中,提高优势企业资源保障能力。鼓励优势企业整合重组中小企业,支持冶炼企业和深加工企业与规模较大的矿山企业进行整合重组或相互参股,增强抵御市场风险能力。

3. 突出科技创新,提升核心竞争力

一要强化行业共性关键技术攻关。大力推进自主创新和协同创新,依托省内高校、科研院所和企业,选择重点领域,积极研究开发行业共性关键技术,开展联合攻关。增强原始创新、集成创新和引进消化吸收再创新的能力,突破制约行业发展的技术瓶颈。力争在铅锌、钨、锑、铋深加工以及钛、铝、稀土新材料等重点领域实现突破。重点支持找矿理论、提高回采率、资源综合利用、新材料开发和湘江流域重金属污染治理等新技术和装备的研究,研发一批有色金属采选冶、再生有色金属预处理、熔炼、节能环保技术装备。二要加强先进装备和技术的推广应用。以装备和工艺技术升级为主线,加大对关联度高、应用面广、先进适用的装备和工艺技术的推广力度。以大型挖掘机、高压水射流设备、大型浮选机和高精度轧机、大断面及复杂截面挤压机等为重点,推进有色金属采选、冶炼及深加工设备高端化、自主化。按照《新技术推广与落后技术淘汰指南》,加大对采矿工艺与设备、选矿工艺与设备、冶炼工艺与设备、加工工艺与新材料、资源综合利用、环境保护、再生资源综合利用、金属尾矿综合利用、冶炼"三废"处理等九大方面166项新技术的推广力度。建立高新技术信息库,及时在行业内发布高新技术成果,促进新技术转化、新产品产业化。三要提升技术创新平台水平。加强大学、科研院所、重点实验室、企业技术中心等创新平台建设。重点支持国家金属矿产资源综合利用工程技术研究中心、先进储能材料国家工程研究中心、硬质合金国家重点实验室、稀土能源材料湖南省工程研究中心建设,加快组建高性能轻合金材料国家重点实验室和湖南省有色金属质量控制与技术评价中心。重点支持产业技术创新战略联盟和校企联盟,大力支持有色金属钨及硬质合金产业技术创新战略联盟、高性能交通用铝型材产业技术创新战略联盟的发展,组建湖南省先进稀土材料与清洁平衡利用产业技术创新联盟。加快形成以市场为导向、企业为主体、产学研相结合的技术创新体系,加强产品创新、品牌创新、产业组织创新、商业模式创新,增强企业发展内生动力。四要大力推进科技成果产业化。大力培育和发展科学技术市场，加强产学研结合，加快推进科技成果产业化。举办 2013 年科技成果交易洽谈会，通过科技成果展示、科研交流、科技项目签约等活动，推动湖南省与国内、国际的先进技术转移、辐射及交易，在长沙建设中部有色金属科技成果交易平台，共同推动科技成果转化和产业化、市场化进程。五要切实加大科技投入。2013 年，通过企业入股、争取政府有关部门支持的方式，建立行业科技发展基金。主要用于对行业共性关键技术攻关项目、重点创新平台建设等进行配套支持，对获得国家级和省级科技成果奖的单位和个人、行业科技工作先进单位和先进个人予以奖励，对新认定的国家级和省级企业技术中心、工程技术研究中心、工程实验室和高新技术企业予以补助。要创新科技投入体制机制，广泛利用社会资金。加强科技与金融的合作，探索利用风险投资基金、企业债券、保险基金等方式，筹集科技投入资金。推动科技型企业引入民间投资、外资等战略投资者或利用国内外资本市场筹集资金。

4. 突出扩大开放，提升产业水平

一要加强招商引资工作。重点配合推动园区招商，积极引导符合产业发展方向、带动性强、成长性好的招商项目向园区集中，促进园区产业集聚和特色发展。重点组织支持行业招商，以重点企业、重点项目为主要招商服务目标，强化点对点、面对面的招商引资服务，帮助企业做大做强。重点加强招商项目资源库建设，精心策划一批有影响、有声势的招商推介活动，力争 2013 年招商引资工作有较大突破，形成招商引资工作的良好氛围。在加强招商引资的同时，积极支持有条件的企业"走出去"，加强与境内外的经贸合作。充分利用"两个市场""两种资源"加快产业发展。二要加强合作重组。积极支持省内有色龙头、优势企业合作重组，形成资源、技术、资金、人才的聚集倍增效应，力争到 2015 年，使有色金属"小巨人"企业实现"产品规模化""技术高端化""生产专业化""经理职业化"的"四化"目标。三要加快发展生产性服务业。大力发展物流服务业、科技服务业、信息服务业、中介服务业、金融服务业、节能服务业、总部经济，力争使行业生产性服务业产值的增速高于工业总产值的增速。争取到"十二五"末，生产性服务业占全行业经济总量的 18% 左右，在全省有色金属行业内形成 1～2 家大型生产性综合服务业企业，培育出 2～3 个对有色金属行业发展有重要促进作用的生产性服务业重要领域，初步建成与有色金属行业新型工业化相适应的生产性服务业体系。

5. 突出"两型"发展，提升产业地位

一要大力抓好节能减排。要以"两型"社会建设及湘江流域重金属污染综合治理为契机，遵循源头预防、过程阻断、清洁生产、末端治理的全过程综合防控原则，加大对重点地区、重点污染企业的整治力度，逐个落实污染排放的总量控制和削减目标。要严格准入条件，限制高耗能、高污染项目上马，按照《新技术推广与落后技术淘汰指南》要求，逐步淘汰铜、铝、铅、锌、钨、锡、锑、稀土、黄金、再生有色金属等方面的落后产能，重点淘汰电解铝及铜、铅、锌落后产能，确保2013年全行业淘汰落后产能98万吨。二要大力发展循环经济。加强对循环经济重点企业、重点园区的规划、指导，以金龙铜业、创元铝业、株冶集团、柿竹园、创大钨业、湖南稀土金属材料研究院等企业为龙头，发展再生铜、再生铝精深加工，综合回收钨、铋、稀土，努力培育一批年产值上百亿元的龙头企业；以汨罗循环经济工业园、永兴县国家循环经济示范园、衡东工业园、郴州有色金属产业园等园区为重点，努力打造几家年产值过千亿元的特色园区。力争到2013年底，全省再生有色金属产量达到106万吨，有色金属循环利用产业产值超过1170亿元；到2015年，产值达到1500亿元；到2020年，将其打造成为产值达到5000亿元的绿色产业。

6. 突出改进作风，提升服务水平

一要强化政策服务。对国家和省里出台的一系列扶持有色工业发展的政策措施，要不折不扣地抓好落实，放大政策效应。同时，要结合省情行情加强产业政策研究，加快完善产业转型升级、战略性新兴产业发展、小微型企业发展等方面的配套政策措施。二要强化科技、信息等服务。加强科技服务机构建设，建立行业科技信息共享数据库，促进信息资源的互通共享。加强行业科研院所建设，打造行业示范性科技服务平台，更好地为行业发展提供技术服务。加强对行业申报科技类项目的组织推荐工作，对重点科技项目实施跟踪服务。进一步加强行业信息、咨询平台建设，办好技术经济信息网站和《信息快递》等信息刊物，为企业提供更多更好的技术咨询、信息服务。加强有色金属学会工作，以活动促交流、促发展、促共赢。切实做好行业的劳动保护、统计分析、标准制定、质量管理、名牌创建、安全生产监管等基础工作、服务工作。三要强化协调服务。要切实帮助企业协调解决经济运行、自主创新、项目申报、政策争取、引进人才等方面存在的困难和问题，为企业提供优质高效的服务，尽力为企业争取和营造优良环境。

B.9
2012～2013年湖南冶金行业发展研究报告

窦成利*

2012年，在省委、省政府的正确领导下，湖南省冶金行管办以迎接和学习贯彻党的十八大为动力，深入贯彻落实科学发展观，牢牢把握主题主线，始终坚持稳中求进的工作总基调，齐心协力，扎实工作，各项工作取得成效。

一 2012年湖南冶金行业运行情况分析

（一）行业发展概况

2012年，全国钢铁行业深陷旋涡之中，外有欧债危机死灰复燃，内有经济增速持续放缓，钢铁主业首现21世纪以来全行业亏损，供需矛盾升级，钢铁企业生存困难。库存高企、资金短缺、销路不畅，一度迫使价格跌至18年前水平，停产、改行、歇业现象屡见不鲜。矿石昔日辉煌不再，煤炭黄金十年终结，钢铁业步入形势最严峻的"寒冬"。湖南冶金工业也面临需求不振、出口困难、价格倒挂、行业低迷的复杂局面。2012年，全省冶金行业完成工业总产值1740亿元，同比下降18%；工业增加值494亿元，同比下降19.6%；粗钢1679万吨，同比下降7.6%；生铁1706万吨，同比下降9.0%；钢材1847万吨，同比下降4.9%；主营业务收入1794亿元，同比下降15.3%，实现利税83亿元，同比下降26.7%；实现利润12亿元，同比下降76.5%。

（二）行业运行的主要成效

1. 抓好行业经济运行分析监测

2012年是冶金行业经济形势最困难的一年，行管办重点加强了行业经济运行

---

* 窦成利，湖南省冶金行业管理办公室党组书记、主任。

分析监测工作。为掌握行业经济运行动态，找准存在问题，反映企业困难，争取相关政策支持，年内，由行管办主要领导带队，深入华菱湘钢、涟钢、衡钢、冷钢、五矿（湖铁）等骨干企业和有关市（州）开展了两次调研，为企业出谋划策、排忧解难、搞好服务。对每个季度行业经济运行情况进行分析研究，掌握运行态势，提出应对措施，形成分析研究报告，为上级部门决策及时提供第一手资料。

2. 抓好重点企业技术改造

2012 年，冶金行业以转变发展方式和产业转型升级为重点，积极推进行业技术改造。行业内重点企业全年完成技术改造投资约 30 亿元，主要重大项目有：华菱安塞乐米塔尔汽车板项目、胜利湘钢 70 万吨钢管项目、湘钢 135 兆瓦煤气发电项目、东方矿业年产 15 万吨电解锰及精深加工生产线项目、武冈循环减排和余热发电项目、永州零陵瑞翔新材料有限公司锰系新材料项目、新晃工业园总计 6 万吨高碳铬铁与硅锰合金技改项目等。

3. 扎实开展节能降耗工作

湘钢大力开展全员参与的"市场倒逼、成本倒推"降本活动，降本指标层层分解。全年生产单位可比成本较上年平均降低 8.66 亿元，各工序能耗较上年降低 1.97 亿元；涟钢深入开展"减债降负、挖潜创效"工作，调整配煤配矿结构，加大非主流低价资源使用量，铁水成本从上年 12 月的 3144 元/吨降低到 2012 年 11 月的 2426 元/吨，净降 718 元/吨，降低成本 0.80 亿元；衡钢以抓好"挖潜增效、完善质量体系、精益生产"三项工作为切入点，推进《衡钢振兴计划》，通过强化冶炼工序控制，提高轧管成材率等措施，实现吨管降低成本 300元；五矿湖铁进一步规范炉台操作，鼓励炉台用好、用足低谷电生产，消化了上年 12 月 1 日电费提价 0.043 元/千瓦时的不利因素，电价、电耗大幅降低，全年预计减少电费支出 2500 万元。

4. 推进行业科技创新

2012 年，围绕冶金结构调整、产业优化升级，加强科技管理，推动企业开展技术创新，加快技术进步，增强竞争力，提供有效服务和及时指导。组织申报了湘钢、衡钢、材料所、长天重工等单位 20 项技术创新等各类科技计划项目，争取政府资金 3000 万元支持。湘钢被确定为省科技厅创新管理方法试点企业，完成的"高强钢直接淬火＋离线回火（DQ＋T）绿色制造关键技术研究""基于氧化物冶金的焊接热影响区组织控制技术开发"两个项目通过省级鉴定；衡钢被省科技厅授牌为省级工程技术研究中心，其"直连型套管的开发与应用""管模用管的开发与应用"通过省科技厅成果鉴定和省经信委省级新产品鉴定。重点企业全年获批专利 50 项。

5. 加强行业服务，增强行业凝聚力

2012 年以来，湖南省钢铁行业受国际经济下滑、国内经济增速减缓、市场需求减弱的影响，出现了企业成本升高、市场需求不足、产品销售下降、经济效益下滑的严峻形势。在钢铁企业生产经营举步维艰的关键时刻，4 月 23～24 日省经信委、省冶金行管办等省直有关部门组织开展了湖南省钢铁产需合作对接系列活动。此次活动对于提振湖南省钢铁企业应对危机、应对挑战的信心，增强省内上下游产业链的合力，提升湖南省产业综合竞争力，产生了巨大的推动作用。6 月 21 日，在长沙主办的钢铁产业合作对接会上，达成购销合同总额 50 亿元，采购钢材 90 万吨。此次对接活动，进一步深化了湖南省钢铁企业与各用钢企业的合作交流，巩固了良好的战略合作关系，也促进钢铁企业加大产品研发力度，提升产品质量，进一步优化和改进服务，努力出精品、树品牌，为尽快走出困境、尽早实现扭亏为盈，为湖南省的经济建设和社会发展再作新贡献。

6. 加快铁合金产业整合重组

近两年，湖南省铁合金产量居全国前 2 位，电解锰产量居全国第 1。但是，湖南省铁合金和电解锰产业发展中的问题逐步显现，产业布局分散，环境污染严重，资源瓶颈制约加剧。为此，湖南省加大铁合金和电解锰产业整合力度，着力改造提升传统产业，推进转型升级，鼓励工艺装备先进化、节能减排清洁化、生产集中园区化，并取得了明显成效。五矿湖铁加大主体工装大型化和节能环保清洁生产力度，累计投入资金 1.78 亿元，先后对 6 台矿热炉进行全密闭升级改造，建设完成了国内第一台（套）装机容量为 1.5 万千瓦时的锰硅合金电炉烟气治理、煤气及余热回收、煤气燃烧发电装置，并配套完善了环保设施，年回收烟尘 7000 吨，减少二氧化碳排放量 10 万吨，实现了铁合金生产清洁循环发展。湘西自治州加快锰产业转型，着力建设国家锰精深加工产业化基地，电解锰企业由 53 家整合至 8～10 家，重点建设花垣城北工业园、吉首河溪工业园、泸溪武溪工业园、保靖钟灵山工业园、湘西经济开发区等 5 个重点工业园区。一批重点电解锰企业将生产线布局于园区，采用了新工艺、新设备和新技术。永州市重点推进锰产业升级，大力培育锰精深加工龙头企业，在培育壮大现有企业的同时，力争一批国家鼓励发展和处于国内外新材料新能源发展前沿的锰加工企业落户零陵区，重点发展精炼锰铁、锰酸锂、四氧化三锰等高新企业，推进锰产业向高技术含量、高附加值领域进军，将锰产业打造成为零陵区的"百亿产业"。邵阳市实施循环减排和余热发电，总投资 4 亿元的武冈鑫冈矿业、星灿矿业铁合金余热发

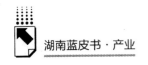
电综合利用技改项目，已在武冈市循环经济工业园开建，将于2013年6月投产。怀化市加强铁合金产业整合，新晃秦箭炉料、向红冶炼、华东硅锰3家铁合金企业，总计6万吨高碳铬铁、硅锰合金技改项目，10月迁建新晃县工业园，预计2013年第二季度竣工投产。

（三）行业运行的主要特点

1. 市场萎缩，合同不足

由于国内外经济增速明显放缓，下游需求不振，企业普遍存在订单不足，生产能力不能充分发挥。

2. 压产限产，控制产量

由于经济不景气，钢材价格大幅下滑，钢铁主业全面亏损。湖南省钢铁企业地处内陆，两头在外，缺煤少矿，运输成本高，压力更加明显。不得不采取限产停产等措施来降低产量，尽量做到少生产少亏损。全年生铁、粗钢、钢材、铁合金等钢铁主要产品产量比上年同期下降了5%~10%。

3. 调整结构，适应市场

在钢铁行业产能严重过剩的大环境下，及时调整产品结构，重点开发和生产高附加值的产品是企业适应市场的必要手段。涟钢DC06、LG960QT与LWB470三大重点研发攻关产品均已进入小批量或批量试制试用阶段，批量供应中联重科、东风汽车等重点客户，X80管线钢在中亚天然气管道建设项目中获得3万吨订单，成功实现批量轧制。全年品种钢开发可完成106万吨的计划，累计创效达1.10亿元以上。

4. 优化出口，开拓市场

衡钢积极调整优化出口布局，积极应对"双反"，保持对中东、东南亚等传统市场的出口，加大对非洲、南美等新兴市场的出口，出口量和出口创汇率保持行业领先水平。利用出口效益好于国内的有利时机，加大境外资源投放量，1~11月出口钢管51万吨，出口占48%；出口创汇6.74亿美元，增长11.4%。

5. 降本挖潜，成效显著

在当前形势下，钢铁企业降本挖潜是减少企业亏损额度、培育企业赢利能力的关键。湖南省冶金企业立足内部挖潜，通过规范制度流程、加强工序衔接与控制、强化资金运营等手段，有效降低了成本费用，取得了显著成果。据统计，4家重点调度的企业通过采取各种降本挖潜措施，全年共降低成本费用16.53亿元。

二 2013 年湖南冶金行业面临的形势分析

2013 年是全面贯彻落实党的十八大精神的开局之年，是实施"十二五"规划承前启后的关键一年，是为全面建成小康社会奠定坚实基础的重要一年。

2013 年全球仍处于应对国际金融危机的状态之中，国际经济形势依然错综复杂、充满变数，真正走出危机仍需时日，世界经济低速增长态势仍将延续，主要经济体总需求仍然疲弱，各种形式的保护主义明显抬头，潜在通胀和资产泡沫压力加大，欧债危机的走向尚不明朗，世界经济已由危机前的快速发展期进入深度转型调整期。我国发展仍处于重要战略机遇期，国内经济运行处在寻求新平衡的过程中。随着国家继续实行积极财政和稳健货币的政策与结构性减税、加速铁路建设投资、加快城镇化建设，2013 年国内经济有望逐步实现平稳温和增长。这对钢铁行业将产生一定的利好影响。虽供给面有产能过剩顽疾的限制，但需求面有铁路建设提速，房地产调控政策持续不放松但继续紧缩可能性不大，总需求有望出现增量。2013 年，钢铁行业运行有望转危为安，缓慢提升。

三 2013 年湖南冶金行业运行的发展目标及对策建议

（一）发展目标

根据省委经济工作会议精神，结合湖南省冶金行业实际，2013 年全省冶金行业工作总体要求是：全面贯彻落实党的十八大精神和省委经济工作会议精神，坚持以邓小平理论、"三个代表"重要思想、科学发展观为指导，紧紧围绕主题主线，以转变发展方式和产业转型升级为重点，以提高经济增长质量和效益为中心，处理好保持冶金平稳增长与调整产业结构的关系，快速提升行业核心竞争力，促进冶金行业又好又快发展。

2013 年冶金行业生产经营主要预期目标是：工业总产值 1850 亿元，比 2012 年增长 10%；销售收入 1850 亿元，比 2012 年增长 10%；利润总额 10 亿元，实现行业扭亏为盈；粗钢 1900 万吨，比 2012 年增长 4%；生铁 1800 万吨，比 2012 年增长 9%；钢材 1900 万吨，比 2012 年增长 4%。

（二）对策建议

1. 千方百计促进行业生产稳定增长

要发挥协同优势，推动供销联动。华菱钢铁集团要充分发挥集中采购与库存共享的整合效应，使铁矿石等大宗物料采购成本达到国内行业平均水平。抓好生产组织，优化高炉炉料结构，强化高炉稳顺运行；发挥新投产项目优势，推进达产达效，培育新的生产增长点。积极推进销售协同，提高省内销量、战略客户销量，优化销售渠道，实现供销两头创效。

2. 加大行业减亏扭亏力度，实现保赢利目标

要强化资金运营，提高资金运行效率。扎实开展减债降负工作，压缩各种金融机构借款，提前归还高利率借款，有效降低财务费用支出。加强企业内部工序衔接和库存管理，积极开展资产清理、盘活存货的工作。降低在制品库存，缩短周转天数，推进库存有序降低，降低资金占用。要立足内部挖潜，实现降本增效。要改善主要技术经济指标，瞄准行业先进水平、平均水平与自身历史最好水平，开展对标挖潜工作。要紧紧围绕各生产工序与采购、库存、销售等环节开展成本管控工作。

3. 加快结构调整，促进转型升级

促进产业园区化、大型化、规模化发展，降低产业发展社会综合成本，引导资源和市场向大集团和优势企业转移，鼓励企业重组集聚，扩大具有比较优势企业的规模，提高产业集中度。加快推进湘潭优质板材、优质高线深加工产业园、娄底高强度汽车板、低铁损高磁感硅钢深加工工业园和衡阳优质无缝钢管深加工集聚区、湖南省新材料产业自治州基地——花垣县工业园锰冶炼产业整合升级、武冈市铁合金循环工业园、吉首市河溪电解锰工业园、零陵区锰产业工业园建设，推进转型升级加快发展。

4. 大力推进节能减排工作

当前，国内钢铁企业陷于困境之中，节能减排地位凸显。节能减排是钢铁工业转型升级、实现可持续发展的关键环节，是一项系统工程，也是企业发展永恒的课题，需要常抓不懈。要继续加大淘汰落后产能力度。在坚持"减量置换"或"等量置换"淘汰落后产能的原则下，推进在有市场需求、水资源、原料、运输、环境容量有保证的市州，实施产业布局调整。要积极实施节能减排技术改造。多方争取国家技术改造专项资金，重点支持一批企业的节能减排技术改造项目。大力推广高温高压干熄焦、干法除尘、煤气余热余压回收利用、烧结烟气脱

硫等循环经济和节能减排新技术新工艺，加强和完善废钢铁综合利用，鼓励发展短流程炼钢，切实推进钢铁工业节能减排。

5. 抓好冶金科研产业新基地工程建设

湖南省冶金材料新的科研产业基地——湖南省冶金材料研究院有限责任公司项目工程建设，经过两年多的奋战，目前已经完成了70%的建设施工量，预计2013年5月完成新基地的建设。要紧张而有序地开展搬迁前准备工作和有关新设备的购置，确保搬迁后顺利投产。新的科研产业基地的建成，标志着湖南省冶金行业科研产业发展有了更高的起点，为做大做强企业、建成在国内冶金新材料领域具有较强影响力的科技型企业奠定良好基础。

6. 圆满完成企业改革扫尾工作

要全力以赴打好直管企业改革扫尾攻坚战。一是要顺利完成将长沙两家关闭破产企业（湖南电梯厂、长沙铝厂）社区留守机构移交当地政府。要加大与省政府有关部门、当地政府衔接的工作力度，在社区留守机构移交人数、移交经费等方面尽快达成共识，力争上半年签订移交协议。二是要加快湖南碳素厂银光大厦、桂阳工贸公司资产移交工作。

B.10
2012～2013年湖南医药工业
发展研究报告

湖南省经济和信息化委员会消费品工业处

一 2012年医药工业运行情况分析

2012年，全省医药工业在省委、省政府的正确领导和各级各有关部门的大力支持下，应对复杂严峻的经济形势，以结构调整为主线，以项目建设为抓手，着重培育重点企业，打造优势品种，促进产业集聚，强化科技创新，生产和效益实现了平稳较快增长，主要经济指标均超额完成年初制定的目标任务。

1. 医药工业运行情况与特点

（1）生产保持较快增长。全省医药规模工业完成总产值620.50亿元，居全国第14位，同比增长25.2%；完成工业增加值193.81亿元，同比增长22.3%，比全省平均水平高7.7个百分点，增幅居全省11个重点行业第2位，比上年提高3个百分点。其中，益阳、永州、娄底、株洲、长沙、湘潭、岳阳等市工业增加值增速超过全省平均水平。

（2）经济效益平稳增长。全省医药规模工业实现主营业务收入579.67亿元，同比增长25.8%，其中娄底、郴州、益阳、永州、湘潭、株洲、长沙等市主营业务收入增速超过全省平均水平；实现利税62.53亿元，同比增长24.0%；实现利润37.31亿元，同比增长28.3%。

（3）大部分医药子行业生产保持较快增长。医药子行业主营业务收入均保持两位数的增长，其中，卫生材料、中药饮片、医疗器械、化学原料药等子行业增速高于全省医药工业平均增速。

（4）结构调整和转型升级见成效。集聚发展态势显现。长沙、岳阳等两市共实现主营业务收入299.33亿元，占全省总额的51.6%，增幅分别为29.7%和28.5%。骨干企业发展较快。全省拥有规模以上医药工业企业296个，比上年增加16个；其中大中型企业44个，比上年增加15个。创新能力加强。新增3家

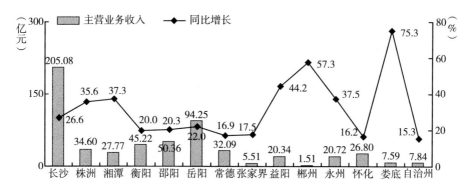

图1　2012年医药工业实现主营业务收入分市州情况

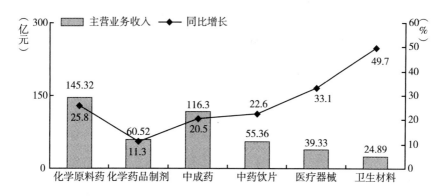

图2　2012年医药工业实现主营业务收入子行业情况

省级企业技术中心，累计达到13家，占全省总数的8.4%。新版GMP改造取得进展。截至2012年底，在123家原料药及制剂生产企业中，有19家企业完成新版GMP改造。

（5）技术改造步伐加快。全省医药工业技改投资完成109.9亿元，同比增长62.6%，增幅比上年提高22.7个百分点。发挥医药专项资金引导和激励作用，遴选36个医药项目作为2012年医药重点技改扶持项目，安排资金580万元，36个项目总投资12.3亿元，预计新增销售收入47.3亿元，培育了新的经济增长点。

2. 存在的主要问题

（1）**药品成本上升价格下降。**新修订药品GMP的强制推行、药品标准的显著提升、电子监管的深入推广、原材料价格的上涨使企业生产成本进一步提升，而价格管理政策使我国整体药品市场的价格持续下降，企业利润空间被严重挤压，产业发展受到制约。

（2）重点企业生产效益下降。据调查，全省 30 家重点企业主营业务收入同比增长 11.6%，比全省平均水平低 14.2 个百分点，其中 19 家企业主营业务收入增幅低于全省平均水平；利润同比下降 5.6%，比全省平均水平低 33.9 个百分点，18 家企业利润增幅低于全省平均水平，其中 9 家企业利润呈现负增长。

（3）受政策影响较大。国家推行"双信封"和"单一货源"基药采购模式，导致生产企业因价格过低而弃标，影响生产和销售。湖南省及外省市区准备实施新一轮县及县以上药品招标采购，地区政策差异较大，企业普遍徘徊观望，生产经营受到影响。此外，《抗菌药物临床应用管理办法》实施后，临床应用分级管理制度实施并量化了限定要求，对湖南省抗菌药物生产企业影响很大，药品销售额大幅下降。

（4）医药企业处于相对弱势地位。医疗机构掌握药品购买的话语权，医药企业面对医疗机构二次议价和回款不及时等问题，出于医疗机构医药市场考虑往往处于谈判的弱势地位。医疗机构普遍存在不按规定要求或购销合同约定时间回款，回款时间推迟几个月甚至半年之久，医药企业周转资金占用严重，影响正常生产运营。

二　2013 年医药工业经济发展趋势分析

1. 2013 年趋势分析

（1）医药行业发展经济环境分析。从国际看，2013 年乃至未来几年，世界经济仍将处于调整期，金融危机的影响呈现长期化趋势，欧洲央行启动 OMT 和美联储推出 QE3 引发的新一轮全球性货币量化宽松政策，将对短期资本流动和物价上涨产生影响，影响医药行业资金投入和运营成本控制。从国内看，一方面，我国仍处于加快发展的战略机遇期，党的十八大报告明确将发展战略性新兴产业和推进新型工业化确定为经济建设的重要力量，由此带来的政策效应将陆续得到释放，医药行业经济环境进一步趋好。另一方面，环境制约加剧、要素成本上升、增长空间受限等问题将影响医药行业发展。从省内看，湖南省将继续坚持把新型工业化作为第一推动力，工业经济结构单一化带来的严峻挑战将深入推动湖南省实施多点支撑战略，为医药行业争取资金和政策支持打下基础。

（2）医药行业发展政策环境分析。从行业扶持来看，国家和省将医药行业列入战略性新兴产业给予重点支持和发展，陆续出台多项扶持政策。国务院印发的《生物产业发展规划》围绕生物技术药物、化学药物和中药提出了行动计划，将进一步提升科研创新能力、质量管理水平和结构调整步伐，促进医药行业持续快速健康发展。从深化医改看，国家深化医药卫生体制改革稳步推进将显著增加财政投入，完善医疗保障体系，推动医药市场扩容，形成行业发展新格局。从标准推行来看，新修订药品 GMP 的强制推行将使行业门槛和质量标准进一步提高，对以中小企业为主体的湖南省医药行业的生存与发展带来冲击。

（3）医药行业发展市场环境分析。从市场容量来看，人口数量的增长、人均收入的提高、健康意识的增强、医保制度的完善、城镇化步伐的加快、人口老龄化的加剧等长期有利因素将继续对医药经济的发展起支撑作用，持续推动医药市场扩容。从市场竞争来看，国内医药市场将进入跨国企业、大型企业、中小企业在不同层次医药市场渗透竞争的局面。跨国企业为应对金融危机带来的需求不旺，将更加重视中国医药市场。大型企业将更加重视科研开发，积极实施兼并重组，提升企业综合实力。中小企业在现行集中招标采购和新修订药品 GMP 强制推行等政策的驱使下，因重复发展导致中低端药品产能过剩，将陷入激烈的市场竞争之中，部分中小企业将在竞争中倒闭或者兼并重组。

2. 2013 年工作目标

力争全省规模医药工业完成总产值 750 亿元，同比增长 25%；工业增加值完成 230 亿元，同比增长 18%。

3. 2013 年工作思路

全省医药行业管理工作坚持以科学发展观为指导，以转变经济增长方式和调整产业结构为主线，以实施新修订药品 GMP 为契机，加大技术改造力度，保障产品质量安全，促进产业集聚发展，培育壮大龙头企业，鼓励企业技术创新，加快培育发展生物医药战略性新兴产业，推动医药工业经济持续健康平稳发展。需重点做好以下四方面工作。

（1）加强运行监测分析。一是贯彻执行医药工业经济运行调度考核办法，健全市州季度经济形势分析和重点企业联系机制，做好年度考核工作。二是加强医药工业经济运行形势研判，把握经济运行中苗头性、倾向性问题，注重研究新情况、新特点、新问题，及时提出对策建议。三是认真做好 2012 年医药统计年报和 2013 年定期报表工作。

（2）加快产业结构调整。一是充分发挥医药专项资金引导激励作用，鼓励运用先进适用技术改造提升医药工业，大力支持新修订药品 GMP 改造项目。二是积极推荐医药企业项目申报国家和省有关专项，继续推进国家中药材扶持项目的遴选推荐和评估验收等工作。三是推动企业技术创新，支持企业加大科研投入开发新技术和新产品，引导有条件的企业建设公共服务平台，鼓励企业与科研院所开展合作共建形成产业技术创新战略联盟。四是推进兼并重组，围绕生物制品、化学药物、现代中药、医疗器械、医用材料、制药机械等重点领域，引导优势骨干企业与同类企业联合，实现低成本扩张，组建大企业集团。五是充分发挥实施新修订药品 GMP 对促进产业升级的积极作用，通过各项政策的协调配合，鼓励先进、淘汰落后、整合资源、抑制低水平重复建设，提升规模化、集约化、国际化发展水平，增强可持续发展能力。

（3）做好企业协调服务。一是协调落实有关经济政策，切实加强政策宣讲，积极推动优惠政策出台。二是主动为企业排忧解难，收集整理企业反映的困难和问题，通过各种渠道与相关职能部门衔接沟通，做好协调服务，解决实际问题。三是做好药品集中招标采购工作，反映企业合理诉求，维护企业合法权益。四是继续开展产业对接活动，认真总结成功经验，创新活动形式，支持企业拓展市场，推介本省企业和产品，扩大省产药品销售。

（4）深化医药储备管理。一是进一步完善医药储备管理及应急管理组织体系建设，抓好应急队伍培训与演练。二是编制医药储备品种目录和储备品种应急目录，确保常态和非常态药品的供应储备。三是定期进行医药储备调度和检查，及时、准确地掌握各储备品种的储备情况。四是确保灾情疫情发生时的用药急需，调剂确保重点品种的市场供应。

三　2013 年湖南医药工业发展的对策建议

1. 强化政策支持

建议尽快出台《加快湖南生物医药产业发展的意见》（已呈报省政府审批），围绕专业园区建设、企业兼并重组、龙头企业培育、科技创新支持等方面提出具体的实施方案。加大政策扶持力度，战略性新兴产业引导资金、推进新型工业化引导资金等各类专项资金要向生物医药产业倾斜，重点支持生物医药结构调整和转型升级特别是新修订药品 GMP 改造项目，推进重点区域、重点企业、重点子行业加快发展。

2. 加大本省企业扶持力度

随着深化医药卫生体制改革的持续推进，药品集中招标采购能否中标及中标价格是否合理已成为药品生产企业生存发展的重要问题。为扶持湖南省医药产业发展，建议运用政府在药品招标采购中的主导地位，认真贯彻落实省政府 2012 年一号文件精神，在政策制定过程中对本省企业给予适当倾斜，在坚持"质量优先，价格合理"的前提下，优先采购本省医药企业重点品种。

B.11

2012～2013 年湖南煤炭行业
发展研究报告

李联山*

2012 年，湖南煤炭行业认真贯彻落实省委、省政府的决策部署，切实履行安全监管职责，扎实开展打非治违专项行动，狠抓瓦斯治理攻坚和隐患排查治理，强力推进兼并重组和淘汰落后产能，深入开展安全质量标准化建设，各项工作取得明显成效。

一 2012 年全省煤炭行业发展情况

1. 煤矿安全生产实现了"四个明显下降"

一是事故总量明显下降，发生各类煤矿事故 73 起死亡 136 人，同比减少 54 起 115 人，分别下降 44.3% 和 46%。湘潭、益阳、华润、宝电实现了安全生产，郴州、衡阳、长沙、永州、湘西煤矿死亡人数同比下降 50% 以上。二是较大及以上事故明显下降，重大事故同比减少 1 起 9 人，分别下降 50% 和 38%，较大事故同比减少 2 起 10 人，分别下降 25% 和 21%。郴州、株洲、永州、湘潭、益阳、长沙、常德、湘西、张家界 9 个市州和华润、宝电以及省煤业涟邵矿区、白沙矿区杜绝较大及以上事故。三是瓦斯事故明显下降，发生瓦斯事故 13 起死亡 41 人，分别同比减少 13 起 84 人，分别下降 50% 和 67.2%，郴州、衡阳、湘潭、益阳、常德、长沙 6 个市州杜绝瓦斯事故。四是百万吨死亡率由 2011 年的 3 降至 2012 年的 1.5，下降 50%。

2. 深化瓦斯治理和利用攻坚，努力提高矿井瓦斯防治能力，有效遏制了瓦斯事故

结合湖南实际，制定了瓦斯防治能力评估实施细则和办法，举办了专题培训

---

* 李联山，湖南省煤炭管理局局长、党组书记。

班。严格评估机构准入和工作程序，深入郴州、娄底、邵阳督察督办，针对瓦斯防治能力评估工做出现的新情况、新问题，出台了补充规定。将全省216处煤与瓦斯突出矿井在《湖南日报》公告，实施停产整顿。召开了2次专题会议，采取坚决有效措施，落实盯守责任人，确保停产到位、整改到位；结合湖南省实际和国家安全生产政策要求，对未通过评估的煤矿实行分类处置。争取国债资金1.8亿元，省政府提高了瓦斯抽采和利用奖励补助标准，有力促进了瓦斯防治工作。全省抽采瓦斯2.4亿立方米，利用瓦斯3000万立方米。

3. 扎实开展"打非治违"推进正规开采专项行动，非法违法生产得到有效遏制

省政府印发了专项行动方案，确定了以"四取缔""四淘汰""四实现"为重点的工作思路，确定了重点整治对象，建立了整治台账，公告了关闭井筒、拆除提升运输设备井筒、地面生产生活设施建设不达标矿井名单。省局先后组织开展了3次专项督察和多次明察暗访，年底组织了检查验收，专项行动取得了阶段性成果。关闭非法反弹矿井14处，关闭设计不予利用井筒162处，取缔解决了28对矿井的非法承包，关闭淘汰矿井10对，淘汰落后产能46万吨。排查治理查处了一大批安全隐患和"三违"行为。坚持将打非治违与推进正规开采工作相结合，660对矿井形成了正规水平、587对矿井形成了正规采区，建成647个正规工作面，695对矿井施行了"三八制"或"四六制"正规作业。

4. 强力推进煤矿安全质量达标建设，努力夯实安全基础

组织召开了全省煤矿质量标准化推进会，分解下达了目标任务，严格考核评级，组织开展省际交流学习，探索达标工作新思路、新方法，注重过程控制。研究制订了推广采掘机械化的政策措施，强力推进采掘机械化。全省643对垂深超50米斜巷的矿井实现了机械运送人员，建成机采工作面28个，5对矿井实现了综合机械化采煤，建成机掘作业线53条，637对矿井岩巷实现机装，735个岩巷掘进头面实现了锚喷支护，537对矿井实现采区内机运，煤矿采掘机械化水平大幅度提高。全省771对矿井达标（其中一级矿井36对、二级矿井146对、三级矿井587对）。

5. 编制审批兼并重组规划方案，为实现煤炭企业兼并重组奠定了基础

省政府多次专题研究煤炭企业兼并重组工作，省煤炭管理局组织召开了专题会议和现场会议，进一步明确了目标任务、政策措施，13个产煤市州全部完成煤矿企业兼并重组规划（方案）编制，省里对实施方案逐一进行了批复，至年底已组建了49家煤业公司（集团），127家煤业（集团）公司正在筹建。

6. 圆满完成调煤保电和煤炭价格调节基金征收任务

2012 年，湖南省电力供应十分紧张，严重制约了经济社会发展，影响人民群众的生产生活。省委、省政府把调煤保电作为保发展、保民生、保稳定的头等大事来抓。全省各级煤炭管理部门和煤矿企业讲政治、讲责任、讲奉献，迅速将思想和行动统一到省委、省政府的决策部署上来，举全行业之力，强化措施，真抓实干，科学组织，在确保安全的前提下，迅速扭转了电煤紧张的局面，全面完成了省政府下达的电煤和煤炭价格调节基金征收目标任务。

二　2013 年湖南煤炭行业面临的形势分析

虽然湖南省煤矿安全生产工作取得了一些成效，积累了许多宝贵经验，但仍面临不少困难、问题和挑战，形势依然严峻。

1. 全面建成小康社会对能源保障提出新要求，对煤矿安全生产压力进一步加大

改革开放头 20 年，全国能源消费翻一番，支撑 GDP 翻两番，21 世纪头 10 年，能源消费翻一番，支撑 GDP 翻 1.4 番，按照这样的能源增长态势，到 2020 年 GDP 翻一番，湖南省能源消费总量将大幅增长。煤炭是湖南省的基础能源，经济社会发展对稳定煤炭产量要求很高，旺盛的市场拉动对煤矿安全生产的压力进一步加大。

2. 经济社会持续健康发展，特别是国家实施安全发展战略对安全生产工作提出了更高要求

当前是煤矿安全生产由稳定好转实现根本好转的关键阶段。一方面，湖南省煤矿灾害十分严重，且随着开采的不断深入，灾害程度会进一步加剧。湖南省煤矿井型小，安全条件差，安全标准低，隐患突出，专业技术人员匮乏，从业人员素质低，安全生产工作的艰巨性、复杂性将长期存在。另一方面，随着社会进步，人民群众更加热切地期盼能够平安健康地享有改革发展的成果，对安全生产的期望和要求会越来越高。

3. 兄弟省（市）进步很大

如果不更加奋发努力，横向比的差距可能会进一步拉大。特别是上年湖南省煤矿事故死亡人数大幅度下降，主要是通过严格监管、人盯人防实现的。湖南省煤矿基础不牢靠，不少煤矿安全生产条件没有从根本上改变，稍有松懈，就会反弹，巩固成果的压力巨大。因此，必须以改革创新精神，积极谋划工作新思路、新举措。

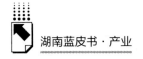

三 2013 年煤炭行业的发展思路和重点举措

做好 2013 年工作的总体要求是：全面贯彻落实党的十八大精神和全国安全生产工作会议及省委经济工作会议精神，以科学发展观为指导，大力实施安全发展战略，坚决落实守盛省长提出的"四个确保"的要求。坚持稳中求降，实干兴安。稳：就是安全生产形势比较稳定的地区和单位要继续保持稳定；降：主要是瓦斯事故、顶板事故和运输事故要降，事故比较多的地区和单位要降。实干兴安，从工作要求上来讲，就是要重心下移、扎实工作，各级煤炭管理部门和煤矿企业的管理人员，特别是主要领导要深入井下、深入班组、深入工作面狠抓落实。

2013 年，要扎实做好以下几个方面的重点工作。

1. 深化瓦斯防治攻坚，全面提升防治水平

湖南省瓦斯灾害特别严重，瓦斯防治始终是煤矿安全生产的重中之重，必须下大力气，毫不松懈地将瓦斯防治工作不断推向深入。一要严格瓦斯"零超限"管理，力求瓦斯事故"零死亡"。要坚持"瓦斯超限就是事故"理念，对瓦斯超限实行"零宽容"，凡发现瓦斯超限的要立即停产撤人，按事故追查处理。凡 1 个月内发生 2 次瓦斯超限的矿井必须停产整顿，1 个月内发生 3 次以上瓦斯超限未追查处理的，应提请地方政府予以关闭。二要坚持多措并举，全面落实先抽后采，实现瓦斯"零突出"。具备开采解放层条件的，必须优先开采解放层，具备开采解放层条件未开采解放层的，要停产整顿、限期整改。所有突出矿井必须按照区域防突措施先行、局部防突措施补充的原则，落实先抽后采，确保抽采达标，切实做到"不掘突出头、不采突出煤、不直接与突出煤层打交道"。三要严格标准，善始善终搞好瓦斯防治能力评估。各市煤炭管理部门要严格按照《湖南省煤矿企业瓦斯防治能力评估实施细则》标准，凡评分在 70 分以下或任何一项必备条件不合格的，一律不得通过评审。省局将对各市通过评估的煤矿 100% 复核，凡存在通风系统不完善、没有实现正规开采、瓦斯抽采不达标、两个"四位一体"防突措施不落实、瓦斯管理不到位，以及机构、人员、装备配备不到位等隐患和问题的，一律停产整顿。四要对没有通过评估的实行分类处置。整改有望的，要督促其整改达标；对于资源较好的，要督促其实现兼并重组后再整改达标；对整改达标无望、短期内难以实现兼并重组的，要采取断电、停供火工产品等措施，确保停产到位。对无法整改达标又不能实现兼并重组的，要坚决予以关闭。五要强化监测监控。要按照监控有效的要求，加强系统维护和管理，该更新的设备要及时更新，煤矿没有专职维护人员的，要与区域监控服务中心签订维护合同。年内，所有煤矿都要实现企业（集团）内部与监管部门监测监控系统联网，并真实、准确、实时传输监控数据。六要强力推进瓦斯综合利用。凡具备条件的，都要建设瓦斯发电站。相关市县煤炭管理部门要认真调研、科学规划，将瓦斯发电站建设项目分解落实到煤矿企业。强化目标管理，要将瓦斯发电站建设与兼并重组、国债资金安排、生产能力核定等挂钩，强力推动瓦斯发电站建设，实现以用促抽、以抽保安、化害为利。

2. 依靠科技进步，促水害防治到位

要强力推行"物探先行、钻探验证、综合治理"三项措施，夯实防治水害基础工作。省属煤矿企业和辰溪、北湖、耒阳、攸县、永兴、桂阳、安化、湘潭、宁乡、石门、新化等水害严重的重点产煤县市区都要组建专业队伍，配备物探设备和大功率钻机，为煤矿企业提供技术服务。煤矿企业要聘请有能力的技术服务机构开展物探技术服务，摸清水害情况，绘制水文地质图，标明积水线、探水线和警戒线。受水害威胁矿井的所有采掘作业都必须在物探控制区域进行。在物探允许采掘区域坚持有疑必探、先探后掘、先治后采，落实远距离放炮、发现透水预兆全井撤人等措施，确保万无一失。

3. 继续开展打非治违推进正规开采专项行动

要按照国家的统一部署，进一步强化工作力度，督促落实停产整顿、关闭取缔、依法处罚和严肃追责"四个一律"措施，继续开展打非治违推进正规开采专项行动。一要以"四取缔"为重点，力求打非取得明显成效。要取缔证照不全或证照失效非法生产，煤矿必须证照齐全才能生产。技改矿井不能边技改边生产，改扩建矿井不能在技改区域生产。要取缔非法违法承包，所有煤矿只能设区队，区队管理班组，严禁以任何形式承包、转包和外包。矿井整体承包的，要依法重新取得煤炭生产许可证等相关证照。要取缔多头多面超定员、超能力、超强度生产，煤炭管理部门要按照管理权限，核定各矿井允许生产的水平、采区和采掘作业头面数量以及下井人数。要取缔超深越界开采，界内没有资源靠超深越界开采的煤矿要坚决关闭，对同一矿区布局不合理、造成超深越界开采的煤矿，要通过兼并重组和资源整合予以解决，否则要依法关闭。二要以"四淘汰"为重点，力求治违工作取得新进展。要淘汰木支护，岩巷要推广使用锚喷支护，煤巷要实现金属支护，采煤工作面应采用单体液压支柱。要及时淘汰国家明令禁止使用的设备、设施和产品，特别是非煤矿许可的普通电缆、非防爆开关、普通塑料风水管、不合格的矿灯和非煤矿使用的火工产品。要淘汰巷道式、高落式等落后

的、非正规的开采方式。要淘汰落后产能，关闭不具备安全生产条件，特别是不具备瓦斯防治能力又不参与兼并重组的煤矿，坚决完成国家要求完成的淘汰关闭任务；三要以"四实现"为重点，力求正规开采取得实效。要实现集中布置，推进安全高效矿井建设，优化采掘部署，减头减面，努力实现生产系统简单化、布局最优化、生产集约化。要实现正规工作面生产，回采工作面必须要有2个安全出口，形成负压通风，提高安全保障度，提高生产效率和资源回采率，降低工人劳动强度。没有实现的，要停产整顿限期达标。因地质条件复杂，不能实现正规开采的要限期退出。要实现正规循环作业，强制推广"三八制"，有条件的要施行"四六制"，淘汰"两班制"，禁止一班作业。要实现全员培训合格持证上岗，在继续抓好煤矿"三项岗位人员"培训的同时，各级煤炭管理部门要按照管理权限，针对不同岗位、不同人员，建立台账，严格考核，进行全员培训。全省所有煤矿从业人员必须培训合格，做到持证上岗。

4. 深入持久推进安全质量标准化矿井建设

质量标准化工作是煤矿安全生产的基础工程、生命工程和德政工程。要继续按照"矿井标准化、管理精细化、采掘机械化、公司集团化、矿区园林化"的总体要求，分解下达年度任务，加强过程控制，坚持动态达标。要优化生产布局，改造矿井提升、运输和排水等生产系统，减少环节，提高可靠度。研究确定推进小型煤矿机械化的重点企业，结合实际选用先进、适用的技术和装备。要进一步推进岗位达标、专业达标和企业达标，规范企业安全生产行为，推进企业主体责任落实，提升企业本质安全水平。要健全领导带班下井制度，强化煤矿生产过程领导责任，加强现场管理。要深入持久地推广"白国周班组管理法"，加强班组建设，筑牢安全生产第一道防线。要强力推进矿井地面生产生活设施的改造，大力推进节能减排，绿化亮化美化矿区环境，建设美丽矿山。

5. 扎实推进煤炭企业兼并重组

煤矿企业兼并重组是国家和省政府继整顿关闭之后的又一重大举措，是科学发展安全发展的必然要求，是改变湖南省煤炭产业发展现状、调整优化产业结构、提高安全生产能力和规模效应的迫切需要，是实现不具备安全生产能力企业平稳退出的有效途径。必须进一步提高认识，狠抓落实。一要坚持标准。严格落实湘政办发〔2011〕37号文件要求，坚持一个矿区尽可能由一个主体开发的原则，支持和鼓励年产能15万吨及以上的煤矿企业作为兼并重组主体企业。坚持以资产为纽带组建紧密型公司（集团），坚持兼并煤与瓦斯突出矿井和高瓦斯矿井的主体企业必须具备瓦斯防治能力。兼并重组主体企业应具有较高的技术和管理水平，有较强的安全生产监管能力和经济实力。企业集团要有办公场地、运转经费、工作制度，做到统一领导班子、统一安全和技术管理、统一煤炭资源开发管理、统一培训、统一项目申报。要根据修编后的规划，围绕组建紧密型企业的要求，做好企业内部优化布局，整合改造提高，达到进一步减少矿井数量、做大做强的目的。二要以瓦斯防治能力评估、打非治违、淘汰落后产能为抓手，强力推动煤炭企业兼并重组。要严格把关，凡未通过瓦斯防治能力评估经整改仍不达标的煤矿企业，必须兼并重组；对长期超深越界、能推行正规开采而未实施正规开采、灾害严重在现有技术条件下难以有效治理的煤矿，必须兼并重组。否则，依法予以关闭。三要加大参与兼并重组煤矿的支持力度。要将兼并重组与国债项目、省管项目、技改扩能项目资金安排挂钩。项目资金优先安排大中型煤矿企业，原则上不支持小型煤矿企业。对兼并重组后的煤矿企业（集团）所属矿井在资金、立项、审批等方面予以重点支持。对兼并重组后的煤矿企业及所属矿井证照变更，按简便程序办理。同时，对未参与兼并重组的煤矿不得扩界增加资源，不得改扩建，有关部门在办理未参与兼并重组的煤矿企业有关证照时，其有效期不得超过 2013 年底，逾期自行关闭；四要加大督察力度。要在当地政府的统一领导下，以整顿关闭工作的力度加以推进。省领导小组办公室将对工作相对滞后的市州进行专项督察，定期对产煤市州、县市区人民政府和大型煤矿企业兼并重组工作进行考核通报。各级领导小组办公室要加强调度和督察，及时掌握工作进度，协调处理工作过程中出现的问题。

6. 推进安全责任保险，提升应急救援保障能力

安全责任保险是针对安全风险抵押金制度在实践过程中存在的问题而建立的一项更加优惠的替代制度，是工伤社会保险的必要补充，国家和省政府有明确的要求。各市县煤炭管理部门要加强领导，把推行安全生产责任保险纳入安全生产工作规划，大力宣传，营造良好的社会氛围；加强督促和引导，将煤矿是否足额缴纳风险押金或者购买安全生产责任保险作为监管执法、安全质量标准化、享受有关扶持政策的重要依据；加强指导，及时研究，协调解决贯彻实施中出现的问题，确保工作有序推进。要通过引入安全责任险保险，为企业提供事故赔偿的主要资金来源，保障从业人员权益，促进应急救援保障能力的提升。

B.12

2012～2013 年湖南轻工行业
发展研究报告

廖廷球　汪良松*

2012 年，面对复杂多变的国内外经济形势，湖南轻工行业坚持以市场为导向，积极扩大内需市场，努力稳定外需市场。以节能减排和科技进步为突破口，加快行业结构调整，促进行业转型升级，实现了平稳较快发展。

一　2012 年湖南轻工行业经济运行情况

（一）行业运行概况

全省轻工企业努力克服世界经济动荡带来的不确定因素，加快结构调整与转型升级，促进行业实现了平稳较快发展。2012 年，全行业规模以上企业预计完成工业总产值 2650 亿元，其中增加值 800 亿元，增长 15% 左右；产销率 98%，与上年基本持平。预计全行业完成利税总额 165 亿元，其中利润总额 83 亿元，同口径比增长 10% 左右。全省轻工行业总产值在全国排第 12 位，在中部六省排第 4 位。

（二）行业运行特点

1. 生产总量平稳增长

全行业生产经过 2011 年持续高位震荡后，2012 年呈现逐季回落走势，第一季度增速 22.7%，上半年增速 17.9%，第三季度增速 14.0%，预计全年增速 15% 左右，基本与全省工业经济发展同步。虽然增速逐步回落，但总体仍然平稳增长。

2. 行业发展不平衡

塑料、皮革、烟花爆竹生产增速仍然保持较快发展，预计全年生产增速在

---

* 廖廷球、汪良松，湖南省轻工行业管理办公室。

20% 以上。造纸行业生产不景气，增速同比下滑比较严重，预计全年生产增速在 5% 左右。

3. 企业效益普遍下滑

受到生产要素制约和国内外经济大环境影响，企业效益下滑严重。全行业第一季度利税总额同比增长 17.7%，其中利润总额增长 28.9%；上半年利税总额增长 6.2%，其中利润总额增长 10.7%；第三季度利税总额同比增长 1.0%，其中利润总额增长 3.0%；预计全年利税总额和利润总额仅增长 10% 左右。近几年，全省轻工行业的利税总额和利润总额年增长率都保持在 30% 以上，2012 年降至 10%，效益下滑比较严重。

4. 骨干行业支撑作用明显

制浆造纸、木竹制品、日用陶瓷、烟花爆竹、塑料制品、家具为全省轻工行业的传统特色优势产业，具有相对比较优势，有较好的资源基础和发展潜力，2012 年这六大产业继续发挥骨干作用，预计可实现总产值 1950 亿元，约占全省轻工行业总产值的 75%。

5. 品牌建设取得成效

2012 年，全省轻工行业共有湖南永吉纸品有限公司"永吉 YONGJI"牌红包（纸制）、请帖，浏阳市官渡烟花集团有限公司"大围山及图"牌爆竹、烟花等 8 个企业的 8 种商标获中国驰名商标，占当年全省中国驰名商标总数的 17.8%。2009~2011 年，湖南名牌产品中湖南轻工行业共有 70 个，占全省名牌产品总数的 13.2%，2012 年轻工行业又有 24 个产品进入湖南名牌产品评审程序。品牌建设为全省轻工行业发展创造了很好的品牌效益。

6. 园区发展大力推进

全省轻工行业积极承接沿海产业转移，努力走集聚发展之路，扩大招商引资规模和范围，培育新的经济增长点，进一步提升了轻工行业发展水平。以中国（湖南）轻工产业园为龙头，邵东箱包皮具、湘乡皮革、醴陵陶瓷等市县特色轻工产业园区快速发展，园区经济将为"十二五"湖南轻工行业做出重要贡献。

7. 节能减排效果明显

积极推进节能减排、清洁生产，努力促进轻工行业持续发展，取得了较好成效，洞庭湖区未达标造纸企业的关停，还了洞庭一湖清水；皮革、塑料企业的连片集中发展，治污能力大大提高。企业加大节能减排投入，为行业的持续健康发展创造了较好的条件。

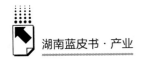

（三）行业面临的主要困难

1. 企业经营比较艰难

轻工行业由于中小企业居多，经济实力和赢利能力都有限，银行慎贷、惜贷的现象比较普遍，导致企业融资困难，严重影响企业生产经营。在通胀的压力下，原材料成本高、融资成本高、用工成本高，严重影响企业效益，对企业的生存发展和持续经营造成了较大影响。

2. 行业结构性矛盾突出

企业结构中，中小型企业占95%以上，布局分散，专业化程度低，难以形成产业集群效应。技术结构中，大部分企业技术装备水平落后，达到国际20世纪90年代水平的设备拥有量不足10%，科技含量高的技术装备严重不足。产品结构中，存在着产品单一、花色品种少、结构不合理、产业发展趋同化现象，缺乏市场竞争力。

3. 技术创新能力不强

轻工行业大部分企业是中小企业，仍以手工劳动为主，生产粗放，技术研发力量薄弱，自筹创新资金太少，缺少必要的科研设备，产品科技含量不高，产品更新换代缓慢，难以适应市场需求变化和国际技术发展趋势，严重影响企业长远发展。

4. 节能减排任务繁重

全省轻工行业万元产值能耗和万元工业增加值能耗都远高于国际同类产品水平，平均高出20%左右，节能降耗的任务繁重。造纸、皮革、日化、塑料等行业污染排放仍较严重，污染治理欠账较多，推行清洁生产工艺和治理污染的任务很大。

5. 争取国家支持困难

轻工行业为竞争性行业，以中小企业为主，布局分散，专业化程度低，中央和地方政府直接投入太少，企业运营资本缺失，规模效益难以发挥，行业发展后劲严重不足。

二 2013 年湖南轻工行业发展形势分析

2013年，在轻工行业"十二五"规划和国家产业转型升级等一系列政策指导下，轻工行业将进一步优化产业结构，加快转型升级。由于国内外多种复杂因素影响，经济指标的增速将有所放缓，轻工行业将在调整中实现稳健发展。

（一）有利条件

1. 国家宏观政策推动轻工行业发展

政策环境优化将提振行业发展信心，在中央坚持扩大内需、稳定外需的稳增长政策支持下，巨大的消费需求将吸引国际资本、跨国公司向国内聚集，我国将成为世界上最大、最活跃的消费品市场，国内消费水平将不断提高，轻工行业作为消费品市场的主体，将得到更好的发展。在拉动内需方面，我国出台了很多的政策，如国家商务部实施两年多的家电以旧换新政策，有效地引导了城镇居民消费能力的释放；保障房建设促进相关轻工行业得到了良性发展；国家房地产调控有效打击对住房的投机行为，保障和促进了居民的正常购房行为和刚性需求，而家电、家具、五金等一批轻工业家居用品行业作为房地产行业的下游，调控后保持在相对稳定的市场需求，促进了行业长远发展，将为家电、家具、五金等行业带来新一轮的市场机遇。货币政策调整，为适当增加信贷供应创造了条件，有利于企业融资。

2. 信息化建设促进轻工行业发展

轻工产品关系着居民基本生活消费的多个方面，随着民众消费习惯和消费结构的变化，以及物流业、电子商务的发展，轻工行业与物流和电子商务的关联程度提升成为必然，构建轻工行业物流和电子商务公共服务信息平台成为基本趋势，这将不断加强轻工企业和物流企业、电子商务运营商等的公共系统服务能力，以及该公共系统与各种运输方式、政府部门、金融机构、各类口岸等相关信息系统之间的互联互通和信息共享，进而逐步形成覆盖广泛的轻工行业物联网综合服务信息平台。通过加强供应链管理、渠道和产品跟踪等信息系统建设与管理，解决原材料和产品信息透明问题，从而在根本上帮助企业降低成本，辅助消费者放心消费，起到疏通疏导产业链和产业网络的基本作用。

3. 开放型经济提升国际竞争力

我国轻工企业积极响应"走出去"的战略号召，进一步开拓国际市场，加强行业和企业在全球范围内配置生产资源和调用营销渠道的能力，已取得初步成效。我国轻工行业目前还处在比较优势产业向竞争优势产业过渡的阶段，也是外向型产业向创新型产业转变的历史时期，这种结构性的调整和转变将会进一步促进轻工行业的可持续发展，从而实现我国由轻工行业大国向强国的迈进。

4. 省内发展环境不断优化

湖南省正处于工业化、城镇化加快推进的中期阶段，经济发展将进入加速增

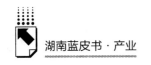
长期。同时，国家促进中部崛起战略深入实施，湖南"四化两型""四千工程"建设稳步推进，国家《轻工产业振兴规划》《湖南省轻工业振兴实施规划》和《湖南省"十二五"发展规划》各项政策的贯彻落实，为促进全省轻工行业快速健康发展创造了重大历史机遇。

5. 自身发展能力不断增强

改革开放以来，湖南轻工行业得到快速发展，国内地位稳步提升，企业抗风险能力、持续发展动力和行业整体实力明显增强。相对发达地区，湖南轻工行业受金融危机的直接影响较小。作为中部大省，湖南具有得天独厚的自然资源、区位优势、市场优势和人力资源优势，是沿海地区产业转移的极佳承接地。

（二）不利条件

1. 国外和国内两个市场的不确定性增大

外需市场低迷影响行业发展：2013 年，轻工行业面临的外部环境不容乐观，影响世界经济复苏的不稳定、不确定性因素明显增多，一方面，美国经济复苏好于预期，相对乐观；另一方面，欧盟主权债务危机持续发酵拖累世界经济。贸易摩擦仍处于多发期：受国际经济环境的影响，2013 年贸易摩擦仍处在多发期，表现出贸易摩擦手段多样化的特点。从轻工行业特点看，发展中国家对我国发起的贸易救济案件将呈现快速增长的态势，需要认真落实应对措施。为了平衡贸易需要，国家采取扩大进口措施，将对国内市场产生一定的影响。内需拉动效果取决于政策力度：2013 年轻工行业面临的市场环境总体趋紧，内需增长仍然是影响轻工行业经济运行质量的决定性因素，内需拉动的效果将取决于相关政策的实施进度和力度。

2. 行业转型升级任务艰巨

生产成本压力进一步增大，节能减排任务依然艰巨，产品附加值不高，因此，轻工行业发展面临一系列产业升级要求：关停规模小、利润薄却耗能与污染严重的小规模企业，集中优势提升相应产业的集中度；通过技术创新等手段，提高行业竞争能力；调整结构与转型升级并行，提高制造精度，提升产品质量、信誉、品牌知名度等。全省轻工行业产品附加值低，国际市场竞争力弱的结构性问题在国际金融危机冲击下日趋显现，促使湖南省轻工行业进入结构调整时期。

3. 企业发展后劲不足

全省轻工行业总量偏小，中小企业多，企业规模普遍不大，争取外部支持能力不强，在经济不景气的情况下，争取政策扶持、化解资金紧缺等生产要素困难，改善外部环境的手段较弱，融资十分困难。

三　2013年湖南轻工行业发展的对策建议

（一）发展目标

2013年，全省轻工行业总体发展思路是紧紧围绕主题主线，以提高经济增长质量和效益为中心，稳中求进，开拓创新，扎实开展工作，促进企业全面发展。计划规模以上轻工企业努力实现总产值3000亿元，其中增加值920亿元，增长15%左右；产销率保持98%左右；实现利税200亿元，其中利润100亿元，增长20%；完成固定资产投资50亿元，增长20%。

（二）具体举措

1. 进一步落实"十二五"规划内容，以项目促发展

从历史经验看，每五年计划的第二、三年会出现投资的高点，要围绕规划内容，指导帮助企业将一些好的项目力争进入国家和省里的2013年计划，并督促企业认真抓好项目的各项跟踪落实工作，以项目促发展。

2. 着力培育轻工行业新的经济增长点

轻工行业新的经济增长点重点放在建设特色轻工产业园上，大力发展园区经济。以中国（湖南）轻工产业园建设为龙头，全年要力争完成总投资8亿元左右，新征土地1500亩左右，确保7家企业入园开工建设，其中4家企业在年底前建成投产，让园区尽快成为新的经济增长点。继续指导市县轻工特色园区和大型企业（集团）发展，充分发挥核心骨干作用，促进轻工行业有较大的发展。

3. 抓好行业转型，促进产业升级

对于运行效率和效益低下的企业，指导它们建立主动退出机制，有利于企业自身的收益调整和减轻市场竞争压力，促进轻工行业骨干企业能够突出自身优势，更好地组织资源，保持行业整体平稳发展。通过政策疏导和企业家教育，积极引导轻工企业经营思路的转变，向提高制造精度的方向努力，更加关注于产品质量、信誉、品牌知名度的提升。通过引进技术促进企业自身的技术创新。利用贴牌和并购国外品牌促进自身的品牌建设。积极调用国际资源促进自身竞争力提升。

4. 指导企业加强管理，全面提高产品品质

轻工行业是国民经济的重要组成部分，其中食品、家具、家电、日化等多个

行业都是关系群众生活的民生产业。无论从提升人民生活质量还是提高产品国际竞争力的角度，都对轻工产品的品质提出了更高的要求。因此，在经贸领域中，应当积极地从产品标准、生产标准，乃至环保标准等各个层面与国际标准接轨，提高内销和出口商品的品质，提升品牌影响力。争取国家政策针对轻工行业特点建立自主品牌专项扶持基金，对自主品牌宣传和开拓国际市场加大支持力度，对本土企业、自主品牌开拓国内大商场零售渠道给予扶持。

5. 做好服务工作，促进企业协调发展

牢固树立服务意识，继续做好各项协调、沟通、衔接、联系、服务等工作，努力为企业办实事。加强轻工行业经济运行的调研和分析工作，掌握行业发展情况，关注行业发展动态，及时反映行业困难，积极争取各方面支持，促进行业发展。

B.13
2012～2013 年湖南食品行业发展研究报告

湖南省经济和信息化委员会消费品工业处

2012 年，全省食品工业在省委、省政府的正确领导和各级各有关部门的大力支持下，坚持产业发展和质量安全并重，加快改造提升食品传统产业，大力推进食品企业项目和诚信体系建设，着力转变发展方式和调整产业结构，实现持续较快发展。

一 2012 年食品行业运行情况

（一）食品工业经济运行情况及特点

1. 生产持续平稳增长

2012 年，全省规模食品工业（不含烟草）预计完成工业总产值 3300 亿元，居全国第 9 位，同比增长 20%；完成工业增加值 880.7 亿元，占全省规模工业的 10.3%，同比增长 12.7%。

2. 经济效益较快增长

全省规模食品工业实现主营业务收入 3190.7 亿元，占全省规模工业的 11.6%；同比增长 18.8%，高于全省平均水平 3.7 个百分点。实现利税总额 255.6 亿元，同比增长 25%，高于全省平均水平 10.2 个百分点。其中，实现利润 134.7 亿元，占全省利润总额的 10.2%；同比增长 22%，高于全省平均水平 11.5 个百分点。全省 14 个市州食品工业主营业务收入均实现两位数增长。其中，湘西自治州、永州、娄底、湘潭、郴州、衡阳、长沙、株洲等 8 个市州主营业务增速高于全省平均水平。

大部分子行业主营业务收入高速增长。除乳制品加工业、罐头食品制造业、肉类加工业外，其他 11 个主要子行业主营业务收入均实现两位数增长。其中，焙烤食品制造业、方便食品制造业、精制茶加工业、饮料制造业、水产品加工业、调味品制造业、食用植物油加工业、谷物磨制加工业等 8 个子行业增速高于全省平均增幅。

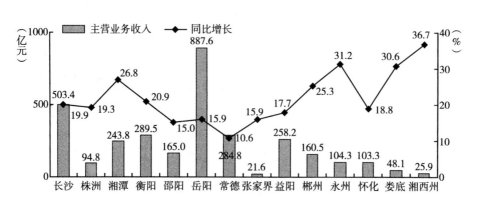

图1　2012年市州食品工业主营业务收入完成情况

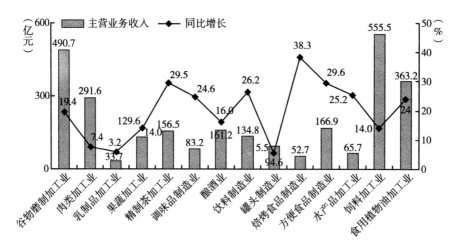

图2　2012年主要子行业主营业务完成情况

3. 主要产品产量平稳增长

主要产品产量中，大米、食用植物油、方便面、精制茶等保持平稳增长。

4. 技改投资大幅增长

全省规模食品工业完成技改投资505.4亿元，同比增长46.9%，比全省工业技改投资增速高12.8个百分点，为全省食品工业持续快速发展奠定坚实基础。其中，农副食品加工业完成277.2亿元，同比增长43.8%；食品制造业完成127.4亿元，同比增长47.54%；饮料制造业完成100.8亿元，同比增长55.3%。农副食品加工业、食品制造业、饮料制造业三者投资结构比由2011年的1∶0.45∶0.34变为1∶0.46∶0.36。

表1　2012 年食品工业主要产品产量完成情况

产品名称	单位	产量	同比增长（%）
米制半成品	万吨	50.2	36.6
软饮料	万吨	372.1	30
食用植物油	万吨	283.4	22.7
大米	万吨	1186.3	19.1
方便面	万吨	44	15.6
饲料	万吨	1345.3	15.5
精制茶	万吨	41.3	17.1
酱油	万吨	66.8	9.8
鲜冷藏肉	万吨	82.2	10.3
白酒	万千升	19.9	7.6

5. 小型企业发展较快

截至 2012 年底，全省规模食品企业 1624 家，其中小型规模食品企业共有 1433 家，累计完成主营业务收入 2174.5 亿元，同比增长 21%，增幅比全省规模食品工业平均水平高 2.2 个百分点，对全省规模食品工业增长贡献率为 74.7%。

（二）食品工业经济运行存在的主要问题

1. 企业亏损面有所增加

截至 2012 年底，全省规模食品工业亏损企业 62 家，同比增长 44.2%，亏损面为 3.8%，较上年提高 1.7 个百分点。其中，中型企业亏损 12 家，比上年增加了 6 家；小型企业亏损 49 家，比上年增加了 14 家。

2. 行业运行成本明显增长

2012 年，全省规模食品工业每百元主营业务收入的营业费用、管理费用、财务费用等三项费用为 7.22 元，较上年增长 13.7%；行业从业人员平均工资为 28581 元/年，较上年净增长 2354 元/年。

3. 行业竞争力依然较弱

2012 年，全省规模食品工业增加值与主营业务收入的比值为 27.6%，低于全省平均水平 3.5 个百分点，比上年同期回落 0.14 个百分点，食品工业产品附加值不高，产业竞争力依然较弱。

4. 安全保障能力有待加强

2012 年，全省规模以上食品企业中，小型企业比重达到 89.2%。以小型企

业为主的食品企业结构，制约了行业质量安全保障能力整体提升。南山奶粉检出黄曲霉毒素 M1 和酒鬼酒塑化剂事件，对企业乃至行业影响都较大，全省食品质量安全保障能力有待进一步加强。

二 2013 年食品行业发展环境及趋势分析

2013 年，全省食品工业经济发展环境仍面临不确定性，但有利因素不断增多，行业发展总体趋势向好。

（一）有利因素

1. 市场空间持续扩大

"十二五"以来，随着全面建设小康社会的深入推进，人民生活水平不断提高，城乡居民对食品的消费从生存型消费加速向健康型、享受型消费转变，食品消费呈多样化发展趋势。2013 年，中央将进一步夯实农业基础、保障农产品供给、积极稳妥推进城镇化，省委经济工作会议明确将扩大内需、加快调整产业结构、推进新型城镇化、加强民生保障等列为工作重点，内需主导、消费驱动、惠及民生的政策导向将进一步引导居民消费预期，推动居民消费结构优化升级，为食品工业持续发展提供广阔空间。

2. 政策环境持续优化

近年来，各级各有关部门高度重视食品产业发展，将食品产业作为传统支柱产业和构建多点支撑产业发展新格局的重要支撑予以培育发展，为食品产业发展营造良好政策环境。继 2010 年《中共湖南省委办公厅湖南省人民政府办公厅关于加快发展食品产业的意见》（湘办〔2010〕4 号）出台以来，相继有《中共益阳市委办公室益阳市人民政府办公室关于加快食品产业发展的意见》《岳阳市人民政府关于加快发展食品产业的实施意见》出台，长沙市研究制订的《关于加快发展食品产业的指导意见》正在报批，株洲、湘潭等市还设立食品产业专项资金，加大对食品产业的支持力度，食品产业发展环境持续优化。

3. 转型升级步伐加快

行业技术创新能力不断增强。2012 年，食品行业新增企业技术中心 3 家，占全省新增省级企业技术中心数的 11.1%。品牌建设不断加强。2012 年，食品工业新增中国驰名商标 37 件，占全省新增中国驰名商标数的 36.3%；新增湖南名牌产品 23 个。同时，企业新产品研发方面步伐加快，宏兴隆、粒粒珍等企业开发新产品投放市场，带动公司主营业务收入实现 30% 以上增长。产业结构得到优化调整。2012 年，代表精深加工的食品制造业和饮料制造业所占比重较上年提升了 0.8 个百分点，产业结构进一步优化。

（二）不利因素

1. 生产成本不断上涨

随着劳动力、土地、燃料动力等价格持续上升，食品生产要素成本压力加大。同时，食品企业不断加大质量安全建设投入，安全生产成本不断增长。

2. 市场竞争更为激烈

随着全球经济一体化发展，国内外食品集团纷纷进入湖南省市场，行业兼并重组步伐加快，湖南省食品工业发展面临着国际和国内的双重竞争挑战。

3. 转型升级任务艰巨

湖南省食品企业以中小微型为主，大型企业比重不到 2%，企业自主创新能力不强，产业发展方式比较粗放，技术水平比较低，整体竞争力较弱，转型升级任务艰巨。

三　2013 年湖南食品行业发展重点

2013 年，湖南食品行业管理工作坚持以科学发展观为指导，以转变经济增长方式和调整产业结构为主线，加大技术改造力度，保障产品质量安全，加快兼并重组步伐，促进产业集聚发展，培育壮大龙头企业，鼓励企业技术创新，加快改造提升食品传统产业，努力将食品工业打造成全省工业经济重要支撑。力争全省规模食品工业完成总产值 4000 亿元，同比增长 22%；工业增加值 1040 亿元，同比增长 13%。围绕上述目标，将重点抓好以下工作。

（一）加快产业结构调整和优化升级

一是推进重点项目建设。组织实施食品产业发展专项。充分发挥食品产业专项资金的引导和激励作用，加大重点区域、重点行业、重点企业倾斜力度，重点支持食品结构调整升级、质量安全检测能力和诚信体系建设试点企业项目。争取国家和省各类专项资金支持。加强食品项目调度管理，推荐一批优势行业和产业集群核心企业重点项目申报省新型工业化专项以及国家有关专项，着力培育新的经济增长点。二是推进企业兼并重组。研究制定食品企业兼并重组实施意见及相关政策措施，鼓励和引导省内外优势骨干食品企业整合资源、实施兼并重组，打造食品行业旗舰企业，实现规模化、集约化生产经营。三是强化产业政策审查。贯彻落实《产业政策结构调整指导目录》中白酒相关产业政策，严格开展乳制品、葡萄酒等行业准入审核，防止盲目投资和低水平重复建设，淘汰行业落后产能。四是推进企业自主创新。鼓励食品企业与高校、科研院所深度合作，构筑"产、学、研"战略联盟，创建企业技术中心，充分发挥企业技术创新主体作用。鼓励应用现代信息技术改造提升食品产业，支持拥有自主知识产权的新产品研发和产业化转化步伐，提升企业核心竞争力。

（二）推进诚信体系建设

一是加强组织协调。完善部门联席会议机制，定期或不定期召开部门联席会议，加强部门协同配合，整合诚信管理资源，形成工作合力。完善省与市州、行业组织联系机制，进一步加强诚信体系建设组织协调和工作指导，全面推进食品工业企业诚信体系建设。二是总结试点经验。组织召开试点阶段经验交流会，总结试点企业建立和实施诚信管理制度工作经验，推广创建示范企业典型，以点带面，在全省建立125家试点企业基础上，推动和指导300家规模食品企业推行诚信管理体系建设。三是组织诚信培训。结合扶助小微企业专项行动，组织开展全省食品工业企业诚信体系建设培训，加大对诚信管理体系师资培训工作力度，培养诚信体系建设的骨干力量。四是开展诚信评价。争取省食品行业联合会获批工信部诚信评价委托评价机构，积极支持有条件的食品企业向评价机构申请诚信评价，推进湖南省食品企业开展诚信管理体系评价工作。五是加快平台建设。加快建立健全诚信信息公共服务平台网络，促进部门间、省与市州间诚信信息资源共享。建立健全诚信信息采集、披露制度，加快构建公开、公正、科学的诚信信息征集和披露体系。

（三）深化企业协调服务

一是举办产业对接活动。认真总结以往对接活动成功经验，创新活动形式，提高活动实效。重点举办2013年湖南省食品产业产销合作对接会，推介名优特食品产品，巩固和扩大省产名优特食品产品销售，推动食品产业持续快速发展。积极组织食品企业参加国内外相关重点经贸活动，支持企业拓展国内外销售市场。二是落实产业扶持政策。开展"政策落实年"活动，深入贯彻落实《中共湖南省委办公厅湖南省人民政府办公厅关于加快发展食品产业的意见》（湘办〔2010〕4号），加强与省财政及金融机构衔接沟通，切实加大财政信贷支持力度，帮助食品企业有效解决原材料收购季节性流动资金需求矛盾突出和企业发展资金短缺问题。三是加大品牌培育力度。认真做好食品品牌评审推荐工作，培育和创建一批地方特色品牌，促进食品产品向品牌化、高端化方向发展，提高产品附加值。

（四）夯实行业管理基础

一是加强运行调度分析。认真执行《湖南省食品工业经济运行调度考核办法》，实施市州调度考核和重点企业联系制度，定期调度行业运行情况，收集市州食品工业季度主要经济指标、行业运行情况。按季度做好全省食品工业经济运行情况分析，研判形势，研究问题，提出对策建议，及时发布运行情况，为宏观决策和企业生产经营提供参考。二是发挥行业协会作用。鼓励食品行业协会开展产业发展形势和企业集中反映的新情况、新问题研究，提出对策建议，为加强行业管理基础性工作提供有力支撑。继续在食品行业开展"讲诚信、保质量、树新风"活动，督促食品企业落实质量安全主体责任，积极配合打击制售假冒伪劣食品违法犯罪行为，促进行业健康发展。

四　2013年加快食品产业发展的对策建议

2013年是"十二五"规划承上启下的关键之年，为进一步加快食品产业发展，充分发挥食品产业在稳增长、惠民生中的积极作用，根据《中共湖南省委办公厅湖南省人民政府办公厅关于加快发展食品产业的意见》（湘办〔2010〕4号）精神，特提出以下两点建议。

（一）设立食品产业发展专项

建议省财政从2013年开始，设立3000万元省食品产业发展专项，并视财政收入增长情况，逐年增加食品产业发展专项资金额度，用于支持食品质量安全检测能力技术改造、产业提质升级、兼并重组、服务平台等重大项目建设，以促进湖南食品产业持续、快速、健康发展，将食品产业打造成全省工业经济重要支撑。

（二）加大食品企业信贷支持

建议各相关部门加快研究落实扶持食品企业发展政策的具体措施，特别是在加大信贷支持力度方面，简化信贷手续，着力解决食品企业农产品季节性收购和企业发展资金短缺问题，进一步增强食品企业发展活力。

B.14
2012~2013年湖南纺织行业
发展研究报告

刘 辉*

2012年，面对严峻复杂的国内外经济形势，湖南纺织行业以迎接和学习贯彻党的十八大为动力，深入贯彻落实科学发展观，按照省委、省政府提出的构建多点支撑的产业格局的要求，积极转变发展方式，不断优化产业结构，确保了全省纺织工业较好的发展势头。

一 2012年湖南纺织行业运行情况分析

1. 生产增速呈"U"形走势，同比下滑较多

2012年，全省458家规模以上纺织企业，共完成工业总产值795.94亿元，同比增长9.4%，完成销售产值777.13亿元，同比增长9.5%，增速均比2011年回落近23个百分点。产销率为97.6%。纵观全年纺织工业发展轨迹，呈较为明显的"U"形走势：两头高中间低。从3月开始，全省纺织工业当月产值增速呈逐步下滑态势，从30.7%一路下滑到5月的6.0%，并自2000年以来累计增速首次低于10%，6~10月均在10%以下徘徊，8月达全年最低点5.5%，11月、12月受利好政策影响又重新回到10%之上。

2. 企业开工不足，主要产品产量增速降低

由于市场疲软、销路不畅、产品积压，企业普遍开工不足，大部分企业不能满负荷生产，少数企业出现停工停产现象，导致产品产量增速回落。1~12月，全省规模以上纺织企业生产纱106.60万吨，同比增长15.5%；布产量3.53亿米，同比增长3.2%；生产服装2.65亿件，同比增长4.2%；化纤产量3.92万吨，同比增长19.0%。具体到各重点行业，除产业用纺织品产值增长较快达到

---

* 刘辉，湖南省纺织行业管理办公室主任。

30.7%外，其余产业产值同比增长速度均有所下降，其中针织行业、化纤行业和纺机行业产值同比减少。

3. 企业营收增长困难，效益明显下滑

2012 年，全省规模以上纺织企业完成主营业务收入 765.13 亿元，同比增长 9.3%；上缴税收 24.11 亿元，同比增长 18.36%；实现利润 23.43 亿元，同比增长 8.4%，增速比上年同期下滑 43 个百分点，效益下滑明显。全省纺织行业亏损企业达 50 家，亏损面 10.9%，亏损额 2.64 亿元，同比减少 1.4%。企业库存 64.51 亿元，同比增加 13.6%，存货量有所增加。

4. 投资保持较快增长，出口增长放缓

2012 年，湖南纺织企业完成投资 207.55 亿元，同比增长 34.7%。同期施工项目 483 个，同比减少 3.0%；新开工项目 387 个，同比减少 8.5%；竣工项目 348 个，同比增加 11.9%。全省纺织服装出口 6.54 亿美元，同比增长 6.8%，其中纺织品出口 2.84 亿美元，同比增长 6.27%；服装出口 3.70 亿美元，同比增长 5.7%，出口增长速度相比往年有所放缓。

二　湖南纺织行业面临的主要困难和问题

1. 国内外棉花价差巨大

目前，国内棉花市场价为 19000 元/吨左右，比美国棉价高 5000 元/吨，比印度棉价高 8000 元/吨，棉花差价过高使得国内棉纺织企业无法与国外厂商竞争。另外，进口棉纱价为 21000 元/吨，基本上只相当于我国棉纺企业的原料成本价，再加上运输和人工、用电等费用，企业生产棉纱毫无利润可言，导致大量印纱、巴纱涌入国内市场，湖南省很多中小型棉纺企业为此减产、停产，退出市场竞争。

2. 招工难、用工贵的问题比较突出

大多数纺织服装企业用工比较紧张，特别是机修、挡车工严重缺乏。为稳住员工队伍，纺织企业纷纷提高工人待遇，2012 年以来，企业普遍上调员工薪资 20%左右，一线工人工资（不含加班费）达 2000 元以上，再加上"五险一金"上调，免费午餐、厂车接送上下班等福利待遇，湖南省纺织企业用工成本已与沿海发达地区相差无几。

3. 煤、电、油等生产要素价格持续上涨给企业带来较大负担

为应对生产要素价格上涨，企业纷纷想方设法节约生产成本：有的企业采用谷壳替代煤炭的办法，但近来谷壳的价格也上涨到 500 元/吨；有的企业为降低

用电成本，只好将部分生产由下午较贵时段调整到晚上便宜时段。

4. 融资难的问题一直存在

企业为转型升级，纷纷加大投入进行技术改造，急需大量资金，但纺织行业特别是中小纺织企业融资十分困难，贷款多为短期性质，难以满足企业改造升级、长期发展的需要，并且银行现在实行到期贷款结零政策，更加剧了企业的资金压力。

5. 产品库存和应收账款显著增加

由于下游企业需求不旺、资金紧张、账期延长，上游企业库存和应收账款大幅增加，有的超过正常年份的一倍多。1~12月，全省规模以上纺织企业应收账款 28.99 亿元，同比增加 28.7%。

三 2013 年湖南纺织行业应对困难和挑战的主要举措

1. 加强行业调研服务

为摸清各重点企业生产经营情况和影响企业的主要困难，2012 年以来，省纺织行办先后组织多个调研组到长沙、岳阳、益阳、常德、浏阳等地进行调研，走访了棉纺、麻纺、服装服饰类 50 多家重点企业，听取了沅江、华容、南县等地纺织行业发展情况汇报。从调研的情况看，大部分企业形势不容乐观，生产销售较 2011 年同期有一定程度的下降。相对来说，非棉制品制造形势好于棉制品制造，终端产品制造好于上游产品制造。为准确把握行业运行情况，省纺织行办于 9 月 14 日召开了全省纺织行业经济运行分析会，来自全省 5 个重点纺织园区、29 家重点纺织企业的代表参加了会议。从参会单位交流的情况来看，受国内外棉价差异过大、综合成本上升、招工难、融资难等因素困扰，大多数企业增长乏力，效益下滑。为应对危机，大多数企业正在积极进行结构调整、转型升级。

2. 加快产业升级换代

受传统产业竞争力降低、企业生产成本逐年增加、招工难等不利因素"倒逼"，湖南大多数企业加快了结构调整和技术升级步伐：云锦高新工业园实施的第三期 320 台喷气织机高档特宽幅家纺面料生产项目，至 2012 年底完成投资 8000 万元，72 台特宽幅喷气织机已形成生产能力；鑫海绳网的高强高韧聚乙烯节能渔网战略性新兴产业项目经生产试运行后基本步入正轨，形成年产 10000 吨高强高韧聚乙烯节能渔网生产能力；沅江润泽科技与省农业厅、省农机局合作，利用麻地膜作为机插秧育苗底膜，争取在全省推广，届时麻地膜产能将由现有的3000 吨提升到 2.4 万吨；浏阳建辉采用自研 256 喷头/机的高端喷墨节能印花技术，一期投资 8000 万元，项目建成后预计新增销售收入 9 亿元，能耗、水耗降低 50%；湖南银太公司金州生产基地和炎陵银太建成 19 万锭清洁生产技改项目，全部采用紧密纺、赛络纺等先进生产工艺。

3. 加大产品结构调整

2012 年以来，棉、麻纱布销售市场趋淡，下游企业采购减少，服装厂家开工率下滑，纺织生产厂家产品库存增加，特别是棉纺企业受进口棉纱冲击压力加大。目前，纯麻类、纯棉类、麻棉类等一些常规产品的销售价格一直在往下走，几乎无利润可言。为应对危机，华升、东信、云锦、明星麻业等一批重点企业都在积极调整产品结构：一是减少产品配棉比例，增加麻赛尔、天丝、莫代尔等新型纤维使用量；二是延伸产业链，发展下游面料、服装产业，提升终端产品比例和产品附加值。云锦集团在市场低迷、订单不足的严峻形势下，迅速调整战略定位，转型做新型纤维牛仔纱，用差异化产品抢占市场，在差异化定位的基础上做专、做精、做优，用快速反应满足市场需求，使特色产品的生产规模与销量大幅提升。

4. 加速优势产业集聚

华容棉纺织产业基地、株洲芦淞服饰工业园、沅江市麻纺织产业基地、蓝山毛针织基地运行平稳，发展速度快于全省平均水平，显示出园区在产业集聚、上下游协作上的优势。华容县打造"湖南省棉纺织产业基地"特色名片，规划生态纺织工业园用地面积 2200 亩，目前已供地 200 亩，正在研究启动绿色印染小区建设，壮大现有骨干印染企业，承接发达地区印染产业转移；株洲芦淞服饰工业园按照株洲市打造千亿元服饰产业的整体规划，确立建设发展童装、家纺、女裤三大板块，形成一个集交易展示、加工制造、仓储配送、研发设计于一体的产业集群，被中国纺织工业联合会授予"全国纺织产业转移试点园区"称号，该试点园区在全国仅有 8 个；沅江市在依托丰富苎麻资源优势发展麻纺织的同时，大力发展产业用纺织品产业，拥有润泽科技、鑫海绳网、福利渔业用品三家龙头企业，产业用纺织品行业产值占全市纺织行业生产总值的比重超过 20%，远远高于全国平均水平；蓝山县加速毛针织产业升级换代，新上电脑针织机 1000 余台，新增产能 500 万件成衣，新增产值近 4 亿元，"蓝山毛织"焕发出新的活力。

5. 加大自主创新力度

在国际国内环境的倒逼下，湖南纺织企业在自主创新方面表现出从未有过的主动性和积极性。2012 年，通过省级新产品鉴定项目 20 项，其中有 2 项居国际领先水平、16 项居国内领先水平、2 项填补省内空白；全行业有 2 项技术通过省级科技成果鉴定。由明星麻业与大连工业大学合作研发的苎麻生物脱胶菌种搭乘"神九"飞船进行太空微生物诱变育种试验；华升集团洞庭麻业获得"中国纺织工业联合会产品开发贡献奖"，为湖南省唯一获此殊荣的公司；湖南中泰特种装备有限公司复合材料高技术产业化示范工程及湖南华升株洲雪松有限公司具体承建的湖南省苎麻纺织工程技术研究中心均顺利通过验收。这表明实行产学研结合、强化自主创新是企业发展的必由之路。

6. 加快品牌建设步伐

重视品牌建设、积极实施品牌战略一直是湖南省纺织行业长期坚持的基本原则，也是湖南省纺织行业管理办公室常抓不懈的一项重要工作，更是企业提高产品知名度、增强市场竞争力的重要举措。该办积极实施《创名牌产品三年滚动规划和年度计划》，从优化投资环境、创造品牌氛围、完善检测标准、对名牌产品实行优惠扶持政策等方面，引导和鼓励企业加强基础管理，扶持和培育企业争创中国名牌、中国驰名商标、湖南省名牌和湖南省著名商标。2012 年，全省有 14 家企业产品被评为湖南名牌产品、4 家企业商标被评为中国驰名商标、26 家企业商标被评为湖南省著名商标，忘不了、圣得西、多喜爱、梦洁等 4 家企业被工信部列为重点跟踪培育的服装家纺自主品牌企业。

四 2013 年全省纺织行业发展形势、发展思路和重点

1. 发展形势分析

有利因素：2013 年我国经济发展具备很多有利条件和积极因素。党的十八大胜利召开，极大地鼓舞和坚定了全党全国人民建设中国特色社会主义的信心和决心。工业化、信息化、城镇化、农业现代化深入推进，将为扩大内需、发展实体经济提供广阔的市场空间。加快创新驱动、结构调整和发展方式转变，将不断增强经济发展的协调性和可持续性。坚持不懈推进改革、扩大开放，将有力激发经济发展的活力和动力。随着收入分配制度改革的实施，国内居民的收入水平和消费能力将得到大幅度提升，衣着、床上用品、汽车用品类消费市场潜力巨大。

不利因素：一方面，国外经济形势依然复杂，不确定性不稳定性因素不断增加，经济将由高速增长向适度平稳增长过渡，总体处于阶段性调整之中，出口需求难以在短时间内提高，国际贸易壁垒的增加和国内外棉花价差的持续扩大，严重削弱了我国纺织产业的国际竞争力。另一方面，国内人民币汇率升值压力加

大、用工等生产要素成本不断上涨、资源环境的制约因素不断增加、传统比较优势持续减弱将继续影响纺织行业运行态势，纺织产业经济效益下滑的趋势难以在短时间内扭转。

2. 发展思路和目标

发展思路：认真贯彻落实科学发展观，按照《湖南省纺织工业"十二五"发展规划》的要求，以加快转变发展方式为主线，以优化结构和提高附加值为主攻方向，改造和提升棉纺织印染行业，巩固和发展化纤、服装行业，加快发展苎麻特色产业及特种化纤、竹、木纤维等战略性新兴产业，鼓励发展产业用纺织与家纺产业。

发展目标：力争 2013 年全省纺织工业经济总量达 900 亿元，同比增长12.5%，工业增加值达 300 亿元，利税总额达 58 亿元，同比增长 10%，向千亿元产业目标稳步迈进。

3. 工作重点

（1）加强行业指导和服务。继续抓好行业运行监测调度工作，通过走访、调研、座谈会等形式，及时掌握企业发展一手资料，把握行业发展趋势，为领导决策提供依据；继续做好龙头企业认定工作，争取省农发行对重点纺织服装企业的融资支持；严格按照省经信委关于湘江流域清洁生产和产品能耗制定等工作安排，制定出台棉布和混纺布的能耗控制指南，做好全行业节能减排工作；做好产销对接工作，适时开展首届服装品牌暨产业链对接商洽会，组织省内企业积极参与；抓紧做好纺织综合服务平台的建设工作，争取尽早实现平台开通投入运行，为服务企业搭建平台。

（2）加大企业自主创新力度。强化企业创新主体地位，积极吸收国内外创新资源和创新成果，加快推动重大技术突破。加强企业技术中心的管理与建设，在对现有国家级与省级企业技术中心强化管理的同时，积极培育和发展新的企业技术中心，2013 年力争再认定 2 家省级企业技术中心。鼓励企业进行新产品开发，支持企业申报高新技术企业，加快高新技术和先进适用技术的推广应用，加快企业信息化建设，提升企业产品开发和营销能力，全年力争 20 个新产品、3项科研成果通过省级以上鉴定。鼓励企业继续加大技改投入，引进关键技术与关键设备，用先进实用技术改造提升传统产业，全年力争新投入 260 亿元。

（3）加强品牌建设和质量管理。实施品牌战略，强化品牌意识，提高品牌经济比重，加大品牌培育和推广力度，引导企业研发投产具有自主知识产权、附加值高和市场竞争力强的知名品牌产品，鼓励省内企业兼并重组国内外知名品

牌，加快纺织服装产品向高端化、高附加值方向发展，全年争创湖南省名牌 10
个以上。加强质量和标准管理，严格执行有关政策与法规，强化企业质量意识，
加强内部管理，努力打造"湘派服饰"高质量、高标准的形象，组织力量力争
全年制订 3 个国家标准、5 个行业标准。

五　政策建议

1. 切实采取多种措施，减轻企业税费负担

一是建议调整纺织企业残疾人保障金计算办法，将保障金改为保障税，参照
教育费附加计算上缴办法，以增值税、营业税和消费税"三税"的 3% 计算上缴
相关部门或由税务部门代征。二是建议对纺织企业防洪保安基金缴费率和人头费
都减半征收。三是建议将纺织服装等劳动密集型企业的工会经费上缴比例减为
20%，80% 留用。四是建议调整"五险一金"政策，"五险"在现行政策基础上
给予纺织企业 20% 的政策优惠，由财政支持。对在农村有土地有住房的农民工，
免除企业上缴其住房公积金部分，或者实行减半上缴。五是建议对购进棉花和销
售棉纱棉布等产品的税收政策，比照大豆和豆油的税收政策，实行进销项均按
13% 的税率计算。

2. 完善棉花收储调控机制，稳定棉花市场

没有纺织行业就没有棉花的春天，棉纺企业安置大量农民工就业，污染少、
可再生，理应得到政策制定者和决策者重视。国家在制定棉花政策时，应统筹考
虑，兼顾多方利益，合理妥善地解决棉花问题，稳定棉花市场。当前，要抓住国
际棉花资源充足且国内外棉花价格差异大的良好时机，增加棉花进口，并适当增
加湖南省纺织用棉企业的进口配额，降低企业用棉成本。

3. 落实中小微企业扶持政策，助力企业发展

认真贯彻落实国发 14 号文等扶持中小微企业发展的各项政策措施，制定符
合行业特点、可操作性强的实施细则；积极解决中小微纺织企业融资难、融资贵
等问题，在银行贷款费用等方面给予中小微纺织企业以适当优惠和支持；尽快落
实支持中小微企业发展的各项财税、金融政策，加快建设惠及广大中小微企业的
产业创新平台、公共服务体系及产业联盟；积极探索促进纺织服装消费、扩大内
需的政策措施。

2012～2013年湖南机械装备工业发展研究报告

陈丹萍*

2012年，在省委、省政府的正确领导下，湖南机械装备工业克服复杂经济形势的不利影响，实现了平稳健康发展，结构调整和转型升级的步伐加快，支柱产业的地位得到巩固，对国民经济和其他行业起到了较好的支撑和带动作用。

一 2012年湖南机械装备工业运行情况及发展趋势分析

（一）运行情况分析

2012年，全省机械装备工业2292家规模企业完成工业总产值6721.8亿元，工业销售产值6600.1亿元，工业增加值1983.2亿元，主营业务收入6508.7亿元，利税675.5亿元，利润421.4亿元，分别比上年增长16.3%、16.1%、14.8%、14.9%、1.9%和-3.2%。

从主营业务收入看，纳入统计口径的16个子产业全部实现增长，实现两位数增长的有13个子行业。农业机械、石化通用机械、重型矿山机械、机床工具、通用基础件的增速在20%以上，文化办公设备、航空航天器材的增速在30%以上。四大优势子行业的情况是：工程机械行业全年实现工业总产值2000.2亿元，主营业务收入1922.3亿元，工业增加值591.5亿元，利税总额256.3亿元，利润179.7亿元，分别比上年增长11.1%、5.0%、10.2%、-11.9%和-16.7%。电工电器行业全年实现工业总产值1200.3亿元，主营收入1193.8亿元，工业增加值372.3亿元，利税总额85.3亿元，利润44.4亿元，分别比上年增长19.5%、17.4%、15.1%、8.4%和3.5%。汽车行业全年产销各类汽车258359

---

* 陈丹萍，湖南省机械行业管理办公室主任。

辆（不含工程专用车，下同），比上年增长14.2%，其中基本型乘用车（轿车）162789辆，比上年增长42.1%。汽车行业规模以上企业全年实现工业总产值725.1亿元，主营收入714.6亿元，工业增加值293亿元，利税总额43.5亿元，利润18.0亿元，分别比上年增长17.1%、19.7%、12.2%、－26.7%和－44.9%。轨道交通装备行业全年实现工业总产值515.2亿元，主营收入446.2亿元，工业增加值147.1亿元，利税总额56.8亿元，利润36.8亿元，分别比上年增长14.2%、7.4%、11.3%、6.8%和9.4%。

（二）行业发展趋势分析

1. 发展速度由高速发展向平稳发展转变

自2007年规模突破1000亿元开始，湖南机械装备工业5年跨过6个千亿元台阶，其高速发展的脚步即便是2008年国际金融危机时期也没停过，直到2012年才开始理性回归，工业增加值、主营业务收入的增速分别放缓到14.8%、14.9%，但仍比全国增速分别高出6个和5个百分点。机械装备工业增加值占全省GDP的8.95%，机械装备工业主营业务收入、利润、利税分别占全省规模工业的23.61%、31.86%和22.16%，仍然是湖南最大的支柱产业。

2. 发展方式由规模扩张向内涵提升转变

在市场遇冷、需求不足的情况下，2012年湖南机械装备工业仍好于全国同行的发展，主要得益于产业结构调整和发展方式转变。一是市场向高端发展。严峻形势加剧了市场竞争，湖南机械装备工业在坚守固有市场的同时，大举向高端市场进发，长臂架及新材料臂架泵车、大吨位汽车起重机、大型挖掘机、大吨位电动轮自卸车、超高压变压器及电抗器等高附加值产品产量大幅提升，一些企业尽管产品总销量有所下降，但营业收入不降反增。二是研发取得新突破。世界最长臂架（101米）的混凝土泵车，世界最大工作幅度（110米）的塔式起重机，世界最强起重能力（2000吨）的轮式起重机，世界首台（套）1000kV特高压发电机变压器，世界首台5兆瓦直驱型海上风力发电机组，世界首台以超级电容储存电能为主动力能源的"储能式电力牵引轻轨车"等一批具有世界顶尖技术的高端产品研制成功，使湖南机械装备工业的新型特质进一步凸显。三是创新更显实力。年内新增国家级创新示范企业2家、国家级企业技术中心2家、省级企业技术中心13家，至此全行业建起国家级创新示范企业3家、国家级企业技术中心19家、省级企业技术中心89家。国际标准化组织起重机技术委员会（ISO/TC96）秘书处也在年内移迁长沙，从而提升了湖南相关产品技术和标准的话语权。企业普遍加大创新投入，行业研发经费占主营收入的比重达到 3%，少数大型企业已经超过 5%。中联重科和三一重工被《财富》杂志评为 2012 年最具创新力的中国公司，并双双入围福布斯 2012 年全球 100 家最具创新力的企业榜单。三一重工累计投入 50 亿元构建自己的创新体系，已获授权专利 3600 多件。一批由湖南企业主导制定的标准被确定为国际标准和国家标准。中联重科的"动力单元及其控制方法"、南车株所的"一种直线感应电机恒转差频率矢量控制方法及系统"荣获 2012 年中国专利奖金奖，山河智能的 AURORA（阿若拉）轻型运动飞机荣获 2012 年中国优秀工业设计金奖。四是品牌更具影响。湖南机械装备工业在复杂严峻形势下的不俗表现，大大提升了品牌的影响力。在 2012 年全球工程机械 50 强榜单中，三一重工和中联重科双双进入前十位，分列第 6 位和第 7 位。在 2012 年亚洲品牌 500 强榜单中，这两家企业又分别列第 36 位和第 67 位。中联重科的混凝土机械全球巡展和土方机械"聚焦战略"以其广泛的影响入选中国工程机械行业"十大营销事件"。南车株机公司作为中国轨道交通装备行业唯一企业获世界著名的"穆迪"公司"BAA3"发行人评级（"可投资级别"）。铁建重工也首次摘取全国施工企业评选的重大科技奖项。

3. 发展空间由国内市场向国际市场转变

2012 年，湖南机械装备产品实现出口交货值 213.8 亿元，比上年同期增长 26.2%，增速高出全国同行业 23 个百分点。企业普遍加大了国际市场开发力度，中联重科、三一重工、南车株机、南车株所、湘电集团、衡阳特变等企业的出口交货值均比上年有较大幅度增长，行业国际化水平不断提高。三一重工收购国际混凝土机械头号品牌德国普茨迈斯特后，又收购了德国生产混凝土搅拌车和搅拌站的知名企业 INTERMIX 公司，并与世界领先的起重机制造商奥地利帕尔菲格集团合资设立两家起重机子公司，进一步深化海外战略布局。中联重科以 2.36 亿美元收购 CIFA 公司其他股东持有的 40.68% 股权，实现对 CIFA 公司 100% 完全控股。中联重科还与印度 ELECTROMECH 公司签署正式协议，双方在印度合资建设以生产塔式起重机厂为主的企业。南车株机电力机车首次登陆非洲，与南非签订近 4 亿美元订单。湘电集团首批 4 台 230 吨级矿用自卸车正式交付国际矿业巨头力拓集团。衡阳特变向越南一次出口 6 台（套）特高压输变电设备。江麓机电也成功打开非洲市场，一次出口安哥拉 24 台压路机。

湖南机械装备工业尽管实现了平稳健康发展，但同时面临诸多困难。受投资降温影响，2012 年工程机械、发电设备、机床、汽车、轨道交通等行业市场普遍遇冷，风电、核电市场甚至进入"寒冬"，重点统计的 96 种产品有 36 种产量

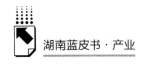
较上年下降。需求趋缓，订货回落，成本上升，效益下滑，应收账款增加，流动资金趋紧是行业企业面临的普遍问题。

二 2013年湖南机械装备工业面临的形势分析

（一）有利因素

1. 产业仍处于大有作为的战略机遇期

2013年是全面贯彻落实党的十八大精神的开局之年，是实施"十二五"规划承前启后的关键一年，是为全面建成小康社会奠定坚实基础的重要一年。为顺利实现两个"百年目标"，国家必然加快工业化、城镇化、现代化建设步伐，从而对机械装备工业发展形成长期利好。

2. 产业发展具有良好的政策环境支撑

"十二五"时期国家连续出台了国家经济社会发展纲要、工业转型升级规划以及科技创新、新兴产业发展等系列专业、专题性规划意见，为工业特别是装备制造业发展提出了系统的规划部署。国家强调重视实体经济及改造提升传统产业、构建现代产业体系等措施政策，为机械装备工业发展注入了新动力。国务院下发《关于促进企业技术改造的指导意见》，对企业增值税、固定资产折旧、研发费用与技术转让涉及的所得税减免等做出规定，对高新技术企业、国家支持发展的重大技术装备确需进口的关键零部件及原材料进口税收以及上市融资、发行债券等，都相应做出了优惠的政策调整，为企业健康发展营造了宽松的政策环境。

3. 经济运行已经出现企稳回升态势

2012年，我国机械装备工业遭遇了2009年来最为严峻的困境，产销增速下降了10多个百分点，利润一改长期与产销同步增长的局势，下滑到个位数，甚至出现了负增长。但经过努力，目前已显现出积极迹象，产销增速回落基本见底，利润增幅出现逐月缓慢回升趋势。同时，经济运行质量也在逐步提高。高科技含量、高附加值产品产销增速提升较快，并占较大比重。现代制造服务业发展进程加快。同时产业梯度转移进度明显，中西部地区发展好于东部地区。

（二）不利影响

从国际看，国际金融危机的深层次影响不断显现，世界经济复苏一波三折、增速放缓，面临的下行压力和潜在风险有所加大。国际货币基金组织预计，美国国债总额仍将上升，2013年将超过国内生产总值的110%。在美国经济难有大起色的同时，欧债问题仍处在高危阶段，日本走出衰退也非易事，新兴经济体受外部市场条件恶化和内生增长动力不足的双重制约，经济增速普遍放缓，保持较快增长难度加大，整个世界经济复苏动力依然不足。美国、英国、日本等国相继出台新一轮量化宽松货币政策，跨国资本流动进一步加剧，国际外汇、证券、大宗商品等市场持续大幅波动，全球经济的不稳定性再度增强。

从国内看，在党和国家宏观经济政策的指导下，我国经济社会发展总的形势是好的，国民经济运行符合稳中求进的总要求。但经济发展不平衡、不协调、不可持续的问题没有根本解决，而且受国际金融危机和政治经济环境复杂多变因素的影响，经济运行中的困难和矛盾更加突出。外需不振短期内不会有大的改变，我国出口商品综合成本上升，出口竞争优势减弱，加上贸易保护主义加剧，我国出口形势面临新的挑战。内需增长在预期收益下降、部分企业融资成本较高、缺乏新的投资领域等情况下，企业投资的能力和意愿不足，中低收入者消费能力偏低，消费市场环境不够规范，服务消费有效供给不足，消费保持较快增长难度较大。量大面广的中小企业仍面临订单下降、成本上升、流动资金不足、融资成本偏高等问题。加之转型及生存压力加大，目前企业生产经营困难已经出现从下游行业向上游行业、从小型微型企业向大中型企业、从东部沿海地区向中西部地区扩散的状况。随着经济增速回落，特别是前期新上产能集中释放与市场需求回落"双碰头"，产业结构不合理特别是部分产品产能过剩问题进一步显现，导致产品价格持续下滑影响市场预期。

从行业自身看，在经济全球化深入发展、新的科技革命酝酿突破、世界经济格局深度调整的背景下，我国机械装备工业需求增长趋缓、成本上升过快、创新能力不足以及产能严重过剩等问题越加凸显。经济运行困难加大，主要经济指标大幅回落，已从连续十年的高速增长转入了中低速的增长区间。此外，长期制约行业发展的产品质量不高、关键核心技术受制于人、工艺管理水平落后、知名品牌缺乏、发展方式粗放等矛盾，已使机械装备工业转型升级到了刻不容缓的关键时刻。

正确研判形势，掌握发展的主动权，需要省机械行管办认真学习贯彻党的十八大和中央经济工作会议精神。通过学习，深刻认识重要战略机遇期内涵和条件的变化与行业发展面临的重要机遇和风险挑战，准确把握机械装备工业发展规律和特点，理清推进行业发展的基本思路和工作布局，为实现"十二五"规划目标打下坚实思想基础。

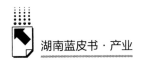

（三）2013 年湖南机械装备工业的发展重点

2013 年，全行业要深入学习贯彻党的十八大、中央和省委经济工作会议精神，以提高经济发展质量为中心，以推进落实行业"十二五"规划为抓手，稳增长、攻高端、夯基础、强管理，加快转型升级，提高产业技术水平、产品质量和经济效益。全行业将重点抓好以下几方面工作。

1. 以稳增长为第一要务，实现机械装备工业持续健康发展

机械装备工业在湖南经济总量中占有较大比重，在新型工业化进程中负有重大使命。2013 年，机械装备工业要牢记行业使命和责任，按照科学发展观和稳中求进的总要求，将以速度、规模为先的目标取向转变为以质量和效益为先的目标取向。坚持在稳步推进产业结构调整中有新步伐，在稳步实现产业升级中有新进展，在稳步开拓两个市场中有新成效，在稳步提升质量效益的前提下，实现经济持续健康发展。2013 年将在金融危机深层次影响继续蔓延的困难情况下，力保实现行业年度工业总产值、主营业务收入增长 15% 以上，利润增长 5% 以上，出口增长 20% 以上的目标，继续为保工业、保全局和"四化两型"建设做出新贡献。

2. 以产业结构调整为主攻方向，促进发展方式转变

2013 年，湖南机械装备工业要继续本着"存量更新换代、增量高端替代"的主导方针，以绿色制造、智能和清洁安全为重点，推进产品结构调整。通过不断采用和推广新技术、新工艺、新流程、新装备、新材料与淘汰落后产能、流程再造等途径，改造提升传统产业，提高先进产能的比重。通过加快新兴科技与传统产业的有机融合，提高关键基础零部件及基础装备的技术水平。培育发展一批高端智能装备，推进自主重大技术装备及成套的集成创新，提高新产品产值的占比。按照国务院转型升级规划重点发展导向，着力发展基础制造装备、节能和新能源汽车、船舶海洋工程装备、轨道交通装备、能源装备及安全生产等装备，促进产业链升级和产品、技术的升级换代。产业布局调整将遵循"以产业链条为纽带、优势互补配套发展"的基本思路，以大型骨干主机企业为龙头，上下游"专、精、特、新"中小企业为配套，各显优势、集聚发展，形成相互依存的利益共同体。同时，要更加注重加大企业资源整合的力度，不断提高企业应变能力和产业集中度。注重从源头上遏制重复建设、外延式扩张，并妥善有效地解决过剩产能问题。按照"布局合理、特色鲜明、集约高效、生态环保"的原则，推动产业集聚和区域经济发展，优化产业布局。按照构建现代产业业态的发展理念，加快"两化"深度融合，加快发展现代制造服务业，特别是开拓装备工业高技术服务业，制造服务收入占比力争达到15%以上。同时大力实施质量和品牌战略，提高市场占有率和产品信誉度。

3. 以实施创新驱动战略为核心，推动产业转型升级取得新进展

湖南机械装备工业要继续坚持产学研相结合的自主创新发展之路，以攻高端、夯基础为切入点，依托国家重大技术装备国产化项目，利用国外先进技术、智力和优质资源，大力提升原始创新、集成创新和引进消化吸收再创新能力。将围绕"开发市场、抢占高端、实施差异化竞争、拥有议价主导权"的发展导向，引导企业持续加大资金和智力投入，培育企业真正成为自主创新的主体。将进一步发挥国家和行业工程研究中心、重点实验室等共性技术供给平台和创新联盟的功能，依托国家重点工程项目，力争在高端领域、高端装备与关键核心技术上有新突破，在基础件、基础制造工艺、基础材料产业方面有新进展，在发展新产品与科技成果转化方面有新成效。

4. 大力推进节能减排绿色制造，为建设生态文明履职尽责

推进节能减排绿色制造是我国进入工业化发展阶段的必然选择，是中国作为负责任大国的国际承诺，也是湖南大力推进"四化两型"建设的需要。机械装备工业要围绕生产源头、过程和产品三个重点，推动清洁生产技术改造，精益生产及先进制造工艺。按照机械装备工业万元工业增加值综合能耗年均下降5.9%的要求，实施推广节能技术、低碳技术，淘汰落后产能，形成低投入、低消耗、低排放和高效率业态模式。要通过大幅提升量大面广的通用机电产品的设计效率、节能环保装备和环保应急装备与加快推进新能源汽车发展等，逐步实现机械环保绿色全覆盖。通过发展循环经济和再制造产业，为创建"两型"社会做出应有贡献。

5. 坚持对外开放发展方略，加快提升机械装备工业国际化水平

湖南机械装备工业要继续坚持两个市场并重、两种资源并用、两种方略并举的方针，进一步拓展发展空间，抢占产业发展制高点。将继续促进引资引技引智的有机结合，加强与跨国公司的深度合作，实现再创新，提升软实力。将继续鼓励支持企业走出去参与国际竞争，建立海外研发基地，兼并收购海外企业、科研机构，开展境外开发合作，增加成套出口，促进开展全球范围的资源配置与价值链整合，为抢占产业制高点和扩大企业及产品知名度提供途径。

B.16

2012～2013 年湖南旅游行业发展研究报告

裴泽生*

2012 年,在省委、省政府的正确领导和各级各有关部门的共同努力下,湖南旅游产业实现了快速发展。

一 2012 年湖南旅游产业发展情况分析

1. 旅游产业实现了快速发展

全省全年完成旅游总收入 2234.1 亿元人民币,同比增长 25.11%。其中,接待国内旅游者 3.03 亿人次,实现国内旅游收入 2175.46 亿元,同比分别增长 20.65%、26.61%;受国际经济形势的影响,全年接待入境旅游者 224.55 万人次,实现入境旅游收入 9.28 亿美元,同比分别下降 1.78%、10.74%。

2. 务实推进落实了"12366"战略

"1"就是争取省委、省政府出台了一个《关于建设旅游强省的决定》。"2"就是产业发展上了两个新台阶,全年旅游总收入突破 2000 亿元,接待国内游客突破 3 亿人次。"3"就是继续强化了"251"重点旅游项目建设工程、"3521"旅游品牌创建工程和"一带两圈"旅游区域发展布局三大工作抓手。"6"就是完善提升了 12301 旅游服务热线、游客服务中心、智慧旅游、旅游停车场、旅游标识牌和旅游厕所六个公共服务体系。"6"就是抓好了中国湖南国际旅游节、中国湖南红色旅游文化节、中国湖南第三届旅游产业博览会、第四届旅游企业大型人才招聘会、旅游投融资洽谈会、旅游行业技能比武等六项常态化工作。

3. 全省旅游工作的特点

(1)党政领导力度更大

省委、省政府高度重视旅游产业发展,2011 年 5 月,出台了《关于建设旅

---

* 裴泽生,湖南省旅游局办公室副主任。

游强省的决定》，做出了建设旅游强省的战略决策。《湖南省"十二五"旅游发展规划》《大湘西生态文化旅游圈总体规划》也得到了省政府的批复实施。《湘江旅游经济带整体规划》和《洞庭湖生态经济区旅游发展规划》进入评审阶段。武陵山片区旅游扶贫工作开始启动。省委、省政府领导还多次对旅游工作做出了重要批示。各市州党委、政府也把发展旅游业作为"稳增长、扩内需"的重要举措，其中 8 个市州明确提出旅游强市的发展定位，做出了落实旅游强省建设的部署。

（2）项目建设成效明显

"251"重点旅游项目建设工程（省市县分别确立 20 个、50 个和 100 个重点旅游项目）深入推进。截至 2011 年底，全省在建旅游项目 481 个，总投资 3587 亿元，累计投资 1601 亿元，2012 年完成投资 548 亿元。尤其可喜的是，据统计，全省投资 100 亿元以上的有长沙大王山旅游区、长沙灰汤温泉国际旅游度假区、株洲神龙谷国际文化旅游度假区、湘潭昭山国际旅游度假区、岳阳洋沙湖旅游度假区 5 个项目。另外，投资规模过 10 亿元的项目超过 50 个。这些项目投资总规模超过 2200 亿元。"3521"旅游品牌创建工程（创建 30 个旅游强县、50 个特色旅游名镇、200 个特色旅游乡村和 10000 个特色乡村旅游点）首批评定了 9 个旅游强县、22 个特色旅游名镇、81 个特色旅游名村和一批星级乡村旅游休闲示范点。"一带两圈"（湘江旅游经济带、大湘西生态文化旅游圈、洞庭湖生态经济圈）区域内项目的招商和建设来势喜人，一批重大项目已经完成招商进入前期准备，即将开工或正在推进建设。全省还重点引进了喜达屋、万豪、希尔顿、香格里拉、凯宾斯基等 18 家国际顶级品牌酒店进驻湖南，其中 13 家在建、5 家已签约待建，总投资 155 亿元；成功创建 16 家国家 4A 级旅游景区，完成了灰汤、洞庭湖创建国家级旅游度假区的申报工作。

（3）旅游市场持续升温

立体宣传全面铺开。推动湖南旅游与奥凯航空合作，开展"快乐湖南之旅"系列机上宣传活动，在湖南卫视、武广高铁、首都机场、黄花机场投放湖南旅游形象系列宣传广告，制作"三好湖南"（好美、好奇、好玩）电子书，继续办好《湖南日报》湖南印象、《中国旅游报》快乐湖南专版、《湖南旅游》杂志等宣传平台，形成了立体化的宣传营销网络。节会促销更具影响。成功举办了 2012 年中国湖南红色旅游文化节，"5·19"中国旅游日系列活动，2012 年中国湖南国际旅游节，2012 年湖南第三届旅博会、中博会、中部六省旅游投融资洽谈会和"黄金周"宣传活动。进一步加大了对重点国内和境外市场的促销力度，国内市

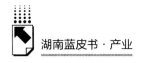

场持续扩大，境外旅游市场份额稳步提升。2012年中秋、国庆假期，全省接待旅游者2724.05万人次，同比增长44.54%；实现旅游收入133.88亿元，同比增长56.08%。省委、省政府领导对此给予了充分肯定。

（4）管理服务水平不断提升

推进行业标准化建设。加强旅游区点的标准化建设与复核，省人民政府召开了全省景区管理服务工作会议。国家旅游局授予亲和力旅游和华天集团为全国首批旅游标准化示范单位称号，并确定张家界市、邵阳市新宁县为第二批全国旅游标准化试点单位。组团赴海南学习饭店建设与管理先进经验，认真执行《旅游饭店星级的评定与划分标准》，全省旅游星级饭店总数达617家。维护旅游市场秩序。组织开展了全省旅游市场秩序和旅游安全保障督察检查集中行动，制定完善了一整套工作制度，全省开展旅游市场检查行动300多次。省政府召开了旅游市场秩序和安全保障督察工作专题会议，决定对影响旅游市场秩序和安全的重大问题，由省旅游产业发展领导小组发出专函，要求省直相关部门和有关市州政府予以整改。省政府修订发布了《湖南省旅游突发公共事件应急预案》，开展了全省旅游安全大检查。强化人才队伍建设。举办了武陵山片区旅游行政管理干部培训班和全省导游大赛、第四届旅游企业大型人才招聘会等。

二 2013年湖南旅游工作总体思路与工作重点

1. 总体思路与目标

2013年是贯彻落实党的十八大精神的第一年，也是湖南省加快旅游强省建设的开局之年。当前，湖南省旅游产业发展面临着党的十八大胜利召开、旅游强省建设、全省交通大改善、2000多亿元的旅游总收入为湖南省旅游业发展奠定了坚定的产业基础和一批重大项目的开工建设为湖南省旅游业发展增加了强大的发展后劲五大战略机遇，湖南旅游将迎来新的黄金发展机遇期。2013年，我们将"立足新起点、抢抓新机遇、争创新业绩、谋划新举措"，努力推动全省旅游产业又好又快发展。

2013年全省旅游产业发展的指导思想是：以党的十八大和省委经济工作会议精神为指针，以建设旅游强省为总体目标，以深入推进"一体两翼"战略为重点，进一步优化旅游发展环境，转变发展方式，提升发展质量，做大产业规模，全面提高旅游业发展的市场化、集约化、标准化和国际化水平，为促进"四化两型"和"四个湖南"建设做出新的贡献。

2013 年全省旅游产业发展的工作目标是：力争全年接待入境旅游者 247 万人次，同比增长 10%；实现入境旅游收入 10.2 亿美元，同比增长 10%；接待国内旅游者 3.6 亿人次以上，同比增长 18% 以上；实现国内旅游收入 2500 亿元以上，同比增长 18% 以上；实现旅游总收入 2600 亿元人民币，同比增长 18% 以上。

2. 工作重点

一是在政府主导上：继续加大对旅游产业发展的支持和引导力度。当前湖南省旅游业发展取得了显著成就，成功实现了"跨越千亿台阶、跻身全国十强、成为产业大省"三大目标。2012 年，全省旅游总收入又跨越了"两千亿元"新台阶。新的一年，我们将在这些新的起点上，围绕建设旅游强省目标，建议省委、省政府召开推进旅游强省建设大会，全面部署相关工作，出台相关政策措施。继续引导市州在领导力量、项目建设、资金分配、政策配套等方面给予倾斜支持，致力形成各地旅游产业竞相发展的格局。

二是在项目建设上：开展新一轮为期三年的"旅游项目建设年"，推动"251"重点旅游项目建设工程和"3521"旅游品牌创建工程再上新台阶。以统筹区域协调发展为契机，加快"一带两圈"建设；以推进新型城镇化为契机，加快旅游服务型城镇建设；以武陵山片区区域发展和扶贫攻坚为契机，加快旅游扶贫攻坚步伐；以"特色产业县"建设为契机，加快旅游产业示范县发展。

三是在旅游市场促销上：坚持大平台打造大品牌。在央视、京广高铁、首都机场、黄花机场等重要媒体和场所整体推出湖南旅游形象宣传片。在省内重要公共服务场所、主要旅游区点、旅游星级饭店推出湖南旅游整体形象标识和形象宣传口号。继续努力办好中国湖南红色旅游文化节、中国湖南国际旅游节"两大品牌节会"。创新市场促销方式。强化信息化手段宣传，建设网站、短信、视频、博客、微博、手机软件、网络游戏等平台；加强与省高管局、省国土资源厅、省政府信息中心、中国电信湖南分公司等部门单位的沟通合作，推动落实"湖南高速公路旅游信息港"合作框架协议、"加强基础地理信息库、旅游基础信息库的共建共享合作协议"，签订"推进湖南省旅游信息化战略合作框架协议"。深化区域旅游合作。以京广高铁、沪昆高铁全面开通和武陵山片区旅游扶贫为重点，加强区域联合促销。继续强化对重点境外市场促销，提升旅游产业发展国际化水平。

四是在旅游管理服务改善上：学习宣传贯彻好将要出台的《旅游法》，提高"依法治旅"的意识和水平。推出"旅游品质提升年"活动。加快建设一批"智慧旅游城市"和"智慧旅游景区"。提升公共服务水平，完善旅游服务中心、旅

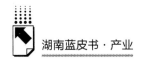

游停车场、旅游厕所、旅游标识标牌等旅游公共服务体系。

五是在体制机制创新上：深入推进张家界国家旅游综合改革试点、湘潭韶山创建全国红色旅游综合发展示范区两项工作。探索旅游发展和投融资新模式。扶持建立旅游产业园区或聚集区，支持旅游企业上市融资。依托高等院校筹备成立湖南旅游发展研究院。

三　2013 年促进湖南旅游产业发展对策建议

（一）开展新一轮为期三年的"旅游项目建设年"工作

深入实施"251"重点旅游项目建设工程，实行动态管理，对已建成、推进力度不够、未能按期启动的项目进行清理，同时研究在支持和服务 55 个重点项目工程方面加大力度。深入推进"3521"旅游品牌创建工程，抓好创建工程授牌、后续管理服务以及奖励引导工作。

（二）完成"一带两圈"的规划编制，加大推进落实力度

完成《湘江旅游经济带整体规划》和《洞庭湖生态经济区旅游发展规划》的评审和报批实施工作。工作重点主要是加大宣传引导力度，加大招商引资力度，加大项目建设力度。

（三）务实抓好"六大常态化"工作

继续办好中国湖南国际旅游节、中国湖南红色旅游文化节两大品牌旅游节会活动。办好旅游投融资合作洽谈会、第五届全省旅游人才招聘会、第四届中国湖南旅游产业博览会、旅游行业技能大赛（旅游饭店技能比武和旅行社导游大赛，每两年各举办一次）。

（四）完善提升"六个公共服务体系"

完善提升"12301"旅游服务热线、游客服务中心、"智慧旅游"、旅游停车场、旅游标识标牌、旅游厕所等六个公共服务体系。

（五）不断提升"六大宣传载体"

提升《湖南日报》湖南印象旅游副刊、《中国旅游报》快乐湖南专版、《湖

南旅游》（外刊）杂志、《湖南旅游》（内刊）杂志、湖南旅游网、《湖南旅游信息快报》等六大宣传载体。

（六）继续深入开展"旅游满意在湖南"活动

开展为期三年的"旅游品质提升年"活动，实施旅游景区等级动态管理，推进旅游管理标准化和制度化，提升旅游从业队伍素质，大力提升游客满意度。建立省旅游产业发展领导小组办公室旅游市场督察制度和重大工作交办制度，不定期由省旅游产业发展领导小组办公室组织开展旅游市场秩序大督察，并在全省范围内通报；建立交办制度，对重大工作、重大问题实施重点交办、限期办理，确保实效。

（七）指导支持创建一批高等级景区、高星级饭店

力争创建一批4A级以上的旅游景区，其中争取新批1～2家5A级旅游景区；指导新创一批高星级旅游饭店。

（八）指导、支持建设一批新的亮点旅游区点

目前，全省投资额达10亿元以上的旅游区点55个，总投资2238亿元。重点支持推进建设的旅游项目有湘潭昭山旅游度假区、长沙大王山旅游区、灰汤温泉国际旅游度假区、株洲神农谷国际文化旅游度假区、岳阳洋沙湖国际度假区、益阳江南古城文化旅游区、常德柳叶湖旅游度假区、长沙铜官窑旅游区、湘西烟雨凤凰开发、株洲华强科技产业基地建设、桃花源古镇、邵阳武冈古王城旅游开发、岳阳屈子祠旅游区、永州零陵古城旅游、宁乡花明楼国际文化旅游度假区、衡东县四方山·洣水旅游区、武陵源国际旅游休闲度假区、娄底曾国藩故里旅游度假区、湘西矮寨奇观旅游综合开发、湘西芙蓉镇景点圈综合开发、资兴东江湖旅游区提升、张家界双峡度假区、怀化洪江古商城开发等项目。以上这些项目均有明确的投资主体，有的开工开建，有的即将完工，有的在进行前期工作，有的项目纳入了省政府2013年的100个重大项目名录。

（九）积极谋划推进十项工作

积极向省委、省政府汇报，积极和省直有关部门沟通，积极配合相关市州人民政府，努力推进以下工作：一是积极推进"两高"旅游产业发展。湖南省以高速公路、高铁为代表的现代化立体交通网络逐步形成。要做好"两高"旅游

文章，进一步加强"两高"沿线旅游宣传促销，搞好自驾游接待服务，用好高速公路服务区平台。同时，依托"两高"谋划"旅游服务型小镇"建设，以旅游业为抓手推进城镇化进程，同时为入湘游客提供服务。二是积极推进"旅游服务型城市"建设。张家界、韶山、凤凰是湖南省的核心旅游区，年接待游客均在800万人次以上。要配合相关市州人民政府和部门重点抓好张家界、韶山、凤凰、南岳、崀山所在城区加快推进"旅游服务型"城市建设，突出规划，建好城市的旅游服务功能，为旅游产业的发展提供强大的服务支撑体系。三是积极研究、论证和推进长沙至张家界、长沙至韶山等城际动车铁路的旅游规划编制工作。四是积极落实省政府部署的"特色产业县"的相关工作。五是积极推进旅游扶贫示范县工作。落实《湖南省武陵山片区旅游扶贫行动宣言》，选定1县为旅游扶贫示范县，与省扶贫办一起重点扶持该县3个乡镇和一批村的旅游开发，以加快当地群众的脱贫致富步伐。六是积极推进在中央电视台进行湖南旅游、市州旅游形象的宣传。七是谋划开展以"快乐湖南—好玩"为主题、沿京广高铁城市的湖南旅游推介和市场对接活动。八是积极推进旅游业的改革。努力推进张家界国家旅游综合改革试点、湘潭韶山创建全国红色旅游综合发展示范区的建设，进一步推进旅游区点的市场化改革。探索旅游发展和投融资新模式，在有条件的市州扶持建立旅游产业园区或聚集区。九是争取省委组织部支持，举办两期重点旅游县主要领导、分管领导参加的旅游专题研讨班，提高县市区领导旅游业开发建设和管理服务水平。十是积极推进依托高校筹备成立湖南旅游发展研究院，及时为全省旅游业的发展提供决策咨询服务。

B.17
2012～2013年湖南省供销合作社农村现代流通发展报告

曾震亚 *

2012年，全省供销合作社在省委、省政府的正确领导下，坚持科学发展观，坚持为农发展方向，依托"新网工程"项目，突出抓好经济建设、基层组织建设，大力发展社属企业，扎实搞好为农服务，湖南省农村现代流通服务体系建设取得了较好成绩。

一 2012年湖南省供销合作社农村现代流通发展情况

2012年，全省供销合作社系统汇总实现购销总额1120亿元，实现利税13.08亿元，同比分别增长23.4%和27.6%。

全省供销合作社系统不断健全各类经营服务网络，现有企业1513个，其中农资经营企业129个，农产品经营企业433个，日用消费品经营企业406个，再生资源经营企业105个，综合业务经营企业440个。拥有各类网点61981个，其中农资经营网点15734个，农产品经营网点15737个，日用消费品经营企业22491个，再生资源经营网点3393个，综合业务经营网点4626个。

1. 农业生产资料经营服务网络建设情况

做好货源组织工作，农资市场平稳有序。各级供销合作社所属农资企业做到了早计划、早安排、早行动，与省内外多家农资生产企业签订购销合同，建立产销合作联盟，巩固了货源基础。省供销湘农公司在十分困难的情况下完成了20万吨国家、省级淡季储备任务。长沙、常德、衡阳、怀化、湘西等市、州以及部分县级供销合作社得到当地政府农资淡季储备的财政贷款贴息或补助。2012年全省农资市场平稳有序，满足了供应、保证了质量、稳定了价格。

---

* 曾震亚，湖南省供销合作总社党组书记。

加强基础设施改造建设，提高经营服务实力。2012年中央和省"新网工程"项目资金共扶持了全省11个农资企业的农资网络建设和改造项目，项目总投资3920万元，财政补贴资金980万元，新增网点423个，新增营业和配送中心面积17360平方米。长沙市政府出台农资经营设施建设财政补贴标准：建一个农资仓储物流中心补500万元、建一个配送中心补50万元、建一个配送站补10万元。长沙县政府出台政策，对市财政补贴资金进行1∶1配套。长沙市农资中心储备库一期工程完成投资近5000万元，14000平方米储备库主体工程已完工，2012年投入使用。望城、长沙、浏阳3个县级农资配送中心如期改造完工，22个村级农资配送站已完成选址工作，建设正全面铺开。

强化诚信经营，提升农资科技服务水平。2012年全省供销合作社系统重点培育15家农资经营企业，完成264家"农资经营诚信店"授牌，在全省农资经营行业起到了模范带头作用。全省供销合作社系统已发展庄稼医院1900多个，开展农技推广、病虫防治、测土配方、技术培训等服务。湘潭惠农农资有限公司下属的青竹庄稼医院利用农民赶集，循环播放最新的种植技术影像，邀请专家进行现场讲解农资应用技术；惠康庄稼医院为15个专业合作社和20000多农户提供农技信息4000多条、农技咨询10000余次、农技培训500多人次，免费发放科技服务手册10000余册。

2. 农产品购销加工网络建设情况

主营大宗农副产品购销两旺。全省供销合作社系统各类农副产品购销企业仍是湖南省农副产品流通的主渠道，全年供销合作社系统各类企业购进农副产品200.2亿元，比上年增加42.9%。棉花市场基本稳定，棉花价格受"国储"兜底价格影响，较为稳定，棉农收入稳定在每亩2000元左右，棉花年度价格走势波澜不惊。茶叶购销价格延续近年来趋势，稳步上扬，省茶业公司带动能力进一步增强，年销售茶叶32亿元，占全省销售茶叶数量的75%，带动22万户茶农户均增收5800元。该公司新建成的湘茶高科技产业园等投入使用，进一步提升了湖南省茶叶品质。

龙头企业实力增强，科技创新水平提高。全省各类农业产业化龙头企业不断强化科技意识，加强科技创新，取得了较好的成绩。省茶业集团臻溪系列冲剂及胶囊获得了国家药监局颁发的"国食健字"批文，"湘益""白沙溪"荣获中国驰名商标称号，"黑茶保健功能发掘与产业化关键技术与创新"荣获湖南省科技进步奖一等奖，"茶叶深加工副产品的生态高值加工技术研究与产品开发"项目首次被纳入科技部"'十二五'国家科技支撑计划"；春华生物科技公司完成了3个新品种审定登记，并完成国家食用菌工程技术中心湖南分中心组建与验收，正式授牌科技部国家食用菌工程技术研究中心湖南杏鲍菇工厂化生产示范基地。

农民组织化程度不断提高，带动能力不断增强。已创办各种类型的专业合作社 1199 个，入社社员 33.65 万户，年销售农产品 81.19 亿元。衡阳县安邦农业科技公司领办的土地流转专业合作社，流转土地 35200 亩，服务农田近 20 万亩，显著提高了种田效益；已办起综合服务社 10342 个，其中 100 个示范社经营面积达 91522 平方米。张家界永定区联社成立家政服务公司，还与电视台共同举办《农事通》节目，通过各种渠道为农民提供综合服务；发展各类协会 442 个，帮助销售农产品 115 亿元。全省系统各类协会在产业发展方面作用逐步显现，棉花、茶叶、食用菌协会均被评为全国总社先进协会，常德农产品流通协会在农产品流通中发挥越来越重要的作用，得到市政府领导充分肯定。

3. 日用消费品购销服务网络建设情况

龙头带动作用增强，着力发展连锁经营。以各级供销合作社日用消费品大中型企业、商场为龙头，采取总经销、总代理、特许经营、集中采购等多种形式，组织区域经营企业合作，形成区域配送中心；以基层供销合作社、农村小超市、便民店、农家店、综合服务社为基础，建立上联生产、流通企业，下联基层网点，以县城为中心、乡镇为骨干、村为基础的连锁经营网络。因地制宜走适合当地农村市场特点的连锁经营路子，探索以农村市场为基础的不同连锁经营发展的模式，注重利用县域内贴近农民的多种资源，靠大联强，通过开放办社，实现借势发展，同时积极探索成立跨区域乃至覆盖全省的连锁经营集团。

加强质量管控，提升便民服务意识。从进货源头进行质量监控，绝不允许假冒伪劣产品进入店面，加大对管理人员的培训，增强服务意识，想方设法方便消费者购买商品。在农村的销售网络严格按照中华供销合作总社颁布的《农村日用消费品连锁经营网络规范》进行管理，做到规范经营，服务至上。岳阳新合作九龙超市在春节期间加强措施确保物资供应：一是要求直营店和加盟店新采购商品配送中心库存不低于 8000 万元，每个门店库存不低于 300 万元；二是按照市场供求，加大货源组织，确定生活必需品应急供应联系企业，加强预测预警，为应急调控提供决策依据；三是积极组织开展新春年货购物节、美食节、展销会等各类促销活动，确保门店所在地市场供应充足，价格平稳；建立了最低库存保有量指标，一旦接近最低库存保有量，将确保两天内供应到位。公司配送中心商品库存有 300 多个大类、8000 个品种，春节物资供应受到当地消费者的一致肯定。

4. 再生资源回收利用网络建设情况

与政策接轨，打造"绿色环保产业"。再生资源利用是可实现持续发展的产业，是湖南省开展"四化两型"建设的重要途径之一。再生资源回收利用一直是供销合作社的传统主营业务，也是供销合作社建设新农村现代流通服务网络的五大重要网络之一。国务院40号文件和省政府24号文件明确规定："鼓励供销合作社积极推进再生资源回收利用体系建设，形成回收、分拣和加工利用一体化经营的再生资源回收利用体系。支持供销合作社建设废旧物资集散市场或再生资源综合利用处理基地，实现再生资源产业化经营、资源化利用和无害化处理。"能否建立一个有组织力、有带动力、有影响力的再生资源网络直接关系全省供销合作事业发展的全局，关系湖南能否真正成为党和政府要求的"三种力量"。

再生资源回收利用网络快速发展。目前，全省供销合作社系统共有105家再生资源回收公司，发展了3393个遍布乡镇、街道的经营网点，共有55个分拣中心，2012年全省系统再生资源回收企业交易额48.8亿元，利润5780万元。在10大类主要回收品种中，供销社系统回收量占全社会回收量比重逐年回升，其中钢铁已占到34%，报废汽车拆解占35%，废旧家电回收占50%以上。据推测，汽车报废高峰将于"十二五"末到来，各地可抓紧时间争取这项业务，岳阳市供销社就投资1200万元组建了岳阳天胜报废汽车回收拆解有限公司。

打造回收产业链，依托项目带动发展。省供销合作总社直属的省湘合作公司依托自身建设省废旧物资交易大市场的经验优势，积极开展与市州的联合合作，广泛参与各地城市再生资源回收体系建设中。公司在永州地区新建的"永州市再生资源产业园"项目，创建了省、市、区三级供销社企业联合合作的发展模式，目前，已进入实质性的建设阶段。长沙市供销合作社直属的长沙市蓝天公司在宁乡启动了"蓝田再生资源产业园"项目，项目将建设废旧塑料、废旧纸张、废旧金属等三大回收分拣加工利用中心和一个培训及研发中心，项目建成后将有效对接长沙市再生资源回收利用体系，率先在长沙市打造完整的再生资源回收利用产业链，发挥新的经济增长极作用。

5. 电子商务信息网络建设情况

改造传统经营方式，建立新型服务模式。打造"供销通"平台，将娄底模式"一站、一平台、一网络、一会员"的服务体系逐渐推广，提供信息、商品、便民服务。"一站"即"特色中国"电子商务总站，实现农副产品进城；"一平台"即供销通农村信息化综合服务平台；"一网络"即在村上建立新农村综合服务实体店，为农民提供全方位的党务、政务、商务和便民服务，使其成为新型的服务农民的综合服务社；"一会员"即每家每户发展一名供销通会员。

运用信息化手段提高业务管理水平，做好"四个结合"。用先进的信息化系统帮助全省系统在组织机构管理、工作交流管理、培训工作管理、购销对接管理、数据统计管理等方面提升管理水平。在此基础上，做好四个结合：与"新网工程"建设相结合，推动农业生产资料销售、农副产品购销、日用工业品供应、再生资源回收利用和烟花爆竹购销等五大网络建设；与"两社一会"工作相结合，丰富服务的内涵，夯实供销社发展的组织基础；与开放办社相结合，通过信息服务推进开门办社，壮大供销社为农服务的组织载体；与农村实用人才队伍建设相结合，发展一批熟悉农产品信息、流通的农民经纪人为信息员，参与农村商品大流通，发展流通协会或经纪人协会。

二 2013 年湖南农村现代流通发展形势预测

十八大报告中提出"四化同步"、扩大内需、城乡发展一体化、构建新型农业经营体系、发展服务业等重要论述，2013 年的中央一号文件中提出要"充分发挥供销社在农业社会化服务和农村流通中的重要作用"、继续实施新农村现代流通网络工程、支持供销社开展农产品流通、建设乡村综合服务社和服务中心等工作等要求，可见，供销合作社面临着重大战略机遇，应进一步把握发展定位，研究提出落实中央决策部署的思路与举措。

1. 2013 年湖南省农资市场总体形势好于上年，农资需求稳定，价格比较平稳，备货充足，农民对质量和服务的要求提高

一是多方组织货源，保障省内农资市场供应。在省内尿素生产开工不足，资源有较大缺口，外省调入成本高，保证省内供应难度加大的情况下，加大省外采购力度，备足了春耕用肥。据了解，过去湖南省有八大尿素生产企业，年生产能力达 180 万吨，但是受尿素生产成本上升、效益下降的影响，现在只剩下湖南宜化（冷水江）、株洲桂成化工、洞氮、郴州桥氮 4 家，年尿素产量约 85 万吨，还有部分产品流到两广和湖北，湖南全省年尿素需求约 120 万吨，尿素资源缺口在 40 万吨以上，主要从湖北、四川、重庆等地采购和调运。各级供销合作社农资企业加大了从外省调入化肥资源的力度，据统计，截止到 2 月 20 日，全省供销合作社系统已组织化肥 189.4 万吨，比上年增加 15.4 万吨，同比增长 9%。二是农资经营业务成本上升，经营企业本大利薄。近年来，因劳动力成本不断上升、企业融资成本增加等原因影响，农资经营业务成本节节攀升。因化肥生产企业限产保价、国家税收政策调整、化肥出口政策变动、原料进出口贸易市场变化，农资商品市场价格波动加剧，经营风险加大，下游经销商、零售店纷纷减少或放慢

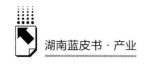

进货量，大部分农资企业经营风险加大，本大利薄，如履薄冰。

2. 农副产品产业化经营进一步深化，农产品销售需求旺盛，农民收入增加

湖南农产品生产稳步增长，农产品销售需求更为旺盛，购销加工网络的建设也取得了显著成绩，主要农产品都基本形成了购销体系，大宗农产品产地加工企业也取得了长足发展，业已形成农产品购销加工网络的雏形。不仅市场交易数量显著增加，交易规模不断扩大，而且出现了由零售市场向批发市场、由综合市场向专业市场发展的明显趋势，形成了不同组织形式的农产品专业化市场。如水果市场、蔬菜市场、水产市场、土特产市场、干货市场等。但农民对农产品市场缺乏分析判断能力，一定程度上带来生产的盲目性，造成了农民增产不增收；大宗农产品销售渠道单一，远销能力相对不足；冷链物流不能适应生产要求，尚未形成完整独立的冷链物流体系，上下游冷链缺乏整体协调，购销信息传输不畅；高附加值的农产品精加工发展相对不足，农产品交易市场的功能非常有限，在一定程度上制约了农产品生产潜力的充分发挥。下一步，预计将在政府引导下，全省逐步出现以核心企业为龙头、区域性农产品交易市场为基础、物流配送为重点、加工提升为方向的农产品购销加工服务网络体系。可以预见，各类农业产业化龙头企业将进一步发挥带动作用，发展精深加工，提升农副产品附加值，延长农副产品保质期。在龙头企业带动下，农民收入有望进一步增加。

3. 农村日用消费品市场逐步规范，"方便、快捷、优质"成为基本要求，大型连锁企业逐步向农村市场延伸

经过"十一五"期间的制度创新和恢复发展，目前全省供销合作社系统的农村日用消费品市场占有率不断提高，经营服务网络已基本能适应农村社会经济发展和农民日常生活的需要，同时建设了日用消费品交易市场，取得了较大成绩。但也存在一定的问题，主要表现在：网点布局不合理，约60%集中在县（市、区）政府所在地，30%分布在其他中心乡镇，村级的连锁便利店、加盟店过少；流通的秩序化程度较低，假冒伪劣商品损害农民利益，离为农民提供"方便、快捷、优质"商品的要求还有距离。农村市场潜力巨大，全省供销合作社系统将依托大型日用消费品零售企业，规划建成以大中城市为依托，以农村市场为重点，产权多元化、管理现代化、经营连锁化、城乡互动的日用消费品经营服务网络。大型企业向农村地区延伸网络，将成为保证日用消费品质量、促进农民消费、提升农民生活水平的重要途径。

4. 再生资源产业发展提出新要求

一是再生资源产业方向走向高端化。系统内再生资源企业要突破以往只是单纯收售的经营模式，寻求走深加工的路线，以更有效地实现资源的可利用价值，抢占高端附加值富含区。如：对废塑料进行清洗后粉碎、加工成塑料颗粒状原材料；废有色金属经过提炼加工压延成原材料；将边角余料等可用材料加工成各种小型产品；将不能直接利用的废料进行拆解、打包、压块，供给生产企业。长沙蓝田产业园项目建设的混杂废塑料制备塑胶复合托盘生产线便着眼于当前的高端技术，能有效将混杂废塑料中的 PVC、PE、PP 等塑料有效融合，克服了塑料间不兼容的难题。二是再生资源项目布局呈现园区化。随着我国经济的快速发展，国内产生了大量的生产性和消费性废旧物资，为规范对这一类物资的交易和使用，各地都采取了兴建废旧物资交易市场的方式。这势必要求湖南在搞好永州再生资源产业园基地和蓝田再生资源产业园的基础上，力争再布局、打造多个再生资源产业园区。三是再生资源企业发展日趋联合化。全省再生资源企业充分发挥联合优势，实行各种形式的连锁和合作，采取优势互补、强强联合的战略，全力提升企业竞争实力。以协会为平台的联合，省协会召集了全省内外的再生资源企业，共同研讨解决行业发展遇到的问题。以项目建设为平台的联合。省湘合作公司依托自身建设省废旧物资交易大市场的经验优势，积极开展与市州的联合合作，广泛参与各地城市再生资源回收体系建设中。公司在永州地区新建的"永州市再生资源产业园"项目，创建了省、市、区三级供销社企业联合合作的发展模式。以业务经营为平台的联合。行业内企业积极寻求业务上联合合作，或与利废企业保持长期供应业务，或同高端企业采取技术合作方式，或回收企业间签订统购统销合同，走规模化寻求效益。四是再生资源经营方式更加现代化。随着电子商务的广泛运用，再生资源行业也深受其影响，业内涌现了各种现代化经营方式的探索。省协会为全省再生资源行业打造了一个完善的电子商务平台和信息化中心——"湖南省再生资源网"，推行"在线收废、网上交易"，并在会员单位创造性地开展了"点价结算"的交易方式，一改以往传统单一的交易模式。还有企业展开"网上预约，上门回收"服务，在互联网上开设回收网站，设立预约服务范围，投售人根据自己的情况投售，便有人员上门收废。

三　2013 年供销合作社搞好农村现代流通发展的建议

1. 着力完善服务体系，搞好农业社会化服务

加快构建农产品现代流通体系，为农民增收服务。根据农业产业布局和市场建设规划，加快建设一批区域性农产品市场和集散中心，强化产销衔接，扩展市

场功能，使之成为农产品流通的主平台。积极参与农贸市场建设，创办专事农产品购销的经营实体，不断扩大购销规模。大力发展名特优农产品展示展销，逐步形成覆盖全省、辐射全国的湖南名特优农产品经营网络。加快发展农产品电子商务，推动网上经营与实体经营相结合，以信息化带动农产品流通现代化。加强农产品质量安全追溯体系建设，保证农产品质量安全。

积极服务现代农业发展，为农业增效服务。大力推广技、物结合的农资供应模式，加大统防统治和测土配方力度，为现代农业发展提供个性化服务。顺应农业产业化、规模化、精品化发展的趋势，兴办各类农业专业化服务组织，搞好产、加、销等环节的经营服务。积极创办农产品精深加工企业，大力发展"龙头企业＋专业合作社＋农户"模式，提升供销社参与农业产业化经营的广度和深度。围绕地方主导产业和特色农产品，加快建设一批产品特色鲜明、品牌效应突出、经济效益明显、体制机制创新的现代农业生产基地，引领现代农业发展。

积极探索涉农融资服务，支持农民创业。积极探索供销合作社组建或参股小额贷款公司、村镇银行等新型金融服务主体，有实力的县级供销合作社可参与农信社股份制改造，支持有条件的专业合作社开展资金互助、保险互助。积极参与土地承包经营权、农村住房等抵押贷款试验，扩大农村有效抵押物范围和受让人范围，努力缓解农民的贷款难问题。

2. 不断加强"新网工程"建设，发挥农村现代流通主导作用

推进"一网带四网"。紧紧抓住"数字湖南"建设机遇，加快建设电子商务网络，通过电子商务网络带动农资供应、农副产品购销、日用消费品经营和再生资源回收利用四大网络服务功能和运行效率的进一步提升，实现"一网带四网"。湖南省供销合作社电子商务网络建设在全国起步较早，试点工作取得了较好的成绩，目前正积极推广，得到了全国供销合作总社认可，力争全国供销合作社电子商务平台总部落户湖南，"部省共建"网上供销社。

建立全省农资经营平台，充分发挥农资供应主渠道作用。农资是粮食的粮食。搞好农资供应，供销合作社重任在肩。省社目前已重组供销湘农公司，将通过这个平台承担农资淡季储备任务，搞好农资供应。目前，各市州供销合作社均有自己的农资公司，在本地市场有一定的控制力。下一步，要通过系统联合合作，提高市场占有率，行动一致提升控制力，在农资供应中切实发挥主渠道作用。

发挥龙头带动农业产业化发展的作用，搞好农副产品购销。通过龙头企业推动产销对接，推进农副产品精深加工，提升附加值。省茶业集团在千亿茶叶产业发展中发挥龙头带动作用，省银华棉麻集团确保全省棉花产业平稳发展，省春华生物科技公司通过战略联盟和产业园建设带动全省食用菌产业发展。市州要通过各自农业产业化龙头企业或对接省社直属企业搞好农副产品购销，帮助农民增收。

加快发展日用消费品连锁经营，不断提升运营质量和效益。加快日用消费品配送中心和连锁网络建设，恢复重建农村日用消费品经营网络，方便农民生活。以构建县域网络为重点，加强县级配送中心、乡镇中心超市、村级便民店建设，进一步优化县、乡、村三级日用消费品连锁经营体系。通过供销合作社与农村支村两委组织建设相结合，加快建设村级综合服务社，提升供销合作社在农村的服务能力。根据市场变化和居民消费需求升级的趋势，加快经营理念和营销方式创新，积极发展综合商业超市、便利店、直销店等新型业态。强化"双向流通"和"一网多用"功能，提升综合服务能力。抓好商品特别是食品类的质量安全，营造便利实惠、安全放心的消费环境。

园区建设与体系建设相结合，进一步提高再生资源回收利用水平。主动对接湖南省"两型"社会建设，加大对再生资源领域的投资力度，参照永州再生资源产业园建设办法，通过省、市、县供销合作社联合合作，在长株潭"两型"示范区内建设大型再生资源产业园，在全省布局区域性特色再生资源产业园，带动全省再生资源产业发展。县级供销合作社着力建设再生资源回收网点、分拣中心、集散交易市场等回收网络，与再生资源产业园对接，构建从回收、分拣到加工利用的完整产业链。发挥再生资源龙头企业的带动作用，强化科技支撑，提升技术水平，稳步提高废旧家电、废弃电子产品、报废汽车等重点商品的拆解、回收、加工能力。

3. 深入推进社有企业改革发展，全面提升经济效益和社会效益

围绕加快发展这一主题，打造一批重点产业和企业集团。加大市场开拓力度，促进茶业、棉麻、食用菌等核心板块和主营业务进一步做大做强，形成对发展的有力支撑。在巩固提升传统业务的同时，推进加工、电子商务等产业发展，探索农村金融业务发展，推动传统贸易向现代流通、产业经营向产融结合的提升。鼓励龙头企业通过合作、并购、重组、引进战略投资者等多种方式，实现资本扩张与优势集聚，培育壮大一批跨地区的大型企业集团。

大力推进项目建设，努力构筑新的发展优势。牢固树立抓项目就是抓发展、抓发展必须抓项目的理念，按照"抓真的、抓大的、抓社有的项目"原则，进一步健全省、市、县三级项目库，加强项目建设人员培训，加强规划、资金、管理、人才等方面的组织调度。按照高起点、高标准的要求，把项目建设转到提升经济发展质量和效益上来，加大对传统业务改造提升和战略性新兴产业拓展的支持力度，以项目优化经营业务结构。围绕主营业务和国家产业政策导向，突出抓好一批产业关联度大、辐射带动力强、市场优势明显的大项目，使项目建设起到系统拉动作用，形成规模效应。

理顺社企关系，进一步激发企业发展活力。一是处理好三个关系，即：处理好社企关系，实现供销合作社与出资企业共生共荣；处理好企企关系，实现社有企业之间抱团发展，深度合作；处理好系统关系，通过发挥省社直属企业龙头带动作用，实现省、市、县各级社企纵向联合合作。二是加强社有企业人、财、事三个方面的管理。管人即重点管好企业高管人员；管财即规范资产和资金管理，建立财务风险的预警机制和管控机制；管事即规范重大事项决策权，预防盲目决策造成重大损失。三是调节好供销合作社、社有企业、高管和职工三者利益，确保社有资产保值增值，社有企业发展壮大，社企高管和职工收入增加。

4. 大力发展合作经济组织，提高农民组织化程度

高标准创办、领办专业合作社。全省系统依托各地优势资源和特色产业，积极创办和领办种植、养殖、加工、流通、旅游等各类专业合作社，引导农户联合起来参与市场竞争，提高农业生产经营组织化程度和产业化发展水平。提高专业合作社建设标准，帮助专业合作社培育品牌，与连锁超市、批发市场、社区、学校等建立产销对接关系，使之成为发展农业社会化服务、完善现代农业产业体系的有效载体，让农民增收、市民得实惠。加强专业合作社间的联合合作，创办一批专业合作社联合社，达到扩大规模、整合资源的目的。

加快发展综合服务社。按照政府引导、市场运作的原则，在中心村和较大村加快建设以日用消费品经营为基础、融其他生产生活服务于一体的综合服务社。着力增强服务功能，适应农民生产生活的多样化需求，积极发展文体娱乐、卫生医疗、老年活动、综合修理、邮政通信等社会化服务，形成经营性与公益性相配套的经营服务格局。加快电子商务进综合服务社步伐，推进农村电子商务进程。

大力发展新型合作经济组织。加快行业协会发展步伐，充分发挥其在开拓市场、维护行业利益、促进行业发展等方面的作用；支持省级行业协会向市、县延伸机构和服务，不断提升影响力；推动社有企业依托系统内协会整合行业资源，延伸产业链条，拓展经营领域。借鉴日韩农协和中国台湾农会的做法，由市、县供销合作社牵头，成立农村合作经济组织联合会，吸纳专业合作社等合作经济组织入会，加强各合作经济组织间的交流合作，在法律允许范围内，探索为农民提供技术指导、购销合作、金融保险等方面的服务，提高农民参与市场竞争的能力。

B.18
湖南省再生资源产业发展研究报告

吴金明　朱　锐　黄进良*

一　国内外再生资源产业发展特点

（一）再生资源成为推动可持续发展的战略性资源

再生资源是对废旧物资通过回收和加工处理可实现再利用的资源，具有可循环反复利用、节能节水节材、减少污染物排放等优点，如利用废钢铁炼制钢可以节能 60%、节水 40%，同时降低炼钢工业"三废"排放 85% 左右。再生资源以其显著的优点为各国所重视，成为推动各国可持续发展的战略性资源。2000 年，欧盟、北美、日本和澳大利亚的主要物资总消耗中，再生资源已经占有相当高的比例：玻璃 26%、橡胶 28%、纸张 35%、钢 45%、塑料 50%。2003 年，美国城镇产生的废弃物为 5.5 亿吨，回收利用率达到 40%。在各种废弃物回收利用率中，纸张为 42%，软饮料塑料瓶为 40%，铁制包装为 57%。近年来，我国每年至少有 1500 万台家电、500 万台电脑和上千万部手机进入淘汰期，相当于一座蕴藏量大、品位高的矿山。

（二）再生资源产业已成为各国的战略或支柱性产业

再生资源循环利用模式可以有效解决资源与环境问题已成为国际社会的共识。目前，美、德、日等世界主要发达国家和工业国家，都把再生资源产业定位为战略性或支柱性产业，纷纷制订规划、出台政策支持其发展。2010 年，发达国家资源再生产业规模约 1.8 万亿美元，仅美国的再生产业规模就达 2400 亿美元，超过汽车行业，成为美国最大、就业人数最多的支柱产业。从资源再生观点看，"垃圾是放错地方的资源"，一切物质资源均具有循环利用的价值。从世界范围来看，资源再生领域将成为新的利润增长点，成为 21 世纪的主导产业。

---

* 吴金明，湖南省政协经济科技委员会主任，教授，博士生导师，日本滋和大学访问学者；朱锐，中南大学商学院博士研究生；黄进良，中共益阳市纪律检查委员会书记。

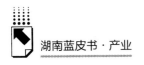

（三）我国再生资源产业发展迅猛

2010年，我国废钢铁、废有色金属、废塑料、废旧轮胎、废纸、废弃电子电器产品、报废汽车以及报废船舶，共八大类别的主要再生资源回收总量达1.49亿吨，比2009年增长了585.9万吨，增幅为4.1%。主要再生资源回收总值达5069亿元，较2009年的4471亿元增加了598亿元，增幅达到13.4%，超过2010年我国GDP的增长速度近3个百分点。我国已经把发展再生资源产业确定为实现经济社会可持续发展的重要战略，把"完善再生资源回收体系，推进资源再生利用产业化"列入"十二五"规划纲要，并成为节能环保战略性新兴产业的重要部分。

（四）再生资源产业正在向体系化、规模化、园区化、清洁和安全利用的方向发展

目前，再生资源产业出现了回收体系化、分类专业化、经营规模化、加工园区化和走清洁与安全发展之路的产业发展趋势。我国已出现了一批行业规模较大、回收体系较完善、产业集群基础较好的再生资源产业园区。宁波镇海、江苏太仓、福建漳州、浙江台州和天津子牙等15家园区经国家环保部批准为进口再生资源加工园区，年处理废金属占我国进口总量的50%以上。河北保定、浙江永康、湖南汨罗、山东临沂、四川新津、河南长葛、广东南海和重庆等地在传统的废旧物资交易市场基础上，建成了颇具规模的再生资源产业园区。一些专业化的园区如安徽界首的再生铅、江西丰城的再生铝、湖南永兴的贵金属、江西贵溪的再生铜市场也在加速建设发展。

（五）再制造正在成为再生资源产业发展的高端，并推动工业制造模式的变革

再制造工程是先进制造技术在21世纪发展的极其重要的发展方向，是解决资源浪费、环境污染和废旧装备翻新的最佳方法和途径，是符合国家可持续发展战略的一项绿色系统工程，赋予传统制造产业以新的活力，决定着制造产业的自生能力与核心竞争力。进入21世纪后，发达国家就一直以再制造理念来指导其制造业的发展。美国废旧机电产品再制造已有几十年的发展历史，2008年，美国再制造市场规模达到860亿美元以上，其中，汽车零部件相关产品再制造市场规模达到350亿美元。2010年，100%的再制造产品性能达到或超过原产品；美

国规划到 2020 年，再制造业基本实现零浪费。德国最先通过并实施了废旧物品控制法案，其再制造产业涉及汽车零部件、工程机械、机床、铁路机车、电子电器等多个领域。2010 年，德国机电产品回收率超过 90%，市场规模超过 500 亿美元，规划到 2015 年可再生产品 100% 实现循环利用。日本再制造涉及汽车和全部家用电器、摄像机和办公设备等方面。2010 年，日本主要工业产品回收利用率达到 90% 以上，市场规模突破 400 亿美元，规划到 2020 年再制造产业回收产品利用率达到 100%。

二 湖南省再生资源产业发展的成绩与问题

（一）取得的成绩显著

一是再生资源种类增多，总量增大。湖南再生资源主要类别可分为报废汽车、废旧金属（废钢铁、废有色金属）、废橡胶、废轮胎、废塑料、废纸、废家电、废电池等。湖南省每年产生的废弃电器、工业电子废物、金属废渣达数百万吨，废旧汽车达 150 万辆以上，其资源价值达 500 亿元以上。而且，各类废旧物资再利用的量正以每年 20% 的速率递增。二是产业基础设施建设初步完善，以供销社为主渠道的资源回收体系基本形成。全省共有再生资源回收网点 15320 个，经营面积约 80 万平方米，在册从业人员 20 多万人。初步形成了废品回收、运输、分拣、仓储、加工、销售、物流、信息发布等一条龙的市场服务体系，建成了一批集废品回收、综合利用、原料批发、电子商务等功能于一体的再生资源交易市场和物流园，产生了一些具有粗加工和精深加工、科研开发能力的加工工业园，建设了再生资源网和再生资源综合信息平台。以供销社为主渠道的再生资源回收利用体系基本建成，全省 70% 的县级社恢复了再生资源回收利用网络，共有再生资源回收企业 97 家，总资产 10.5 亿元，再生资源交易市场 24 个，各类分拣中心 55 个（县域集散中心），经营网点 4560 个（直营和加盟）。三是再生资源企业经营模式多元化、龙头企业日益壮大，加工能力不断提高，产业链不断延伸。湖南拥有再生资源加工利用企业 300 多家，全省年产值 5000 万元以上的再生资源产业开发龙头企业达到 21 家。民营企业成为再生资源回收利用的主体，占总量的 80% 以上。目前，湖南省再生资源产业链进入精深加工环节，废旧汽车拆解从回收废旧钢铁延伸到拆解后的全部资源化、有色金属从提炼金银，延伸到贵金属的深度开发、废铜回收从铜锭加工延伸到名牌电缆产品的生产等，并且均有着自主知识产权。四是产业组织规模化、区域化与集约化程度不断提高。涌现出了一批国家级和省级循环经济试点单位和再生资源工业园区。目前，全省有株洲清水塘、郴州永兴、汨罗、长沙浏阳宁乡再制造产业基地、株洲冶炼集团、湖南智成化工、湖南泰格林纸等八个国家级循环经济试点和长沙宁乡经开区、娄底涟钢、永顺凯迪低碳三个省级循环经济产业园。2010 年，长沙被批准为全国再生资源回收体系试点城市。目前，全省再生资源产业工业园区主要有汨罗循环经济工业园、株洲清水塘循环经济园区、宁乡经开区循环经济产业链、永顺凯迪低碳循环经济产业园以及永兴的"中国银都"等再生资源深加工工业园区。每一个"试点"和园区已形成年产值几十亿到上百亿不等，不断成为湖南省的新的产业亮点。五是再制造产业探索领先国内同行。湖南省积极在工程机械、汽车及零部件、家电制造等产业领域开展探索，已经形成了浏阳和宁乡两个再制造产业专区。目前，长沙市再制造产业基地成为国家首批再制造示范基地，累计完成固定资产投入 13 亿元，已建成面积约 9 平方公里，培育了 24 家再制造企业，2010 年共实现再制造产值约 8 亿元。目前，湖南省再制造产业项目主要分布在以下七类产业：工程机械再制造、汽车及零部件再制造、机床再制造、办公信息设备再制造、家电再制造、轨道交通再制造和药械再制造。且已有 11 个再制造产品进入国家再制造产品推广目录，有 2 家再制造企业的再制造试点实施方案获得 B 类方案。

（二）存在的问题不少

一是对发展再生资源产业的认识不高，缺乏科学的顶层设计与规划指导。由于受技术、资金和人才等方面的制约，再生资源产业创造的 GDP 不高，因此难以引起人们的重视。长期以来，政府、社会、企业存在再生资源等同于"垃圾"和"破烂"的模糊认识，对资源综合利用的重要性和迫切性、对再生资源回收利用的地位和作用的认识没有提到应有高度。由于认识不高，湖南省并未将再生资源产业发展作为两型社会建设的重点内容、支柱产业来抓；缺乏再生资源产业发展规划，行业发展的指向不明，定位不清；政府缺少可操作的政策优惠措施，税收优惠政策难以落实到位，没有形成共同发展的合力；管理体制不完善，政策法规不健全；基础工作薄弱，重复建设、无序竞争时有发生。二是再生资源产业发展的政策支持与法制保障不足，地方财政支持乏力，融资、用地矛盾突出。发展循环经济的立法相对滞后，政策摇摆不定。1994～2001 年，再生资源回收环节实行增值税"征三返七"政策，且一年一定。2001～2006 年，回收环节免征增值税，再生资源产业快速增长。2008～2010年，国家在再生资源回收环节恢复征税，再生资源回收量、交易量、税收和从业人员出现负增长。同时，湖南省市县财力普遍弱小，财政对再生资源产业的支持力度不大。而且由于再生资源产业企业一般规模较小，缺乏担保，加上贷款门槛高、审批程序复杂、资金成本高，企业融资非常困难。此外，再生资源企业用地供需矛盾也十分突出。三是再生资源回收利用率低、利用技术水平低，缺乏精深加工。受利益驱使，企业"利大抢收、利小少收、无利不收"的现象普遍。湖南省废钢铁利用率只有26%（世界平均水平为40%），再生铝产量占铝产量的21%（世界平均水平为40%），轮胎翻新率仅占新轮胎产量的4%（发达国家一般为10%以上）。许多可回收利用的品种，如报废的家用电器电脑等电子废弃物、废玻璃、废布、皮革、废旧干电池等品种得不到及时回收利用，资源流失严重。目前湖南省可回收而没有回收利用的再生资源价值高达1000多亿元。技术方面，湖南省再生资源加工利用一直停留在低层次、低水平的状态。多数企业仍停留在对再生资源回收、分拣、打包、压块、销售的层次上，且以手工劳动为主，基本没有条件和能力引进和使用新技术、新工艺、新设备，产品的技术含量和附加值较低。由于缺乏精深加工技术支撑，大部分园区和企业处于再生资源产业链的低端，即买即卖居多，产业链向高端延伸不足。企业偏重于对原料的争夺，忽视技术和工艺的提高，导致整个行业尚处于低层次的竞争阶段，利润率不高，抗击市场风险能力较弱。四是从业人员素质不高，废旧品和再生资源的回收体系与市场秩序混乱。绝大多数从业人员缺乏专业培训，在全省现有回收网点中，个体户占77.5%，经营环境脏、乱、差；不少回收网点无证无照经营，加上走街串巷的流动收购人员，素质参差不齐，法律意识淡漠，行业无序与恶性竞争严重。没有合法资质的回收企业或机构普遍存在，废旧品本身回收的数量稳定性、来源可靠性、渠道合法性值得警惕。其中不少"洋垃圾"打着废旧物资的旗号进入国内，扰乱本国市场。回收渠道与网络不健全，区域和全国性乃至全球性的废旧物资回收网络和逆向物流体系尚未形成，与"政府管理者—生产者—使用者—回收利用者"四位一体的，能实现"责任共担、利益互赢"的立体回收网络体系建设要求有较大差距。再制造产业的行业管理制度（包括企业认证制度、产品和市场监管制度、技术标准和监管制度、旧件来源管理制度和中介监管制度等）建设有待加强。五是环境保护压力加大。发展再生资源产业，为国家减少了分散的污染，但是将污染集中到了园区。随着再生资源产业规模的急剧扩大，园区废旧物资回收量和加工量持续攀升，二次污染的危害开始显现，环保压力与日俱增。

三 湖南省再生资源产业发展的总体战略

（一）进一步明确湖南省再生资源产业发展的指导思想

深入贯彻落实十八大精神，以科学发展观为指导，加快转变经济发展方式，大力发展循环经济，抓住湖南省"两型社会"建设契机，通过产业链共生与协同创新，积极完善再生资源产业发展平台与市场体系，着力提升再生资源回收利用处理能力，实现再生资源利用的规模化、高值化和清洁化，为构建湖南省"两型产业体系"、推进"四化两型"战略、实现"两个率先"做出新贡献。

（二）进一步明确指导原则

一要坚持"政府引导、企业主体、公民参与"的原则。充分运用政策和法规引导、投资扶持等方法手段，建立和完善促进再生资源产业发展的激励和约束机制，消除影响再生资源产业发展的体制性障碍；最大限度地调动企业积极性和创造性，推动企业自觉按再生资源产业发展理念去发展壮大自身，强化企业的主体地位；开展宣传教育，建立公众参与和舆论监督机制，引导公众开展"绿色消费"，夯实发展再生资源产业的群众基础。二要坚持规模化、园区化、专业化、高值化发展的原则。积极推进再生资源回收体系化、分类专业化、经营规模化、加工园区化、利用高值化发展，走集约、清洁、安全、高效发展之路。三要坚持"统筹规划、重点推进、有序发展"的原则。发展再生资源产业是个复杂系统工程，必须遵循统筹规划、循序渐进的原则，把社会整体推进和重点领域突破结合起来，把试点示范与循环型产业体系建设结合起来。突出工作重点，抓好重点地区、园区、企业和项目的建设；注重地区、种类的差异，区别对待；突出示范带动，加强示范工程、技术和项目的攻关。

（三）进一步明确发展思路

即"突出重点、强化支撑、四位一体、协同推进"。一要突出重点。突出重点区域、重点领域、重点企业、重点项目，推进再生资源产业发展。重点区域是国家批准的"城市矿产"和产业园区或基地；重点领域集中在"城市矿产"和再制造；重点企业包括废旧回收公司、大型集散交易市场、较大规模的分拣中心和再利用加工企业等。二要强化支撑。通过产业政策支持，建设科技平台，打造金融环境，完善配套设施，高端规划设计，高标准建设，发挥政府引导、管理创新、措施激励等作用，打造再生资源产业基地与平台，推动再生资源产业发展。三要"四位一体"。以全省再生资源龙头企业为依托，以联合经营为纽带，实施"跨行业、跨所有制、跨地区"战略，在合理布局城市社区回收网点基础上，整合资源，重点构建以"社区和乡镇回收网点、专业化分拣中心、专业区域集散交易市场和再生资源深加工基地"为一体的再生资源回收利用体系，形成完整的再生资源回收利用产业链，促进再生资源产业化发展。四要协同推进。准确把握国际前沿，按照再生资源产业特有的规律与模式，结合湖南省已有基础与条件，积极稳妥地推进各参与主体、产业链各环节的资源整合与协同，强化再生资源产业与科技、职教、金融、物流、创意、设计等生产性服务业的合作与共生。

（四）进一步明确发展目标

通过 5 ~ 10 年的努力，形成布局合理、规范有序、体系完整的再生资源回收体系，打造一批有重大影响的再生资源加工产业基地与园区，湖南省再生资源的回收处理规模达到或接近再生资源的产生量，资源生产率、资源循环利用率大幅提高，最终填埋量明显下降，再制造基地达成国家循环化改造要求。特别是"城市矿产"和"再制造"领域的发展水平进入国内领先地位，达到和接近发达国家的水平。计划到 2015 年，再生资源产业年产值达到 2000 亿元，其中，再制造年产值达到 180 亿元。到 2020 年，再生资源产业年产值实现 4500 亿发展目标，其中，再制造达到 500 亿元。

（五）进一步明确发展的重点领域和主要任务

其一，强化再生资源回收体系建设。采取"政府引导、多元主体参与、市场化运作、产业化发展"的方式，引进专业化的物流、分拣，加快推进行业资源整合，促进再生资源回收体系健康、有序发展。建设目标是，建立起与"两型社会"建设目标和打造"两型产业体系"相吻合的再生资源回收体系，实现两个消除和两个提升：以规范收购前端，消除环境脏乱扰民等社会不稳定因素；用专业化物流和分拣加工替代初级摊群市场，消除环境隐患，提升宜居社区水平和再生资源的回收率。其二，围绕"城市矿产"将重点打造一批废旧铜铝、废稀贵金属、废不锈钢、废旧机电产品和废旧家电和废塑胶、废橡胶、废玻璃、废陶瓷等再生物资高效利用和深加工项目，围绕拆解预处理、再制造和加工利用建设再生资源深加工厂，开展再生资源综合高效利用，提高附加值。其三，大力推进再制造。促进长沙再制造示范基地通过循环化改造，增加基地产业承载能力和产业发展水平，大力促进基地再制造产业的聚集和发展，使基地成为产业特色鲜明、产业链完整、配套设施齐全、资源循环利用效率高、具有核心竞争力的循环化改造示范基地。重点推进汽车零部件、工程机械、机床等机电产品再制造，研发旧件无损检测与寿命评估技术、高效环保清洁设备，推广纳米颗粒复合电刷镀、高速电弧喷涂、等离子熔覆等关键技术和装备。其四，重点建设再生资源产业服务平台。包括建设再生资源产业技术研究开发院，再制造旧件和再制造产品的检测、鉴定中心，再生资源产业发展信息平台等。

四 推进湖南省再生资源产业发展的对策措施

（一）加强组织领导

把发展再生资源产业提高到建设"两型社会"、推进"四化两型"战略的高度来认识，在省加速推进新型工业化工作领导小组领导下，由省发改委牵头，设立再生资源产业发展推进小组，协调推进再生资源产业快速发展。

（二）构建规划体系

与再生资源产业重点市州、重点园区、重点企业的发展规划一同构成全省完整的再生资源产业发展规划体系，抓好关联产业发展规划和地方经济社会发展规划的衔接，认真研究和协调解决规划实施过程中遇到的新情况和新问题，适时进行修订和完善，确保规划的指导性和有效性。

（三）强化资金保障

建立再生资源产业发展引导基金，对利用中央预算内投资对试点单位的重点工程、技术研发、旧件逆向回收体系和资源循环利用项目建设给予资金支持。对纳入国家试点单位的企业，给予包括信用贷款在内的多元化信贷支持。各级财政、金融机构要安排专项资金或贷款，加大对再生资源产业的扶持力度。

（四）加大税收优惠

各级税务部门要认真执行和落实再生资源回收利用企业可享受的国家有关税收优惠政策。研究制定湖南省再生资源产业税收政策体系。减轻再生资源回收利用企业税负。对经工信部认定的再制造产品及企业给予税收优惠。对再生资源综合利用企业从事再生资源利用技术开发、转让及相关咨询、服务业务所取得的收入，减免一定的税收。

（五）修订标准与制度

建立再生资源产业标准、技术标准、产品标准、环境标准。建立完善旧件来源管理制度、再生资源企业认证制度、产品认证和标识监管制度、技术监管制度和中介监管制度。建立以生产者为主的责任延伸制度，明确生产者应当承担其产品废弃后回收、利用、处置的责任。建立对重点企业资源节约和循环利用的定额管理制度，加强对高耗能、高污染企业的监管。鼓励政府机关、事业单位优先购买使用再制造产品。鼓励本省有关生产企业使用本省再生资源综合利用企业生产的再生铝、再生铁、再生铜、再生纸、再生塑料等资源再生产品。鼓励消费者使用资源再生产品。

（六）优化技术创新机制

推动再生资源综合利用及再制造产学研合作，打造再生资源产业技术创新平台，开展共性技术和复杂关键技术的联合研发。完善风险投资与风险分担，鼓励中小企业结成产业联盟。优先将成熟的再生资源和再制造技术、工艺、设备和产品纳入鼓励的相关名录与政府采购名录。

（七）促进行业自律

组建湖南省再制造产业协会，鼓励各市州县组建再生资源行业协会。依托行业协会，加强行业自律。扶持再生资源产业协会和再制造产业协会配合政府部门制定行业标准，依据标准，对再生资源行业产品和服务质量、竞争手段、经营作风进行严格监督，鼓励公平竞争。支持协会开展国际交流，引进国际再生资源与再制造协会或组织的先进经验，开展行业类各类咨询与教育。

（八）培养产业技术人才

加快培养再生资源产业技术专业人才。通过相关高等院校设立再生资源利用和再制造产业相关学科、再生资源行业协会和再制造产业协会举办业务培训班、技术宣传等多种途径和方式，提高再生资源产业从业人员整体素质。积极开展国际技术交流和合作，引进发达国家的再生资源综合利用技术和再制造技术。

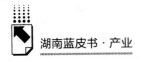

（九）加强环境污染监控

加强对再生资源回收网络体系的环境监控。再生资源回收网点严禁乱堆乱放，报废汽车、废旧电器等废旧商品交由有资质的企业进行专业拆解。加强再生资源加工生产全过程的排污控制，强制实施清洁生产审核。重点对废旧电器、废旧塑料、废纸、报废汽车等再生资源进行加工利用的企业进行清洁生产审核。

（十）完善指标考核体系

把再生资源产业指标纳入国民经济社会发展指标体系。依据科学性、可统计性、简明性原则，研究制定反映再生资源产业发展情况的指标，如再生资源加工处理量、主要再生资源生产量、主要再制造产品产量，再生资源产值、再制造产业产值等。从发展规模、发展质量、技术水平等方面建立完善的再生资源产业发展统计指标体系。建立再生资源产业发展评价指标体系和考核制度，规范评价再生资源产业发展状况的依据。

B.19
加快湖南先进储能材料产业发展的建议

唐曙光　曾　智*

先进储能材料是实现新能源转化和利用的关键材料，主要包括镍氢、锂离子和燃料电池材料，以及太阳能材料和反应堆核能材料等。先进储能材料及应用是湖南高新技术产业中最具技术优势、产业聚集度较高、发展前景良好的战略性新兴产业，也是湖南"两型"社会建设的重要内容之一，对我国先进电池及新能源汽车等产业的发展起着举足轻重的支撑作用。

一　湖南先进储能产业具备作为战略性新兴产业的发展条件

先进储能材料是湖南省发展战略性新兴产业的重点领域，也是湖南发展条件最好的新材料产业之一。

1. 有基础，主要是原材料丰富、产业基础较好

湖南矿产资源丰富，被誉为"有色金属之乡"。目前已发现有色金属矿产51种，占全国已发现种数的91%，已探明储量的有34种，几乎涵盖了先进储能材料必需的矿种。发展先进储能材料所必需的各种稀土金属在湖南省也基本上已发现并产出。这为湖南省先进储能材料产业的可持续发展奠定了坚实的物质基础。更重要的是，湖南形成了从储能材料、储能器件（锂电池、镍氢电池、铅酸电池、液流电池）、大功率动力电池能量包及储能电站，到电动工具和电动汽车的先进储能材料产业链。在先进储能材料产业链中，上至原材料的冶炼、粉体材料的制备技术，中至产业化设备的开发、测试分析手段的配套与完善，下至电池的应用技术，都有一系列的高技术成果进入产业化。如科力远研制出国内首创的连

---

* 唐曙光，长沙市人民政府研究室副主任；曾智，长沙生产力促进中心评估与培训部部长。

续化带状泡沫镍和高强度超强结合力型泡沫镍、湖南科霸的动力电池能量包、株冶的铅钙合金粉、瑞翔公司的高温锰酸锂、金瑞科技的覆钴球形氢氧化镍、湖南美特的高活性钴酸锂和四氧化三钴、湖南浩润的磷酸铁锂、湖南利德的覆镍深冲钢带产品。这些产品的技术水平基本上达到国际先进水平。科力远、杉杉新材、浩润科技、湘潭电化等先进储能材料龙头企业主要聚集在长株潭城市群，产业聚集度高，已经形成集群效应。"十一五"期间，湖南先进储能材料产业年平均增长速度超过25%，2010年该产业相关企业超过300家，实现产值500亿元，占全省新材料产品产值的27.3%。先进储能材料产业已成为湖南新材料领域中发展最快的产业。

2. 有优势，关键是人才及科研、创新能力较强

湖南省在先进储能材料领域有两院院士5人，从事先进储能材料的高级工程师、教授等专业技术人员1200多人，并拥有中南大学、国防科大、湖南大学、湘潭大学、长沙矿冶院、中国电子48所、湖南有色金属研究院、湖南稀土金属材料研究院等先进储能材料研发机构，成立了全国唯一的先进储能材料国家工程研究中心，搭建了中南大学粉末冶金国家工程研究中心、国家"863"动力化学电源工程技术研究中心和湖南新能源材料工程中心、株洲时代新材变流频国家工程研究中心和国家轻工业电池检测站（长沙）、湖南省分析测试中心等电池及材料评测机构。湖南已成为国家级先进储能材料研发机构最为集中的省份。科力远收购日本松下湘南工厂，湖南杉杉、日本户田、伊藤忠三方合资，湖南瑞翔与韩国三星合资，英国摩根重组长沙海容，当升集团入驻长沙等，为湖南不断引进省外和国际优秀储能产业技术人才提供了契机。同时，湖南先后成功开发了镍氢电池及其材料、锂离子电池及相关的正负极材料，累计获得与先进储能材料有关的发明专利1000多项，获国家科技进步二等奖2项。

3. 有市场，尤其是市场占有率较高

目前，国内外对能源材料特别是储能材料的需求不断增加。世界镍氢电池所用泡沫镍的50%以上由湖南科力远公司提供；以湖南杉杉和湖南瑞翔等为主的湖南企业生产的钴酸锂储能材料年产销量超过8000吨，占据世界市场的40%，居世界第三、全国第一，年出口量也为全国第一；湖南浩润生产的磷酸铁锂正极材料在国内市场的占有率接近20%，年实际销量居全国前列；湖南科霸研发的车用镍氢动力电池能量包被列为国家"863"重大专项，市场潜力巨大；科力远收购日本松下湘南工厂后，湖南成为亚洲最大的电动汽车能量包生产基地，该能量包产品与杉杉科技的锂离子动力电池将成为21世纪国际动力电池发展的两大主导产品。

4. 有机遇，特别是国家和省里的政策支持

近年来，国家大力推广节能与新能源汽车，发布了一系列支持和鼓励政策，为以电池材料为主的先进储能材料产业提供了发展良机。2010 年，财政部、科技部发布了《关于开展节能与新能源汽车示范推广试点工作的通知》，长沙被列为全国 13 个试点城市之一。同年，财政部、科技部、工信部和发改委联合发布了《关于开展私人购买新能源汽车补贴试点的通知》，新能源汽车发展迎来千载难逢的历史机遇，新能源汽车动力电池的整个产业链也将因此受益。湖南省也非常重视先进储能材料产业的发展。长株潭城市群是国家批准的"两型"社会建设综合配套改革实验区、国家高技术产业基地，包括先进储能材料在内的新材料产业是国家高技术产业基地的发展重点。2009 年，省政府出台《湖南省新材料产业振兴实施规划（2009～2011 年）》，把先进储能材料列入发展重点。2010 年，湖南率先全国颁布《战略性新兴产业新材料专项规划》，以先进储能材料为主的新材料是发展重点，并相继出台专项支持政策，为先进储能材料产业的可持续发展提供了政策保障。

二 湖南先进储能产业发展面临的制约因素

湖南先进储能产业基础较好，也取得了一系列的发展成果，但也面临一些制约因素，特别是与国外先进水平相比，还有一定差距。

1. 高端产品在技术水平上还有待提升

湖南省的有色金属大多仍处于粗加工阶段，现有的先进储能材料虽然品种齐全，初具规模，但许多高端材料与国外先进产品相比，高精尖、高附加值产品不多，严重制约了下游产业的发展。以泡沫镍为例，尽管湖南依托资源优势，成为世界最大的泡沫镍生产基地，但能满足 HEV 动力电池要求的特种泡沫镍的生产技术仍被日本住友电工公司垄断，大大制约了我国电动汽车的生产。目前，日本丰田公司生产的 PRUIS 电动汽车累计销售量已过 300 万辆，年销售达到 50 万辆以上，而 2010 年我国电动汽车仅产销 1000 多辆。又如磷酸铁锂电池产品，湖南省虽然产量在全国占优势，但在品质上与"美国 123"等公司的产品还存在较大差距。

2. 产业集中度不高，企业规模较小

湖南先进储能材料产业已形成了较大的集群规模，但先进储能材料中上游企业大部分属于中小型企业，年产值过 10 亿元的企业仅科力远公司 1 家，年产值过亿元的企业18家。由于产业集中度较低，企业竞争力还不强，难以形成企业规模效益优势。同时，由于企业资金实力不雄厚，大部分企业更注重市场开拓，技术创新和企业管理相对弱化，大多数企业在生产装备方面投入也比较少，影响了产品的技术升级和更新换代，产品的稳定性和一致性也不如国外同类产品。

3. 本土产业链不完善，生产与应用不匹配

湖南省虽是储能材料的原材料及生产大省，但储能材料的应用数量少、范围窄，基本上销往省外和国外。主要是我国储能材料的下游产业——二次电池生产企业大部分集中在珠三角和长三角地区，而湖南省二次电池制造厂家的数量少，规模也小。虽然以株洲南车电气公司为主生产的电动汽车占据我国实际产量的一半以上，但由于新能源汽车推广速度不如预期，湖南省电动汽车总体规模仍不大，对上游储能材料的拉动有限。如湖南省生产的钴酸锂、泡沫镍等先进储能材料的95%都销往省外和国外，省内用量十分有限。

4. 支持政策不完善，政府投入不足

一是投融资政策不完善。储能材料产业是技术和资金密集型产业，具有高投入、高风险、高产出的特征，由于多元化的投融资体系和风险投资机制尚未成熟，面向产业化服务的中介服务体系还不完善，储能材料科技成果转化及产业化滞后。据大部分先进储能材料企业反映，资金不足是企业发展的最大瓶颈。二是政策衔接不紧密。尽管政府已逐步出台一些政策支持新材料产业的发展，但许多企业反映由于政出多门，难以形成合力，没有发挥有效的推动作用。以新能源汽车的推广为例，国家的财政补助资金主要用于支持整车研究，对于配套企业的支持却很少。而美国则相反，为新能源汽车的推广拨付了24亿美元，其中18亿美元用来解决"汽车动力电池"这一技术瓶颈，取得了较好的效果。另外，在购车补贴、运营补贴、基地建设和产业研发方面，各部门也缺乏有效的沟通协调，没有体现政策的系统性，政策相互支撑体系没有形成，大大影响了推广效果。三是科技投入力度不大。政府虽然在储能材料产业的研发投入上做了不少工作，但与发达省份相比，仍存在较大差距。如"科技三项经费"就存在投入的集中度不够，过于分散，扶持重点不突出，"撒胡椒面"现象较严重等问题。

三　加快湖南先进储能产业发展的建议

大力发展先进储能材料产业，将对促进湖南省经济发展方式转变、抢占产业发展和竞争制高点起到重要作用。湖南应"放眼世界、面向全国、立足本省"，充分利用国内外"两个市场",把先进储能材料作为支柱型和战略型产业来重点扶持和引导,努力打造一个新的"千亿产业"。

1. 加强公共平台建设

一是大力支持技术创新平台建设。通过引进消化吸收再创新,实现梯次集成和部分原始创新。如依托湖南科力远、中南大学、湖南瑞翔、国家纳米中心等单位,建设先进储能材料国家工程研究中心,研发具有自主知识产权的高端技术。二是大力支持共性检测平台建设。根据技术创新平台建设的总体布局,配套建设面向先进储能材料产业,并服务社会的共性检测平台。三是加强产业战略联盟建设。鼓励以优势企业为主体,推进企业与高校、科研院所的产学研结合,构建产业技术合作及创新联盟,促进高端技术的研发和产业化。鼓励储能材料企业与装备制造企业建立产业技术创新战略联盟,推动储能材料产业与装备制造业的融合发展。

2. 完善财政支持措施

一方面,按照"存量调整、增量增加"的原则,省财政每年安排一定资金支持先进储能材料产业发展,并根据产业发展的实际需要逐步增加。从省级加速推进新型工业化专项引导资金、企业技术改造资金、信息产业专项资金、省科技专项资金、产学研结合专项资金等资金中切块统筹,整合设立先进储能产业专项资金,加大对先进储能材料产业发展的财政支持力度。尤其是加大对储能材料科研的支持力度,对储能材料研发具有一定规模且成果转化效果较好的项目优先科技立项,支持龙头企业承担和实施重大科技专项。建立由政府主导的储能材料中试成果转化产业基地,对于已取得的技术研究成果,采取政府和企业共同投资的方式进行中试研究。落实国家《关于开展私人购买新能源汽车补贴试点的通知》政策,积极开展私人购买新能源汽车补贴工作。另一方面,支持企业加大融资力度。充分利用已建立的新能源投资基金等风投资金,重点支持成长期未上市的新材料中小高新技术企业;省财政对技术先进、发展潜力大且拟上市的省内先进储能材料企业,优先安排引导资金支持上市;支持储能材料企业进行债券融资以及上市公司再融资;支持龙头企业并购,整合上下游资源,做大做强。

3. 落实税收优惠政策

抓住长株潭城市群"两型"社会建设综合配套改革试点机遇,积极争取相关税收政策在先进储能材料产业领域先行先试,积极落实已出台的税收优惠政策,包括高新技术企业的所得税优惠政策,对从事国家和省重点扶持的公共基础设施项目符合《公共基础设施项目企业所得税优惠目录》的企业减免其投资经营所得税的优惠政策，以及新材料企业进口用于发展新材料产业的机器、设备和材料，符合国家有关规定的允许抵扣增值税进项税额的优惠政策等。

4. 加大金融支持力度

建立健全"政府引导、市场主导"的产业投融资机制，引导和鼓励社会资金支持湖南先进储能材料产业发展。一是鼓励对先进储能材料产业提供风险投资。发挥省内创业投资公司的风险投资功能，为先进储能材料产业发展提供风险投资。利用长沙科交会等平台，吸引和鼓励省外风投资金进入先进储能企业。政府有关部门、科技园区和生产力促进中心等单位应积极搭建风险投资公司与先进储能企业合作的桥梁，促进优秀企业和项目同风险资本对接。二是引导省级金融机构优化服务。以政府举办的各种银企贸洽会为平台，加强各级金融机构与先进储能企业的对接，引导银行、股权投资机构对先进储能产业项目降低门槛，提供金融服务和贷款支持。同时鼓励各级中小企业信用担保机构对先进储能材料企业开展融资担保。三是发挥政府融资平台为先进储能材料企业融资的功能。各级政府将成效突出的先进储能龙头企业纳入政府引导和重点扶持范围。湖南信托应发挥平台作用，开发设计新材料产业信托产品和信托基金，支持先进储能材料企业扩大融资能力，帮助企业解决融资难题。

5. 积极培育本土产业链

采取"龙头企业拉动、配套企业跟进"的产业链招商方式，引进和发展上下游配套项目，完善产业协作网络，壮大先进储能材料产业规模。比如，从珠三角和长三角地区引进有实力的二次电池制造厂家，拉动上游电池材料产业的发展。对于国家和省级产业链中的龙头企业，省、市政府应给予适当的政策支持，逐步培育形成先进储能材料龙头企业的产业链梯队。鼓励比亚迪、株洲南车电气、梅花汽车等先进储能下游企业优先选用本土储能材料，提高本土产业配套率，打造省内先进储能材料的完整产业链。

6. 加快人才培养和引进

加快培养和引进先进储能材料产业的高科技创新人才、创新团队和知识型企业家队伍，优化储能材料产业的技术队伍和管理团队。落实知识产权保护、技术创新人才激励等政策，允许科技人员按照有关规定分享创新收益，对做出突出贡献的科技人员按照规定实施期权、技术入股和股权奖励等各种形式的股权激励。

区 域 篇

Reports on Regional Subjects

B.20
2012～2013 年长沙市新型工业化
发展研究报告

长沙市工业和信息化委员会

2012 年，受国际经济和宏观政策的影响，长沙市经济形势非常复杂，面临挑战十分严峻，出现了市场需求萎缩、增长速度回落、企业效益下滑、工业投资放缓等突出问题，长沙工业经济运行面临前所未有的压力。在市委、市政府的坚强领导下，长沙工业牢牢把握"稳重求进"的总基调，紧紧抓住"调结构、转方式"的发展主线，积极采取有效措施，抓好运行调度、三大升级、市场开拓、项目建设以及园区管理等工作，通过强力推进结构调整，初步形成多点支撑的产业格局；通过加快转变发展方式，逐步转变高端化、两型化的发展模式；通过推进园区经济发展，持续增强"四区十园"的发展活力；通过搭建工业服务平台，基本完善了服务的体系和机制。

一 2012 年长沙市新型工业化发展基本情况

2012 年，长沙市完成工业总产值 8205 亿元，增长 16%，完成工业增加值 3051.9 亿元，增长 15.7%，规模工业总产值 7000.4 亿元，增长 17.5%，规模工

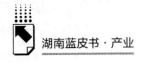

业增加值 2309.6 亿元，增长 16.8%，实现工业投资 1147.7 亿元，增长 22.1%，工业招商到位内外资 456.5 亿元，增长 12%，全面完成年初既定各项目标任务。

（一）经济运行低开稳走

2012 年，通过加强运行调度，协调要素保障，有力地促进了全市规模工业增速的企稳回升。全年工业增加值占 GDP 的 47.7%，较上年提高 0.3 个百分点，工业经济对 GDP 增长的贡献率为 56.1%，拉动 GDP 增长 7.3 个百分点，工业综合效益指数 385%，同比提升 1 个百分点，实现利税总额 1257.2 亿元，同比增长 11.7%，利润总额 523.3 亿元，同比增长 7.9%。规模工业增加值在全国 26 个省会城市中，总量排名第 8 位，增速排名第 6 位，在中部 6 个省会城市中，总量和增速均排名第 3，在全省新型工业化考核中排名第 1。

（二）多点支撑格局正在形成

通过加快传统产业提质升级步伐，实施一批具有带动作用的传统产业技术改造项目，有效促进了传统产业的装备更新和产品换代；大力发展战略性新兴产业，积极帮助企业争取政策支持，47 个项目获得省战略性新兴产业专项资金支持，项目进展顺利；围绕重点产业加快专业化进程和产业链的延伸，形成既有所分工又具规模效应的发展态势。四大优势产业全年实现规模工业产值 4707.3 亿元，占规模工业总产值的 67.2%，规模工业增加值 1669 亿元，占规模工业增加值的 72.3%。其中工程机械、食品烟草和材料产业规模工业产值均突破千亿元。在工程机械产业增速下滑、汽车及零部件产业产能尚未释放的情况下，食品烟草、材料产业保持了稳定增长，电子信息和生物医药产业异军突起，其规模工业产值增速分别达到 29.2% 和 29.6%，高出全市平均增速 11.7 个和 12.1 个百分点，其规模工业增加值增速分别达到 31.9% 和 30.0%，高出全市平均增速 15.1 个和 13.2 个百分点，大大支撑了全市工业的稳定增长。

（三）"四区十园"竞相发展

制定了《长沙市工业地产试点工作方案》，并确定了第一批试点单位，积极推进工业标准厂房建设，实现集约、节约用地，提升园区产业承载能力。以项目建设作为园区工作绩效考核的核心标准，定期通报各园区新引进项目、新开工项目、续建项目以及投产项目情况，形成了各园区比学赶超、竞相发展的格局。浏阳经开区跻身国家级园区，望城经开区成为国家有色金属精深加工高新技术产业化基地，宁乡金洲新区、浏阳制造基地、岳麓科技产业园获批省级工业集中区。"四区十园"全年完成规模工业产值 5133 亿元，同比增长 20.5%，高出全市平均增速 3 个百分点，占全市规模工业总产值的 73.3%，比上年提高 8.5 个百分点；完成规模工业增加值 1392.3 亿元，同比增长 19.9%，高出全市平均增速 3.1 个百分点，占全市规模工业增加值的 60.3%，比上年提高 4.6 个百分点，园区主体地位日益突出。

（四）技术创新成效凸显

出台了加速推进产业技术升级意见和 10 个推进"创新驱动，技术升级"文件，建立 5 个主导产业公共技术研发与检测平台，开展"协同创新"示范活动、中小企业"知识产权"和"标准化"战略行动，发布企业"关键紧缺型创新人才"需求目录，表彰优秀技工 100 名，评选技术创新示范企业 20 家，有力地推动了技术创新体系的构建和企业创新意识的提升。实施市级以上技术创新项目 334 项，新获省级企业技术中心 5 家，国家创新示范企业 2 家，新认定中国驰名商标 10 件，总数位列中部省会城市第一。全年完成规模工业新产品产值 1538.9 亿元，同比增长 36.1%，技术创新对经济增长支撑作用逐步凸显。

（五）服务体系逐步完善

深入开展"中小企业服务年"活动，全力推进管理升级、创业辅导、协同创新、上市对标、融资服务等平台体系建设，服务体系和机制基本完善，管理和创新的基础更加夯实，融资渠道进一步拓宽，促进了中小企业和非公经济的平稳较快增长，中小企业完成工业增加值 1678 亿元，同比增长 16.7%，非公有制经济完成增加值 3914 亿元，同比增长 13.1%，实现税金 542 亿元，同比增长 30.2%。长沙服务中小企业的举措得到了国家工信部和省经信委的高度评价，被总结提升为"长沙经验"，在全省予以复制和推广，得到了各级媒体的高度关注，开展了广泛而深入的宣传报道。

（六）工业招商有效提升

结合产业基础和产业发展目标，全年策划、包装、发布重大工业招商项目 55 个，总投资 691 亿元，签约投资亿元以上重大工业项目 80 个，总投资 435.7 亿元。通过以商招商、产业招商、专业招商等方式，全年实现工业项目到位外资 19.8 亿美元，同比增长 14%，到位市内境外资金形成固定资产投资 331.7 亿元，

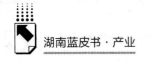

同比增长 8.8%。主动解决签约项目、在建项目遇到的困难和问题，积极促成大唐电信、格力电器、国富通等项目签约，全力推动比亚迪、广汽菲亚特、广汽三菱、住友轮胎等重大产业项目竣工投产。

（七）"两型"建设卓有成效

修改完善"两型"创建方案和标准，组织园区、企业参与"两型"创建，2个工业园区和 20 家工业企业成为"两型"示范单位。制定《长沙市节水型工业企业考核暂行标准》，开展热电、食品饮料、新材料等高耗水行业的节水工作，完成一批重点企业节水技术改造项目，全市万元工业增加值用水量降低到 50 立方米。成功关闭 7 家落后产能企业，进一步优化了产业结构。完善工业节能工作机制，加强节能监测督察，积极推进清洁生产，全年规模工业万元增加值能耗下降到 12% ~ 13%。

（八）信息化加速推进

2012 年，全市信息产业实现销售收入 850 亿元，同比增长 26%，规模不断扩大，发展不断提速。启动"数字企业"创建活动，培训企业信息化人员近 300人，推荐 59 个项目申报省信息化专项引导资金，组建信息化服务小分队，开展"信息服务下基层"活动，举办信息化知识培训 150 场，组织参加工信部举办的"两化"融合成果展，全面推动"两化"深度融合。启动"光网长沙""无线长沙"建设，全面推动全市宽带提速和无线覆盖，信息基础设施不断完善。加快"天网工程""智能交通""数字城管"等市级重点信息化工程项目建设，"数字长沙"建设进展顺利。

二　2013 年工业经济形势分析

（一）发展机遇

1. 内需拉动将激发巨大发展潜能

党的十八大和中央经济工作会议明确提出，要着力扩大国内需求，积极稳妥推进城镇化，加快培育一批拉动力强的消费增长点，促进投资增长和结构优化，这对于外向度不高、以内需市场为主的长沙工业，将是一个难得的发展机遇。

2. 改革发展将促使优势叠加

中部崛起战略的纵深推进，将加速沿海地区产业转移；全市"两型"综合配套改革的不断深化，将释放新的发展动力；高铁、空港等综合交通枢纽的加快建设，将进一步发挥区位优势，这些都为长沙工业带来更大的发展空间。

3. 科技优势将转化为工业发展新优势

长沙科教人才资源丰富，把握新一轮科技革命和产业变革的重大契机，推动科技与产业高度融合，在新材料、新能源、电子信息、生物医药等领域实现新的重大突破，将加速产业升级步伐。

4. 工业经济长期稳定向好的趋势没有改变

近年，加速推进新型工业化积累了相对雄厚的物质基础，形成了一批优势产业、骨干企业和名牌产品，特别是通过集中精力加快建设十大产业项目和增加产业投资，一批项目已经或者正在逐步释放产能，一批新的增长点正在加速形成，提高了抗击和抵御风险挑战的能力。

（二）面临挑战

从国际来看，国际金融危机影响仍在持续，主权债务危机还在蔓延，贸易保护主义有所抬头，世界经济进入持续低速增长期和深度转型调整期。受发达国家"再工业化"、新兴经济体同质化竞争以及跨国公司对全球价值链掌控等方面的冲击和风险输入的影响，全市工业经济发展增添了新的压力。

从国内来看，我国经济未来一段时期将进入平缓增长通道，国内需求不足，投资增长下行，劳动力、土地、资源等低成本优势正在减弱，生态环境约束持续强化，企业创新能力问题进一步显现，特别是我国经济发展中的产能过剩矛盾突出，甚至引发系统性风险，工业经济增速和效益势必受到影响。如果举棋不定、应对不当、措施不力，全市工业经济继续保持平稳较快增长的难度很大。

从城市竞争来看，与先进城市、标杆城市的差距不仅没有缩小，而且还有拉大之势。2012 年，规模工业增加值排在长沙前面的成都、南京、杭州分别高出280 亿元、263 亿元和 84 亿元，在速度上超过长沙的有合肥、成都、郑州。

（三）存在困难

一是结构不够优。各产业的规模产值、增长速度、质量效益发展不平衡，战略性新兴产业支撑作用不明显，生产性服务业发展滞后，支柱型、带动型企业较少，50 亿～100 亿元企业不多，企业规模小而散的现象还比较突出，品牌影响力

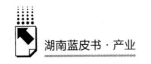

难以提升，市场竞争力强的高端产品、终端产品不多。

二是投入仍不足。2012年全市工业投入在全社会固定资产投资中不到30%，为中部省会城市最低，工业项目数量不多，投资规模不大，缺乏新的、足以支撑规模工业稳定发展的新建大项目，这将严重影响未来几年的工业增速。

三是创新能力欠强。规模以上工业企业研发投入占主营业务收入比重仅为1.3%，关键核心技术及装备主要依赖进口，相当一部分工业企业面临利润微薄、经营困难局面，无力进行新产品研发和商业模式创新。

四是园区活力不够。配套服务体系不健全，尤其是生产性服务业发展滞后，影响了项目的开发建设和企业的经营发展；一些园区受土地成本倒挂的影响，用商业土地收入来平衡工业，导致工业发展空间受到挤压；园区产业趋同现象明显，工业项目协调统筹存在难度，同质化竞争较为激烈。

五是环境有待改善。发展工业的氛围还不够浓厚，第一推动力没有形成广泛持续的共识，部门为企业主动服务上门服务不够，部分政策执行不到位。

三　2013年长沙市新型工业化发展思路与对策

（一）指导思想

以科学发展为主题，以调结构、转方式为主线，以产业升级为方向，全面构建现代工业体系，推动工业向高质高效转变，努力实现全市工业经济由大变强。

（二）发展目标

力争规模工业总产值突破8000亿元，规模工业增加值达到2560亿元，工业投入突破1300亿元，工业招商引资突破500亿元，单位GDP能耗下降4.5%。

（三）工作重点

1. 加快结构调整，构筑多点支撑产业格局

加快产业结构调整，构建多点支撑的现代产业体系仍然是一项长期的战略任务。优先发展优势产业。沿着产业链延伸、产业优势互补的方向，以工艺升级、技术升级、产品升级、品牌升级等工业制造业升级路径，实现工程机械、材料、食品、汽车等产业升级，力争年内工程机械产业产值跨越2000亿元新台阶，食品产业产值达到1400亿元，材料产业产值超过1300亿元，汽车产业产值突破

500 亿元。培育壮大新兴产业。结合战略性新兴产业发展专项规划，研究提出培育长沙新兴产业的总体思路，在高端制造、新能源汽车、新材料、生物医药、新能源与节能环保、电子信息等七大领域选择关键技术作为主攻方向，强化政策支持，加大财政投入，加快产业规模化发展，产值增速高出平均增速 5 个百分点，培育新的经济增长极。改造提升传统产业。发挥传统产业的竞争优势，积极运用先进适用技术对传统产业进行改造升级，改进产业装备水平，开发适应市场的新产品，优化产品结构，提高技术含量和产品附加值，焕发传统产业的生机和活力。加快发展现代服务业。以信息技术应用为基础，大力发展工业设计、电子商务、文化创意等创新性现代服务业，突出现代物流、信息服务等产业的增速提质，提高服务业层次。鼓励制造业向产业链上游的产品研发、设计，下游的广告、包装、品牌设计，以及信息、物流、咨询、金融等方面拓展融合，促进产业链向两端延伸、价值链向高端链接，形成制造业和生产性服务业的有机融合、互动发展，不断扩大生产性服务业发展的潜在总量需求。

2. 推进技术创新，提升企业核心竞争力

以提升企业技术创新能力为重点，以优化全市产业结构、产品结构、技术结构为目标，引导和帮助企业走上"企业创新化、创新成果化、成果专利化、专利标准化、标准品牌化、品牌国际化"的技术创新路径，逐步构建以企业为主体、市场为导向、产学研相结合的现代产业技术创新体系。引导企业加大研发投入，使研发投入占企业销售收入的比重达 1.2%，技术创新示范企业研发投入比重达 3% 以上，实施技术创新项目 200 项，新产品产值增长 20%。建立创新机制。持续深入实施"1 + 10"产业技术升级系列政策，按照技术升级五年规划和整体部署，及时了解重点技术创新项目动态，发现典型案例和好的做法，总结提炼出具有借鉴价值的经验模式和发展路径，通过报告、信息和媒体宣传多方式推广宣传，形成典型引路、全社会联动的良好机制。强化人才保障。加强企业技术创新人才的引进和培养，积极实施"关键紧缺型"技术创新人才计划和"年度百名优秀技术工人"评选活动，不断提升技术人才专业应用能力。鼓励企业建立健全技术创新人才薪酬制度，探索技术成果入股、岗位分红权激励等多种分配办法，保障技术成果在分配中的应得份额，调动科技人才积极性。充分利用各级培训平台及各类技术创新主题活动，积极开展多层次、分角色的培训，加强企业专业人才队伍培养，提升技术创新管理和专业技术能力，打造一支高水平的技术创新骨干队伍。搭建创新平台。引导企业建立更多的国家级和省级企业技术中心、重点实验室和博士后工作站，创新产品生产设计与流程，开发更多的新产品和专利产品。鼓励院校、企业及社会中介机构建立咨询、检测、应用和研发等各种形式的开放式服务平台。加强产学研结合，推进企业与高校院所的创新合作，建立产学研联合体，促进科技成果产业化。支持园区推进孵化器和加速器建设，促进创新型小微型企业快速发展，逐步构建覆盖全市战略支撑、战略先导和传统优势产业的平台体系。提升创新能力。培育技术创新示范企业，鼓励企业不断增加研发投入，提高自主创新能力，充分发挥示范带动作用，引领企业技术创新发展。实施技术创新项目，加快新产品开发和新工艺应用，提升自主创新能力和市场竞争力。围绕重点产业开展关键技术和共性技术攻关，2013 年要重点抓好液压件攻关，突破核心关键技术，逐步打破对国外液压件的依赖和进口配件的高端技术垄断，带动工程机械产业结构调整和优化升级。实施推进工程。继续推进中小企业知识产权、标准化战略和品牌工程，支持企业自主创新，加大知识产权保护力度，引导企业加强标准化工作，参与制定行业标准、国家标准、国际标准，推动企业创建"中国驰名商标""中国名牌产品"，实施品牌经营，培育品牌文化，加强品牌宣传及推广，保持和扩大长沙工业品牌在中部地区的领先优势。

3. 坚持集聚发展，优化工业空间布局

加快园区经济发展，提升园区经济比重，力争园区规模工业产值突破 6000亿元，园区规模工业增加值达到 1600 亿元以上。加快构筑三大产业集聚区。按照"整合、创新、提升"的思路，围绕对现有产业和园区进行整合，加大空间、产业和项目统筹力度，形成布局合理、特色鲜明、功能互补、结构优化的产业格局，促进园区的合理分工和优化布局，加快构筑东部、西部和南部三大产业集聚区，打造全国一流的新能源及新能源汽车产业基地、高新技术产业基地、现代制造业基地，形成"三足鼎立"的长沙工业增长极。加快园区经济发展。各园区要在产业方向上实行错位发展，建成一批产业集聚、特色突出、竞争力强的产业园区。四个国家级园区要依托现有的产业基础，构建完整的产业链条，拓展与之相配套的研发、物流、中介、金融等产业，形成具有竞争力和发展潜力的新型产业链。其他园区要明确主导产业，围绕主导产业，培育龙头带动企业，加大支持和服务力度，促进龙头企业发展，提升核心竞争力。加快产业基地和新型工业化示范基地建设。星沙产业基地、浏阳现代制造基地、铜官循环经济工业基地要大力开展特色产业基地建设，培育建设成"产业特色鲜明、基础设施一流、服务管理规范、生态环境优美"的产业集聚区。积极推进国家级和省级新型工业化产业示范基地建设，把长沙经开区工程机械产业示范基地、雨花环保科技园新能源汽车示范基地以及隆平高科技园、金霞经济开发区、金洲新区等培育成主导产业特色突出、集聚度高、承接力强的新型工业化示范基地。加快城镇基础设施和生产生活设施建设，大力发展城镇工业，带动城镇的现代农业和现代服务业发展，促进"一二三"产业良性互动、协同发展，形成工业化、信息化、城镇化、农业现代化互为一体的发展格局。

4. 坚持"两型"发展，创建新型发展模式

坚持绿色发展、循环发展、低碳发展，加强生态文明建设。大力培育节能环保产业。加强节能环保技术研究开发和技术储备，促进高能效、低排放的技术研发和推广应用，推动建立节能环保技术体系。研究制定相关扶持政策，进一步推动全市节能环保产业发展。着力推进清洁生产。组织开展清洁生产培训，提升清洁生产工作指导水平。强化清洁生产审核，加大建材、轻工、有色冶金等重点行业自愿性清洁生产审核工作，加快推进湘江流域清洁生产项目建设。加快发展循环经济。推进再制造产业发展，加强再制造关键技术攻关、再制造重点技术研发与应用，着力加强工业"三废"的综合利用，推进废弃电器电子产品回收处理再利用，大力发展余热余压废气等回收和综合利用，继续开展资源综合利用认定工作。创建"两型"园区和"两型"企业。修改完善创建工作方案及创建标准，继续开展"两型"创建。制定《长沙市节水型企业考核标准（试行）》，启动节水型试点企业创建，加强企业循环用水、污水资源化和非传统水源利用，提高水资源重复利用率。加快淘汰落后产能。推进工业固定资产投资项目"能评"，重点加强高耗能和产能过剩行业建设项目节能评估工作。开展能耗限额标准检查，敦促相关企业落实整改措施。

5. 加快信息化步伐，推动"两化"融合发展

把 2013 年定位为"信息化发展年"，以推进企业信息化为切入点，以信息化带动工业化，以工业化促进信息化，加快信息化与工业化的相互促进和融合。发展壮大电子信息产业。重点发展 LED、消费类终端及元器件、太阳能光伏、机械和汽车电子、智能仪器仪表、网络和通信设备、电子基础材料等电子信息制造业，加快发展物联网和云计算产业、移动电子商务产业、直播卫星产业以及北斗卫星应用产业，将信息产业打造为千亿元产业。推动"两化"深度融合。以设计研发数字化推动技术升级，生产加工智能化推动技改升级，企业管理信息化推动管理升级，市场营销网络化推动营销升级，使信息技术集成应用成为企业核心竞争优势。实施"十百千工程"，评选 20 家"两化"融合示范企业，支持 100 家骨干企业进行"四化"提升改造，对 1000 家中小企业进行信息化培训。开发高档数控系统、制造执行系统、工业控制系统、大型管理软件，提高全市工业软件、行业应用解决方案的市场竞争力。以"七个一"建设为重点，创建一批数字企业。加快基础设施建设。全面启动"光网城市"和"无线城市"建设，实现全域光网通达，中心城区 WLAN 无缝覆盖。促进社会信息化建设。以"智慧城市"推动教育、科技、医疗、社会保障、交通等方面的信息化应用水平以及城市运行、管理、服务等功能的智能化程度，以"智慧生活"推动公众需求向智能化、低碳化方向发展，以生产、生活、生态信息化和智慧家居推动城镇信息化示范建设。

6. 创新服务模式，培育壮大中小企业

以满足中小企业发展需求为动力，充分发挥政府引导和市场机制的作用，按照"主体丰富、功能完善、机制健全、体系完整"的目标，加快构建现代企业服务体系，指导和帮助企业健康发展，发挥中小企业成长的最大潜能。加强以产品对接为重点的市场开拓服务。搭建产需对接平台，加强本地配套和采购，鼓励市内主机企业优先配套本地产品，带动配套企业发展，扩大内生市场。加强市内优质产品与政府采购和市内重点项目建设对接，支持优质产品优先参加政府采购或财政性资金实施的重点项目建设的招投标，政府采购或重点项目建设优先采购本地产品。加强以管理升级为重点的管理咨询服务。不断完善机制、优化流程、改进方法，纵深推进管理升级活动。引入竞争机制，选择两家以上的管理咨询机构，组织 100～150 家中小企业参与，以"市场营销""供应链管理""精益生产"为主题，开展"管理升级主题瓶颈突破系列训练营""管理升级大讲堂""管理升级系列沙龙"活动。同时，推出"与创业同行""金融服务"等中小微企业公共服务产品。加强以协同创新为重点的技术创新服务。更大范围、更科学有效地开展协同创新示范活动，选取 50 家不同规模、不同发展阶段和具有不同创新管理问题的企业，分别提供更具针对性和时效性的创新咨询与培训服务，通过海选、创新大讲堂、专题训练营、对接沙龙等形式，引导企业提前对接创新资源，帮助企业掌握创新方法，培养关键岗位创新管理人才，解决关键创新管理难题，成功开发和上市新产品。加强以对标评估为重点的上市培育服务。以高新技术企业和行业龙头企业为重点，开展上市孵化工程。按照企业的规模大小、行业类别等进行梯度培育，分类指导，加强上市实务培训，继续对企业董事秘书、财务总监、董事监事进行实务培训，同时开展系列沙龙活动，着力提高拟上市企业中层管理人员的实际操作水平和实现上市的执行力，引导、鼓励、促成一批成长性好、发展潜力大的企业通过上市做大做强。

7. 加强协调调度，保障生产要素供应

在当前复杂与严峻的经济大环境中，将生产要素的保障作为一项系统工程来抓，确保全市工业持续快速增长。加强用地保障。积极争取政策支持，增加工业用地指标；统筹建设用地，合理安排建设用地规模及时序；坚持节约集约用地，建立"闲置用地"处置机制，鼓励建设和使用多层、高层标准厂房。加强融资对接。加快建设中小企业金融服务中心，加强银企保对接；引导金融机构创新投融资产品；鼓励中小企业大力发展直接融资业务，通过上市发行股票，发行集合债券、集合票据、集合委托贷款以及集合项目贷款等筹措生产经营和项目建设所需资金。加强用工协调。全面调查企业用工需求情况，组织举办企业专场招聘会，推进校企合作，组织校企供需对接和培训对接；引导企业建立合理的薪酬增长机制，改善员工生产和生活条件，用活、用好、留住人才。加强用电调度。加强调煤保电，确保电力供应；加快电力基础设施的规划和建设，建立双回路供电线路，保障园区用电需求；在实施有序用电期间，科学做好供、用电调度工作，优先保障重点企业用电。

8. 加强队伍建设，培育现代工业人才

要不断优化人才队伍结构，抢占人才战略的制高点。树立工业思维。从思想深处摒弃传统的一些思维方式，树立"工业思维"和"工业文明意识"，开创新的局面。增强工业悟性。培养抓工业、管企业的悟性，不断学习，勤于思考，敢于疑问，融会贯通，撞击出"灵感思维"的火花。培养工业能人。大力加强工业经济管理人才队伍建设，为工业经济持续快速发展提供坚强的组织保障。突出企业家主体地位，加快引进、培养企业经营管理人才、专业技术人才和技能型人才，力求工业人才队伍量的突破和质的提高。

（四）主要措施

1. 改进招商引资，招大育强

以产业招商为主线，以园区招商为重点，着力"招大、引强、选优"，坚持规模与质量并重，服务与管理并重，经济效益与社会效益并重，进一步改进招商方式，创新工作机制，全方位、多领域、高层次开展招商引资工作。编制、包装和发布一批工程机械、汽车产业关键核心零部件项目，电子信息、食品、生物医药、新能源、新材料产业等投资大、产出高、对产业具有强大带动力的重特大项目，加强项目对外宣传力度，吸引国内外客商投资长沙。组织欧洲、日韩等专题招商活动，加大工程机械、汽车及零部件、电子信息、食品产业招商力度。加强产业项目对接，对签订了框架协议的项目做好落地服务工作，对投资意向明确、带动性强、市场前景好、辐射能力大的项目重点跟踪对接，加快投资细节谈判，力争大众汽车、JEEP汽车、HTC手机、大唐电信、三星手机、海尔电器、科力远与丰田合作项目、洋河酒业等项目落地。引导、鼓励本土企业和已投产的招商引资企业进行"二次创业"，拓宽生产经营领域，达到约定产能，推动中联重科、格力电器二期等一批项目加快建设。加强重点招商项目服务，对在建、拟建的重大招商项目，主动帮助、扶持、协调、解决项目建设中遇到的困难和问题，同时及时掌握项目建设状况、资金到位情况，充分挖掘项目增资潜力，并积极发挥"桥梁""纽带"作用，实现招商引资的"雪球滚动"效应。进一步完善招商引资机制，制定招商引资目标奖惩政策，建立科学的招商引资考评体系，真实准确地反映工业招商引资成绩。

2. 抓好项目建设，增强后劲

项目是工业发展后劲的重要支撑。要加大项目协调力度。了解掌握项目建设情况，加强分析研究，帮助项目解决审批、融资、用地等困难和问题，将服务项目、为工业项目排忧解难真正落到实处。要突出抓好重大项目建设。突出抓好关系全市工业投资增长、带动产业优化升级的全市20个重大项目建设，进一步推动工业投资平稳增长；切实落实列入省重点调度范围的50个转型升级项目和28个战略性新兴产业项目，形成2013年和今后一段时期全市重点工业投资后备力量。要完善技术改造投资管理体系。完善项目审批、核准、备案制度，修订和明确项目核准、备案相关办法及程序。提高投资分析与监测水平，完善投资分析月度发布制度，动态监测和分析全市工业投资和技术改造投资运行情况。

3. 优化发展环境，浓厚氛围

要探索、建立和完善与现代工业体系相适应的管理体制，加快改革行政审批制度的步伐，形成符合国际规范的国际化管理体系；大力推进政务公开，简化项目管理，提高工信委和园区的工作效率，构建"小机构、大服务"的服务体系；重视基础设施和投资环境建设，为企业发展提供优质服务。抓好已有政策的落实，提高政策执行力，要统筹现有产业政策，促进产业政策、科技政策和财政政策的协调统一，形成完备的产业政策体系。建立长沙产业投资基金，通过财政投入，引导、吸纳金融机构、投资机构、企业和其他民间资金加入，扩大产业投资基金规模，投资产业重大项目和重点企业，特别是产业链的关键环节和缺失环节，不断推进产业向产业链和价值链的高端延伸，增强产业的可持续发展能力。

B.21
进一步激发株洲市中小企业
发展活力的调查与思考

阳卫国 *

中小企业既是大企业成长的摇篮，更是新形势下促进株洲市经济增长、扩大就业、增强财力、保障社会稳定的主导力量。然而当前世界经济持续疲软，国际贸易增速回落，各种风险和不确定性因素增多，对中小企业发展构成了重大挑战。通过组织株洲市相关科局到旭阳机电、华信实业、天一焊接、维格磁流体、神通光电、好棒美等中小企业进行走访调查和座谈，了解中小企业发展、建立资源信息库、畅通融资渠道、支持企业自主创新、提高产品技术含量、建立人才安居乐业机制等问题，发现当前株洲市中小企业发展情况总体向好，但也存在一些困难和问题，需要进一步激发中小企业的活力，以推动全市经济社会又好又快发展。

一 2012 年株洲市中小企业整体运行良好

株洲市现有中小工业企业 7000 余家，其中规模以上企业 1267 家，5000 万元以上企业 934 家，1 亿元以上企业 594 家，5 亿元以上企业 46 家，10 亿元以上企业 24 家。近年来，株洲市委、市政府始终重视中小企业的发展，大力实施中小企业成长工程，加大扶持力度，为中小企业提供了一个良好的发展环境，全市中小企业始终保持平稳较快发展的态势。

（一）企业总量规模稳步扩张

据统计，2012 年全市规模以上中小企业共完成工业增加值 508.8 亿元，占规模工业的 66%；实现主营业务收入 1397 亿元，同比增长 20%；实现利润总额 56 亿元，同比增长 23%，约占规模工业的 65.5%；上缴税金总额 69 亿元，同比

---

* 阳卫国，中共株洲市委副书记。

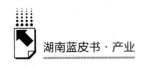

增长 28.82%，占规模工业的 74.62%，比上年提高 4 个多百分点；年末从业人员达 29.6 万人，同比增长 12.3%，占规模工业的 80% 以上。在总量增幅方面，中小企业更是首次超过大型企业两位数，对全市工业经济增长的贡献率达到 70%。在宏观环境不利的情况下，中小企业对社会的贡献能力不断增强，对经济的支撑作用更加明显。

（二）企业抗风险力有效增强

2012 年，由于外部经营环境恶化，工业企业面临着生产要素普遍涨价，国家信贷规模收缩，采购成本、用工成本大幅上升的巨大压力，国内部分地区的中小企业因资金严重短缺而大面积停产倒闭。但全市中小企业表现出较强的抵抗外部冲击的能力，并没有出现大起大落和大面积停工停产的现象，开工率始终保持在 90% 以上。

（三）企业微观运行渐趋平稳

2012 年，全市中小工业企业微观运行情况保持相对平稳，并没有出现大起大落和大面积停工停产现象。全年全市中小企业实现利税总额达到 125 亿元，再创历史新高。据调查，全市虽然有 80% 左右的中小企业反映资金需求得不到满足，但真正存在资金缺口的企业不到 30%，真正由于资金不足而影响生产运行的企业不到 10%，只有极个别的企业因资金严重短缺而被迫停产歇业。其中，先进装备制造、新能源、新材料、生物医药和电子信息等战略性新兴产业领域内，一大批中小企业更是逆势增长，为全市中小企业效益形势整体上升提供了强力支撑。

（四）企业成长环境不断优化

近年来，株洲市不断完善中小企业服务体系建设，把创新服务体系、提升服务水平作为推进中小企业发展的重中之重来抓。在全省推出几项首创服务体系，从 2010 年起成功举办三届"中小企业服务周"，邀请 1000 多家中小企业参加活动；通过整合原株洲市中小企业服务超市和株洲中小企业创业成长俱乐部的服务资源，建成了集金融服务、创业服务、技术服务、信息服务等六大服务功能于一体的综合性服务平台——株洲市中小微企业窗口服务平台；成立了株洲市尤里卡联盟（UNI-CARE）俱乐部，为 50 位成员开展各种综合性讲座、沙龙交流；2011 年又正式启动了中小企业"5115"工程，目标是 5 年内培育 50 家年主营业务收入过 10 亿元、100 家过 5 亿元、500 家过 1 亿元、1000 家过 5000 万元的中小型标杆企业。

二　制约株洲市中小企业发展的主要问题

从调研情况看，虽然株洲市中小企业整体发展情况不错，但也存在一些困难和问题，有些是普遍性问题，有些则是特定行业特定领域存在的个性问题。

（一）融资困难的问题

因民间资本没有充分合理利用，目前株洲市中小企业融资的主要渠道仍是银行贷款，但中小企业贷款难的问题一直得不到根本改观。尽管 2012 年在株金融机构中小企业贷款余额保持了稳定增长，但贷款额度与中小企业的实际融资需求仍然相去甚远。在中小企业融资不畅的同时，由于央行多次上调存款准备金率和连续加息，紧缩的货币政策使得中小企业融资成本水涨船高，进一步加剧了中小企业的资金矛盾。目前，全市中小企业直接贷款的利息支出达 8%，如果通过中介机构担保融资，利息支出至少在 10% 以上。对微利企业而言，融资贵已成为企业发展的严重制约，有一大批微利企业因资金短缺而被迫放弃投资做大的计划，仅靠维持简单再生产度日。

（二）用地紧张的问题

国家收紧土地供应闸门后，工业园区用地指标严重不足，扩张难度进一步加大，用地难成为制约中小企业发展的突出瓶颈。据了解，株洲市天元区企业用地需求达 5094 亩，而获批用地仅为 1708 亩，用地缺口 3300 多亩。与此同时，由于项目建设用地拆迁成本上升，拆迁环境偏紧，许多项目因拆迁不能及时到位而迟迟难以开工建设。部分工业园区对中小企业用地门槛设置过高，要求中小企业一次性购地至少在 50 亩以上，更是导致一些中小企业建设项目无法落地。

（三）人才难留的问题

株洲市有大批中小企业属劳动密集型企业，对人力资源的需求量较大，目前因受到用人方面的多重困扰，部分中小企业开工不足，部分生产线被闲置，正常产能无法发挥，这种现象尤以市服饰产业及装备制造配套产业为甚。原因如下：第一，由于通货膨胀，劳动力价格上涨，企业用工成本上升。第二，务工者对用

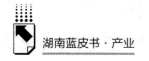

人单位在薪酬、住房、福利等方面要求较高，跳槽现象时有发生，人才难留住。第三，受就业观念的影响，专业型、尖端型的管理人才和技工人才仍青睐沿海发达地区和大型国企，不愿"屈就"于中小企业和内地二线城市。

（四）管理粗放的问题

目前，大多数中小企业特别是小、微型企业仍然采用传统的家族管理模式，属典型的夫妻公司或父子公司。由于未建立现代企业制度，缺乏科学管理意识，普遍忽视了公司制度及企业文化等方面的建设，当企业达到一定规模后，对如何更加合理有效地配置资源，如何实现更好更快地发展，普遍感到迷茫或者能力不足。在调研中，华信实业等企业就希望政府部门能通过各种方式，针对中小企业管理当中的一些突出问题，组织企业负责人开展专题培训和考察活动，多学习发达国家和先进地区的先进经验，不断开阔视野，增强科学管理能力。

（五）创新不够的问题

对处在资本积累期的广大中小企业而言，首先考虑的是生存，然后才是发展，因此有相当数量的企业在经营理念上重成本、重销售、轻技术、轻人才，创新能力相对较弱。此外，资金紧张也成为技术创新的瓶颈，很多好项目由于没有足够的风险金投入而不能顺利实施产业化，新产品开发困难重重。相当数量的企业在技术创新方面投入严重不足。在调查的企业中，除个别经济效益好的骨干企业研发投入占收比超过4%以外，大部分企业均在1%左右，中小企业创新意识有待进一步加强。

（六）行业低迷的问题

最近几年，株洲市轨道交通装备产业在南车株机、时代电气、长江车辆等龙头企业的带动下，紧紧抓住国家扩大内需的政策机遇，加快发展，成为全市增长最快、效益最好的产业板块。但2012年以来，受宏观政策调整影响，全市轨道交通产业持续低迷，不仅南车株机、时代电气等企业的强劲发展势头受挫，整个产业链内的相关配套企业也未能幸免。由于主机企业任务不足，其他二、三线中小配套企业开工率也随之下降。2012年，整个行业的增长已基本停滞，到目前仍没有明显的改观。以出口为主的醴陵陶瓷业，由于受人民币升值、欧洲债务危机和欧盟反倾销的影响，目前也遇到了一定的困难。

三 激发株洲市中小企业发展活力的对策思考

当前，株洲市要在新形势下有效破解各种难题，切实引导和促进中小企业加快发展，必须重点做好以下几方面工作。

（一）中小企业要切实加强自身建设

中小企业发展要充分利用好自身的比较优势，如比较成本优势、本土市场优势、适用技术优势、适销产品优势等，必须改变过去普遍存在的家族式管理模式，做到"四个提升"，即企业制度的提升、技术创新水平的提升、企业组织水平的提升、产业结构水平的提升。为此，要加强与高等院校、权威咨询机构合作，"一对一"地开展企业管理咨询诊断服务。邀请省内外知名学者和权威专家，精选各种典型案例，运用通俗活泼的形式，就中小企业管理当中的热点、难点问题进行分析，并对症下药提出解决问题的办法和建议。充分发挥中小企业新型工业化平台作用，大力宣传和推广优秀管理软件的使用，提升企业管理的信息化水平。每年由政府出资，组织一批符合条件的中小企业负责人，赴国内外参加高规格的考察学习活动，亲自学习体会先进的现代企业管理制度，进一步开阔视野，提高自身管理水平。

（二）强化中小企业发展的要素保障

重点是采取措施，在资金、用地、人力等生产要素上保障到位。一是拓宽中小企业资金保障渠道。一方面，发改、经信、环保及财政等部门，要深入钻研国家产业政策，加强与上级部门的联系，及时掌握各类项目信息，积极帮助中小企业向上争取国家、省级各类项目资金。另一方面，尽快制定具体的实施细则，对接和落实"新国九条"，积极构筑与中小企业发展相适应的金融体系，建立健全中小企业发展基金和信用担保体系，发展面向中小企业的直接融资市场，加大对中小微企业的金融、财税支持力度，帮助中小企业解决融资难题。如，可借鉴浙江宁波在全国率先推出"无抵押无担保小额贷款保证保险"方式，使银行和保险公司利益共享、风险分担。二是用足用活土地政策。积极探索集体土地入股、出租及流转等方式，科学规划、市场运作，加大项目用地储备力度，提高集约节约用地水平，大力建设标准厂房，盘活现有闲置厂房，同时降低土地成本，提高资产利用率。三是合理消除"用工荒"。市内各职业学校要紧贴市场需求，强化专业技能教育，采取订单培训、定向培训等形式，面向广大中小企业培养各种用得上、干得好的技能型专业型人才；企业要加大激励力度，除不断增加员工的基本薪酬外，还应建立和完善各种激励机制，例如设立技术创新奖、管理创新奖、特别贡献奖，给优秀员工提供一定的提升空间和更大的发展舞台；市人才市场要充分发挥作用，定期举办本埠中小企业人才专场招聘会，及时满足劳资双方需求；大力宣传"家门口就业"的好处，使就业人员做到赚钱与亲情两兼顾，社会和谐与家庭和谐两促进。

（三）增强市重点行业中小企业的竞争力

在国内轨道交通产业低迷的背景下，充分发挥桥梁纽带作用，引导南车株机等主机企业实施"走出去"战略，及时掌握国际市场需求信息，主动参与竞争，积极开拓海外市场，逐步走出国内订单不足的困境，继而全面带动下游配套中小企业的发展。加快组建轨道交通、硬质合金、醴陵陶瓷三大产业联盟，引导企业开展联保互保等多种形式的深度合作，实现互利共赢、抱团发展，提升行业综合竞争能力。支持引导轨道交通装备制造业的配套中小企业对传统工艺、设备进行升级改造，根据市场变化适时调整经营方向，积极开发新产品，进军新市场，以提高自身竞争力，避免主体行业低迷带来的冲击和影响。

（四）开拓中小企业新的发展空间

充实完善《株洲市工业产品目录》，收集并公布主机及配套企业的产品详细信息，鼓励本地中小企业积极开展配套协作，实现生产要素的互通有无、合理配置，有效延长产业链，提高产品就地配置、就地消化的比例。加强产业指导，进一步开拓中小企业新的发展空间，重点在农业产业、小商品加工、高新技术产业、环保产业、旅游产品、打造某些垄断行业的价值延长链等六个方面要有所突破。如株洲旅游资源丰富，但目前有特色的产品不多，特别是与市优势产业如陶瓷、电力机车相结合的旅游纪念品几乎没有。

（五）进一步完善中小企业社会化服务体系

围绕信用担保、技术咨询和推广、金融服务、信息服务、创业服务、人才培训等六个方面的内容，进一步完善社会化服务体系，重点抓好三个中心建设。一是担保中心。成立各种民营担保中心，积极开展信用调查与评价工作。通过加速推进担保中心建设，突破中小企业资金瓶颈。二是各类服务中心。通过各类服务中心建设，构筑市场化服务体系和网络，为中小企业提供各类优质的服务。三是投诉中心。通过建立投诉中心，切实保障中小企业合法权益。

（六）营造有利于中小企业发展的市场环境和氛围

在对中小企业的调查中，企业对市场经济秩序的满意度较低，对行业恶性竞争、制假造假，不按时履行合同、拖欠贷款等问题显得无能为力。因此，必须加大对全市经济秩序的整治力度，加强社会诚信体系建设，打击假冒伪劣、行业垄断和各类侵权等破坏市场公平竞争的行为，规范各类行业协会和中介机构的发展，真正形成开放有序的市场体系，使企业在有序的市场环境中展开公平竞争。同时，在政治上关心民企，提高民营企业家的政治地位，加大对中小企业、民营企业的宣传力度，真正形成鼓励干事业、干成事的良好社会氛围。

B.22

2012～2013 年邵阳市新型工业化
发展研究报告

张亦贤*

2012 年，邵阳市坚持把新型工业化作为加快邵阳发展、实现"八个建成"的重要抓手和关键举措，集中精力抓项目建设，强化措施抓园区建设，优化结构推动产业升级，全市工业经济呈现"稳中快进"的良好发展态势。

一 2012 年邵阳市新型工业化运行情况

1. 工业经济整体在原有基础比较差的情况下，有了较快发展

主要表现为"三个加快"：一是整体发展速度加快。全市共完成规模工业总产值 1210.28 亿元，同比增长 19.8%，完成规模工业增加值 348.7 亿元，同比增长 14.9%。二是重大项目推进加快。2012 年全市工业固定资产投资 383.78 亿元，同比增长 27.5%。投资 32.6 亿元的立得皮革猪牛皮深加工异地扩建项目已部分试生产；投资 3.8 亿元的湘中制药丙戊酸系列产品原料车间扩建工程完工并投产运行；投资 2 亿元的玉新药业黄姜提取物二次深度开发系列产品产业化项目已完成部分厂房建设，其中三个车间已投入使用。三是重点企业成长加快。围绕构建"1511"新型工业体系，加大对重点企业扶持的力度，全市工业产值过 2000 万元的企业达 770 家，产值过亿元的企业 391 家，其中三一湖汽、湘窖酒业、宝庆煤电、宝庆联纸、新仁铝业、东亿电气等重点企业工业产值均过 10 亿元。

2. 在工业类型散、小、差的情况下，开始形成优势产业

经过几年努力，邵阳市工业逐步退出了门类齐全、特色不特的历史，初步形成机械、食品、造纸、纺织、冶金、医药化工、建材、能源八大优势产业，建材、食品、机械三个产业在 2011 年首次突破百亿元产值的基础上，再次保持了

---

* 张亦贤，中共邵阳市委副书记。

过百亿目标，其中建材、食品产业过 150 亿元，机械产业过 130 亿元。特别是以三一湖汽、邵阳纺机等为龙头的机械制造业，以湘窖酒业、南山乳业、李文食品等为龙头的食品加工业，以南山风电、宝庆电厂为龙头的能源业快速崛起，邵阳作为湘中机械制造之都、食品加工之都和酒城、能源城的雏形初步形成。投资 13.6 亿元、产值 100 亿元的三一产业园新厂区标准厂房建设完成，部分设备完成购置安装，车间主体工程完成并投入使用；投资 19 亿元、产值 30 亿元的湘窖酒业二期工程建设提速，油麻坛酒库、成品库二号浓香酿酒车间建成投产；投资 66 亿元、产值 30 亿元的宝电一期工程 2 台机组均投产运行，正抓紧进行二期工程报批工作；投资 7.9 亿元、产值 30 亿元的邵阳纺机新型纤维材料装备研制基地完成投资 1 亿元，厂区五通一平基本完成。

3. 在工业生产经营整体传统粗放的情况下，局部呈现一些充满希望的亮点

一是园区承载能力明显提升。在宝庆科技工业园和邵东生态工业园已成功列入全省第一批新型工业化产业示范基地的基础上，宝庆科技工业园与隆回经开区成功申报为省级工业集中区，宝庆科技工业园和邵阳经开区成功开展了"两化融合"试验区建设。园区全年完成工业总产值 609.31 亿元，同比增长 17.5%。园区共集聚产值过 2000 万元企业 274 家，占规模企业总数的 25.6%，其中 7 个省级园区共拥有规模工业企业 157 家，占全市规模工业企业数的 20.4%。二是创新发展速度明显加快。2012 年全市工业企业共完成新产品产值 192 亿元，比上年同期增加 40 亿元，增幅 26%；新产品产值率为 16%，实现高新技术产值 430 亿元；新增高新技术企业 4 家，拥有 6 家省级企业技术中心。企业科研能力不断增强。专利申请、授权量持续上升，2012 年全市工业企业共申报专利 478 件，已获得国家专利局授权 250 件，同比增长 12%，其中发明专利授权 15 件，有 7 件工业企业的产品商标被认定为中国驰名商标。科技成果产出丰硕，1 项科研成果获省科技进步二等奖，1 项科研成果获省科技进步三等奖。企业知识产权试点稳步推进，湖南广信、汉龙水电和湘窖酒业被省知识产权推荐为优势企业培育工程，有 11 家企业被确定为市知识产权试点企业。LED 节能灯原材料生产企业信多利公司，2012 年成功申报为省战略性新兴产业，员工仅 88 人，2012 年年产值达 1.1 亿元，上缴税金 150 万元，人均上缴税金 1.7 万元。新邵广信纸业大型变压器纸板生产线采用当今世界先进的绝缘纸板制造技术，其产品特超高压绝缘纸板和绝缘成型件在国内享有盛誉。新鼎盛电子研发生产的电容式触摸屏产品在国内市场占有率排位前三，已成为华为、纽曼等一二线品牌的合格供应商，2012 年实现产值 2.69 亿元，同比增长 137.3%，三期建设全部完工后可年产

3000万片触摸屏，实现产值10个亿以上，并可解决2000人就业。三是引进企业明显增多。以"引老乡、回故乡、建家乡"为宗旨，加大招商引资力度，百威啤酒、统一集团、平板超薄玻璃等大型企业正式落户邵阳。其中统一企业计划投资10亿元，采用国际上最先进的PET冷灌装无菌生产技术，建设6条饮料生产线，打造全国知名的饮料生产基地，预计可实现年产值20亿元、年税收1.5亿元以上，吸纳就业1000余人。百威集团拟投入16亿元在武冈生产百威英博啤酒。李文食品与美国可口可乐公司合作建设3万吨橙汁胞、10万吨果蔬生产线，将成为可口可乐在我国最大的原材料供应商。邵东伟特家具获得中国驰名商标称号，成功进入中央国家机关办公家具定点供应商名单。全球十大鞋业制造商之一的九兴控股（兴昂鞋业），拟在邵阳市规划一期建设"1+3"四大制鞋基地——市区宝庆科技工业园总部和隆回、洞口、新宁3个基地，全部建成后预计产值可达100个亿，可解决4万人就业，邵阳由此有望成为世界高档皮革生产、LV箱包、耐克皮鞋研发生产基地。一大批企业的成功落户，为邵阳打造经济强市提供有力的支撑。

2012年，邵阳工业推新工作取得了一定的成绩，但仍存在许多问题和不足。主要是：一是工业总量偏小，规模工业增加值仅占全省的约3.7%，且企业规模不大，缺乏大企业大集团的支撑；二是园区发展仍然滞后，全市7家省级工业园区，产值过百亿元园区仅1个；三是企业市场竞争力弱，知名品牌和特色产品少，缺乏核心竞争能力，大部分企业产品科技含量低、附加值低，没有形成核心竞争力，缺乏发展后劲；四是资源依存程度高，可持续发展压力很大；五是人才资源匮乏，高端人才的引进、技术人才的培养及已有人才的留用十分困难，智力型、技能型人才的需求缺口加大。

二 2013年邵阳市新型工业化发展趋势分析

1. 面临的困难和挑战

从全球背景看，当前世界经济复苏态势放缓，下行风险较大，长期增长的势头依然不足。欧洲主权债务危机此起彼伏，西方国家提出"再工业化"，加快发展本土实体经济；新兴市场和发展中国家增速回落，宏观调控面临的局面更加复杂，全球通胀压力依然较大。从国内形势看，2012年以来，我国工业运行总体平稳，主要工业行业继续保持稳定增长态势，但GDP增速明显放缓，2012年三季度仅增长7.4%，创2009年一季度以来的新低。经济发展中不平衡、不协调、不可持续等问题仍然突出，经济下行压力和产能相对过剩的矛盾有所加剧，企业生产经营成本上升和创新能力不足的问题并存，这使得国家环境制约加剧、要素成本上升、增长空间受限等压力更是增大，特别是现阶段原材料、用工成本、运输成本等要素都面临较大的价格上涨压力，工业生产成本压力明显加大，不同行业效益开始分化，对工业经济加快转变发展方式形成了"倒逼机制"。从全省形势看，邵阳与张家界、自治州、怀化皆为第四类——湘西地区类，在工业总量、科研创新、节能减排、技改投资等关键指标上，排名靠后，竞争力弱。今后，工业发展将由后危机时期的"调整和振兴"向"转型与升级"转变，国内竞争和区域性竞争进一步加剧，省内各地区大力发展战略性新兴产业，加快抢占发展制高点，这对区位、交通、环境方面不占发展优势的邵阳形成巨大压力，同时省里实施的"四千工程"，推进战略性新兴产业建设，邵阳工业企业和项目被纳入的非常少，存在被边缘化的风险。从全市形势看，一是制约因素加剧。一方面，企业改制任务重，制约发展。邵阳是全省企业改制任务最重的市之一，目前全市仍有 20% 的企业仍未完成改制，仅市本级就有 36 家工交企业未改制，改制需要花相当大的精力和财力。另一方面，邵阳正处在工业化初级发展阶段和城镇化加速发展阶段，在未来较长一段时期内，能源等资源刚性需求将持续攀升，特别是土地保障难度越来越大，资金短缺、人才供需等矛盾越来越突出。二是转型任务繁重。邵阳市工业经济总量小，规模工业企业少。尽管近年有百威啤酒、统一企业、三一重工、国电、中国建材、恒天集团等一些大型企业、上市公司落户，但大企业、大集团的支撑力仍然不强。拥有知识产权和核心关键技术的企业少，工业品牌建设严重滞后的状况仍未改变，可持续发展压力很大。

2. 面临的利好和机遇

从外部环境看。近年来国家和省里出台了一系列针对工业发展的政策措施，将邵阳市列入国家老工业基地重点扶持，省里推进新型工业化力度很大，中小企业的发展环境逐步改善，长期以来困扰中小企业发展的资金短缺、税负过重、技术落后等问题将逐步得到解决，中小工业企业将在政策刺激下焕发出新的活力。市场层面上，国家近年来大力采取措施拉动内需，调整个人所得税起征点的效应释放，城乡居民收入的继续增加，以及社会保障和消费环境的继续改善，将全面激发城乡居民的消费潜力，拓展消费品工业的市场空间。从内部环境看。一方面，中部崛起战略实施，邵阳市整体纳入湘西地区开发、武陵山经济协作区和全国老工业基地调整改造规划等政策叠加效应更加明显，为全市工业经济提速提质、创新发展提供了难得的机遇。另一方面，全市 2012 年完成固定资产投资 767

亿元，同比增长 36.5%，基础设施逐步完善。建成邵怀、邵衡、邵永、娄新 4 条高速公路，总里程达 214 公里，在建洞新、邵安、邵坪、怀通 4 条高速公路里程 210 公里。娄邵铁路扩改加快推进，管输天然气入邵等等，使发展环境得到明显改善，为加速工业经济发展打下坚实基础。

3. 总体目标

2013 年邵阳市力争规模工业增加值增长 17%，万元生产总值能耗下降 3%，主要污染物排放总量控制在省政府下达的目标之内。

4. 发展思路

坚持以"四化两型"为统领，紧紧围绕加快发展、转型升级的要求，不断转变发展方式，大力优化产业格局，加强招商引资力度，全速推进园区建设，抓好企业改制与要素保障工作，夯实工业发展基础，推动全市工业经济又好又快发展。

三 2013 年邵阳市加快推进新型工业化的对策建议

1. 做大做强产业集群

力争 2013 年新增产值过 200 亿元产业 2 个、过 100 亿元产业 1 个。一是挖掘传统优势产业。邵阳作为国家老工业基地，印刷机械、纺织机械、液压机械基础较好，冶金、建材、食品、化工、造纸、能源、制药和烟酒生产都具有一定的比较优势。三一湖汽、恒天九五邵纺机、湘窖酒业、维克液压等企业，运用先进适用技术改造提升机械、食品、建材等传统优势产业，增强传统优势产业持续发展的动力，激发传统优势。二是培育新兴产业。一方面，通过科技创新和战略重组，使传统产业脱胎换骨成为战略性新兴产业，实现传统优势的升级转换；另一方面，积极承接全省、全国乃至全球战略性新兴产业的发展趋势，把握发展规律，创造发展机会，围绕先进装备制造、新材料、新能源、节能环保、医药生物、电子信息等新兴产业，培育和打造一批优势产业。三是围绕重点项目推进产业发展。重点推进全市 20 个入列省传统产业转型升级项目、6 个入列省战略性新兴产业项目以及全市十大产业工程中尚未投产的 9 个重点项目建设，积极协调企业解决项目建设中存在的土地、资金、审批问题，力争未投产的企业早日建成投产。强化资金争取力度，积极向省里争取战略性新兴产业引导资金和推进新型工业化引导资金。对重点项目工作组，全程跟踪，加强协调。力争 2013 年三一湖汽完成整体搬迁并建成重卡生产线，湘窖酒业建成 2 万吨清香型白酒生产车间，宝庆煤电二期完成立项审批并启动工程前期建设，九兴鞋业一期600万双耐克鞋生产线投产，超薄超强平板显示玻璃项目完成一期主体工程，宝兴科肥年产15万吨硝酸铵项目建成投产，大成科技国家农村移动电子商务示范项目完成省内平台建设并开始全国试点，百威啤酒年产50万吨啤酒生产线完成主体工程，二纺机新址二号厂房建成投产，湘中制药完成一期主体工程和设备安装调试。同时，中小微企业创业基地和邵东皮具基地初具规模，发制品暨外贸转型升级专业型示范出口基地、湘中铸造中心、恒远资江水电大中型生产线开工建设。

2. 抓好企业升级改造

邵阳工业项目科技含量低，总数不多，但高能耗高污染企业较多。需要在做好提升有发展前景的企业升级改造的同时，坚定不移地推进节能降耗、低碳环保的绿色经济，严格实行"准入门槛"制，严把环保关，真正实现经济社会与资源环境协调发展、人与自然和谐发展、当前与未来可持续发展。一是加大企业技改力度。引导相关行业、企业进一步加大技改投入，抓紧改进设备、工艺技术和生产流程，推动传统工业企业提质升级。结合扶持战略性新兴产业发展，带动全市工业企业提质增效。二是加大企业抱团重组力度。因受各种要素制约，邵阳一批有技术有市场有潜力的企业和行业，单个企业竞争力不强，发展面临困难。可仿效东亿电气，积极实施兼并重组战略，加快改制重组步伐，优化资源配置，通过联手打造企业集团，实施技术资源整合，释放企业发展活力，做强做大企业品牌。推进全市的煤炭、水泥、造纸、液压、五金、铁锰冶炼、皮具箱包、卤菜制品、竹木制品、发制品等产业整合发展、抱团发展，提高企业和行业竞争力。三是加大淘汰落后产能力度。综合使用行政、经济、技术手段，严格落实节能减排政策措施，逐步淘汰高耗能高污染企业，加大向国家工信部争取落后产能淘汰专项资金力度，充分发挥奖励资金的引导作用，严格督察核实待关企业及生产线的落实情况。

3. 抓好园区发展

突出抓好园区产业集聚，引导企业入园发展。2013年争取新增入园企业60家以上，省级园区规模工业增加值增长20%以上。一是进一步完善园区布局。坚持统筹园区发展，按照"整体规划、合理布局、分期开发、集约发展"原则，在全市构建和打造"两区多园"发展格局。"两区"，即抓住湘南地区确定为全国承接产业转移示范区和邵阳市紧邻湘南的机遇，以宝庆科技工业园为重点，辐射邵东和衡邵高速连接区域，建立邵阳承接产业转移开发区；促进江北工业园与新邵工业园融合发展，壮大邵阳市经济技术开发区。"多园"，即启动再生资源、生物医药、特种造纸、发制品加工、农产品加工、中小企业产业园等特色园区建设，连同各县市工业园区，形成比较完整的全市园区发展体系。二是进一步理顺园区管理体制。进一步完善各级工业园区建设领导小组及其办事机构的职能职责，理顺工业园区管理体制，强化工业园区组织领导和运行保障，把园区管委会建成功能相对完整、运行相对独立的机构，推行"园政合一"体制，提高园区统筹管理效率。三是进一步优化园区环境。在硬环境上，加快园区基础设施建设，提升园区承载功能；在软环境上，不断提高服务水平，提高政务效能。切实加大宝庆科技工业园等重点园区环境优化的力度，依法严厉清除违章建筑，加快征地拆迁进度，确保签约企业正常进园建设。

4. 抓好招商引资工作

紧紧抓住中部崛起、武陵山区连片开发、老工业基地改造、国内产业转移等战略机遇，创新招商引资方式，健全招商引资机制，突出招商引资重点，优化招商引资环境，逐步形成"以商招商"的良性循环局面。在招商对象上，主攻世界500强、国内500强企业，加大与央企对接合作力度，充分发挥广大邵商在招商引资中的重要作用。在招商项目上，立足长远，大力引进科技含量高、生产效益好，能为地方财政做出较大贡献的项目；引进投资强度相对较大的项目，以有效利用有限的国土资源；引进低能耗、少污染的项目，拒绝能耗高、污染大的项目进驻邵阳。在招商形式上，推进"四个转变"，即从单纯追求招商引资规模和数量，向规模、数量与质量、水平并重转变；从单纯引进资金，向引资金、引人才、引技术、引管理机制相结合转变；从单纯依靠优惠政策招商，向资源环境招商、产业链招商、并购招商、技术招商、产权招商等多种形式转变；从招商引资以政府、部门为主体，向以企业为主体，政府部门和其他社会力量为补充转变。大力优化招商引资环境，使外来客商肯进来、立得住、能发展。

5. 抓好企业改制工作

以企业改制为载体，盘活现有企业存量，引进一批大的工业项目，力争2013年底完成全市工交企业改制工作，促进全市工业经济快速发展。一是因企施策推进改制。对产品有市场且运营正常的优势企业，大力推进股份制改造，通过企业国有产权转让、股权置换、增资扩股等多种形式，促进企业资本结构、产品结构和人员结构优化组合，实现企业产权多元化和管理科学化。促进市神风动力等企业引进境内外战略投资者，促使企业做大做强。对当前仍有工业生产要素、再生产潜质、可做产业项目的困难企业，实施破产重组，盘活现有存量资产。推动市化工总厂、市炭黑厂等困难企业破产重组。二是抓住政策机遇推进改制。充分利用国家对中小企业关闭实行补贴和邵阳即将纳入国家老工业基地调整改造范围,以及中央财政对地方国企厂办大集体企业改革采取奖补等一系列政策,积极推进企业改制工作。三是广拓资金渠道推进改制。改制的关键问题是资金问题,争取省里同意邵阳的国企改革参照省国企改革享受历年拖欠养老保险费挂账政策,争取中央和省给予资金补助。做好规划、科学运作,争取改制企业土地收益最大化。做好产权招商激活资产存量,促进国企改革与产权招商有机结合,积极探索由受让方垫付筹措资金,拓宽资金渠道加速推进改制工作。

6. 抓好要素保障工作

努力破解土地、人才、技术、资金等要素制约瓶颈,切实增强要素保障能力。一是强化土地支撑。积极争取和统筹安排好用地指标,开展土地整理和等量转换,有效增加工业用地供给,确保重点建设项目用地和工业园及县区必需的各类工业用地需求。工业项目供地按照有利于调整产业结构和优化产业布局的要求,优先保障对推进全市产业结构调整和优化升级具有重大作用的项目用地。二是强化人力支撑。适应加快工业发展的需要,搞好经营管理人才、专业技术人才、高技能人才和农村实用人才队伍建设。充分发挥人力资源优势,紧紧围绕重点企业的用工需求,有针对性地加强职业技术教育,建设技工培训基地,为企业培育急需、紧缺的技能型人才。积极开展企业用工对接服务,帮助企业缓解用工难问题。以重大项目引才聚才,结合研发生产基地建设、产业关键技术开发项目,会聚一批高层次科技人才和复合型人才进入邵阳发展。三是强化技术支撑。积极向国家和省争取战略性新兴产业引导资金,引导和鼓励企业加大技术创新力度,大力开发新产品、新工艺、新技术,积极研发、申报和转化技术成果,提高企业和产业的核心竞争力。四是强化资金支撑。加快投融资体制改革,积极引进各类金融机构,稳步发展小额借贷公司,加大对中小微企业的信贷支持力度。规范发展金融担保机构,不断壮大市本级中小企业担保公司,积极发展县市级中小企业担保公司,着力构建市县两级共建贷款担保体系,加大力度破解全市工业发展融资困难、保障不足的问题,为企业创造良好发展空间。力争通过 1～2 年的努力,在各县市区建立起注册资金达 1 亿元的担保机构,争取市本级担保公司注册资金扩充到 3 亿元。大力推动资本市场发展,积极争取发行企业债券,力争2013 年实现全市企业上市融资零的突破。

2012～2013年常德市新型工业化
发展研究报告

宋冬春*

2012年，常德市以迎接和学习贯彻党的十八大精神为动力，深入贯彻落实科学发展观，紧跟省委、省政府工作部署，牢牢把握稳中求进的工作总基调，积极有效地应对各种风险和挑战，大力推进转型升级，全市工业经济呈现难中有进、稳中有升的发展态势。

一 2012年常德市工业经济运行情况

（一）工作成效

1. 经济总量有突破

2012年，常德全市完成规模工业总产值1864亿元，同比增长16.8%；完成增加值804亿元，同比增长14.7%。全市形成了6个百亿元产业，即烟草、装备制造、食品、有色、纺织和建材行业，其中烟草产业完成产值479亿元；3个百亿元企业，分别是常德烟厂、创元铝业、中联重科系列；4个百亿元园区，分别是常德经济技术开发区、创元工业园、灌溪工业园、石门经开区；7个"百亿区县"，分别是武陵区、鼎城区、桃源县、澧县、石门县、津市市、汉寿县。

2. 综合效益有突破

从生产效益看，常德市规模工业经济效益综合指数继续稳居全省第1位；不含常德烟厂在内，全市规模工业实现主营业务收入1220亿元，入库税金37亿元，实现利润41亿元。从产业结构看，七大战略性新兴产业完成产值273亿元，特别是电子信息、新能源产业产值增速较快，分别增长26.3%和35.2%，高于全市平均水平10个和28.9个百分点。从企业主体看，全市新增规模企业90家，净增61家；

---

* 宋冬春，中共常德市委副书记。

规模企业总数达到 830 家，新增亿元企业 43 家，总数达到 329 家，产值过十亿元的企业达到 18 家。中小企业和非公经济持续保持高速增长，新增非公企业 1193 家，中小企业、非公经济全年分别完成增加值 410 亿元和 1100 亿元，分别增长 15% 和 18%。

3. 工业投资有突破

全年完成工业固定资产投资 474.85 亿元，增长 31.3%；完成工业技改投资 253.18 亿元，增长 51.9%。新开工建设亿元项目 44 个，特别是总投资超过 60 亿元的常德烟厂"芙蓉王"200 万大箱易地扩改项目已于 2012 年 5 月奠基开工，"十二五"末建成投产后，销售收入将突破 1000 亿元大关。

4. 园区建设有突破

全市工业园区累计完成基础设施投入 24.5 亿元，建成标准厂房面积 100 万平方米。继汉寿、鼎城转型为省级高新技术产业园后，桃源、安乡、津市、西洞庭等 4 个工业园区成功晋升为省级工业集中区。

5. 品牌创建有突破

澧县"盈成"（食用油）、"平安"（医械）、石门"壩道"（水泥）、石门"银峰"（茶）、桃源"陬福"（食用蛋白）、鼎城"精为天"等 6 个商标成功获评"中国驰名商标"，全市"中国驰名商标"总数达到 16 个。

6. 节能降耗有突破

2012 年，全市规模工业综合能源消耗量为 490 万吨，同比下降 10.6%，规模工业万元增加值能耗下降 21.6%。

（二）工作举措

1. 抓企业保增长

一是抓重点骨干企业。抓好常德烟厂、中联重科、创元铝业等 3 家百亿元企业的调度服务工作。二是抓亿元企业。对亿元企业的主要经济指标实行一旬一调度、一月一通报。并按照"一企一策"的思路，共为旗舰企业向上申报国家、省级各类专项资金项目 53 个，兑现落实资金 6219 万元。三是抓规模企业。认真兑现和落实各级各类涉企发展政策，帮助企业加强生产要素的调度和保障，保证企业满负荷生产。四是抓规下企业。全市选取了 200 家成长性强的规下企业进行重点调度、服务、指导和培育，积极帮助解决企业入规难题。五是抓中小微型企业。深入开展"中小微企业成长工程"，市本级安排 1000 万元专项扶持资金，全年扶持小微工业项目 158 个，全年共减免企业税费 600 多万元。

2. 抓建设保发展

一是抓园区建设。按照"高起点规划园区、高标准建设园区、高水平管理园区、高速度发展园区"的总体要求，全面开展"百亿园区"大竞赛活动，园区建设得到加快发展。二是抓产业建设。引导和帮助装备制造、纺织、建材等传统产业化危为机、难中求进，推动先进装备制造、新材料、生物、新能源、信息、文化创意、节能环保等七大战略性新兴产业加速发展。三是抓品牌建设。实施"品牌强市"战略，深入开展创建名品名牌活动，鼓励企业开展科技和管理创新，支持企业技改升级，大力培育、推介本土名品名牌。

3. 抓项目保后劲

一是抓项目的开工建设。对在建项目，扎实搞好调度和协调，化解困难，督导进度，切实推动在建项目加快建设。对新上项目，整合各方面力量，做好项目前期工作，促进新上项目早落地、早开工、早建设。二是抓重大项目的推进。进一步完善亿元项目的调度台账，实行月调度，了解项目建设中存在的问题。对重大项目，主动帮助投资者排定项目工期，做到每旬有新任务、每月有大进展。常德烟厂易地扩改、三一常德工业园、西洞庭雨润食品产业园等一批重大项目进展顺利。三是抓新兴产业项目的推动。对纳入全市战略性新兴产业项目库的100个工业项目给予重点扶持和倾斜，2012年共完成投资110亿元。

4. 抓节能保持续

一是坚持每周一次对重点耗能企业的调度，对14家高耗能企业、39家纳入限制类或淘汰类企业、18家纳入年度监察计划的重点耗能企业进行跟踪监测和指导督察；二是认真组织开展燃煤工业锅炉改造、区域热电联产、余热余压利用、电机系统节能、能量系统优化等重点节能工程，推进节能减排。

5. 抓服务保环境

继续深入开展"千家部门联系服务千家企业"活动，积极协调企业与职能部门、当地政府和周边群众关系，积极组织相关部门指导企业生产、帮助企业解困。全年共有2000多名干部下到基层、深入企业，为企业解决实际困难2000多个，其中100家市直部门共为企业解决问题210个，帮助落实涉企政策116条。

二　2013年常德市工业经济面临的发展形势

（一）面临的发展机遇

1. 国家实施区域发展带来的新机遇

当前，国家在"东部率先、西部开发、东北振兴、中部崛起"的总体布局下，正在逐步实施更具针对性的区域发展战略。常德作为中部欠发达地区，正在享受中部崛起、环长株潭城市群建设、武陵山片区区域发展与扶贫攻坚试点等国家和省里多个区域发展战略的支持，特别是洞庭湖生态经济区建设有望上升为国家发展战略，这些为今后争取政策倾斜、项目布局、资金支持提供了有利条件。

2. 国家战略发展政策带来的新变化

党的十八大确立了全面建成小康社会的战略目标，明确提出全党的工作要坚持以经济建设为中心，坚持发展是硬道理。今后一段时期，我国将会把稳增长放在更加突出的位置，适时推出一系列促进经济发展的新政策新举措，如货币政策的预调微调，拉动消费、扩大内需、推进城镇化等，确保经济稳步增长。随着全国经济回暖势头的逐步显现，2013 年国家宏观政策对经济增长的支撑将会更加有力。

3. 自身多年发展积淀的新潜能

通过多年来抓产业、抓园区、抓投入、抓项目，常德市经济总量不断攀升，工业经济快速发展，形成了烟草、装备制造、食品等一批具有比较优势的产业集群。通过连续多年开展"项目建设年"活动，一批规模大、起点高、带动力强的重大项目正在步入发展正轨，积累效应日益显现，为今后的发展增添了后劲，拓展了空间。特别是近年来，先后战胜了洪涝灾害、雨雪冰灾、电力短缺、金融危机等诸多困难，在应对各种复杂局面的过程中，历练了能力，为今后的发展奠定了坚实基础，提供了有益借鉴。

（二）面临的主要挑战

1. 宏观经济形势的压力

从全球来看，世界经济全面复苏的不确定性、不稳定性因素很多，高失业率压力、财政赤字压力、通货膨胀压力加大了发达经济体恢复增长的不确定性，全球经济仍处于危机后的调整期。特别是美国等发达国家为扶持本土产业，促进本国就业，贸易保护主义有所抬头，对中国以制造业为主的出口经济造成极大冲击。从国内来看，经济增长阶段转换特征明显，原有竞争优势、增长动力逐渐削弱，新的优势尚未形成，市场信心和预期不够稳定，经济运行处在寻求新的平衡过程之中。未来一段时间，我国依靠低成本优势的高速增长将逐步回归常态，步入平稳的中速增长期。

2. 资源环境约束的压力

从整体来看，常德市经济总量还不大，发展速度还不够快，发展仍是当前的第一要务。从经济结构看，扩大经济总量的重点仍然在工业。常德工业企业以原有的国有企业、乡镇企业为基础，大多为传统产业，由于经济发展阶段性特征和历史遗留下来的问题，"两高一资"特征仍然非常明显。从产业集群来看，全市12大产业集群中，林纸、纺织、有色、电力、建材、医药、盐化工等行业大多属于高能耗、高污染行业，占了产业集群数的大半。由于这些产业占经济总量比重过大，常德要真正走上低能耗、低排放、资源节约型的路还面临很多困难。

3. 产业转型升级的压力

调结构、转方式是当前和今后一段时期国家宏观政策的主基调，必将推动能源结构向清洁化转变，产业结构向高端化演进，经济结构向低碳化发展。但是，当前常德经济结构不优的矛盾非常突出，产业层次还比较低，产业水平还不高，特别是由于缺乏大项目引领，缺少战略性、带动型的优势项目，长期积累的结构性、素质性、体制性矛盾正逐渐暴露和显现，转型发展既形成了倒逼机制，又面临严峻考验。

三 2013年常德市工业经济发展思路及对策

总体要求是：以科学发展观为指导，紧紧抓住"工业强市"战略不动摇，坚持加速与转型并举、内引与外联并举，突出产业转型升级与品牌创建，加速存量企业壮大与战略性新兴产业的培育，加速信息化建设和"两化"融合，确保全市工业经济又好又快发展。主要目标是：规模工业增加值增长15%以上；工业经济效益综合指数保持居全省第1位；非公经济增加值增长16%以上；工业固定资产投资增长30%以上；规模工业单位增加值能耗下降5.5%以上。

（一）坚持从创优品牌入手，做大存量企业

深入开展"工业企业创名品名牌"活动，大力推进品牌的创建和整合工作，努力打造一批名品名牌，力争2013年新增"中国驰名商标"4个以上。主要做到"三创"。一是创新工艺。积极推进原始创新、集成创新和引进消化吸收再创新。积极开展组建产学研联盟及校企产研对接活动，尽快建成电子信息、装备制造、医药、纺织等产业的产学研联盟，引导企业开发新工艺、新装备、新产品，提高核心竞争力。支持有条件的企业承担重大科技专项、产学研专项和重点科技项目，加大科技攻关力度，突破一批产业共性关键技术，造就一批拥有核心技术、自主品牌、具有竞争力的企业。二是创优产品。实施"质量兴业""质量兴

企"战略，引导企业加强产品管理，严格执行产业的质量标准和环境标准，大力推行国际、国内质量认证工作，加强质量检测体系建设，促进产品质量总体水平的提高。引导企业延长产业链，优化产品结构，提高产品附加值，开发生产适销对路的产品。同时，加大信息技术的推广力度，促进"两化"融合，提高工业生产全流程的信息化水平，提高产品市场竞争力。三是创响品牌。全力帮助企业做好品牌建设、申报、推广等工作，在技术引进、要素保障、产品进入政府采购目录等方面给予政策支持，在科研孵化、商标注册、产品通关等方面提供便捷服务。大力开展企业文化建设活动，提升企业文化建设和品牌内涵，不断强化企业品牌的号召力、凝聚力和向心力。充分利用招商引资推介会、行业展销会、国际展览会等契机宣传区域的名品名牌，扩大本地品牌的知名度和影响力。

（二）坚持从培育引进入手，打造区域航母

从培育引进大企业入手，构筑"一县一品、多点支撑、覆盖全市"的区域经济发展新格局。一方面，培育大企业。依托区域资源优势，倡导错位发展战略，着力延伸产业链条，按照"市本级培育百亿元企业、县市区培育十亿元企业"的思路，建立健全统一领导、分类指导、分层管理、合力推进的企业培育工作机制，带动区域经济发展。引导企业大力实施技术改造，着力提升企业生产产能，确保全市技术改造投资突破 300 亿元，增长 30% 以上。同时，积极培育企业上市后备资源，做好丰康生物、惠生肉类、中意糖果、凯斯机械等企业的上市辅导工作，确保 3～5 家企业年内上市成功。另一方面，引进大项目。采取分组招商、产业链招商、节会招商、推介招商等多种形式，不断强化招商引资的工作责任，改进招商引资的工作方法，确保引进战略性项目。2013 年各产业集群协调小组要确保引进亿元项目 1～3 个，力争引进 10 亿元以上项目 1 个；各县市区要引进投资额 2000 万元以上的工业项目 10 个以上，其中亿元项目 1 个以上。积极与跨国企业、大型国企、骨干省企进行接洽联系，有效组织央企省企对接活动，及时掌握其投资意向和扩张需求，通过良好的资源、政策、诚信，积极引进战略性投资。瞄准世界 500 强、国内 100 强和行业 50 强，主动攀亲结缘、对接联姻，切实引进一批高新技术项目、战略性新兴产业项目、"两化"融合项目、大型投资项目。

（三）坚持从项目引导入手，激励全民创业

坚定不移地坚持"创业富民"的发展取向，激发创业热情、激活民间资本，

带动全民创业。一是做好项目发布工作。立足本地优势资源，延伸产业链条；立足开发集群体系项目，抓好项目的挖掘、收集、整合、筛选和包装工作，建立项目对接平台，定期组织项目发布、项目洽谈、项目对接活动，让广大投资者知晓项目、了解项目，通过项目发布促成资本与项目的深度融合。二是做好协作引导工作。积极争取与省内外、国内外大型企业形成配套，引导本地企业嵌入产业链条，建立分工合作、互利共赢、共生共存的协作关系，强化本地配套企业与上下游企业同步开发、技改、同步发展，走"专、精、特、新、优"的路子。鼓励双方广泛开展技术指导、人员培训和设备共享，增强综合配套能力，实现无缝对接。三是做好政策激励工作。给予配套企业与招商引资企业同等的国民待遇，营造公平的社会竞争环境，激发民间资本投资创业的积极性。强化财税扶持，切实落实减税、减负等优惠政策，特别是对初创的中小配套企业，要降低或免除前三年标准厂房租金，比照招商引资企业享受"免二减三"待遇。强化信贷扶持，降低放贷门槛，简化放贷手续，扩大小额担保贷款规模，优先支持配套企业的信贷需求。强化创新扶持，积极帮助企业申请技改、节能、科技创新等专项资金和扶持项目，支持配套企业技术更新改造、转型升级。四是做好规下企业培育工作。一方面，动态性地抓好300家以上规下企业的引导、指导、服务和扶持，从加强融资服务、统计监测、调度考核、政策落实等方面入手，促进企业加速成长，力争年内新增规模工业企业100家以上。另一方面，充分发挥经信委、税务、统计等相关部门的工作职能，形成工作合力，规范企业入规行为，对瞒报虚报、该入不入的企业进行严格执法。

（四）坚持从完善配套入手，着力壮大园区

以创建"四高园区"及"百亿园区"大竞赛活动为引领，提速园区建设步伐，突出园区功能配套，提升园区承载能力。一是强化园区功能配套。进一步完善园区的出行、就学、就医、三产等社会服务功能。集中修建倒班房、员工宿舍等设施，大力推进园区的住房配套、用工配套。重点发展科技研发、工业设计、现代物流、信息咨询、金融服务、企业管理等生产性服务业，提升园区政务功能。二是强化园区产业配套。从产业关联性的角度考虑园区发展，使产业链尽可能在园区内向两端延伸，努力在园区内构建大中小企业密切配合、专业分工与协作相对完善的产业加工体系。在加速推进市、县两级城区内的部分企业"退城入园"的同时，鼓励配套企业落户工业园区，实现产业集聚、企业集群、发展集约。着力打造以中联重科为龙头的整机生产企业集群，以常德烟厂为龙头的烟

草产业集群，以创元铝业为龙头的新材料铸锻生产企业集群。同时大力培植和引进核心技术研发、关键零部件加工等产业链项目，提升产业发展层次和核心竞争力。加快淘汰落后产能，积极鼓励企业创新，全面推行清洁生产，加快发展循环经济，全面推进生态园区、平安园区、和谐园区建设。着力改变园区发展"小而全"的格局，按照"专、精、特、新、优"的原则，发展特色园区。加快西洞庭食品工业园、德山电子产业园、染整"三集中"产业园、东鹏陶瓷常德总部基地等特色专业园区建设步伐。三是强化园区服务配套。引入市场化运作机制，引进民资、外资等多元主体，建好一批标准化厂房、中小企业创业园、配套产业孵化园、留学生创业基地、产业链配套产业基地等平台，为中小企业、配套企业入园降低成本、促进发展。四是强化园区机制配套。下大力气解放思想、革新体制，以园区管理机制、运行机制、投入机制等为突破口，在机制转变上迈出实质性步伐，构筑"园区经济、园区财政、园区职能"的新格局。

（五）坚持从优化服务入手，强化发展保障

继续深入开展"千家部门联系服务千家企业"活动，通过服务改进工作作风，强化发展保障。一是保障要素供给。建立物资需求台账，健全要素调度机制，保障生产原材料的及时足量供给。加大土地、人才、资金等生产要素向重点企业集聚，最大限度地解决重点企业生产经营中的各种困难和矛盾，释放企业快速增长的潜力。引导金融机构增加信贷投放密度和强度，推进信用担保体系建设，加强企业运营情况动态监测、分析和调节，全力支持和服务企业发展，实现企业规模裂变式扩张。二是优化发展环境。进一步深化审批制度改革，简化程序，减少环节，降低收费，提高效率。结合支持中小微型企业发展的政策措施，纵深推进中小微企业成长工程，切实将惠及中小企业的政策落到实处、见到实效。善待项目、客商，及时帮助客商解决实际问题，及时为企业发展提供良好服务，让每一位客商成为常德投资环境的宣传者、项目推进的参与者，形成"引进一个、建好一个、带来一批"的裂变效应。三是加强跟进服务。建立对口帮扶的长效机制，及时帮助企业解决各种生产经营中的实际困难和问题。重点抓好中小企业窗口服务中心的建设和完善、中小企业咨询中心的筹备和建立以及科技研发、工业设计、现代物流、信息咨询、金融服务、企业管理等生产性服务平台。适时开展中小企业咨询及巡诊活动，组建企业解难顾问专家团，并在全市选取50家企业进行解难巡诊，针对企业存在的发展问题提出个性化解决方案。

B.24

2012～2013 年益阳市新型工业化发展研究报告

丛培模*

2012 年，在益阳市委、市政府和湖南省推新办的正确领导下，益阳市深入贯彻落实科学发展观，积极应对国际金融危机的挑战，坚持把新型工业化作为第一推动力，加大服务企业力度，着力保障要素需求，工业经济总体保持平稳较快增长。2012 年，全市完成规模工业产值 1310.9 亿元，同比增长 16.6%；完成规模工业增加值 383.1 亿元，同比增长 15.4%，增速全省排名第 2 位。有 9 家企业产值超 10 亿元，163 家企业产值超 2 亿元，422 家企业完成产值超过 1 亿元。新进规模企业 73 家，规模企业总数达到 815 家。

一　2012 年益阳市新型工业化运行基本情况

（一）强化重大工业项目服务协调，工业投资较快增长

全市建立和完善了重大工业项目协调服务的有效机制，2012 年协调、服务的 56 个重大工业项目中，已竣工投产 12 个；项目建设存在动态管理的问题和困难 260 个，已有 193 个问题得到解决，还有 67 个问题正在解决中。对重大工业项目协调服务工作的开展，有力地促进了重大工业项目建设，确保了工业投资的快速增长。2012 年，全市完成工业投资 343.76 亿元，同比增长 27.7%；完成工业技改投资 221.62 亿元，同比增长 39.1%。

（二）实施园区建设大会战，园区工业发展势头强劲

全市加强了园区工作的领导，大力实施园区建设大会战，制订并实施了

---

* 丛培模，中共益阳市委副书记。

《益阳市园区建设大会战目标管理考核办法》，形成了"园区办三天一调度、分管副秘书长一周一调度、园区办半月一综合调度、分管副市长一月一调度"的工作机制，促进了园区工业的快速发展，园区的拉动作用日益显著。2012 年，全市九大工业园区实现规模工业总产值 631.7 亿元，同比增长 18.9%，实现工业增加值 193.95 亿元，同比增长 17.3%，园区规模工业增加值占全部工业增加值的比重达 50.6%。

（三）搭建服务平台，非公经济和小微企业快速发展

2012 年，全市以贯彻中央"新国九条"为契机，搭建了中小企业服务中心，突出加强了"两台两会"建设，统贷平台、担保平台、企业家协会、行业协会的服务功能得到了切实加强。开展了政银企担保对接活动，扶助小微企业自主创业。224 家企业与金融机构对接，融资需求额度 71.58 亿元，197 个项目发放贷款 66.87 亿元。加强担保平台建设，全年全市在保企业 300 多家，在保额 14.6 亿元，同比增长 50.39%，新增担保企业 172 家，新增担保额 6.64 亿元。全年全市非公有制经济实现增加值 679 亿元，同比增长 14.1%，占全市生产总值的比重达 67.8%，比 2011 年提高 8 个百分点；中小工业企业增加值同比增长 14.6%；中小工业企业户数（不含工业个体户）达到 5690 户，比上年增加 290 户。

（四）强化工业节能，"两型社会"建设扎实有效

2012 年，全市实施产品能耗限额标准，完善工业能评制度，重点对水泥、化工等高能耗领域的 34 家企业实施督察，有效地促进了企业的能耗达标。着手开展工业项目能评，加速淘汰落后产能，促进企业转型升级。全年全市申报关停小企业 18 家，已获批 15 家，实际关闭 13 家；申报淘汰落后产能企业 23 家，已获批 19 家；预计上述项目可获得国家奖励资金 2590 多万元。狠抓清洁生产、循环经济、资源综合利用等工作，充分发挥企业的示范带头作用，推动工业行业"绿色益阳"和"两型社会"建设，全市 612 家规模企业采用了清洁生产技术，占总数的 75.1%，新建规模企业全部采用清洁生产技术。预计全年规模工业万元增加值能耗下降 14%，超额完成省里下达的 4.5% 的考核目标。

（五）致力建设"数字益阳"，信息化建设成效显著

为大力推进信息化建设，2012 年益阳市成立了"数字益阳"建设领导小组，着力构建新一代网络基础设施，增强信息化发展的支撑能力；着力改造提升传统产

业和培育发展战略性新兴产业，构建现代"两型"产业体系；着力建设便民高效的电子政务，促进民生改善和基本服务均等化；着力完善社会信息化管理，提升公共服务能力和全民信息素质，为迈向信息社会奠定基础。全市信息网络基础设施日臻完善，"数字益阳"的地理框架已经建成，全市规模企业普遍采用管理软件和信息管理系统进行生产经营管理，市县两级政府门户网站拥有率100%，域内96个乡镇（街道）建立了农村综合信息服务站。电子信息产业快速发展，产业地位稳步提升，2012年电子信息产业规模占全市规模工业的比重提高到了10.5%。

（六）加强要素保障，生产经营环境改善有力

为面对复杂多变的外部经济环境，益阳市紧紧围绕工作目标，继续开展"企业服务年"活动，努力做好协调服务工作，切实保障生产要素的有序供给，积极改善工业企业生产经营环境，减轻企业负担，确保完成了工业经济全年各项目标任务。一是加大要素保障。在电力、运力、燃气等要素保障上科学制定预案，宣传能源刺激政策，推动差别供能。特别加强了电力供需平衡和应急管理，全年全市完成发电量108.15亿千瓦时；完成社会用电量59.29亿千瓦时，同比增长7.03%，维护了正常的电力秩序，保证了全市社会经济稳定发展和人民生产生活正常进行。二是加强土地供应。加大了重工办、园区办、国土、规划、环保、水利、建设等部门的统筹调度，创新方法，整合资源，破解拆迁难题，加强了对60万平方米标准厂房、兰溪粮食园、资阳稀土工业园、沅江船舶工业园等园中园，工业技投改用地及新建项目用地的供应，切实保障了工业用地需求。三是努力改善用工环境。加强校企对接，通过职校培养为企业定向输送人才；完善人才引进措施，支持实用技术型人才的引进；大力营造创业氛围，支持高校毕业生、退役军人、改制国企管理团队、技术人员、务工返乡人员等创办实体企业。四是做好运行监测。做好建材、竹木、有色等重点负增长行业及143家负增长规模企业的运行监测工作，加强资源调度，帮助企业克服困难，恢复增长。

二　2013年益阳市推动新型工业化的对策建议

（一）主要工作目标

完成规模工业总产值1600亿元，增长18%；完成规模工业增加值450亿元，同比增长14.5%；新增规模企业60家，总数达到830家。

（二）主要工作措施

1. 突出保增长，不断壮大工业经济总量

一是全力推进项目建设，加强重大工业项目协调服务。二是进一步发挥装备制造、食品、电子信息及船舶制造等"3＋1"重点优势产业的拉动作用。三是加大财政、金融引导和扶持力度，加快信用体系建设，进一步推动全民创业。

2. 着力调结构，加快发展方式转变

一是大力发展高新技术产业，大力支持食品、纺织、有色等优势特色产业集群集聚发展，大力培育发展新材料、电子信息、文化创意等战略性新兴产业，构建多极发展、多点支撑的产业格局。二是抓实节能降耗工作，全面完成国家下达的工业节能和落后产能淘汰任务。三是提高企业创新能力，积极推进产学研结合，加快科技创业服务中心和孵化器建设，加强科技创新平台建设。四是推进信息化建设，大力推进"数字益阳"建设，继续实施"登高计划"，努力打造全国"服务外包示范城市"。

3. 加强园区建设，实现企业集群发展

一是以加快园区基础设施建设为突破口，把标准化厂房建设摆在更加突出的位置，全面提升园区综合承载能力。二是加强对园区的管理力度，严格落实市政府对各工业园区管理考核制度，建立健全园区管理体制。三是逐步建立完善以高新区为龙头、县市区工业园区为主体、与乡镇工业小区配套的工业园区发展体系，促进产业集聚，立足项目兴园、特色立园、科技强园，打造体制创新平台。四是加快高新区东部新区建设，实现产业东接东进。重点打造好汽车机械配套工业园和中国品牌食品产业园，把东部新区建设成益阳市工业经济的增长极。

4. 加强要素保障，促进小微企业健康发展

一是努力改善用工。加强校企对接，完善人才引进措施，大力营造全民创业氛围。二是加强用地保障。积极争取用地指标，加快盘活闲置土地，切实抓好集约用地，严格控制项目用地指标，提高土地利用率，确保重点项目用地需求。三是加强煤电油气运保障协调。加强调煤保电等工作，优化能源分配方案，加强调度协调，切实保障重点企业、重点项目建设能源需求。四是加强扶持帮助中小微企业发展。加大对中小微企业的融资、财税扶持力度，支持中小微企业加快技术改造，加强对中小微企业的服务力度。

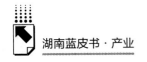

5. 提高服务意识，优化工业发展环境

一是加强有政府背景的担保平台、统贷平台和企业家协会（行业协会）的建设，增信企业融资，支持小微企业发展。二是深入开展企业服务年活动。积极开展减轻企业负担专项行动。三是积极帮助企业开拓市场，有针对性地开展产销对接活动，引导企业建立和完善现代营销模式与手段，实现传统市场与虚拟市场的结合。

B.25
2012～2013年郴州市新型工业化发展研究报告

毛腾飞*

一 2012年新型工业化发展情况

面对复杂多变的外部经济环境，郴州市委、市政府坚持工业优先发展战略，牢牢把握稳中求进的总基调，迎难而上，趋利避害，根据经济运行中出现的新情况、新问题，科学采取措施，积极应对，紧扣产业大转型的主线，全力组织工业生产，大力推进工业项目建设，全市工业经济保持了平稳发展态势。2012年郴州工业增加值总量在全省排第3位，比2010年上升3位；在全省新型工业化综合考核中排第5位，比2010年上升3位，均创历史最好成绩。

（一）主要成效

郴州市委、市政府大力实施产业大转型三年行动计划、工业稳增长"八大行动"、"中小企业服务年"、"工业项目建设大会战"等一系列助推工业经济发展的新举措，促进了郴州工业的快速发展。一是工业经济总量和增速跻身全省第一方阵。全年完成规模工业增加值832.7亿元，同比增长15.4%。规模工业增加值总量跃居全省第3位，增速居全省第2位。与衡阳、永州、赣州、韶关等周边地区相比，郴州市规模工业增加值总量和增速均排在首位。二是工业经济效益显著提高。全市规模工业企业实现利润总额175.9亿元，同比增长15.4%；工业企业实缴税金总额70.5亿元，同比增长13.4%；规模工业经济效益综合指数同比提高12.6个百分点。三是工业项目建设加快推进。全市启动实施工业固定资产投资项目1143个，完成投资503.8亿元，同比增长32.2%。启动实施工业技改项目693个，完成投资257.6亿元，同比增长34.9%。92个工业项目竣工投产，

---

* 毛腾飞，中共郴州市委副书记。

195

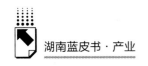

年可新增产值 100 亿元以上。四是园区经济发展强劲。省级以上产业园区完成技工贸总收入 1610.5 亿元，同比增长 28.6%。全市园区实缴税金 34.3 亿元，同比增长 49.7%。新建标准厂房面积完成 329 万平方米，同比增长 28.6%。实现高新技术产品产值 523.4 亿元，同比增长 76.4%。

（二）主要特点

1. 工业主导地位凸显

坚持把新型工业化作为富民强市的第一推动力，工业在全市经济发展中的主导地位不断提升和带动能力不断增强。2012 年全市工业增加值占全市 GDP 比重达 54%，同比提高 0.9 个百分点；工业对 GDP 增长的贡献率达 60.1%，拉动 GDP 增长 7.5 个百分点；工业增加值增幅比第一产业、第三产业增加值增幅高 11 个和 3.1 个百分点。工业经济已成为拉动全市经济增长的主要动力。

2. 结构调整步伐加快

坚持把结构调整作为提高工业核心竞争力的首选路径，作为转变经济发展方式的突破口，不断优化行业结构、技术结构、空间结构和产品结构，加快构建具有郴州特色、富有竞争力的现代工业结构体系。一是加快行业结构调整，工业主体由矿业采选和能源等"原"字号向制造加工业转型。全市采矿业增加值占全部规模工业增加值的比重为 24.4%，分别比上年下降 1 个百分点；制造业占全市规模工业的比重达 69.6%，同比提高 1.2 个百分点。二是加快技术结构优化，高耗能产业逐渐向战略性新兴产业转型。全市六大高耗能产业实现增加值 421.9 亿元，同比增长 16.1%，所占比重为 50.7%，同比下降 0.9 个百分点；而规模工业中战略性新兴产业实现增加值 155.9 亿元，同比增长 28.0%，所占比重为 18.7%，同比提高 1.5 个百分点。三是加快空间布局调整，由分散布局向园区集聚发展转型。全市园区规模以上工业企业实现增加值 344.1 亿元，同比增长 24.3%，高于全市规模工业平均增速 8.9 个百分点，占全市规模工业增加值比重为 41.3%，同比提高 4.3 个百分点。四是加快产品结构调整，由做大规模向做大品牌转型。郴州市委、市政府高度重视品牌战略，注重以品牌战略推动经济转型发展。金旺、湘江、金贵、宇腾、济草堂和永兴冰糖橙成功申报中国驰名商标。目前，全市拥有中国驰名商标 8 个、中国地理标志证明商标 3 个、湖南省著名商标 77 个。

3. 绿色转型成效显著

紧扣转变发展方式这一主线，坚持把改造提升传统产业作为转型发展的重中之重，引导企业加大技术改造，强制淘汰了一批高污染、高能耗、高排放企业，走绿色生态型发展道路，增强工业经济可持续发展能力。2012 年全市完成国家级节能和综合利用项目 10 个，湘江流域清洁生产项目 34 个。万元规模工业增加值能耗下降 14.5%，工业企业主要污染物排放总量减少，二氧化硫、化学需氧量、氮氧化物、氨氮、铅分别削减 20.6 个、46.2 个、13.6 个、52.3 个、36.1 个百分点。全年淘汰落后产能项目 17 个，其中淘汰水泥落后产能 102 万吨、淘汰造纸落后产能 2.3 万吨、淘汰有色金属（铅锌冶炼）落后产能 20.8 万吨。

4. 发展内生动力增强

坚持把科技创新摆在优先发展地位，充分发挥科技创新在加快转变经济发展方式中的重要作用，不断加大科技投入力度，增强科技创新能力，推动全市经济走上内生增长创新驱动的轨道。2012 年全市研发经费支出占 GDP 的比重达 1.3%；专利授权量 748 项，同比增加 37.0%；全市规模工业专业技术人员 2.4 万人，占规模工业从业人员比例达 10.9%，科技与经济融合更加紧密。

5. 发展环境不断优化

经济发展环境是决定资金、人才、项目、技术等生产要素流向的主要因素。郴州市坚持"两手"着力，"软硬"兼施，努力创造优质高效的发展环境。一是加大政策扶持力度。制定下发了《关于进一步优化产业园区发展环境的意见》，提出了 23 条具体措施优化园区发展环境。制定下发了《郴州市关于进一步扶持小微型企业健康发展的意见》，进一步配套相关政策措施，取消了 24 项行政事业性收费。全市启动了新一轮行政审批事项清理规范工作，按照进一步精简事项、简化程序的工作要求，对进驻市政务服务中心窗口的 469 项许可、非行政许可、省级许可市级初审、年检年审、行政确认、行政事业性收费等事项进行了全面清理，行政审批效率提高 50%。二是加大要素保障力度。切实加强了煤电油运等生产要素的监测与协调，通过召开现场协调会重点协调解决企业在资金、煤、电、油、运、土地等生产要素方面的突出问题，全力保障企业正常生产需求。三是加大企业帮扶力度。以开展"中小企业服务年"活动为契机，深入企业调查研究，为 80 家企业和服务机构解决 200 多个困难和问题，提出意见和建议 300 多条，帮助企业解决用地、用工、融资、发展环境等实际问题。积极组织开展企业与金融机构对接活动，缓解企业融资难题。引导企业加强与客户沟通，加大市场营销力度，稳定原有市场，开拓新兴市场。

（三）存在的问题

郴州工业经济虽然取得了长足发展，但是仍然面临一些困难和问题。一是总量规模不够大。2012年全市规模工业增加值总量仅占全省的9.8%。支柱产业和龙头企业支撑不力，年产值过900亿元产业仅1个，年产值过30亿元企业仅3家，没有一家企业年产值过50亿元。二是工业结构不够优。高新技术产业、战略性新兴产业比重低，资源依赖性强，高能耗工业占比大。全市高新技术产业占规模工业增加值比重仅为22.4%，比全省平均水平低13.3个百分点；六大高能耗工业占规模工业增加值比重达50.7%，比全省平均水平高19.8个百分点。三是科技创新能力不强。全市研发经费支出占生产总值的比重比全省平均水平低0.4个百分点。工业企业对自主创新、品牌建设重视不够，部分工业产品只能以低成本、低价格、低档次参与竞争，经不起要素和市场变化的冲击。四是产业集聚度不高。园区规模工业增加值占全市规模工业增加值比重比全省平均水平低2.8个百分点。五是环境保护压力较大。重工业占全市规模工业增加值比重达81.2%，废水、废气、固体废弃物排放总量居于高位，工业结构偏重的特征对生态环境带来较大的压力，工业污染物排放还有待进一步控制。

二　2013年新型工业化发展形势分析

当前国内外宏观经济形势依然复杂多变，郴州市工业经济发展既面临难得机遇，也面临诸多挑战，只有准确把握经济形势，才能牢牢把握发展主动权。

（一）有利条件

当前工业经济发展具备不少有利条件和积极因素。一是宏观经济整体企稳回暖，欧债危机和美国"财政悬崖"有所缓解。IMF最新世界经济展望预测，全球2013年经济增长率为3.6%。新兴市场和发展中经济体的增长情况乐观，增长率有望由2012年的5.3%反弹至5.6%。中金公司、瑞银集团、摩根大通等机构分析预测结果显示，2013年中国经济形势有望好于2012年，经济增速可能超过8%。随着各种刺激经济增长的积极因素逐渐集聚，国内外经济稳中向好态势基本明朗。二是欧美日等发达国家实行宽松货币政策，充裕的市场流动性为有色金属等大宗商品价格反弹带来较强的支撑，对郴州有色金属企业构成一定利好。

三是国家经济政策调整,利好因素增加。党的十八大报告体现了经济建设的多个新亮点,包括提出要加快调整产业结构,提高产业整体素质;提出要以创新驱动作为经济发展的新动力;提出要推进城镇化来释放发展潜力、推进"四化"同步来实现经济可持续发展等举措。国家层面的积极政策将为郴州工业经济加快转型升级提供强大支撑。四是郴州工业发展基础较好,机遇难得。近年来,经过高基数高增长,高质量高增长,郴州工业经济进入了历史以来最好最快的发展阶段,同时迎来了境外和沿海地区产业转移等多个难得机遇。五是全市上下团结一心,思发展、谋发展、促发展的劲头很足,热情很高,推动全市工业经济实现跨越式发展的强大合力已经形成。

(二)不利因素

同时,也必须清醒看到,当前郴州市工业经济发展还面临一系列新的风险和挑战。一是市场开拓难度加大。国际金融危机的深层次影响还在不断显现,世界经济由危机前的快速发展期转入转型调整期,经济低迷成为全球经济新常态,主要经济体需求疲软,贸易保护主义持续升温,外需萎缩短期内难以根本好转。内需市场受投资拉动型产业增速下滑、沿海企业出口转内销等因素影响,企业产品市场开拓难度加大。二是区域竞争更趋激烈。发达国家纷纷加快"再工业化"和扩大出口,新兴经济体开始加大投入发展比较优势产业,资源富集国家也在积极谋求产业链的延伸,市场需求成为全球竞争最稀缺的资源。受此影响,我国经济发展不可避免面临巨大挑战。郴州市工业处于产业分工体系的中低端,自主创新能力不强,缺乏核心技术和品牌效应,加工贸易可能遭遇严重冲击,先进技术和设备引进困难加大,战略性新兴产业的国际市场竞争压力较大。三是要素成本持续上升。中国人口红利逐渐消退,郴州廉价劳动力优势快速削弱,生态环境约束更加强化,企业生产经营成本将持续上升。四是转型升级任务繁重。郴州市工业结构偏重、能源和资源消耗强度大、科技创新能力不足、工业品牌建设滞后等状况仍未从根本上得以扭转,在国际市场和要素争夺日趋激烈、国内资源与环境制约日益加剧的大背景下,这些深层次矛盾和问题将进一步凸显,倒逼郴州市必须加快转型升级,否则有可能陷入长期被动的局面。

三 加快新型工业化发展的对策

郴州正处于工业化中期和城镇化中期加速阶段。2013 年郴州推进新型工业化的总体思路是：坚持以党的十八大精神为指导，以科学发展观为主题，以转变发展方式为主线，以提高发展质量和效益为中心，以改革开放和科技创新为动力，大力推进信息化与工业化融合，着力发展大产业、构筑大园区、培植大企业、建设大项目、打造大品牌，加快构建独具郴州特色的现代化产业新体系，全力推进县域工业经济协调互动发展，加快形成多点、多元、多极支撑工业发展的新格局。2013年全市工业经济预期调控目标是：规模工业增加值增长15.5%；工业固定资产投资增长25%；工业技改投资增长26%；战略性新兴产业占规模工业增加值比重达20%；高新技术产业增加值占规模工业增加值比重达25%；园区规模工业增加值占全市规模工业增加值比重达43%；万元规模工业增加值能耗下降5%以上；全面完成省下达的减排任务。我们要充分调动一切积极因素，迎难而上，积极作为，努力完成2013年各项目标任务，推动工业经济持续健康发展。

（一）更加注重加快发展，为推进新型工业化增添新动力

尽管全球全国经济增长呈中低速增长态势，但郴州作为工业欠发达的地区，工业发展空间还很大，要抢抓机遇，培育新的增长点，为加速推进新型工业化增添动力。一是狠抓项目建设。继续实行工业项目大会战和市级领导联系重大工业项目，推进一批科技含量高、带动能力强、投资规模大的重大项目建设，加快推进67个投资过亿元和7个投资过10亿元的重大项目建设。力争台达产业园二期、格兰博智能机器人、丰越多金属综合回收、桂阳富氧炼铅等项目建成投产；富士产业园、奥美森工业园、资五产业园、三一产业园、宜章氟化学工业园和"5080"煤化工、汝城中湘钨业、桂阳工业园有色冶炼加工项目区等尽早建成。二是狠抓园区经济。加速园区晋位升级。支持苏仙、桂东工业园区升级为省级园区，支持符合条件的省级园区申报国家新型工业化示范基地，力争郴州高新区升格为国家级高新区、资兴经开区申报为省级高新区。明确产业定位，加快承接产业转移步伐，加大引进科技含量高、附加值高、投资回报率高、节能降耗高的现代产业，着力打造中高端产业，提升产业层次，占据产业发展的高地。把全市园区建设成为中部地区承接产业转移的新平台、跨区域合作的引领区、加工贸易的集聚区、转型发展的试验区和现代化新城区。三是狠抓大企业的培育。充分发挥大企业在工业经济中的主体作用，大力支持宇腾有色、金贵银业、高斯贝尔、格瑞普新能源、华磊光电等一批成长性好、科技含量高、竞争能力强的龙头型、科技型、创新型企业发展。大力推进矿产资源整合，推动优质资源向精深加工企业

和战略投资者集中。深入推进有色、煤炭、水泥行业兼并重组，进一步提升行业集中度。比如，永兴县把有色冶炼企业由原来的 129 家整合成 30 家，要组建 30 个年产 30 万吨的煤矿。加快郴州标志性工业企业培育，力争培育一批年产值过 50 亿元、100 亿元的企业，打造郴州工业的旗舰企业。

（二）更加注重转型发展，为推进新型工业化打造新引擎

坚持在发展中谋转型、在转型中求发展。深入实施工业转型发展"三年行动计划"，加快构建现代产业新体系。一是改造提升五大传统产业，把改造提升传统产业作为重要任务，集中精力推进有色、化工、建材、锻铸造、食品烟草等传统优势产业结构调整，努力提升产业竞争力。广泛应用先进适用技术、信息技术和先进工艺设备改造提升传统产业，促进初级产品向精深加工产品转变，低附加值产品向高附加值产品转变，低技术含量产品向高技术含量产品转变。做大做强有色金属产业，重点研究培育壮大钨钼产业、锡产业的政策措施，2013 年有色金属产业总产值实现过 1000 亿元目标。同时，整合提升传统能源产业，做精做优化工产业，发展壮大建筑材料产业，做强做优消费品工业。二是培育壮大四大战略性新兴产业。坚持以实现高新技术产业规模化发展为目标，突出创新引领、企业带动和基地支撑，加快把郴州建设成为湖南省重要的战略性新兴产业创新基地和生产制造基地，努力使战略性新兴产业成为郴州市经济社会发展的重要推动和支撑力量。优先发展电子信息产业，加大重点领域工业软件研发和应用力度，扶持发展软件和信息服务新型业态；大力发展新材料产业；加快发展装备制造产业；大力发展节能环保产业。三是突出发展三大生产性服务业，加快发展现代金融业，充分发挥非银行金融机构的积极作用，帮助解决中小企业融资难题。大力发展现代物流业，着力引进培育一批大型专业物流龙头企业，抓紧出台加快物流业发展的意见。着力发展以研发设计、咨询评估、商务会展、文化创意等产业为重点的高技术服务业。

（三）更加注重绿色发展，为推进新型工业化彰显新形象

推进工业绿色化发展是建设"美丽郴州"的必然要求。一要大力发展循环经济。充分发挥永兴作为全国循环经济试点机遇，支持永兴大力发展环保型产业，更加注重开发减量化、再利用和资源化技术与装备，加快再生资源产业发展。大力推进重点行业、重点领域的试点示范，从不同角度和层面探索循环经济发展的有效模式。二要扎实推进节能减排。切实抓好重点节能工程和节能项目建

设，推进重点工业污染减排项目的实施，加大湘江、东河、西河、临武三十六湾等重点流域工业污染治理力度。加快在电子信息、装备制造、医药食品等重点行业发展低碳经济和推进企业清洁生产。三要加快淘汰落后产能。严控高能耗、高排放行业的低水平重复建设，继续抓好有色、建材、造纸、铁合金等行业落后产能淘汰工作，坚决遏制部分行业过剩落后产能盲目发展，为先进产能发展腾出空间。

（四）更加注重支撑发展，为推进新型工业化夯实新底盘

生产要素保障是企业生存发展的基础。随着全市工业经济的快速发展，能源、土地、资金等要素日趋紧张，如何保障要素正常供给，事关郴州工业发展大局。一是认真做好能源保障。切实加强对煤矿企业的指导和服务，帮助企业解决安全生产中面临的困难和问题。严格落实安全生产措施，全力组织好煤炭生产，充分发挥现有煤矿生产能力，努力增加煤炭产量。积极支持具备安全生产条件的技改扩能矿井和新建矿井及时完善竣工验收手续，尽快投产，提高煤炭后续保障能力，确保工业用煤和电煤供应充足。全力保障电力供应，针对可能出现的电力供需紧张形势，及早研究制定有序用电预案，满足重点企业和重点单位用电，支持效益好、吸纳就业强的工业企业用电。二是破解土地制约瓶颈。重点保障全市产业大转型重大建设项目的用地需求。全面完成实物储备 5000 亩、规划储备8000 亩的目标。提高节约集约用地水平，落实节约集约各项制度，全面部署开展节约集约模范县市区创建活动，建立完善节约集约用地指标体系和制度框架，加强工业园区供地审核审批。拓展工业用地空间，积极向国土资源部、省国土资源厅申请低丘缓坡等未利用地综合利用试点，寻求新途径拓展工业用地空间。三是缓解中小企业融资难题。定期召开政银企融资对接会，建立政银企协作机制。引导驻县金融机构落实将新增存款余额的大半部分信贷投放到本县中小企业的政策。继续实行财政性资金存款与向中小企业贷款数量挂钩和对当年新增贷款实行奖励的政策。增加市中小企业融资担保公司注册资本，增加担保企业数量，增大担保贷款额度。支持企业上市融资和发行"中小企业集合债券"。创新金融产品，开展采矿权质押和企业票据融资业务。

（五）更加注重互动发展，为推进新型工业化拓展新空间

"四化"是一个有机的整体，相辅相成、相互促进。因此，要跳出工业抓工业，在推进"四化"联动中拓展工业发展新空间。一是在新型工业化与新型城镇化互动中拓展工业发展新空间。工业化的发展带来产业和人口的集聚，会有力

地推动城镇化的发展，而城镇是工业的载体，园区建设、产业布局都以城镇为依托，城镇化发展为工业发展提供资本、消费市场和生活环境。在推进城镇化过程中，坚持工业园区建设与城镇设施建设同步推进、产业集聚功能与城镇承载功能同步提升、工业发展环境与城镇服务环境同步优化，让公路通到园区、公交开到园区、供水供电到园区、绿化到园区，让城市的功能都延伸到园区，进一步增强园区的承载力和吸引力。二是在新型工业化与农业现代化互动中拓展工业发展新空间。积极运用现代工业理念服务现代农业，培育大规模的农业生产基地，促进农业发展方式向专业化、规模化、集约化转变，为工业提供原材料支撑。同时，通过加快发展农产品精深加工推进工业发展。大力支持舜华鸭业、裕湘面业、桂阳济草堂、永兴冰糖橙、东江鱼业等龙头企业发展，促进郴州市农业资源优势加快向工业优势、经济优势转化。三是在新型工业化与信息化融合发展中拓展工业发展新空间。信息化是工业化的延伸，也是提升工业水平、抢占发展制高点的有效手段。抓紧出台关于加快推进信息化的意见，大力推进信息技术在产品研发、生产经营、产品销售、节能减排、经营管理等方面的应用和渗透，实施制造业信息化科技工程，构建先进适用的信息基础设施，以信息化带动工业化，进一步拓展工业发展的新空间。

B.26
2012～2013 年永州市新型工业化发展研究报告

唐松成*

2012 年，永州工业经济经历了世界经济下滑，国内经济增速放缓，市场极度疲软，融资、用工等生产要素供需矛盾突出等严峻考验。一年来，永州市委、市政府逆势而上、奋发进取，坚持把推进新型工业化作为第一推动力，大力实施"兴工强市"战略，认真落实工业发展"四年倍增"计划，狠抓大项目、发展大企业、培育大产业、建设大园区，新型工业化加速推进，全市工业经济保持平稳增长。

一　2012 年永州市新型工业化运行情况

（一）工作进展

1. 工业生产总体平稳，县区工业增势强劲

全市工业在重点优势行业和新增规模企业的拉动下，总体保持平稳增长。2012 年新入统规模企业 82 家，居全省第 2 位。全市规模工业完成总产值 680 亿元，同比增长 18%，完成增加值 215 亿元，同比增长 15.1%。部分县区工业在新增规模企业的拉动下，增势强劲。其中宁远新增规模企业 15 家、江华新增规模企业 13 家，规模工业增加值增速达 20% 以上。

2. 主导产业加速发展，转型升级步伐加快

紧紧围绕构建现代产业体系，努力打造现代工业城市这一目标，市委、市政府编制了九大产业发展专项规划，制订出台了《关于加快培育发展战略性新兴产业的实施意见》，在领导精力、工作力量、优惠政策等各方面向重点产业倾

---

* 唐松成，中共永州市委副书记。

斜，集中力量发展全市先进装备制造、电子信息、新材料新能源、农产品精深加工、矿产品精深加工、生物医药、轻纺制鞋等七大主导产业。全年电子信息、生物医药等战略性新兴产业产值增幅40%以上；果蔬、粮油、烟草、禽畜等农产品加工业产值增幅30%以上，外向型加工、新材料新能源等产业产值增幅20%以上。同时，产业布局更加优化，产业链条不断延伸，带动产业发展的龙头企业不断增多。

3. 项目建设推进有力，重大项目有新突破

坚持把项目建设作为稳增长的第一推动力，大力开展"项目建设年"活动。实行市级领导联系重点工业项目责任制，深入项目现场，破解建设难题。全市全年完成工业固定资产投资299.8亿元，同比增长21%；全市307个投资500万元以上的工业能源类项目完成投资273.8亿元，新开工项目226个，竣工项目116个。达福鑫ITO导电玻璃、湘祁电站、江华海螺水泥和坤昊实业等大项目已竣工投产，零烟技改、中国五矿江华稀土产业园等重大项目已开工建设，神华火电项目已获国家能源局开展前期工作的"路条"；永州港、长丰汽车技改、烟草产业园、湘器易地扩能技改、零陵百亿元锰产业园等重大项目前期工作正有序推进。积极与中国排行榜传媒集团公司洽谈对接，目前，永州市已与集团公司签署战略合作框架协议书，同意"广东产业园"落户凤凰园经济开发区，"永州东盟论坛财富中心"落户生态新城。

4. 园区发展步伐加快，管理体制逐步理顺

大部分工业园区由投入期逐步进入产出期，生产和效益大幅增长。据初步统计，全市工业园区实现技工贸总收入585.3亿元，同比增长44.5%；实现规模工业增加值136.4亿元，同比增长42.1%；完成固定资产投资125.5亿元，同比增长49.3%；完成基础设施投资41.7亿元，同比增长63.7%；新增开发面积22.3平方公里；新建厂房面积158.9万平方米。园区加大了闲置土地清理力度，积极争取用地指标，全市共储备土地12585亩。道县、新田工业园区2012年获批省级工业集中区，全市省级工业园区增至9个。常务副县（区）长或专职副书记兼任园区党委第一书记以及园区书记、主任高配副处级的领导格局已经形成。

5. "两化"融合不断推进，信息化水平有所提升

以《湖南省信息化条例》颁布实施为契机，指导企业应用信息技术改造提升传统技能，促进信息化与工业化深度融合，加快发展电子信息产业，制订"数字永州"建设方案，不断提高全市信息化层次和水平。全年电子信息产业实现产值71.0亿元，同比增长60.8%。电子信息产业占GDP比重为2.2%。全市四大运营商实现主营业务收入 19 亿元（移动 11 亿元、联通 3 亿元、电信 4 亿元、铁通 1 亿元），同比增长 6.2%。至 2012 年底，全市移动电话用户 252.86 万户，互联网用户 27.7 万户，分别同比增长 30.8%、29.5%。

6. 结构调整力度加大，节能降耗成效明显

全面完成了工信部、财政部下达的淘汰落后产能目标任务，全年共淘汰铁合金企业 6 家、产能 7.9 万吨，电解铝企业 1 家、产能 2 万吨，焦炭企业 1 家、产能 18 万吨，铜冶炼企业 1 家、产能 0.5 万吨，铅酸蓄电池企业 1 家、产能 16 万千伏安，小水泥企业 4 家、产能 441.8 万吨，小造纸企业 15 家、产能 17.1 万吨，共涉及 7 个行业 29 家企业，传统产业进一步整合。严格执行国家相关政策和规定，协调有关部门认真落实各项优惠政策。鼓励企业实施节能技术改造工程、合同能源管理推广工程和节能能力建设工程。以湘江流域工业污染防治为重点，围绕将湘江打造成"东方莱茵河"的目标，不断推进湘江流域重点行业和重点企业清洁生产，节能降耗取得明显成效，全市万元规模工业增加值能耗下降 5% 以上。

7. 自主创新能力加强，品牌建设卓有成效

市委、市政府出台一系列政策措施鼓励企业加大投入、技术创新、品牌建设、提高市场核心竞争力，企业创新能力不断提高，品牌建设成效明显。2012 年共有 14 家企业被认定为高新技术企业，为近十年来认定最多的一年，全市高新技术企业达到 46 家。全市完成高新技术产品产值 63.7 亿元，同比增长 13.5%，高新技术产品增加值占规模工业增加值的 9.4%。全市拥有中国驰名商标 7 件（新增 2 件），湖南省著名商标 43 家，地理标志证明商标 3 件；拥有中国名牌产品 2 个，湖南省名牌产品 21 个。

8. 企业服务深入开展，发展环境日益优化

一是深入开展"工业企业服务年"活动。在全市筛选了 51 家重点企业，由一名市级领导、一个责任部门联系一家重点企业进行"一对一、点对点、面对面"服务。二是宣传贯彻落实扶持企业发展的各项政策。积极收集、整理、汇编各项优惠政策，开展"送政策到企业"活动，发放政策汇编 1200 多套。市政府制订出台了《关于鼓励和支持小型和微型企业发展的十条意见》和《关于鼓励消费使用本地产品的意见》等政策，促进了小微企业的发展和本地工业产品的销售。成功举办了工业招商项目推介暨工业产品展示会、首届永州家博会、农博会。三是切实减轻企业负担。针对冶炼、建材等行业企业生产持续低迷的情况，各级各部门积极制定优惠政策，帮助企业恢复生产。全市为困难企业协调减免基本电费3000余万元；东安县积极向省里争取临时优惠电价，并实行电价补贴措施；零陵实行税收全额返还支持冶炼企业复产。四是争资融资工作有新突破。全市向国家、省里争取新型工业化引导资金、战略性新兴产业发展资金等达1.06亿元，同比增长120.9%，争取资金到位为历年最多；抢抓国家电网改造机遇，争取电网及农网改造资金5.2亿元；市中小企业担保公司为40多家工业企业担保贷款1.5亿元。与国家开发银行合作搭建的中小微企业融资平台已完成注册。

9. 推新合力逐步增强，各项工作扎实推进

市委、市政府高度重视新型工业化工作，主要领导经常深入企业、项目建设现场和工业经济主管部门调研指导、现场办公，召开专题会议研究解决推新有关事项。2012年出台了《关于实施工业发展"四年倍增"计划推进承接产业转移示范区建设的若干意见》；调整充实市加速推进新型工业化工作领导小组。召开了全市承接产业转移暨经济工作流动现场会，通过市外学习和市内检查发现差距、找准问题，解放思想、开拓创新，破解发展难题，为加速推进新型工业化集聚了强大合力。

（二）主要问题

永州市在推进新型工业化取得巨大进展的同时，也还存在一些困难和问题，主要表现在：

1. 企业经营困难加剧，要素制约严重

一是资金筹措难。据调查，70%～80%以上的中小企业存在流动资金紧张的困难，中小企业特别是小微型企业获得银行贷款的难度更大。二是征地拆迁难。随着城市化建设步伐的不断加快，拆迁工作较难开展。三是招工用工难。企业结构性用工难成为常态。全市工业企业管理、技术岗位用工缺口常年保持在3万人以上，特别是部分外向型加工企业，存在有订单不敢接，不能满负荷生产的状态。

2. 项目建设困难较多，发展后劲乏力

一方面，由于供地、融资、环评等因素制约，项目建设进度放缓。另一方面，落地项目少，特别是重大工业项目少，好项目不多。签约项目履约率不足40%，2012年列入全市36个重大项目中工业能源类项目仅6个，占比17%；全市调度的307个投资过500万元的项目中，投资10亿元以上的仅15个、占4.5%，投资5亿元以上的只有23个、占7.5%。

3. 产业发展层次较低，规划滞后

一是产业集群规模不大，企业集中度低。产业集群方面，永州市十一大优势产业中过百亿元的产业只有矿产品、农产品和先进装备制造3个产业，产业集群内产品结构雷同；核心企业方面，龙头企业实力不强，无旗舰式带动和辐射作用的企业，小散弱的现状没有得到根本改变。二是规划滞后，产业布局不集中。部分园区总规、控规没有修编或编制没完成，大多数县区、园区无主导产业规划，招商引资没有实现招商选资，企业入园没有实现有序集中。三是基础设施不配套，投资硬环境欠佳。由于融资难、拆迁难和规划滞后等原因，永州各园区基础设施建设滞后于产业转移步伐，廉租房、学校等生活综合服务设施不健全，制约了工业园区的发展。

4. 园区机制不畅，后续保障疲软

一是园区体制不全，机制不活。工业园区管委会主要工作集中在征地拆迁、工程建设方面，缺乏园区产业发展、布局、设施配套、服务体系等全方位规划。二是建设资金缺乏保障。园区基础设施建设、规划和招商引资等方面均需大量资金，大多数园区无独立融资平台，一定程度上制约了园区的建设和运行。三是协调处理问题难度大。园区在建设发展时，因基础设施配套跟不上，导致企业在用地、融资、用工、供水供电和物流通关等方面受到瓶颈制约。

二　2013年永州新型工业化发展趋势分析

2013年，经济发展面临的内外部环境略好于2012年，但制约经济企稳回升的阻力依然存在。纵观国内外形势，随着一系列稳增长、扩内需政策措施的逐步落实到位并发挥成效，我国经济运行将总体平稳，但仍面临一些不确定性因素。

（一）有利因素

从国际看，随着各国宏观政策力度加大，欧债危机略有缓和，美国经济复苏态势趋于稳定，市场信心和发展预期有所提振，2013年全球经济发展环境可能有所改善；一些新兴经济体也放松宏观经济政策，将对经济增长起到刺激作用；美国总统大选的政治周期效应将会凸显，进一步提振市场信心。从国内看，随着一系列稳增长、扩内需政策措施逐步落实到位并发挥成效，中国经济运行将总体平稳。国务院、省委省政府出台的促进外贸稳定增长的若干意见，提出了扩大出口信用保险规模、提高通关效率、调减法定检验检疫目录、规范和减少进出口环节收费等一系列具体政策措施，将进一步提振进出口企业特别是中小企业信心，缓解企业经营困难。党的十八大的召开将进一步激发各方面加快发展的积极性，有利于推动经济平稳较快增长。

（二）不确定因素

一方面，发达国家主权债务问题削弱了经济增长潜力，经济刺激政策措施的副作用日益凸显，全球经济增长动力依然不足。另一方面，国内经济企稳的基础还不稳固，内需增长受到一些体制机制因素的制约，企业生产经营仍然面临较多困难。从 2012 年第四季度运行走势来看，影响工业增长的不利因素依然较多。一是受市场影响，工业去库存化继续延期；二是产能过剩矛盾加剧企业悲观情绪；三是外贸形势不容乐观；四是企业效益继续下滑；五是实行联网直报，国家统计局核查数据质量，县区报退规模企业数较多。

尽管 2013 年永州工业仍将面临严峻复杂的形势，但支撑永州工业平稳较快发展的有利因素仍然较多：一是市县两级党委政府对工业愈加重视，思路更加明确，特别是"四年倍增"计划的出台，明确了发展方向、重点和目标，加之各种管理体制机制逐步理顺，为推进新型工业化提供有力组织保障。二是 2012 年新入统的 82 家规模企业、116 个竣工投产的工业项目以及 2013 年即将竣工投产的项目将成为工业经济发展的新的增长点。三是市场行情逐渐回暖以及各种优惠政策措施的出台，冶炼、建材行业停产半停产企业将逐步恢复生产，外向型加工企业的产能也将进一步扩大。四是永州市已与国家开发银行达成初步合作意向，年内打捆贷款 1 亿元，预计可争取 3 亿～5 亿元的贷款，中小企业的融资瓶颈在一定程度上可得到缓解。

三　2013 年永州市新型工业化发展的对策建议

目标任务：按照中央、省经济工作会议提出的稳中求进的总基调，以提高经济增长质量和效益为中心，全市规模工业增加值增长 16%，争取 18%；工业投入增长 25% 以上；信息产业增加值占生产总值比重达到 2.5%；高新技术产品增加值占规模工业增加值比重达到 10%；全面完成省里规定的节能降耗目标；在全省推新工作考核中力争保位前移。主要抓好以下几方面工作。

（一）抓产业发展，加快构建现代产业体系

重点发展先进装备制造、电子信息、新能源新材料、农产品精深加工、矿产品精深加工、生物医药、轻纺制鞋等七大主导产业。一是规划引领，科学发展。邀请省内外专家评审先进装备制造、电子信息、农产品加工、矿产品加工等产业

规划，论证后报市委、市政府批准实施。二是突出特色，错位发展。根据各县区自身优势、资源特色、产业规划，确定发展的重点产业。各工业园区确定2~3个主导产业，打造专业园区，形成各具特色的产业园区。三是加大扶植，培育龙头。集中资金办大事、要事，选择七大产业中的长丰汽车、恒远发电、达福鑫电子、希尔药业、大自然、榕达石油、浩志稀土、凯盛鞋业等8~10家龙头企业进行重点扶植，着力培育产业领军企业、龙头企业，带动整个产业发展。四是加强协调，支持上市。制定支持企业上市的政策，加强部门协调配合，扶持龙头企业上市融资发展。

（二）抓工业园区，不断提升园区建设水平

一是制定园区规划。对全市工业园区进行总体规划，进一步明确园区功能定位、产业布局、发展方向，形成"一区多园"各具特色的产业格局。二是完善园区功能设施配套。加强园区基础设施的功能配套，确保水电气路讯按要求到位，使园区发展提质增效，提高园区单位产出率。2013年，力争凤凰园经济开发区成为国家级经济开发区，努力将双牌、江永工业园区打造成省级工业园区。三是建立健全园区考核评比激励机制。把考核经济指标与考核责任人相结合，推进园区建设大发展、大跨越。

（三）抓项目建设，推动重大工业项目发展

高度重视项目建设，开展"工业重大项目大会战"活动，增强工业发展后劲。一是狠抓重大项目开发。围绕产业发展，开发一批项目，包装一批项目。二是抓重大项目保障。加强基础设施保障，土地、融资、用工等要素保障和治安、信用、服务等环境保障，为重大项目开辟"绿色通道"，促进项目尽快竣工投产，为工业发展提供新的支撑。三是抓重大项目承接。积极承接沿海产业转移，对接东盟，引进外力，积极主动与央企、省企、名企、世界500强和上市企业对接项目。

（四）抓信息化建设，努力促进"两化"融合水平

大力促进新型工业化、新型城镇化、现代农业产业化和信息化有机融合发展。培育发展电子信息产业，加快生产性信息服务业发展。继续推进"数字企业"示范建设工程和企业信息化"登高计划"，提升中小企业信息化水平。从推新引导资金中单列500万~1000万元，设立信息化专项资金，制订并实施"数

字永州""智慧城市"建设方案,重点建成数字城管、数字交通、数字公安,全面推动社会信息化。

(五)抓发展环境,全面提高服务水平

一是营造健康优良的发展环境。继续深入开展"企业服务年"活动。重点服务各行业骨干企业,培育龙头企业。二是营造宽松灵活的政策环境。用好中央、省里出台的相关政策,从财税支持、供地保障、用工支持、金融服务等方面为企业提供政策支持。三是切实减轻企业负担。对各类行政事业性收费,采取减、缓、免政策。四是加强机关作风整顿。以中央八项规定出台为契机,深入推进"四深入两结对一测评"活动,进一步改进工作作风,提高工作效率。

(六)抓督察落实,确保完成各项目标任务

一是加强督察调度。"两办"督察室定期开展阶段性目标督察、通报。市县两级建立例会制度,共同会商数据指标质量。建立全市工业经济运行监测平台。二是严格考核奖励。认真考核"四年倍增"计划的年度目标任务,对完成情况,按照考核办法坚决兑现。对责任单位采取通报批评、取消评先评优资格和亮黄牌等措施,推动"四年倍增"计划的落实。三是加强组织经费保障。各县区通过加强人、财、物等各方面的保障,确保"四年倍增"计划圆满完成。按照湖南省人民政府《关于切实改善企业运营环境促进工业经济平稳较快发展的若干意见》(湘政发〔2012〕1 号)规定,各级财政安排一定的工业经济运行监测工作经费,将其纳入财政预算。

B.27

2012～2013 年怀化市新型工业化
发展研究报告

李 军*

2012 年，怀化市紧紧围绕"构筑商贸物流中心、建设生态宜居城市"战略目标，扎实推进新型工业化进程，取得了明显成效。全年全市实现规模工业增加值 288 亿元，同比增长 15%；完成工业投资 205 亿元，同比增长 20%；完成工业招商项目 176 个，到位资金 108 亿元，规模工业万元增加值能耗下降 13%，工业经济呈现逐年加速的良好态势。

一 2012 年怀化市新型工业化运行基本情况

（一）产业结构逐步调整

一是培育新兴产业。大力发展材料、机械制造业，积极推进华洋铜业、镁合金、本业农机、三一重工等项目建设。二是大力发展特色产业。积极推进五大基地建设，大力发展食品、生物医药产业。三是改造提升传统产业。大力实施技术改造，深入推进辰州矿业、怀化新型印务有限公司等技术改造项目。

（二）发展方式有效转变

一是大力推进节能降耗。实施了锅炉节能改造、尾气余热综合利用、电机节能改造等项目，推进企业节能降耗、清洁生产、发展循环经济。二是加大科技创新力度。2012 年实施技术创新项目 69 项，项目总投资 12.6 亿元，开发新产品新技术 48 项，全年完成新产品产值 138 亿元。省级企业技术中心达到 5 家，建设重点工程 7 项，实施重大技术改造项目 15 项，研发新产品、新技术项目 19 项，

---

* 李军，中共怀化市委副书记。

申报专利技术 15 项。三是加大淘汰落后产能力度。关停不符合国家产业政策、工艺装备落后的"两高一资"企业和污染大、安全不达标的小企业共 10 家。

（三）园区建设有序推进

一是积极建设工业集中区。中方县、辰溪县、洪江区、新晃县等 4 个县（区）工业园建设进展顺利，获评省级工业集中区。二是市工业园区建设力度加大。其中怀化工业园引进亿元以上项目 10 个，完成固定资产投资 20 亿元，同比增长 105%。

（四）项目建设成效显著

2012 年，全市新开工项目 398 个，比上年同期增加 83 个；完成投资 133 亿元，占全市工业投资的 68%，同比提高 9 个百分点。其中，会同石煤综合利用发电示范工程、紫金山风电场开发、喜联发健体器材、顾通公司 LED 节能环保灯生产线、会同低品位黄金开发、中方亚微米钛白粉等项目开工。市级调度的 26 个重点工业项目建设进展顺利，全年完成 61 亿元，超额完成任务。

（五）招商引资如火如荼

一是积极搭建招商平台。出台《关于进一步鼓励和支持怀化标准工业厂房建设的实施意见》，积极引进湖南永大投资建设 20 万平方米的标准化厂房建设。二是着力项目引进。深圳华亚数控 2000 台数控机床、湖南金坤炭素有限公司碳素电极项目取得较大进展。山东森力啤酒 50 万吨啤酒、中粮储 20 万吨菜子油、怡宝 10 万吨纯净水及饮料建设、国家中医药管理局高级研修学院中华五溪药膳养生之都、怀化中医药物流及饮片加工等项目正在深入洽谈。三是加大项目开发。包装了石科纸资源开发、20 万吨菜子油项目、10 万吨山泉水项目、怀化中医药物流中心、中药饮片加工基地等 70 个技术含量高、操作性强、市场潜力大的项目。四是转变招商方式。深入开展专场招商、特色招商、上门招商和小分队招商，注重针对综合实力强的企业发展战略和投资市场布局，主动出击，先后到北京、上海、浙江、广州、深圳等发达地区上门招商。

（六）工业协调有效有力

一是抓调度。坚持"一月一调度、一月一通报、一月一小结"，认真总结工业年活动经验，每月对照工业发展情况进行排名对比和点评，促进了全市平衡发展。二是抓服务。组织开展了"信息互通、产品互供、融资互保、资源共享"专题活动，共走访 10 个县（市、区）60 家企业，召开专题座谈会 9 次，为企业协调解决了融资渠道、企业管理、产品销售等实际问题。三是抓保障。为缓解企业资金困难，组织开展了"银企对接"专题活动，银行与企业签约合作项目 80 个，签约金额达 27.77 亿元。针对电价上涨，多次组织召开专题协调会，制定了"两网"合并后三年过渡期部分企业执行电价政策的方案，有效缓解了企业因电价上涨带来的压力。

（七）信息化建设稳步加强

一是推进"数字怀化"。编制《数字怀化规划（2012~2015 年）》，进一步理清数字怀化的思路、措施和政策。二是突出"两化"融合。深入开展信息化专项培训，全市培训 1000 人次以上；以推进信息化与工业化深度融合为出发点，大力推进"数字企业"创建工作，新增"数字企业"30 家。三是发展信息产业。发展辰州磁电高科、亚信电子等企业重点项目，初步实现全市范围及与省内各级政府工程建设项目信息和信用信息的互联互通和互认共享，入库、上报、公开项目信息和信用信息 8000 多条，综合评估得分全省排前五名。

二　怀化市新型工业化发展中存在的问题

怀化推进新型工业化虽然进步较大、来势较好，但与发达地区相比，仍然存在一些差距和困难。主要表现在以下方面。

（一）规模总量偏小，工业结构不优

目前，全市规模工业增加值仅占全省的 4.53%。全市主营业务收入过亿元企业只有 240 家，过 10 亿元的只有 8 家，进入全省 100 强的企业仅有辰州矿业、市电力集团 2 家，大型企业只有湘维、辰州矿业、市电力集团 3 家。"两高一资"企业产值占规模工业总产值 40%，水电、矿冶规模企业增加值分别占全部规模工业增加值的 17% 和 27.1% 左右，粗放型发展和对资源过度依赖的特征十分明显。

（二）创新能力不强，技术人才缺乏

由于全市规模以下工业企业大多数仍处在家庭式的手工作坊或简单的再生产阶段，相当一部分经营业主追求当前利益、短期行为突出，产品技术含量不高，

创新能力不强。全市现有的 39 家高新技术企业和 6 家信息产业规模企业分别占规模工业企业总数的 5.5％和 0.1％；全市高新技术产品增加值占规模工业增加值比重为 14.2％，列全省第 12 位，远远低于全省（39.3％）平均水平；全市拥有省级技术中心的仅有湘维、正清、辰州矿业、五新钢模、金大地水泥 5 家企业。企业技术人才也严重缺乏。截至 2012 年底，规模以上工业企业中具有中级技术职称以上人员占企业职工的比例为 5％，其中，具有高级技术职称人员占企业职工的比例仅为 0.6％；中级以上技术工人占企业职工的比例为 12％，其中，技师以上技术工人占企业职工的比例仅为 1.3％。

（三）市场需求低迷，企业开工不足

怀化市工业企业大部分为原材料供应及加工企业，资源型企业较多，处于产业链中的初级阶段，受宏观经济环境趋紧、市场产品价格低迷、原材料、生产要素价格上涨等因素影响，造成全市工业部分行业开工不足。最严重的时期，全市停产（半停产）企业一度达 120 余家，占规模工业企业的 20％；产品价格低位徘徊，骏泰的浆板纸、溶解浆，恒光科技的液氯、湘维的 PVA 等销售走货不畅，铅锌、电解锰、工业硅、电石等产品价格均下降了近 30％，进一步压缩了企业利润空间，严重影响到企业的生产经营。

（四）项目建设滞后，瓶颈制约明显

项目建设尤其是重点工业项目总体进度稍慢且不平衡，个别项目迟迟未开工，一些项目建设进度落后于年度目标计划。如槽式太阳能热发电设备制造等项目融资困难，建设资金有缺口。铜资源循环利用、镁合金新材料等项目土地报批和环评手续办理进度不理想。企业受国家地根、银根紧缩等因素影响较大，工业用地审批程序烦琐、耗时较长，影响项目落地速度和工业招商实效。地方政府投入有限，企业尤其是中小企业贷款难度日益加大，融资手段和融资渠道难以突破，严重影响到工业企业的生存发展。能源供应相对紧张，2012 年以来，电价连续上涨三次，涨幅高达 0.06～0.08 元/度，导致全市工业硅、电解锰、铁合金、电石等高能耗企业产品增加生产成本 600～800 元/吨，市场行情更加严峻。

三　2013 年怀化市推进新型工业化发展的建议

2013 年，怀化市新型工业化发展要按照"立足现有基础，发挥比较优势，

强化结构调整，形成产业集群，打造五大基地（即能源基地、食品基地、森工基地、材料基地、生物医药基地）"的总体要求，突出调结构、转方式、稳增长、抓项目、建平台、强后劲，确保工业经济又好又快发展。全市规模工业增加值计划完成365亿元，确保增长14%，力争增长16%；全市工业投资计划完成235亿元，确保增长15%，力争增长20%；全市工业招商引资计划到位资金115亿元，增长15%，其中市本级到位资金20亿元，增长25%，亿元以上项目18个。全市规模工业万元增加值能耗下降4.5%。加快推进怀化市新型工业化进程，主要抓好六个方面的工作。

（一）突出结构调整，建设五大基地

一是围绕优势产业调结构。重点扶持能源、食品、森工、材料、生物医药产业，集中各类资金投放五大产业，组建专门队伍抓五大产业。同时，根据实际制定有针对性的政策措施，促进五大产业发展。二是突出优势板块调结构。重点支持工业园区建设，打造国家级工业园区；统筹鹤中洪芷工业板块，重点发展现代制造、医药、食品基地；重点支持溆浦硅砂基地、辰溪110万吨有机材料基地、新晃重晶石基地、沅陵金锑钨矿、麻阳葛根、会同石煤、靖州茯苓等产业发展。三是做强优势企业调结构。以大唐华银、托口电站等企业为重点，建设能源基地；重点扶持大康、娃哈哈等企业，整合资源，加快食品基地建设；依托骏泰浆纸等企业，延伸产业链条，形成森工产业基地；支持辰州矿业、湘维、驶多飞、金大地等企业做大做强，推进材料基地建设；大力推进正清、正好、汉清、新晃龙脑、补天药业等企业战略重组，加快品牌建设步伐，打造生物医药产业基地。四是引进新型项目调结构。突出引进机械、电子、服务等非资源类项目，优化现有产业结构，减少对资源、能源的依赖。

（二）突出工业转型，实现科学发展

一是加强科技创新。认真落实支持企业创新的政策，整合工业和科技资金，引导企业增加研发投入，更新技术和装备。支持企业建立技术中心和产学研平台，大力实施科技创新，提升企业核心竞争力。二是实施节能减排。积极推进林纸一体化、矿冶、化工、建材等传统行业的集中供热、余热发电和循环利用，提高资源利用效率，着力构建循环型产业。加大对重点用能企业监管，强化技术节能和管理节能。三是淘汰落后产能。严格限制高耗能、高排放行业的低水平重复建设，切实抓好水泥、铁合金、造纸、化工等行业淘汰落后产能和关小工作。四是加强安全管理。增强安全生产意识，强化安全生产措施，落实安全生产责任，确保实现科学发展、安全发展。

（三）突出招商引资，增强发展后劲

一是立足现有企业招商。积极推进优势企业重组改造，着力引进战略投资。重点推进食品产业与中粮集团，正清生物医药产业园与招商湘投，能源产业与华能集团，补天药业与千金药业、信邦药业，材料产业与中国建材集团的合作。同时，积极做好汉清生物、新晃龙脑等企业的招商工作，推进企业做大做强。二是依托资源招商。重点推进湖南西部中药谷、怡宝 10 万吨山泉水、中粮集团 20 万吨绿色菜子植物油、年产 10 万吨生物柴油、溶解浆深度加工、500 万平方米实木复合地板等项目落地。三是积极承接产业转移。重点抓好 30 万吨啤酒、怀化铸造基地、怀化鞋材加工、湖南西部印刷科技园、2 万套自动化机电设备等项目签约。四是引进投融资机构。建立工业投融资平台，提高工业企业投融资能力。

（四）突出项目建设，形成新的增量

一是搞好项目储备。立足现有产业基础、自然资源，策划汇集 50 个怀化市重点工业招商项目，充实工业招商项目库。二是搞好项目建设。抓新建项目落地，确保 2013 年 105 个新建项目按计划动工或提前动工。重点推进大康食品产业、多喜来食品加工、博世康中药饮片及物流、石墨电极、西晃山风能发电等项目的开工。抓在建项目进度，重点加快石煤综合利用、镁合金材料、正清鱼腥草注射液、铜资源循环利用、新型耕作机、槽式太阳能发电设备、阳塘工业园 4 万吨钢结构等项目建设，确保项目如期竣工。抓建成项目的达产，重点完成托口电站、安江电站、年产 6 万吨脱水蔬菜、奥晟科技羧甲基纤维素钠、恒裕实业、华宏印务年产 5100 万平方米瓦楞纸等项目，加快设备安装和调试，确保如期投入生产。三是解决项目建设中的问题。切实抓好项目审批、项目选址、项目论证等各个环节的前期准备工作，坚持重点项目重点抓、重点管，落实责任单位和责任人员，逐个解决审批、资金、征地拆迁、施工环境等问题，确保项目按进度推进。

（五）突出园区建设，搭建发展平台

一是加快市工业园区建设。重点抓好征地拆迁、居民安置等工作，加快场平进度，确保华洋铜业、大康食品加工、黑液综合利用、工程机械、新型耕作机、小型风机、鱼腥草注射液、镁合金材料、军民两用电子器材等 14 个项目如期开

工、建设和投产。在继续抓好园区道路、水电通信管网、绿化亮化等基础上，积极推进服务平台、创新平台和创业平台建设，重点抓好创业服务中心及标准化厂房、园区安置房、中高级人才生活园等项目，提升园区的承载力和创新力。二是加快工业集中区建设。积极支持中方、洪江区、辰溪、新晃工业集中区建设，加快水、电、路、通信等基础设施建设，妥善做好征地拆迁、居民安置工作，加快场平进度，加快推进项目入园。三是加快标准化厂房建设。坚持政府引导、社会参与、多元投入、政策保障的原则，建设20万平方米标准化厂房，力争建成1~2个专业化、标准化厂房园区。

（六）突出"两化"融合，提升信息化水平

一是建设数字城市。推进数字城市"一中心一框架五系统"建设，创新社会管理模式，提高政府办事效率，不断推进城市管理科学化和民生服务数字化。二是发展信息产业。大力支持电子信息产品制造业集聚发展，重点扶持湘鹤电缆、华峰新宇电子、建南机器电子、明城科技实业、辰溪顾通科技、亚信电子做大做强。三是推进"两化"融合，创建数字企业。推进信息技术在企业研发设计、生产制造、产品流通、企业管理等各个业务环节的广泛应用。2013年，以矿产、医药、食品、建材等行业为重点，力争新增"数字企业"30家。四是发展数字物流、电子商务。重点扶持怀化大三通物流公司建设大西南物流信息化综合服务平台，支持怀化华诚网库信息技术公司与惠龙兔业、湘虹葛业等特色产品企业合作，打造全国最大的单项特色产品电子商务交易平台。

B.28

2012~2013年娄底市新型工业化发展研究报告

娄底市政府研究室　娄底市经济和信息化委员会

一　2012年娄底市新型工业化运行情况分析

（一）总体运行情况

2012年，娄底市新型工业化发展以转变增长方式、优化产业结构为主线，紧紧围绕建设"幸福娄底"的目标，牢牢把握"稳中求好、好中求快"的总基调，积极应对困难和问题，全力推进项目建设、产业发展、作风转变，大力实施工业经济发展"四年倍增计划"，有效克服了复杂多变的宏观形势带来的不利影响，实现了工业经济稳中求进，主导作用不断增强，结构调整与信息化进程不断加快，经济贡献度不断提高。生产总值首次突破千亿元大关，达到1002.65亿元，同比增长11.9%。

1. 工业生产稳步增长

2012年，娄底市工业增加值达到438亿元，增长14.1%；全市646户规模工业总产值达到1493亿元，增长14.6%；规模工业增加值达到384亿元，增长15%。规模工业增加值自4月起，连续八个月增速达到或超过全省平均水平。全年全市工业用电总量累计达到925732万千瓦时，增长2%，是全省14个市州中为数不多的用电量正增长市州之一。

2. 工业对经济贡献率进一步提升

2012年全市工业增加值占全市生产总值的比重达到48.7%，比上年提升了0.2个百分点。工业对GDP的贡献率达到62%，拉动GDP增长8个百分点。全市工业企业实缴税金38.01亿元，增长23.3%，占全市税收收入的比重达到43.5%，工业企业实缴税金增速排名全省前列，总额位列全省第7位。

3. 结构调整成效显著

全市加大了产业结构调整力度，以先进适用技术改造提升传统优势产业，积极培育战略性新兴产业，取得了较好成效。产业结构方面，六大高能耗行业规模以上企业增加值占全市规模以上工业增加值比重由上年的60.8%下降到52.5%。2012年全年全市共关闭淘汰落后产能企业8家，万元规模工业增加值能耗下降14.5%，先进装备制造、新能源、新材料、电子陶瓷等战略性新兴产业完成总产值216亿元，增长22%，高新技术产品产值达到624亿元，增长20%。所有制结构方面，全市非公工业经济实现增加值218.5亿元，增长19.7%，非公经济在工业经济中的比重继续提高，并呈现加速发展的态势。

4. 项目建设强势推进

2012年，全市完成工业投资285亿元，增长30.8%，工业投资占全市固定资产投资的比例达到49.0%；完成技改投资242亿元，增长60.3%。华菱安赛乐·米塔尔汽车板项目、双峰不锈钢项目、湖南煤机娄底基地项目、鸿帆铝业项目、涟源中药产业园、冷水江光电科技产业园等一批项目开工建设。双峰海螺300万吨粉磨站、国产实业一期、方瑞钢管、华润雪花啤酒以及华新水泥、高盛板业等一批项目竣工投产。涟钢2800立方米高炉、红太阳电源新材料产业园、文昌科技8000吨半固态合金材料等项目加速建设，特别是百亿元不锈钢产业园、百亿元工程机械和汽车零部件产业园、百亿元薄板深加工产业园、百亿元光电科技产业园、百亿元循环经济产业园、百亿元中源新材料产业园、百亿元三一中兴液压产业园等项目的谋划对做大娄底工业经济总量、提升发展质量将产生巨大的促进作用。

5. 信息化建设加快推进

娄底市信息基础设施建设稳步推进，以内外网平台和市政府门户网站为主干的电子政务"三网一库"网络框架基本形成。信息产业快速发展，产值过亿元企业增加到9户，电子信息材料及电子元器件制造业加快发展，娄底经济开发区太和电子信息产业园初具雏形。"两化融合"试验区建设和"登高计划"有序推进，涟钢、湖南宜化、中兴液压等一批重点骨干企业实现了信息化管理，信息技术在医疗卫生、社会保障、电力、教育等领域得到广泛应用。到2012年底，中心城区基本实现光纤进楼入户，全市所有乡镇及90%的行政村开通了宽带网，3G网络覆盖了所有的乡镇镇区范围和大部分农村；电视广播综合人口覆盖率为99%；城镇居民每百户拥有计算机41.6台、互联网用户达21.41万户；信息化和工业化融合综合指数达到0.5。

（二）存在的主要问题

1. 产业结构不够合理

娄底是中部地区比较典型的资源型工业城市，依托丰富的资源，经过 60 余年的发展，形成了以煤炭、钢铁、有色、机械、化工、建材等为主导的产业体系。重工业在工业中的比重达到 91%，这些产业大多是高污染、高能耗、高排放、低效益的"三高一低"产业，而钢铁、建材等产业都是国家明令限制的产能过剩行业，面临巨大的转型压力。

2. 工业企业"龙头"偏少

截至 2012 年底，娄底市 646 户规模以上工业企业中，年主营业务收入超亿元的企业仅 182 家，占规模以上工业企业的 28.2%；年主营业务收入超十亿元的企业仅 14 家；利润总额超亿元的企业 8 家，只占规模以上工业企业的 1.2%；在全市工业企业中，按行业分组大多数行业缺少"旗舰"领航，整个行业 2012 年大型工业企业共 10 家，"龙头"企业数量太少，工业经济整体水平有待提高。

3. 资金难题普遍存在

截至 2012 年底，全市还没有一家独立上市企业，企业融资渠道单一，市内多数企业的融资依靠银行，而 2012 年，全市银行的存贷差高达 357 亿元，贷存比仅为 60.6%，企业通过银行融资难度大、成本高。最近几年，全市工业经济加快发展，对资金的需求进一步增强，民间借贷风行，积累了较大的金融风险。尤其是受全球经济形势影响，2012 年煤炭行业低迷，给全市煤炭行业运营带来了较大压力，资金压力和金融风险进一步积聚。

4. 人才技术严重短缺

娄底市很多企业在技术、人才等方面面临较大的压力。特别是近年来，娄底的先进装备制造、电子陶瓷、新能源、新材料等战略性新兴产业全面起步，对高端人才的需求非常迫切，而受政策环境、地理位置、企业发展前景以及工资待遇等多种因素的影响，娄底"人才不肯来，来了留不住，留住用不好"的现象比较普遍，一些企业受人才缺乏问题影响非常大，员工总体素质不高，中高级技术人员、管理人员缺乏的现象尤为突出。

5. 信息技术运用滞后

虽然近年来娄底在推进信息化方面做了很多卓有成效的工作，但因起步较晚、基础弱，全市信息化水平仍然不高，大多数企业在信息化改造投入、普及程度、应用水平和技术运用方面与新型工业化的要求尚有较大差距。

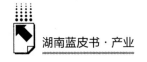

6. 资源环境约束明显

作为湖南省重要的能源原材料基地，娄底矿产资源开采历史悠久，由于矿区长期超强度开采，造成矿产资源消耗速度加快，煤、锑等部分资源濒临衰竭，大量矿山企业因资源枯竭相继关闭停产，仍在生产的矿山企业也大多数因浅层资源枯竭，不得不开采深部资源，生产成本大幅攀升，安全生产压力显著增大。长期的矿产资源开发巨大地破坏了当地的生态环境，全市采煤沉陷区、排水造成沉降范围、岩溶塌陷区及采锑沉陷区等因资源开采导致的沉降、塌陷区面积达到335.88平方公里，冷水江锡矿山锑矿矿区尾矿堆积导致的土壤和水体重金属污染问题仍比较严重，环境治理和生态修复任务依然非常艰巨。

二 2013 年娄底新型工业化趋势分析

（一）发展环境

1. 国际环境

受欧债危机与世界经济增速放缓影响，2013 年，全球经济形势虽然开始显露乐观迹象，但全球问题和风险尚未消弭，美欧日等主要经济体经济疲软的势头短期内难以彻底扭转，中国及亚洲新兴经济体在世界经济增长中的地位将更加凸显。由于此次国际金融危机主要是结构性危机，世界经济已经由危机前的快速发展期进入深度转型的调整期，而全球性的结构调整和低速增长还会持续较长时期，世界经济 2013 年很可能继续保持低迷状态，甚至在随后的两年中面临再度衰退的风险。这将对我国经济，尤其是出口造成较大影响。

2. 国省环境

2012 年下半年，我国经济增速下滑和物价上涨的趋势初步得到控制。2013 年，随着第五代领导集体上任，一些重大经济政策可能逐步出台，更加注重经济发展的质量和效益，这将为全国新型工业化带来良好的政策环境。随着长株潭城市群的快速发展和"两型社会"综合示范改革的纵深推进，新型城镇化和新型工业化加快推进，为整个地区加快调整产业结构、转变发展方式带来了良好的政策机遇和氛围。

3. 市内环境

2012 年，随着娄新高速建成通车和一批国省干道改造提升项目开工，全市交通格局明显改善。一大批工业项目竣工投产，成品油输送管线、西气东输湘潭—娄底支线建设加快推进，新型工业化的基础更加牢固；以现代物流业和现代金融业为代表的现代服务业体系逐步完善，为娄底推进新型工业化提供了更好的产业配套服务。同时，老工业基地调整与改造、资源枯竭城市转型、武陵山片区区域发展与扶贫攻坚、资源综合利用"双百工程"示范基地等重大政策深入实施，娄底经济开发区晋升国家级经济技术开发区，为娄底加快推进新型工业化提供了难得的历史机遇。

（二）发展方向

以党的十八大精神和中央、省、市经济工作会议精神为指导，立足资源型区域经济转型，致力推进煤炭、钢铁产业转型升级和非煤矿山、建材、能源、化工、农机、煤机等传统优势产业改造提升，加快发展先进装备制造、新材料、新能源、电子陶瓷和特种陶瓷、电子信息、生物制药、节能环保等战略性新兴产业，扶植骨干产业、龙头企业、产业集群和产业园区做大做强，进一步壮大经济实体。以工业发展"四年倍增计划"和"六大工程"为抓手，稳增长，抓创新，调结构，促融合，努力走出一条"创新驱动、绿色低碳、高端切入、转型发展、开放合作"的新型工业化道路，开创娄底推进新型工业化和信息化新局面。

（三）发展目标

2013 年，力争全市全部工业增加值增长 13.5% 以上，规模工业增加值增长 15% 以上；工业投资增长 10% 以上；万元规模工业增加值能耗下降率 5% 以上；高新技术企业和高新技术产品增加值占规模工业增加值比重达到 35% 以上；园区规模工业增加值占全市规模工业增加值比重达到 30% 以上；规模工业企业研发经费投入占 GDP 比重达到 2%；信息化和工业化"融合综合指数"提高到 0.7。

三　2013 年娄底市推动新型工业化的对策建议

（一）改造提升传统产业

以高端化、高新化、规模化、两型化为目标，以信息化和先进适用技术改造提升传统优势产业，推动冶金、能源、机械、建材、化工等优势产业提质升级。

223

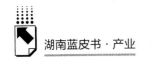

壮大涟钢、冷钢等骨干企业，推进和实施方瑞钢管、三星锻造、华新水泥、汇源新材料、湖南海螺二期等一批技术改造项目，加大煤炭资源整合力度，推进煤矿企业集团化经营，推广机械化生产。

（二）大力发展战略性新兴产业

深入实施战略性新兴产业发展规划，强化政策支持，选择有一定基础、具有比较优势的领域先行发展，促进规模扩张，加快集群集聚。重点发展先进装备制造、新材料、新能源及电动汽车、电子信息、循环产业等六大产业，鼓励和支持发展生物医药、节能环保等新兴产业，加快大丰和绿色动力科技园、金华车辆等项目建设，着力打造汽车制造产业集群。

（三）努力夯实发展基础

大力推进新型城镇化建设，重点突出交通基础设施建设，加快中心城区"北扩南延、东优西联、扩容提质"步伐，推进娄—涟—冷—新和娄—双城镇带建设，加快打造以S312沿线为重点的现代制造业走廊和以娄双城际线为重点的两型经济走廊，促进产业集中集聚发展。积极鼓励、引导和支持城镇集中连片综合开发，大力支持县市区做大做强，增强辐射带动功能。全面实施"交通建设四年行动计划"，加快"六纵八横"主干公路路网和洛湛铁路娄邵线、沪昆客运专线建设以及城际快速通道、城市主干道、环线、场台站所和港口码头建设，全面融入"长株潭一小时经济圈"，形成"市域一小时经济圈"。

（四）全力抓好项目建设

全力以赴抓好项目建设，通过有效对接国家投资政策、把准投资导向和投资重点，有针对性地谋划一批打基础、利长远、惠民生的重点项目，切实形成"储备一批、申报一批、建设一批、竣工一批、投产一批"的工作机制。立足娄底产业基础和资源禀赋，着眼结构优化和转型发展，按照专、精、特的要求强化招商引资，高度重视对娄商的招商引资，注重招商的针对性和有效性。同时，切实畅通绿色通道、强化服务、提高服务效率、让签约项目尽快落地，切实优化项目施工环境，确保项目迅速推进、及时竣工，生成效益。

（五）加快推进产业园区建设

加快园区基础设施和标准厂房建设，促进产业向园区集聚，强化园区综合管理职能和管理职权，鼓励支持园区走"特色化""差异化""专业化"道路，提高园区间产业协作程度。建设娄新现代制造业走廊，提高沿线园区产业的协调程度。一是全力推进基础设施建设。在扩规调规的基础上，加大基础设施建设力度，每个园区 2013 年内力争修 2～3 条园区道路，建设标准厂房不少于 20 万平方米以上，加快园区污水处理厂建设。二是加大服务平台的建设。重点抓好双峰农机服务平台、冷水江、娄星区省级中小企业服务平台的建设。三是抓好新型工业化示范基地建设，在建设好娄底经开区和双峰经开区基地建设的同时，争取涟源经开区成为省级新型工业化示范基地。

（六）切实提高自主创新能力

娄底的产业主要以资源型产业为主，因此，要着重围绕资源的综合、循环和可持续利用；围绕传统产业的节能降耗；围绕资源型产业带来的安全保障问题推进技术创新。深入推进产学研结合，巩固拓展产业技术创新战略联盟。加快建设闪星锑业理化分析实验室、红太阳电池材料工程研究中心、轻型低速电动汽车及关键零部件等研发中心。打造娄底薄板材料新型装备制造产业基地服务平台和新化特种陶瓷、涟源矿山机械、双峰农业机械公共技术与产业化服务平台。确保高新技术产业和战略性新兴产业产品增加值占规模工业增加值的比重达到 25% 以上。

（七）加大信息化建设力度

以"数字娄底"建设为总揽，全力推进工业化与信息化的深度融合。一方面，加强信息技术应用。根据行业特点，大力推进传统技术与信息技术的整合创新，打造"智慧产业"。在装备类行业，以工程机械、煤机、农机、汽车及零部件四大产业为重点，优先发展数字化、智能化的数控设备、加工中心，加快自动控制系统、嵌入式软件的自主研发与产业化，推进产品的智能化和高端化。在原材料类行业，以钢铁有色、石油化工、建材、造纸等高能耗、高污染行业为重点，广泛应用先进适用的信息技术，提高节能控制和污染治理的能力。在消费类行业，以食品加工和服装纺织为重点，推广自动化生产设备及生产线的应用，提升食品安全的检测、控制水平，提高柔性化生产能力和工艺控制精度。另一方面，加强企业管理信息化。加快信息技术与企业生产经营活动的有机融合，推动企业管理思想与管理模式的进步，推动企业信息化向信息化企业转变，重点推进大企业和企业集团的管理信息化，为全市企业管理信息化建设提供示范。

B.29

2012～2013 年湘西自治州新型工业
化发展研究报告

湘西自治州人民政府研究室*

近年来，湘西土家族苗州自治州抢抓武陵山片区区域发展与扶贫攻坚试点机遇，坚持把新型工业化作为富民强州的第一推动力，抓整合、调结构、促转型，工业转型升级步伐明显加快，取得了一定成效。但也存在一些困难和问题，对加快工业发展作了一些思考。

一　湘西自治州工业发展成效、问题及机遇

（一）发展成效

近几年，湘西州强力推进锰锌整治整合，实施重点技改项目，加快工业园区建设，帮扶重点企业发展，全州工业步入加快转型升级的新阶段。2012 年，全州规模以上工业企业完成产值289.4 亿元，其中锰产业实现产值104.2 亿元，锌产业实现产值84.4 亿元；完成规模工业增加值96.7 亿元；年销售收入过亿元企业达到63 户。一是锰锌整治整合取得重大阶段性成果。花垣锰锌整治整合基本完成，重组了东方矿业、三立集团、太丰集团等骨干企业，重点企业逐步恢复生产，重点技改扩能项目加快推进，泸溪、吉首、保靖等县市矿业整治整合有新进展。二是工业园区建设成效明显。湘西经开区扩容步伐加快，广州工业园项目推进有力，大企业落地好，成为全州工业新的增长点。花垣、保靖、泸溪工业园晋升省级工业园区。三是工业招商引资有新成效。引进了中钢、中冶、华润、中联重科等战略合作伙伴，一批重大项目落户湘西州。四是协调服务力度加大。州领导经常深入企业调研、现场办公，在财政补贴、税费减免、技术

---

　　* 执笔人：张奇华、向廷云、杨荣波、高建华、林军华、李承江

改造等方面，加大对企业的扶持力度，帮助企业解决实际困难，酒鬼酒等重点企业不断发展壮大。

（二）存在的问题

目前，湘西州工业发展面临许多矛盾和困难，形势比较严峻。一是矿业增长乏力。受国际金融危机影响，矿产品价格和需求持续低迷，锰锌市场走势不明朗，导致企业生产积极性不高，停产企业较多。二是重点企业运行艰难。受塑化剂事件、矿产品价格低迷等因素影响，酒鬼酒公司等一批重点企业生产经营比较困难，严重影响整个工业经济及财税收入的增长。三是要素制约明显。电价过高，目前湘西州工业电价比周边地区每度要高 0.15 元以上，企业不堪重负，生产经营困难。矿石原材料供应不足，由于锰锌整治整合还未全面完成，部分锰锌采选企业处于停产状态，加上外矿引进困难，矿石原材料供应紧缺，导致部分锰锌加工企业停产。企业融资难，从全州开工的技改项目资金来看，企业自筹资金达 85% 左右，商业银行贷款支持率仅为 15%。

（三）面临的机遇

当前及今后一个时期，是湘西州工业发展的重要战略机遇期和转型升级的关键时期，面临良好的发展机遇。一是从全球看，有资源、能源、环境等全球性问题凸显倒逼调结构、转方式的新机遇，加快资源整合，加强技术创新，提高产业竞争力，推进工业转型升级。二是从国内看，有国家宏观经济政策的新机遇，继续实施积极的财政政策和稳健的货币政策，加大对经济结构调整，支持传统产业转型升级，扶持中小企业发展，大力推进城镇化，为工业经济发展提供新动力。三是从州内看，有区域发展与扶贫攻坚试点、矿业整治整合基本完成、大通道即将形成带来的新机遇，试点工作的深入推进，将给湘西州工业发展带来更多的政策、项目、资金支持；锰锌整治整合的完成，矿业持续发展的能力将增强；大交通格局的形成，招商引资硬环境改善，有利于湘西州招商引资、承接产业转移，有利于优势资源的开发利用和两头在外的产业发展。

二 2013 年湘西自治州工业发展的目标及重点

2013 年，湘西州突出抓好矿业整治整合成果巩固、重点企业达产增效、重

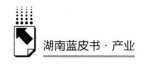
大项目建设、园区经济发展等工业增长点，抓出成效，力求突破，确保工业增加值、规模工业增加值分别增长 13% 和 15% 以上。

（一）抓矿业转型发展

一是巩固提升锰锌整治整合成果。花垣矿业整合要巩固提升，完成三立集团 6 万吨电解锌扩规项目，东方矿业 15 万吨电解锰生产线一期建成投产，尽快形成产能，助推工业增长；泸溪、吉首、古丈矿业整合要加快跟进，确保全面完成整治整合目标任务。同时密切关注矿产品价格上涨后，防止矿山乱采滥挖、非法开采反弹，加大矿山日常监管和打非治违力度，巩固整治整合成果。二是抓好矿产资源勘探开发。重点抓好页岩气勘探开发，主动跟进、积极协调、全力服务，努力创建国家级页岩气开发利用示范区。科学有序开发钒、铝、钾、镁、陶土等矿产资源，抓好资源循环利用和精深加工，形成新的工业增长点。三是探索建立外矿引进新模式。认真研究外矿引进、利用工作，争取有重大突破。按照"政府引导、企业自愿、市场运作"的要求，积极引导州内锰矿石进口企业开展整合，组建矿业进口集团，与国外大型锰矿开采企业建立长期合作伙伴关系，到境外探矿、采矿、选矿，建立原材料基地，实现集中购矿、集中运矿、集中通关，降低企业生产运输成本，逐步建立支持湘西州企业开发利用境外矿产资源的长效机制。同时抓好氧化锰还原技术攻关和推广利用，为全面利用外矿做好准备。

（二）抓重点企业达产增效

一是强化帮扶措施。在项目立项、贷款担保、技术改造等方面给予重点企业优先支持，特别是在煤、电、油、运以及资源配置等方面开辟"绿色通道"，优先保障原材料、电力供应，优先帮助解决生产经营中遇到的困难和问题。二是突出帮扶重点。对重点企业实行分类指导、跟踪服务，帮助解决具体的困难和问题，确保达产增效。同时认真落实支持小微型企业发展的优惠政策，帮助小微企业发展。三是抓好创新驱动。发挥企业主体作用，推进产学研结合和州校合作项目建设，加快科技创新平台和技术服务平台建设，集中力量实施一批重大科技专项，着力提升产品科技含量和附加值。加强节能减排，抓好重点节能工程和节能项目建设，积极推进清洁生产，提高企业处理污染物的能力，全面完成节能减排任务。

（三）抓重点项目建设

把项目作为推进新型工业化的重点，实施一批带动力强、效益好的工业项目，突出抓好 10 个投资过亿元的重点项目，确保全年完成工业技改投资 50 亿元，增强工业发展后劲。一是抓好在建项目建设。加快在建重点产业项目进度，尽快形成实物量，形成工业经济增长点，补齐矿产品价格低迷形成的"短板"。加快湘西经开区入园企业项目进度，确保 7 个投资过亿的工业项目投产见效；加快县市在建产业项目进度，争取一批项目投产见效。二是积极谋划储备项目。用好用活武陵山片区试点机遇，认真研究国家产业政策，关注宏观经济形势变化，结合湘西州实际，积极谋划筹备一批符合国家产业政策、符合国家产业布局的工业项目，加强与国家、省里相关部门的汇报衔接，争取更多支持。同时大力开展重点工业项目的招商引资，完善招商引资激励措施，积极承接沿海地区产业转移，引进一批大企业、大集团，培育新的骨干企业、龙头企业。三是加强项目调度和管理。对在建重点产业项目，强化县市及州直部门主要领导职责，做到重点项目重点抓、重点项目重点保、重点项目重点管。加强重大产业项目监管，在确保质量和安全的前提下，加快工程进度，确保如期完工，如期发挥效益。

（四）抓园区经济发展

一是加快湘西经开区发展。湘西经开区按照"州府新城、产业新区"的定位和百亿园区、国家级开发区的目标，重点抓好广州工业园的扩规发展、入园项目建设、招商引资，加强重大项目对接，争取全年引进重大项目 10 个、新投产项目 10 个，建成标准厂房 2 万平方米，启动产业中心二期 10 万平方米的标准厂房建设，确保工业园区产值增长 30% 以上。二是加快县市工业园区建设。各县市工业园区突出抓好园区发展规划完善、管理体制机制创新、园区标准厂房及配套设施建设、重大项目和企业的引进。三是积极争取省级工业园区贷款贴息资金。抓紧做好第三轮省级开发区贷款贴息申报工作，争取贴息资金增长比例高于去年。

三　推动湘西自治州工业发展的保障措施

（一）完善发展规划

一是抓好 10 个百亿产业发展规划。2012 年湘西州提出了建设 10 个百亿产业的发展目标。2013 年，把 10 个百亿产业落实到项目、企业、园区、部门和领导，制定时间表和路线图，一届接着一届干，力争完成规划目标。二是抓好园区发展规划。加强对 9 个县市区工业园区产业发展定位的顶层设计，突出特色、差异、集群发展，防止同质竞争。

（二）优化要素保障

一是积极筹措工业发展资金。认真研究国家产业政策、支持工业发展的相关优惠政策，加大向上争取产业项目、引导资金的力度，争取更多的中小企业纳入全省的"小巨人"计划和"创业"计划。加强融资能力建设，积极推进银企合作，争取金融机构增加有效信贷投入，大力支持直接融资，加快企业上市融资步伐，推进小额贷款公司、信贷担保公司发展，引入产业投资基金和风险资本投资，拓宽融资渠道。二是妥善解决工业用地问题。加大向上争取用地指标力度，抓好工业园区的扩规修编、土地储备，有效增加工业用地供给，确保重点工业项目用地。大力推广集约节约用地，积极推进多层标准厂房建设，提高土地利用率。三是抓紧做好外电引进。电价是当前影响湘西州矿业发展的最突出问题，认真研究，灵活运用政策，积极探索引进外电的新路子，从根本上解决工业电价偏高的问题。

（三）营造优良环境

切实加强领导，及时解决工作中存在的困难和问题。提高服务水平，认真落实首问责任制和服务承诺制，做到超前服务、优质服务、高效服务。创优政策环境，强化叠加政策的整合、执行，要舍得让利、敢于让利，"一事一议"、"一企一策"、"一产一策"，发挥政策效应。要优化执法环境，规范执法行为，加强执法监督，坚决整治乱收费、乱罚款等行业不正之风。要广泛开展诚信教育，增强全社会诚信意识，为外来投资者创造良好的人文社会环境。

园 区 篇

Reports on Industrial Zone

B.30
2012～2013 年长沙经济技术开发区
产业发展研究报告

李科明*

2012 年，长沙经济技术开发区以"献礼十八大、喜迎二十年"为主线，积极应对极其错综复杂的国内外经济形势，主动防御经济下行的巨大压力，着力打造"中国力量之都"，努力提升园区发展软实力，园区经济保持平稳运行。

一 园区 2012 年发展情况分析

全年完成规模工业总产值 1311 亿元，同比增长 5.01%；完成规模工业增加值 393.3 亿元，增长 7.04%；完成工商税收 85.28 亿元，同比增长 21.52%；完成工业固定资产投资 86.8 亿元，同比增长 20.7%；完成到位外资 2.71 亿美元，同比增长 21.79%；完成市外境内资金形成固定资产投资 31 亿元，同比增长 25%；完成省外境内到位资金 13.8 亿元，同比增长 7.8%。

---

* 李科明，长沙经开区管委会主任。

（一）产业结构优化升级

一批重大项目相继竣工投产，产能逐步释放。广汽菲亚特、住友橡胶、广汽三菱、蓝思星沙工厂、博世新厂房和研发中心、山河工业城等重大项目全面竣工投产，全年投产项目15个，有望新增产能200亿元，新增规模以上企业13家，成为未来产业发展的强劲动力。随着这批重大项目的达产、增效，园区"一元独大"的产业结构有所改变，朝多元并举、理性增长方向发展。主导产业中，工程机械产业实现产值987亿元，同比增长1.5%，占规模工业比重下降3个百分点；汽车制造实现产值113亿元，同比增长8.7%；电子及元器件产业实现产值56.3亿元，同比增长90.9%。科技创新氛围日益浓厚，助推产业升级转型。积极创建"国家知识产权示范园区"，加大科技创新支持力度，全年完成高新技术企业产值1182亿元，占规模工业总产值的90%。深入开展中小企业专利帮扶工作，全年园区授权专利836件，同比增长31%。获得国家技术发明二等奖1项，取得历史性突破。铁建重工获批为国家技术中心，企业自主创新能力不断增强。

（二）招大引强振奋人心

深入推进招商引资，招大引强卓有成效。全年引进了日本富士通、日本邮船两家世界500强企业。经过艰苦的谈判和协调，与国际知名汽车品牌大众集团初步达成协议，该项目有望成为全省历史上引进的最大实业投资项目，总投资超过200亿元，全部达产后将形成60万台轿车的产能，可望实现产值达1500亿元，该项目对于壮大园区乃至全省汽车产业集群具有重要意义。成功举办了扩大开放工作会议，彰显了园区扩大开放的决心。引进了长沙海关、省检验检疫局入驻园区办公，启动了星沙海关、长沙检验检疫局办公楼建设，积极推进综合保税区申报工作，继续推进长沙边检站实施"警民共建"，为发展开放型经济构建了更优的平台。

（三）规划国土稳步推进

完善规划编制体系，完成了新区概念规划编制、黄花片区、榔梨片区和星沙产业基地西片区控规编制。启动了东八线精品路、东六线精品街、小塘路精品社区、海关商检办公楼精品建筑、新区拓展精品规划等五项"精品工程"。规划编制与设计工作卓有成效，为园区未来空间拓展奠定了基础。积极推进国家生态工业示范园创建，出台了《关于推进国家生态工业示范园区建设的若干意见》《关于推进生态园建设专项资金管理办法》，总投入近亿元，完成园区环境在线监控系统建设，实施了雨污分流，严格要求"三废"达标排放，新增绿化面积 22.8 万平方米，新建成了泉塘公园、晓棠公园，积极发展绿色经济、循环经济。加大了国土报批工作力度，全年共获批土地 4002 亩，实现耕地占补平衡指标 1996 亩。节约集约利用土地，盘活存量土地，加快中央商务区范围内土地回收与招拍挂，收回了光阳摩托土地、力元新材、旭通科技等 400 多亩土地，引进了金科地产、红星美凯龙、万豪酒店等优质项目，园区被评为全省节约集约用地特等奖。

（四）基础建设强力推进

克服了上半年雨水多的困难，加大基础设施建设力度，全年投入征地、拆迁和基础设施建设资金突破 25 亿元，创历史新高。为确保项目顺利开建，6 个月时间完成了 10 个重点板块、7000 多亩的拆迁腾地任务，拆迁腾地规模、效率均创历史之最。全年完成基础设施建设投入 3.34 亿元，平整场地 3025 亩，建成通车道路里程 15.74 公里，争取管网建设补助 3670 万元，争取电力投入 1600 万元，争取公租房试点资金 5000 万元、公积金贷款 3 亿元，盼盼路、东四线、东十线、东八下穿、广汽菲亚特桥等道路建设顺利完工。绿化、电力、亮化、管网建设一并推进，并同步移交县直有关部门，规范了工程管理。

（五）社会管理惠及民生

高度重视社会事业，着力保障和改善民生，让群众和产业工人共享改革发展成果。全年完成民生工程投入过亿元，全面推进棠梨公租房、龙华小学、龙华安置区、华湘安置区、泉塘公园、晓塘公园、"职工之家"、"天网工程"等民生工程建设，一批农贸市场、公交候车厅、公厕垃圾站、文体活动中心、社区警务室、医疗卫生服务中心等公共服务设施建成并投入使用，极大地方便了园区职工群众。在湘绣苑、创业乐园、蓝色置业、幸福家园进行职工集中居住小区试点，探索实行公租房集中管理，妥善安置了蓝思科技、广汽菲亚特、广汽三菱、住友轮胎等企业职工 2000 多人。充分发挥街道、社区的作用，实现了社区管理物业化、社会事务网格化。加强了综治维稳、信访与安全生产管理工作，全年园区未发生一起重大恶性案件，未发生一起重大安全事故，未发生一起群体性事件。

（六）融资理财再创新高

不断拓展融资渠道，全年融资 41.19 亿元，其中成功发行公司二期债券 12 亿元，顺利完成中央商务区等经营性用地拍卖工作，全年实现土地收入 22.5 亿元，争取上级资金 2.51 亿元，有效缓解了融资难题。加快公司经营步伐，成立了开发集团公司，启动公司框架组建、人员配备、建章立制等工作，公司总资产达 216.2 亿元，资产规模与营运能力不断提高。集团公司积极面向市场开拓经营，开展参股、控股业务，全年实现营业收入 26 亿元，为园区发展提供了坚实的资金保障。

（七）基地托管成效显著

星沙产业基地快速推进项目建设，加快基础设施对接步伐，发展来势喜人。蓝田北路、凉塘东路、长界北路等主干道已建成通车，房产、民生项目相继启动，全年累计完成固定资产投资 18 亿元，新开建工业项目 5 个，住友橡胶、山河、云箭科技、康宝莱等 8 个项目顺利竣工投产。加快黄花、㮾梨产业基地对接工作，启动干杉片区道路对接规划，为园区产业和项目落地预留了广阔的发展空间。

（八）体制机制逐步理顺

完善机构设置，理顺管理职能。成立督察室，强化督察工作职能，及时督察通报，强化了干部队伍的执行力。成立工程建设公司，积极开展工程代建、全程代办业务，实现建管分离。建立拆管分离机制，新设立拆迁事务所，实现拆迁事务所、征地拆迁办公室独立运行、权责分开。推进工作人员引进新机制，年内以劳务派遣方式分批次公开招聘了 13 名工作人员，改进人员聘请方式，充实了干部队伍力量。

（九）投资环境持续提升

深入开展"两帮两促""学习与服务"，加大了项目领导联点帮扶力度，建立了上门服务、跟踪服务、全程服务机制，着力解决企业反映的实际困难和问题，集中收集、解决了企业普遍反映的问题 50 多个。深化全程代办服务，探索运用市场化机制，进一步理顺流程，精简审批，全年提供各类全程代办项目服务 10 余个。大力推进政务公开，政务服务大厅投入使用，规范了管理流程，提升了窗口形象。积极开展 ADR 非诉讼纠纷调处工作，为园区企业受理调解矛盾纠纷 65 起，确保了园区稳定。加强园区信用体系建设，出台《企业诚信守则》《企业信用评分规范》《守信激励和失信惩戒制度》等规章，建立健全规模企业信用档案，借助中介机构开展企业信用评级，园区诚信体系不断完善。主动作为，妥善协调企业劳资纠纷，开展农民工工资支付执法检查，稳步推进工资集体协商，努力提高社会保险覆盖面，社会保险参保率达 89.8%。

二 2013 年园区的发展目标和工作重点

（一）发展目标

确保工业总产值、工业固投、引进项目资金、工商税收等主要经济指标同比增长 15%，力争同比增长 20%。投资商和产业工人对园区整体满意度明显提升。

（二）工作重点

1. 以项目建设为抓手，加快打造千亿元产业集群

一是继续支持三一重工等工程机械产业发展，着力引进国内外知名主体企业和配套企业，继续做大做强工程机械产业，提高"国家新型工业化（工程机械）产业示范基地"的影响力和竞争力；二是大力发展汽车制造和电子信息产业，加快形成第二、第三个千亿元产业集群，着力打造"中国汽车产业集群新板块"，重振电子信息产业雄风；三是积极发展新能源、新材料、节能环保、现代服务业等战略性新兴产业，促进产业向多元方向发展；四是致力招大引强，围绕主导产业，主动出击，上门跟踪，加大政策支持力度，着力引进投资总额大、科技含量高、辐射带动能力强的重大项目，为园区未来发展提供坚实的后劲；五是加快推进上海大众、金科地产、红星美凯龙、蓝思科技㮾梨工业园、中联塔式起重机、山河工业城等一批重大项目建设。坚持上门服务、跟踪服务、现场服务，定期了解企业提出的困难和问题，及时向各部门分解、交办相关任务，限期解决实际困难和问题，及时向企业反馈落实情况，确保一批重大项目按时开建、竣工、投产；六是完善中小项目准入制度，提高中小项目准入门槛，初步建立项目退出机制，努力提升项目质量。按照"从严、从紧、择优、分期"原则供地，逐步改变工业地价倒挂现象。实施小微企业培育升级工程，出台政策加大对小微企业的支持。

2. 以优化环境为目标，努力创造新的环境竞争力

一是下大力气优化软硬环境，努力创造功能齐备的基础设施环境，平等竞争的市场环境，精简高效的政务环境和优美舒适的居住环境；二是坚持"向纳税人致敬、为纳税人服务"的理念，牢固树立服务意识，不断提高服务水平，切实帮助企业解决实际困难和问题；三是加快转变政府职能，减少审批事项，开辟"绿色"通道，简化审批程序，严格审批时限，切实提高行政效能；四是继续推行"两帮两促"活动，领导干部要深入一线为企业解决实际困难和问题。对企业提出的诉求，要热情接待，耐心解释，及时答复，限期解决，对乱作为、不作为、缓作为的行为予以严肃处理。

3. 以产城融合为载体，打造多功能综合性工业新城

一是坚持以产兴城，以城育产，加快推进产城融合步伐，促进产业与城市的深度融合；二是要主动对接县城、对接市区、对接托管园区，要加快基础配套设施、生活居住设施和公共服务设施的对接融合，促进产业发展和城市功能配套互补、良性互动、相得益彰；三是科学规划，打造布局合理、配套齐全、生态优美的产城融合示范区，加快建设中央商务区、泉塘精品街区，建设宜居宜业的工业新城；四是加快建设"两型园区"，在规划建设中，充分融入生态环保理念，实施低冲击开发，维护天蓝地绿的生态环境，全力创建国家生态工业示范园，提高园区生态环境品质。

4. 以改善民生为归宿，创新社会管理和群众工作

一是坚持以人为本、执政为民，促进公平正义，实现发展成果共享，让老百姓生活得更加幸福，更有尊严；二是以服务产业工人为重点，完善公益设施，改进公共服务，着力解决员工子女入学、医疗保健、住房保障、交通出行、社会保险、就业培训、商贸休闲等方面的现实需求和实际困难，让产业工人完全融入城市，不断提高产业工人对园区的满意度和幸福感；三是高度重视群众工作，深入拆迁户和产业工人，倾听群众呼声，关心群众疾苦，维护群众利益。加快推进政务公开，积极搭建公众参与平台，鼓励公众建言献策，对涉及民生的重大事项探索实施听证会、咨询会，引进社会风险评估机制，推进公共治理；四是认真做好拆迁安置工作，切实做到依法拆迁、阳光拆迁、和谐拆迁，关心拆迁群众的生产生活，为其提供就业和创业平台，确保不因拆迁引发大规模群体事件和越级上访事件；五是健全矛盾纠纷调处机制、信访接待调处机制、突发事故应急处置机制，着力协调解决拆迁矛盾、劳资纠纷、社会治安、安全事故等问题，将各种矛盾纠纷解决在萌芽状态，努力创建"平安园区""和谐园区"。

5. 以政企分开为关键，加快推进公司运作步伐

一是加快推进政企分开，所有权与经营权分开，管委会财政与公司财务分开，促进公司逐步走向市场，建立产权清晰、管理科学的现代企业制度，做大做强集团公司；二是进一步理顺职责，管委会以政务服务、优化环境为重点，集团公司以市场经营、资本运作为重点，能够市场化、社会化的业务要尽可能从管委会剥离出去，努力实现"小政府、大社会、公司化运作"；三是尽快构建集团公司框架，完善集团子公司法人治理结构，充分履行出资人职责，强化对下属子公司的管理与监管；四是发挥集团公司董事会、党委会、监事会的作用，重大事项集体决策、民主决策、科学决策，以严格的制度和程序加强对公司运行的监管，确保国有资产保值增值。

6. 以文化建设为核心，不断加强软实力建设

一是注重园区文化软实力建设，逐步改变"重生产、轻生活"，"重产业发展、轻文化建设"的状况，促进产业与文化水乳交融，相得益彰；二是大力弘扬"简洁务实、无我有为、创新高效"的园区精神，倡导行为规范，加强作风建设，提升园区品牌形象，营造朝气蓬勃、充满活力、和谐友善、身心愉快的工作氛围；三是发挥企业文化典型引路作用，彰显园区文化理念，在现代工业制造园区植入深厚的文化内涵，全面塑造企业价值理念，提高企业核心竞争力；四是支持社区文化建设，鼓励街道社区开展各种形式的群众文化活动，营造健康高尚、和谐文明的氛围。

B.31
2012～2013年长沙高新技术开发区产业发展研究报告

李晓宏*

　　2012年，长沙高新技术开发区坚持以建设国家创新型科技园区为主线，围绕"推进高新技术产业集群建设、推进生态科技产业新城建设、推进平安幸福园区建设"三个重点，全面实施"产业集群提升、科技金融示范、创新人才会聚、产业新城融合、创新环境优化"五大工程，实现了经济社会平稳健康发展。

一　园区2012年发展情况分析

（一）经济平稳健康发展，产业实力巩固增强

1. 产业经济稳健上行，增长效益好

　　2012年，麓谷园区完成技工贸总收入1760亿元，同比增长16%；规模工业总产值达到1238亿元，同比增长13%；财政总收入达到60.36亿元，同比增长20%；公共财政预算收入20.88亿元，增长21%；综合经济实力位居全国高新区第16位，中部第2位。

2. 龙头企业稳中求进，支撑作用大

　　全年收入过亿元企业达86家（其中，工业产值过亿元企业达55家），收入过10亿元企业18家，其中税收过亿元企业达9家，税收过5000万元企业达12家。中联重科产值达926亿元，营业收入和净利润分别同比增长17.8%和16.7%；威胜集团、金杯电工产值突破30亿元；红太阳光电克服市场困局，完成产值达21亿元。

3. 主导产业稳中有增，发展后劲强

　　全年先进制造产业完成规模产值988.7亿元，增长13%；电子信息产业实

---

* 李晓宏，长沙高新区管委会主任。

现规模产值 72.5 亿元，增长 37.6%；生物医药产业完成规模产值 49.2 亿元，增长 23.9%；新材料产业完成规模产值 73.3 亿元，增长 9.2%；新能源与节能环保产业规模产值突破 50 亿元。电子商务、动漫、服务外包、文化创意等产业发展提速，涌现了一批行业优势企业和隐性冠军。

（二）企业集聚效应凸显，项目建设强力推进

1. 招商工作取得新进展

全年新增注册企业 905 家，注册资本 5000 万元以上的企业 18 家；实际到位外资 2.4 亿美元、增长 12%，省外境内到位资金 24.8 亿元、增长 26.8%，市外境内资金形成固定资产 37 亿元、增长 17%。世界 500 强企业霍尼韦尔落户麓谷，总投资达 1.8 亿美元。

2. 项目建设取得新成效

实施"百日会战""百日攻坚"行动，全年新开工产业项目 16 个、续建产业项目 27 个，实现产业项目竣工投产 15 个；累计完成工业技改投资 70.2 亿元、增长 20%。中联环境产业园、博泰航空、中电软件园二期、九芝堂二期等一批重大产业项目开工建设，远大住工、怡亚通、圣湘生物、益丰大药房、力宇燃气、力合科技等一批项目竣工投产；金荣先导新材料工业园、三诺生物二期、移动电子商务基地、《长沙晚报》报业基地等 10 多个重点项目即将开工；为麓谷建设产业强区奠定了坚实基础。

（三）创新资源加快聚集，创新能力持续提升

1. 国家创新型科技园区建设深入推进

全年有 324 个项目获得国家和省、市立项支持。省市级创新型企业总数达 80 余家，占全市 80%。新获批市级企业技术中心 4 家，新认定高新技术企业 66 家，复审通过 73 家，麓谷高新技术企业总数达 460 家，占全市一半以上。企业专利授权总量实现倍增，达 2046 件，其中发明专利 265 件、增长 1.1 倍。方盛制药、拓维信息获 2012 年度省长质量奖，威胜集团、华自科技"院士专家工作站"授牌成立，中联重科获中国发明专利金奖和省技术发明奖，博云新材等 20 家企业获省科技进步奖，华曙高科获首届"企业科技创新市长奖"。

2. 科技与金融结合步伐加快

共引进各类金融服务机构 200 多家，注册资金 300 多亿元。首批 2 家科技银行正式运营，为中小微企业授信 2.46 亿元；成立了麓谷高新天使基金，注册资

金达 1.5 亿元。设立了中小企业合作成长基金，创投引导基金、统贷统还和小额贷款规模进一步扩大，新增 3 家小额贷款公司，新增投资担保金额 6.3 亿元。新三板工作加快推进，新增改制企业 30 多家、签订股改协议 62 家、完成股改 25 家、内核 16 家。市中小企业金融服务中心、深交所长沙路演中心落户麓谷。

3. 科技服务体系进一步完善

全年新增孵化器、加速器面积 60 多万平方米，新增在孵企业 400 多家，湖南大学科技园全面投入运营。引进中意技术转移湖南分中心、广州广电计量检测与认证平台，组建先进电池材料、科技服务网络、电子产品研发试验等公共技术服务平台，成立生物技术创新公共平台、嵌入式系统技术创新战略联盟。成功举办第六届科交会，签约项目 15 个，总金额 40 多亿元。

4. 海外高层次人才创新创业基地建设初见成效

出台了《关于进一步加强人才工作的若干意见》和"十二五"人才发展规划，实施"555"高层次人才引进计划，即 5 年引进 50 名海外领军科技人才，引进 500 名高层次人才或团队；设立了 1 亿元的人才发展专项资金，重点支持引进和奖励海内外高层次人才入园创新创业。引才成绩斐然，入选中央"千人计划"专家新增 2 人、总数达 10 人，入选省"百人计划"专家新增 5 人、总数达 21 人，占全市 1/3；入选市"313 人才计划"专家总数达 46 人，占全市一半以上。启动了高新区人才大厦建设，率先在省内设立高层次人才服务窗口，建立了高层次人才服务专员制。

（四）产城融合深化推进，社会事业全面发展

1. 加快推进路网基础设施建设

按照"两型社会"建设要求和麓谷生态科技产业新城发展定位，全面优化产业功能分区和空间布局，完善公共公用设施、交通、排水等专项规划，合理铺排基础路网和设施建设。全年新建、续建道路 20 条，总里程 54.6 公里，总投资达 11.9 亿元。东方红路全线、黄桥大道高新区段建成通车，旺龙路、东庆路、长延路和麓松西路相继拉通，东丰南路、长虹路实现与主干路网对接，三益输变电工程建设完工。

2. 完善产业载体和城市配套建设

加快推进先进装备制造及节能环保、信息产业、新材料、生物医药等专业园区建设。全省最大的工业社区——麓谷企业广场全面竣工，入驻企业达 300 多家；麓谷国际医疗器械产业园一期工程全面封顶，长沙市首个软件产业综合

体——信息产业园创业基地奠基开工。雅阁五星级酒店、华润万家购物超市等城市配套项目加快建设，湖南歌舞剧院、《长沙晚报》等大型文化企业落户麓谷。

3. 强力推进征地拆迁安置工作

全年新启动拆迁项目 15 个，完成征拆总面积 5182 亩，动迁 3700 多人。保障住房和公租房项目加快建设，保障住房总面积突破 50 万平方米，全省公租房样板工程麓城印象项目竣工验收。

4. 强化城市管理和生态建设

加大文明城市建设和管理力度，实行建成区城市网格化管理，加强市政道路、公共设施和园林绿化的维护和修复，完成桐梓坡路、金洲大道等 6 条道路提质改造。加强环境监测和企业环保整改，全年空气质量优良率达 90% 以上，高新区获批成为全省首批环境服务试点单位。

5. 全面发展社会事业和民生保障

高新实验中学、明德麓谷幼儿园和高新区第一幼儿园顺利建成开学。统筹推进城乡社会保障体系建设，企业养老保险覆盖率、基本医疗保险覆盖率均达到 97%。积极创建和谐劳动关系示范园区，推进工资集体协商和劳动报酬稳步增长机制。加强社会管理创新，深入开展"一推行四公开"群众工作，深化平安创建活动，社会大局持续稳定，公众安全感和满意度进一步提高。

二 园区 2013 年面临的形势分析

（一）要认清新形势

当前，我国保持经济增长的外部环境依然严峻，国际经济政治环境复杂多变，全球经济仍处于深度结构调整之中，欧元区经济复苏动力依然不足，美国"财政悬崖"影响深远，发达国家量化宽松政策和贸易保护主义双双冲击着国际国内市场。"稳中求进"是我国经济发展的总基调。

（二）要抓住新机遇

党的十八大明确提出实施创新驱动发展战略，把科技创新摆在国家发展全局的核心位置；国家将继续实施积极的财政政策和稳健的货币政策，大力实施"四化同步"（新型工业化、信息化、城镇化、农业现代化）战略，着力推进实体经济、民营经济发展，大力支持战略性新兴产业和科技型中小微企业发展，更加注重科技创新在转变经济发展方式中的支撑作用，经济增长将从规模扩张式向质量效益型转变，这些都为高新技术产业发展创造了难得的机遇。省"四化两型"和市"五化一率先"战略的推进，大河西先导区重点片区的初步成形，都为高新区创新驱动发展创造了良好的外部环境。

（三）要把握新要求

长沙市新一届政府在工作报告中明确要求高新区要实施工业倍增计划，到2017年规模工业总产值迈上3000亿元台阶的目标，市委、市政府将更重视、关心和支持高新区的发展，这既是园区创新驱动、加快发展的压力，更是迎难而上、率先发展的动力。

三 园区2013年的工作思路和主要任务

2013年是全面落实"十二五"规划承上启下的关键一年，也是学习贯彻党的十八大精神的开局之年，做好今年的经济工作至关重要。园区将按照中央和省、市的决策部署，始终坚持创新发展战略和率先发展要求，以持续深化国家创新型科技园区建设为主线，实施"北拓南联"，加快开发尖山湖、雷锋湖两大片区，打造生态科技产业新城，努力抓好资金、环境、作风三大保障，全面推进创新麓谷、高效麓谷、美丽麓谷和幸福麓谷"四个麓谷"建设。2013年经济工作的主要目标是要实现"三个突破"，即麓谷技工贸总收入突破2000亿元、规模工业总产值突破1400亿元，财政总收入突破70亿元。为此，2013年工作的主要任务是"坚持五同步，加快五提升"。

（一）坚持招大引强与培新育小同步，提升产业竞争力

放眼全球，实行全员大招商、全力招大商。按照产业发展规划，围绕主导产业，进一步建立和完善招商工作责任机制和激励机制，瞄准世界500强，紧盯国内100强，重点引进跨国公司、上市公司等名企入园投资发展。围绕产业集群化、高端化、专业化，加快推进"千百十工程"。锁住高端，突出高新技术特点，重点引进先进制造、电子信息、新材料、节能环保、生物医药和现代服务业等产业链、价值链高端环节企业，引进一批科技水平高、研发能力强、投资强度大、带动作用大的优质项目，打造一批投资过10亿元、产出过50亿元甚至100亿元的龙头企业群。着力推进重点企业和重大项目建设，努力打造2个以上的千亿

元产业、10 个左右百亿元基地和 50 个以上十亿元企业方阵。全面搭平台、抓服务，加大培新育小工作力度，形成创新型中小企业铺天盖地的发展态势。加大政策扶持力度，积极支持和帮助中小企业管理升级和技术改造。大力发展工业地产，完善和拓展孵化加速体系，鼓励节约集约用地，实现土地再开发再利用，积极引导社会投资参与建设孵化器、加速器和专业园区。重点推进麓谷企业广场二期、信息产业园创业基地、新材料产业加速器等载体建设。突出生产性服务业，着力培育和引进文化创意、电子商务、金融业、动漫游戏、物联网、服务外包等新兴产业，切实提升产业发展竞争活力。

（二）坚持科技创新与平台建设同步，提升创新驱动力

实施创新驱动发展战略，完善有关政策措施，重点支持企业加大科技创新力度，以重大技术突破和重大发展需求为基础，开展创新型企业建设。积极引导企业参与国家和省市科技计划项目和技术攻关，实施质量强区战略和品牌提升战略，扩大高新区质量奖评选，努力打造知识产权示范园区，着力提高企业自主创新能力。进一步深化各类创新平台建设。鼓励企业自建或与科研院所联合共建公共技术服务平台、产业技术创新联盟，着力构建以企业为主体、市场为导向、产学研相结合的创新体系。推进产学研一体化，加快科技成果转化，建设科技成果网上交易平台，打造"永不落幕"的科交会。依托国家科技与金融结合试点园区，大力引进和拓展企业融资平台，做大做强麓谷天使基金、中小企业合成基金、创投基金规模，加强金融服务和产品创新。加快科技金融大厦和征信评级系统、产权交易中心、路演中心和股权交易中心四大服务平台建设，建立"一站式"金融服务超市。继续做好新三板扩容试点准备和企业上市工作，打造区域科技金融服务中心。以海外高层次人才创新创业基地建设为契机，加快推进"人才特区"建设。全面深入实施高层次人才引进五年行动计划，加大"555 人才"计划宣传力度，打造深入人心的"555 人才"品牌。完善人才引进政策，继续设立 1 亿元人才发展专项资金，重点奖励优秀高层次人才，设立 5000 万元奖励一批突出贡献专家、优秀企业家。加快人才服务大厦、人力资源市场、人才公寓和高层次人才服务窗口建设，努力为高层次人才搭建良好的事业和生活平台。通过整合创新资源要素，着力打造融资、技术、孵化和配套四个平台，提供全方位的系统服务，助推人才、资本、科技和企业的聚集和发展。

（三）坚持园区建设与城市发展同步，提升园区承载力

按照"科技新城、美丽麓谷"要求，坚持高起点规划，高效率推进，高标

准建设和改造。加强土地利用、城市建设、产业发展、生态建设和环境保护的统筹协调，促进产业发展、园区建设与城市功能全面融合，推进园区与城市互动发展。全面启动实施"北拓南联"工程，着力开发两大片区：一是向北以信息产业园、环保产业园、生物医药园为重点，拓展麓谷新城范围，加快尖山湖生态产业片区开发；二是向南对接梅溪湖，启动梅溪湖—雷锋湖城市生态主轴建设，着力开发雷锋湖片区，打造集总部经济、商务办公、智慧产业于一体的生态创新城。全面实施基础先行、配套延伸工程。围绕先进制造园、信息产业园、生物医药园、新材料园和环保产业园等专业园区建设和重点项目建设，加大组团开发力度，强力推进雷高路、南桥路、长川路等已开工道路建设，加快新建梅西湖西延线、长兴路、桐宁路等主次干道、路网立交和水、电、气、信等城市公共基础设施，打通堵头卡口，实现道路微循环，做到项目布局到哪里，基础配套开工建设到哪里。全面实施"美丽麓谷三年行动计划"。坚持建成区提质改造、新城区新标准建设，加强建成区文明城市的建设和管理，加强城乡结合部环境综合整治，重点推进枫林三路、金洲大道等城市主干道的路面改造；提升岳麓大道、东方红路、望雷大道等道路美化、绿化、亮化和生态景观设计水平；启动新建和改建一批标准化社区公园；着力推进蓝天、净水和畅通工程，打造慢行交通系统；积极开展 ISO14000 环境管理体系建设，逐步提升麓谷新城城市形象和产业承载功能。

（四）坚持社会建设与经济发展同步，提升和谐保障力

大力发展社会事业。创新教育发展模式，加强校地合作、校校合作，启动新建一所普通高中，建立多元化和稳定增长的教育投入机制，努力打造名校、名区，形成高新教育品牌；健全基本公共服务体系，加快发展医疗卫生事业、文化惠民工程，实现社会公共服务均等化；完善社保体系建设，建立覆盖企业员工、城乡居民的社会保障体系和社会救助体系；加强保障住房、公租房建设和分配管理；加大创业富民和就业培训力度，深入实施被征地农民就业创业"三年行动计划"，让失地农民过上幸福安康的美好生活。加强和创新社会管理。完善社会管理协同机制，深化平安创建工程，强化"三位一体"治安防控体系；深入开展"一推行四公开"群众工作，建立健全常态化、多元化的工作机制和信访制度；加强舆论宣传和创新文化建设，大力弘扬"唯新为麓，尚德若谷"的麓谷精神，着力推进企业文化、社区文化建设。加大安全生产监管力度。进一步推进企业、镇街安全生产标准化和职业卫生体系建设；完善企业工资集体协商机制，

着力构建和谐劳动关系示范园区，为经济发展全面营造稳定、文明、和谐的社会环境。

（五）坚持效能优化与作风建设同步，提升环境影响力

"把企业和群众满不满意作为一切工作的出发点和落脚点"，不断提高企业和社会公众的满意度。突出服务效能，改革创新流程。推行贯彻 ISO9000 质量管理体系，进一步优化工作流程，精简审批程序，大力缩短办事时限；推行"接审分离"制度，加强政务服务窗口建设，坚持一次性告知、一窗口受理、一站式办结；推行电子政务，建设数字化办公平台，实行在线审批、电子监察和全程监控，促进办事项目公开化、透明化。突出服务企业，深化"两帮两促"活动。围绕企业发展和项目建设需要，进一步完善服务企业机制，探索建设企业 110 呼叫中心，畅通企业诉求渠道，完善企业需求和问题台账，健全企业常态联系和"一对一"帮扶制度；切实加大项目建设协调工作力度，帮助企业解决生产经营中的困难和问题，确保项目早落地、早开工、早竣工投产。突出作风建设，强化监督管理。认真贯彻落实中央和省、市关于加强作风建设的精神，着力优化工作作风，提升行政效率，倡导一切"从简、从快、从优"的服务理念，建设高效麓谷。加强舆论监督，严格督察督办和行政问责，严肃查处向企业"索拿卡要"和滥用职权等行为，对"门难进、脸难看、事难办"的现象实行零容忍，努力以一流的业绩、一流的服务打造一流的发展环境。

B.32

2012～2013年宁乡经济技术开发区产业发展研究报告

李自有[*]

2012年，宁乡经济技术开发区坚持"依托长沙，呼应益阳，北拓西联，提质内核"的发展战略，以西联和提质为主，进一步增强园区辐射功能，真正实现了"依托大河西、融入长株潭、连通益常娄"的发展目标。

一 2012年园区经济发展情况分析

1. 园区经济持续快速发展

全年共完成规模工业总产值558.65亿元，同比增长38.5%；完成工业增加值137.22亿元，同比增长33.2%；财政收入达到15.08亿元，同比增长25.3%；全社会固定资产投资103.14亿元，同比增长56.8%。

2. 产业聚集度不断提高

以转变经济发展方式、调整产业结构和产业差异化发展为主线，深入开展百日攻坚战、项目建设攻坚战，通过深入推进新型工业化，主体园区建设初具规模，中小企业密集区承载功能和企业聚集效应功能逐步显现。经过多年建设，在自然集中、产业聚集的基础上，形成了"一区多园"的发展格局，目前园区基本形成了以食品、机电、新材料和现代服务业及以再制造为主导的战略性新兴产业"3＋1＋1"的产业发展格局，目前拥有规模工业企业153家，高新技术企业43家，拥有国家级企业技术中心1家，省级工程技术研究中心2家，省级企业技术中心3家。

3. 重点产业发展情况分析

（1）食品产业已经成为宁乡经济技术开发区第一大主导产业，目前拥有食

＊ 李自有，宁乡经济技术开发区产业发展局。

品生产企业 21 家，其中既有本土成长起来的上市企业加加食品集团，也有世界五百强华润饮料，还有知名上市企业洽洽食品。2012 年，食品产业实现工业总产值 152.36 亿元，占园区全部工业总产值比重达 27.2%，上缴税金 2.51 亿元，占全区工业税收的 1/3 强，吸纳就业人数达 15440 人。且食品企业为园区聚集了一批彩印、包装、冷链物流等配套企业，形成较为完善的产业链。

（2）新材料产业是宁乡经济技术开发区成长最快的产业，近年来，产值和税收持续高速增长，形成了以雅城新材料、海纳新材料为代表的锂电池阳极材料企业集群，以东洋铝业为代表的高性能金属材料企业集群，以松井新材料、梓先新材料为代表的高性能涂料企业集群。2012 年新材料企业共完成工业总产值 193.28 亿元，占全区工业总产值比重达 34.6%。

（3）机电产业是宁乡经济技术开发区基础最好、企业数量最多、产业链最为完善的产业。目前已形成以飞翼股份、盛隆机械、清河重工等为龙头的工程机械主机企业，以盛泓机械、协力液压、宇城液压、湘电长泵为代表的工程机械配套企业。2012 年机电企业共完成工业总产值 169.36 亿元，占全区工业总产值比重达 30.4%。

（4）现代服务业迅速崛起，发展势头强劲。宁乡经济技术开发区重点发展围绕服务食品、机电、新材料产业，发挥区域交通优势，以降低社会交易总成本，提高资源配置效率为核心的生产性服务业。

二　园区加快转型升级的机遇与挑战

1. 从面临的机遇看，加快产业转型升级正当时

我国正处于产业结构调整和消费结构升级的新一轮经济增长周期，发展的内在力量日益增强，产业布局调整加快，东南沿海发达地区的产业、项目向中西部转移和扩散的步伐随之加快，将给工业发展带来机遇。国家深入实施中西部大开发战略，加大中西部地区的政策和资金投入，势必加快基础条件的改善和加大产业项目的扶持力度。宁乡经济技术开发区作为长沙大河西先导区的重要组成部分，是湖南省两型建设示范园区和长沙市两型建设示范园区，承载更多转方式、调结构的引领和示范作用。

2. 从面临的挑战看，加快产业转型升级势在必行

一是宁乡经济技术开发区目前的工业仍旧以粗放型、传统型为主，工业增长仍过多依靠物质资源投入支撑，资源环境代价较大；二是企业自主创新能力不强，关键技术自给率低，高技术含量、高附加值的重大装备和关键材料等依赖进口；三是节能减排和生态环境建设压力大，由于产业结构调整进度慢，工业大多行业增长还是依赖资源的消耗，随着工业化进程的推进，工业发展与资源环境、节能减排的矛盾日益突出，工业经济与生态经济耦合相伴、协调发展的任务艰巨。

三　2013 年园区产业发展的对策建议

1. 重视资源节约利用，加强土地集约利用

园区土地紧缺，土地资源有限。目前，宁乡经济技术开发区土地二次利用率达到 23%。2013 年，园区要继续坚持对有限土地实行精耕细作的开发方针，通过多种方式努力盘活土地资源，实行产业结构调整和资源集约利用同步推进，不断提高单位土地利用率。

2. 走绿色环保可持续发展道路

要下大力气抓好节能减排工程，严控增量增长，加大淘汰落后产能力度，抓好环境准入，从源头上控制新建高能耗、高污染项目，抓好环境执法，用铁的手腕全力推进节能减排工作，抓好产业结构调整，把节能减排的压力转化为调整优化产业结构的动力。完善节能减排激励约束机制，综合运用价格、税收、财政、金融等经济杠杆，有效促进社会、企业节约能源资源，建立健全新建项目能耗评价制度，提高高耗能项目的准入标准，完善节能减排指标体系、监测体系和考核体系，健全节能减排监督管理体系。完善污染物排放标准体系，建立环境监控和督察平台。实行环境保护目标责任制和"一票否决"制，提高产业发展的环保准入门槛，推广使用清洁能源，实行清洁生产，保护园区环境。

3. 以科技创新激发园区活力

要以打造科技发展环境为重点，不断深入开展企业自主创新三年行动，突出抓好平台建设、项目研发、成果转化和科技计划项目的组织实施，强力构建创新创业体系和共性服务平台，全面提升企业自主创新能力。依托加加集团建设食品产业公共服务平台；依托机电产业一条街及相关骨干企业建设机电产业公共研发平台；依托海纳新材料并联合雅城新材料等企业建设锂离子电池前驱材料研发中心，并力争成为国家级的研发中心；依托远大住工联合海大铝业、江盛建材建设建筑新材料研发中心，并力争建成国家级研发中心；依托佳飞科技等企业大力推进产学研一体化进程，初步形成大专院校（中南大学）、科技主管部门（省科技厅、市科技局）、园区管委会及相关企业共同建设的模式。

4. 完善基础配套聚集要素发展

一是重点对现有污水处理厂及管网进行改造提质，充分考虑和已有污水管网的衔接，利用现有管网，合理布置规划管网，采取全部地埋敷设，规划近期利用现有污水处理厂，处理污水规模为 4 万立方米/天，中期扩建现有污水处理厂，处理规模达到 8 万立方米/天，以满足园区全部污水集中处理的要求；二是实行区域热电联产，规划和完善园区集中供热体系，在现有基础上进一步提高集中供热能力，扩大集中供热面积，取消企业自备工业燃煤小锅炉；三是加快建设220kV 变电站，满足园区企业日益增长的电力需求。

5. 完善产业发展要素和服务软环境建设

一是要建立健全要素保障机制，解决资金瓶颈、土地瓶颈、人才瓶颈；二是加强职能部门服务的意识。牢牢把握发展是硬道理的理念，进一步帮助企业应对资金、技术中遇到的困难，牢牢树立服务就是效益的理念，进一步提高服务意识；三是加强知识产权保护力度，严厉打击假冒伪劣产品，建立保护品牌产品的长效机制；四是在重视招商引资企业的同时，也注重本土企业的健康发展，给予本土企业同等待遇；五是在维护企业周边群众和职工的合法权益的同时，注重保护好企业合法权益，依法打击损害企业合法利益的行为。

6. 积极打造特色产业园区

打造"特色产业园区"，就是要以加快转变经济发展方式，推动产业转型升级为主线，把握产业转移和"大河西先导区""长株潭两型配套建设示范区"等区域合作发展的机遇，坚持以工业化为核心，以创新为动力，提高对外开放水平，深化自主创新，走新型工业化道路，引领和谐创业，增强综合竞争实力，提升辐射服务功能。着重实现优势产业的升级，引进高端食品产业、高新技术、出口创汇型企业并形成规模，注重工业技术与管理的不断创新，以"经济转型"战略为契机，发展以生产要素聚集为体现、以低成本运作为目标的园区经济，把宁乡经开区建设成为湖南省工业结构调整、经济发展方式转变的"特色产业园区"。

B.33

2012～2013年株洲高新技术产业
开发区产业发展研究报告

杨　静*

近年来，株洲高新技术产业开发区坚持改革和发展两大主题，大力实施高新技术产业先导战略，秉承"发展高科技、实现产业化"的宗旨，以"再造一座新城"为己任，继往开来、与时俱进，紧扣"全市争第一、全省争一流、全国争前移"的工作主题，加快"两型"社会建设，着力建设和谐、文明、富裕的现代生态科技新城。

一　园区产业发展情况

（一）国民经济跨越发展，综合实力持续增强

20年来，株洲高新区地区生产总值、工业总产值、财政总收入由建区之初的0.61亿元、1.25亿元、0.009亿元增长到2011年的390亿元、1018亿元、30.55亿元，分别是建区时的639倍、814倍和3285倍。2003年，高新区提出"1030335"奋斗目标，即用10年或稍长一点时间，实现年GDP 335亿元，年财政收入30亿元，再造一个株洲。2004年，高新区GDP为76.46亿元，财政收入为4.31亿元，2011年，高新区GDP达到390亿元，财政收入达到30.55亿元，GDP和财政收入分别增长4.13倍和6.1倍，经济总量已超越全市2002年末的发展水平，提前两年实现了"1030335"奋斗目标，圆满完成省、市交给园区"再造一个株洲"的光荣使命。2011年株洲高新区完成工业总产值1018亿元，成为继长沙高新区、长沙经开区后的全省第三个千亿元产业园区，株洲高新区综合排名在中部六省高新区中名列前茅。2012年，高新区完成地区生产总值480亿元，

---

* 杨静，株洲高新区产业发展局。

增长13.5%；财政总收入突破37亿元，增长24.6%；工业总产值1203亿元，增长17.8%；固定资产投资268亿元，增长28%；社会消费品零售总额51.4亿元，增长15.2%；城乡居民收入分别为28088元、15798元，分别增长15%、21%。

（二）支柱产业逐步形成，新兴产业硕果累累

经过20年的发展，株洲高新区拥有工业企业489家、外资企业60家、高新技术企业130家、年销售收入过10亿元的企业17家、过50亿元的企业5家、过100亿元的企业3家，形成了先进制造、新材料、电子信息、生物医药及健康食品四大主导产业，并积极发展新能源、节能环保等产业。近年来，株洲高新区进一步发挥基础优势，突出发展战略性新兴产业，大力实施"5115"工程，重点抓好轨道交通装备制造、航空航天、电动汽车、新材料、新能源等产业发展，加快建设"三城两基地"（即电力机车城、航空城、汽车城和国家有色金属冶炼加工基地、新能源基地），打造轨道交通装备、航空技术装备、汽车整车及零部件三个千亿元产业集群。一是轨道交通装备产业集群。株洲素有"中国电力机车摇篮"美誉，是我国轨道交通的重要生产基地，产品基本覆盖了轨道交通的所有领域。2012年，株洲高新区轨道交通产业实现工业总产值517亿元，占园区比重高达40%。其中整车制造占47.1%，电器设备占26.5%，零部件占16.1%，材料占10.3%。目前，园区内聚集了电力机车、时代电气、时代新材、南车电机等一大批整车及关键核心设备制造企业。近年来，随着我国高速铁路、地铁、城市轻轨的快速发展，作为轨道交通装备产业最主要承载地的株洲高新区，为轨道交通装备产业迎来新的发展机遇期；二是航空技术装备产业集群。株洲作为国家"一五"期间重点布局的六个航空工业基地之一，国防科工委确定的中国唯一中小型航空发动机生产基地，在国内中小型航空发动机研发、生产方面拥有绝对优势。近年来，随着国家大飞机、重载直升飞机及通用飞机项目的陆续实施，为株洲高新区大力发展航空产业提供了巨大的空间。2008年2月，经国家发改委批准，在株洲高新区董家塅工业园成立了国家航空高技术产业基地。2012年，株洲高新区航空航天装备产业实现产值63亿元，同比增长20%。株洲通用机场项目已开工建设，山河智能飞机项目进展顺利，在未来5年左右的时间，我们有望将航空航天产业打造成千亿元产业集群；三是汽车及零配件产业集群。北汽股份已在2010年10月顺利投产，项目一期计划年产20万辆，年产值过120亿元，项目二期正在选址中，项目全部竣工后有望实现年产50万辆整车

的规模。目前，以南车电动和南方宇航两家公司为核心的新能源汽车产业集群正在加速形成，成为株洲高新区推进新型工业化的一张新名片。近年来，南车电动混合动力客车及纯电动汽车成功打入北京奥运、上海世博会、广州亚运会市场。2010 年 3 月，南车株洲电力机车研究所有限公司与辽宁曙光汽车集团股份有限公司签订新能源客车合资合作框架协议，双方整合优质资源和技术，合资组建了湖南南车黄海电动汽车股份有限公司，做大做强新能源汽车产业，着力打造中国最大的新能源客车产业化基地。我们预计用 5 年左右的时间，打造一个过千亿元的汽车及配件产业集群。

（三）创新体系逐步健全，创新能力不断提升

目前，高新区聚集着各类创新平台 60 个，其中国家级企业技术、工程中心、实验室 13 个，部省级企业技术、工程中心、实验室 36 个，博士后工作站 7 个，博士后协作研发中心 2 个，质量检验中心 4 个；拥有 3 名中国工程院院士，100 多名博士、500 多名硕士，株洲高新区历年承担国家"863"项目 54 个，国家重点新产品项目 80 个，国家火炬计划项目 50 个，国家创新基金项目 153 个。先后建成留学生人员创业园、中小企业创业园、天台金谷、高科汽配园，企业孵化场地及标准厂房面积累计达到 70 万平方米。2012 年 6 月 8 日，株洲高新区"院士工作站""人才特区"正式挂牌成立。国家生态工业示范园区创建工作进展顺利，国家创新型特色园区建设通过专家评审，在 2013 年 2 月，国家科技部正式发文批复，同意园区启动并开展创新型特色园区建设工作，知识产权专利申请量跃居全市第一。

二 园区未来发展目标和主要举措

未来 5 ~ 10 年，株洲高新区将朝着建设成为特色产业集聚、创新能力较强、高端人才集聚、生态环境优美的国家创新型特色园区的目标奋进，着力打造成为"中国株洲·动力之都"的区域品牌。

（一）强化"一极引领，多元支撑"的特色"两型"产业体系

未来 5 年，株洲高新区要充分发挥工业基础优势，以国家发展战略性新兴产业为契机，按照"集群化、高端化、多元化"的发展思路，形成以轨道交通产业为引擎、以通用航空、汽车装备制造、新材料等战略性新兴产业和现代服务业

为补充的"一极引领，多元支撑"的产业格局，努力构建效率提升、资源节约和环境友好的特色"两型"产业体系和肩负区域发展使命的特色"两型"高技术产业集群。一是打造千亿元级轨道交通产业集群。紧抓轨道交通产业腾飞契机，洞察国家轨道交通发展战略，坚持"强化核心技术，发展关联产业，融入国际合作"的发展原则，通过扶植园区骨干龙头企业，集聚上下游产业链核心企业，重点发展机车牵引变流技术、交传系统集成技术等核心技术领域，将高新区建设成为具有世界一流竞争力的"中国轨道交通城"；二是培育多元战略性新兴产业集群。立足国内通用航空市场巨大的发展空间，以株洲市打造"通用航空城"为契机，发挥高新区在发动机研发与制造领域内优势，积极拓展通用航空整机及关键零部件制造，探索运营配套，将高新区打造成为我国中南地区通用航空之都；把握汽车产业发展趋势，以株洲市打造千亿元汽车产业集群为契机，着力于横向扩大整车规模、拓展产品系列，纵向完善产业价值链体系，将高新区打造成为我国自主品牌汽车研发和制造基地；以"高端发展、绿色循环"为原则，围绕高新区新材料产业核心企业，纵向延伸产业链条，发展高端产品，整体构建废物循环利用的闭环产业链，打造我国新材料产业绿色发展示范区；把握现代服务业发展趋势，以市场化、产业化、社会化为方向，改造提升传统服务业，重点发展为新型工业化配套的现代物流、软件、教育培训等生产性服务业，促进服务业规模化、品牌化、网络化。

（二）推动创新创业体系建设，搭建完善创新服务平台

以提升综合竞争力和增强发展后劲为目标，把支撑特色"两型"产业发展需求和培育中小企业快速成长作为创新创业体系建设的中心环节，年内启动10万平方米新马科技谷建设，着力强化企业技术创新能力、搭建科技研发和公共服务平台，拓展提升创新创业载体，集聚完善核心创新要素，全力构建优势突出、特色鲜明的区域创新体系。依托高新区龙头企业，采取政府、高校院所、企业及行业中介机构共同合作的方式，建设轨道交通公共技术研发服务平台、通用航空关键部件共性技术研发平台、通用航空设备公共检测平台、汽车转向技术研发平台、硬质合金应用技术研发平台、工程塑料公共技术研发平台等六大公共技术研发平台。采取市场化方式，积极搭建科技文献共享平台、信息资源网络服务平台、科技人才服务平台、投融资服务平台、职业技能培训实训平台、电子交易和品牌推广平台等六大产业促进服务平台。通过产业促进服务平台的构建，完善高新区产业发展支撑性服务，加快实现科技成果转化和产业化，提高企业和产业竞争力。

（三）集聚整合政策资源，完善产业发展环境

一是进一步完善《株洲高新区、天元区"创新奖"奖励办法》。根据建设国家创新型特色园区的要求，株洲高新区将进一步完善《株洲高新区、天元区"创新奖"奖励办法》，特别是对技术创新、金融创新的奖励办法进行修订。新的办法将加大对实施管理创新、技术创新、品牌创新和金融创新企业的奖励力度，有力推动企业创新发展；二是研究制定《株洲高新区瞪羚企业扶持暂行办法》。该办法将促进园区中小企业发展水平，激发企业创新活力，我们会重点培育和鼓励引进一批快速增长、创新性强的优质企业发展壮大，进一步带动战略性新兴产业的发展，全面实施创新驱动战略建设创新型特色园区；三是创新金融服务方式。积极对接资本市场，制订出台《株洲高新区管委会关于支持企业股份制改造的实施意见》，对企业改制上市费用进行补贴，并对上市成功的企业进行奖励，进一步推进了高新区"新三板"试点申报工作。积极探索科技与金融结合，正式启动科技银行风险补偿紧急设立工作。夯实融资担保体系，建设企业信用体系，搭建企业信用信息公共服务平台，推动高新区企业信用体系建设。争取至"十二五"期末，成为中国人民银行中小企业信用贷款试点区；四是实施"5211"人才计划。加大人才培养，设立1000万元人才基金，与长株潭地区的高校在科技、教育、人才、产业四个方面开展战略合作，充分发挥院士专家工作站的作用，促进产学研相结合，营造良好的组织形式和合作氛围，将企业的研发团队与院士专家及其创新团队紧密结合，联合攻关，培养引进高层次创新人才，优化人才队伍结构，集聚轨道交通、通用航空、汽车装备制造等领域内的国内外科技创新领军人才和创新创业团队；五是实施"5115"工程。通过"5115"工程的实施，培育壮大一批"旗舰企业"，提高其核心竞争力和市场影响力，加快推进轨道交通、汽车及零部件、中小航空发动机、有色冶金及深加工、化工、健康食品等产业集群的发展，有力推动国家创新型特色园区的建设。

B.34
2012~2013年湘潭高新技术产业
开发区产业发展研究报告

靳志国 唐笠人*

2012年，在中央和省市委的正确领导下，湘潭高新区紧紧围绕"千亿园区"建设目标，团结带领全区广大干群，大力实施"双轮驱动"战略和"33458"工程，着力打造"新能源之都、高新技术之源"，攻坚克难，奋勇拼搏，全区经济社会发展实现新的跨越。

一 2012年园区产业发展情况分析

（一）产业持续扩张，园区经济逆势增长

2012年1~12月，全区实现技工贸总收入501.5亿元，同比增长59%；完成工业总产值422.8亿元，同比增长48%，其中规模工业总产值357亿元，同比增长49%；高新技术企业总产值305亿元，同比增长42%；实现财税收入14.2亿元，同比增长40%，园区综合实力大幅提升。

1. 主导产业平稳运行

新能源装备制造、精品钢材深加工、矿山装备制造产业三大主导产业规模企业数量分别达到11家、22家和24家，产值分别达到54.3亿元、83亿元、87.5亿元。其中，电动轮自卸车等主导产品持续保持60%以上的国内市场占有率，产业集群带动效应不断增强。湘电风能、铁姆肯、新新线缆等龙头企业克服市场疲软等不利因素，加快"战略调整、转型升级"，实现稳步发展。其中，湘电重装首批4台230吨矿用自卸车成功发往澳大利亚，湘电莱特继第一批1000台非晶电机顺利进入美国市场。高新技术企业发展来势喜人，全年新增高新技术企业

---

* 靳志国，湘潭高新区产业发展局副局长；唐笠人，湘潭高新区项目申报管理办公室。

16 家，其中，双马新材成功开发出国内首创的高科技瓦斯专用管道项目，投产 6 个月实现销售近 4000 万元；华湘环保 120 万吨钢渣利用项目正式投产，预计 2013 年年产值将达到 1.3 亿元，支撑园区经济快速增长的基础不断夯实。

2. 现代服务业迅速兴起

目前，全区共有现代服务业限额以上企业 890 家，其中 2012 年新增 150 余家，年营业收入达 190 亿元。以科技研发、动漫设计为代表的服务外包企业数量达到 56 家，占全市总数的 2/3；以三和医药物流（卓大商贸城）、家家美家居建材广场顺利开业，汽车东站商贸圈逐渐形成；北京银行湘潭支行、邮政储蓄银行湘潭分行、福建闽商总部、湖南正大和城公司总部、"百亿产业基金"总部相继入园，总部经济方兴未艾；湖南九城高新国际汽车物流城等专业市场初见雏形，莱茵城、宝安江南城、鸿达·金域世家等房地产建设快速推进。现代服务业正逐步成为支撑园区经济发展的重要力量。

3. 中小科技企业来势强劲

全年引进孵化项目 66 个，孵化毕业企业 12 家，区内中小型科技企业达 263 家，2012 年预计完成高新技术产业产值 18.6 亿元。其中成立不到 1 年、占地不到 3000 平方米的世优电器公司实现产值 1.01 亿元，创税收 800 多万元；永恒重工的管桩企业自动生成线及控制系统可降低人力成本 60%，2012 年仅重工部分即可创税收 200 万元。一大批成长性好、发展潜力大的高科技型企业正在快速发展壮大，随着企业加速器的建成，大批企业入驻发展，中小科技企业将成为园区经济增长的新的动力源。

4. 企业上市稳步推进

出台《支持企业上市的若干意见》《湘潭高新区鼓励扶持企业利用资本市场发展暂行办法》等政策措施，在土地报批、税费减免和资金扶持等方面切实减轻企业上市负担，引导园区企业不断拓宽发展视野、更新发展理念，努力上市发展，快速做大做强。建立了由华菱线缆、迅达集团、金侨集团等 17 家企业组成的拟上市企业培育库，世通电气、华园科技、新昕通用、五舟检测等 9 家企业与券商及中介机构成功签署新三板辅导协议，金中环保等 7 家企业将通过 IPO 在境内外上市，巨能绝缘材料股份有限公司 IPO 申请文件成功上报至证监会，华菱线缆、迅达集团、湘电重装、金中环保、江冶机电 5 家企业已完成股改工作。企业上市的前期准备工作扎实充分，为下一阶段园区的快速发展壮大奠定了建设基础。

5. 招商引资成效明显

全区到位内资 51.4 亿元，同比增长 63%；到位外资 1.3 亿美元，同比增长 49%。成功引进三一重工再制造、南方建材工业园、金榕机械等产业实体项目 16 个，总投资额达 30 亿元，引进现代服务业项目 57 个，总投资额达 150 亿元。其中投资额达 38 亿元的湘潭铜锣湾广场项目将对园区乃至湘潭的城市建设产生较大影响；总投资 15 亿元的东方金谷产业城项目建成后可容纳中小企业 300 多家，将对园区的产业集聚提供巨大推力。

（二）要素保障充分，项目建设快速推进

全年全区完成固定资产投资 140 亿元，同比增长 45%，迅达大道、胜利钢管等 11 个重点项目形象进度明显改观。

1. 筹资融资再创历史新高

全年融资到位 35.9 亿元，其中银信融资 21.4 亿元，债券融资 8 亿元，土地款催收及其他收入 6.5 亿元；帮助园区 27 家科技型中小企业完成授信 23 亿元；全年共申报项目 88 项，获得国、省、市扶持资金 1.15 亿元，其中年产 100 台 5 兆瓦风机技改项目获得国家发改委 5000 万元支持。成为高新区有史以来资金到位最多的一年。

2. 土地供给充足

征拆腾地方面，全年共实施征拆项目 37 个，完成土地征收 5540 亩，拆除房屋 831 栋、约 31 万平方米；土地调规和国土报批方面，通过加强与国土等相关部门的衔接协调及抓紧策划上报一批项目，成功落实用地指标 4000 亩。与此同时，努力提高土地节约集约利用意识，通过对用地项目进行方案优化和技术创新，新增节约可利用土地资源 1000 余亩。

3. 项目建设稳步推进

基础设施建设方面，华湘路、纬五路顺利竣工，霞光东路一标段、月华路二标段、莱茵路已完成主路面建设，年底可实现竣工通车；青年路铁路桥涵已竣工通车；双马、邓桥、板塘、象形、茶园五个安置区 22 万平方米主体建设全面完成，并通过竣工验收；迅达大道提质改造工程累计完成投资 5.3 亿元，已拉通全部污水、雨水管道，完成了人行地下通道主体工程、全线盖板涵及圆管涵、挡墙等构筑物建设；青年路、双马一号路、湘江防洪景观道路高新区段 I 标段等基础设施项目建设扎实推进。产业项目建设方面，华湘环保、立发粉体彩釉及家家美建材家居广场项目已投产或开业，省建三公司总部主楼已顺利封顶；胜利钢管项

目已完成螺旋生产线厂房建设和直缝焊主厂房70%的工程量；湘钢钢丝绳项目已完成电梯绳厂房主体施工、高性能厂房主体钢结构以及综合楼主体框架；三一大驰、金榕机械等其他产业项目建设抓紧推进。同时，切实加强项目着重包装策划，充实项目储备库，重点项目储备达28个，其中不乏蓝思科技、康奕达等战略龙头项目，为园区的下一步快速发展奠定了坚实的基础。

（三）创新集聚凸显，自主创新能力显著提升

出台《湘潭高新区促进企业发展知识产权的专项奖励办法》等系列奖励政策，兑现创新奖励266万余元，园区企业主体作用得到充分发挥，科技创新水平有效提升。

1. 科技服务平台不断完善

完善电机产业集群科技服务平台与矿山装备产业集群服务平台等公共技术服务平台2个。获得"国字号"招牌3块，创业中心成功获批国家中小企业公共服务示范平台；大学生科技创业园被确定为全国首批15家创业孵化基地之一，为省内唯一一家，并成功获批国家技术转移示范机构。火炬园获批"湖南省服务外包示范区"，将优先享受国家和湖南省服务外包政策优惠。探索并发起成立湘潭火炬创业投资有限公司，发放贷款1.2亿元，为园区企业自主创新提供便捷的融资服务。与万方数据公司合作建立了科技创新知识服务平台系统，免费为园区机关、企业提供资源检索。

2. 科技创新成果突出

2012年，全区引进中介5家、研发机构5家，完成专利申请300多件，同比增长45%，完成PCT专利3件，实现多年来零的突破；获批高新技术企业16家，占全市近40%的份额；新增注册商标23个，驰名商标1个。完成煤矿用新型瓦斯抽放管道的开发与应用、水酶法生产茶子油、新型闷罐式热风循环退火炉研究与开发等关键技术产业化项目10余个，湘电风能3个系列的风电机组、华菱线缆水下承力探测电缆获批国家重点新产品，五舟检测获批湖南省战略性新兴产业知识产权试点企业。

3. 科技人才队伍不断壮大

出台《湘潭高新区人才奖励暂行办法》《湘潭高新区高层次人才津贴暂行办法》，深入探索人力资源管理新模式。通过项目引才，教育部"新世纪优秀人才计划"金湘亮教授、湘潭大学周大军教授等高端科技人才入园发展。建立与高端人才定期交流制度，与中国工程院院士周宏灏教授、全国"863"项目专家阳

春华教授团队、全国"千人计划"、美国俄亥俄州立大学终身教授徐隆亚团队等一批业界领军人物和业内专家建立稳定的交流合作关系。同时，切实加强产学研合作，引进中南大学、省林科院、湘潭互创洁净能源科技有限公司合作共建生物质系统工程实验室；北京大学、北京理工大学博士和奥地利莱奥本大学硕士共同合作领衔组建标准件疲劳分析研究项目成功落户高新区。

二　2013 年园区面临的形势分析

（一）要认真领会中央、省市委经济工作会议精神

做好 2013 年经济工作，中央经济工作会议提出，要以提高经济增长质量和效益为中心，稳中求进，立足全局，突出重点，扎实开局。湖南省委经济工作会议提出，要进一步深化改革开放，进一步强化创新驱动，着力推动发展方式转变和经济结构调整。湘潭市委经济工作会议提出，要充分发挥优势，挖掘潜能，转型升级、统筹发展，切实解决发展不充分、不协调、不平衡的问题。综观各级会议，"加快科学发展"这条主线贯穿始终。学习领会中央和省市委经济工作会议精神，必须牢牢把握"科学发展观"这一精神实质，并以此总揽经济社会建设工作全局。具体到湘潭高新区而言，就是要坚守"科技创新"这一特质，进一步解放思想、大胆探索、锐意改革，着力创造一个有利于各类创新资源集聚迸发的环境，快速壮大园区产业规模，推动园区经济持续健康快速发展。

（二）要正视经济发展中的不利因素

从宏观方面看，国际金融危机阴霾挥之不去，发达经济体持续低迷，欧债危机走向不明，世界经济低速增长态势仍将持续；就国内而言，企业生产经营成本上升，传统粗放型经济难以为继；从湘潭高新区层面看，还面临资源紧、企业少、盘子小、环境差等客观不足，工作中还存在标准低、方法僵、执行差等现实问题。2013 年的经济运行必定会继续在艰难中前行。既要有过紧日子的思想准备，又要有长远谋划的意识，赶早提前，把应对措施考虑得更周全一些，要善于在不利的形势下寻找积极因素，把握工作的主动权，把各项准备工作做得更充分一些。

（三）把握机遇，加快千亿元园区建设步伐

辩证对待机遇和挑战，牢牢把握住蕴涵在新挑战中的新机遇，创造出更大更

好的发展空间。一是要抢抓全球产业技术革命倒逼园区提高科技创新能力的机遇。无论是国家宏观层面，还是省市微观层面都正在大力推动改革创新。这对于已有 20 年科技创新基础的湘潭高新区而言，无疑是重大利好，只要园区把握现有的科技产业优势，锐意进取，就一定能在这一轮竞争中抢得先机，获得发展。二是要抢抓国家继续实行积极的财政政策的机遇。2013 年，中央财政预算赤字比上年将增加 4000 亿元，预算投资将增加 350 亿元，代发地方债券 3500 亿元。园区一定要在稳定上年优势资源渠道的基础上，加强项目策划，加强对接协调，争取更多、更大的资金份额，巩固发展基础。三是要抢抓市委政府更加重视和支持园区创新改革的机遇。目前，重视园区、支持园区已经成为全市共识。市委政府将会在更多领域给予园区更多、更大的倾斜支持，园区完全可以利用这些机会，实施空间拓展、机制调整等重大创新举措，推动园区经济快速发展。

三 2013 年园区产业的发展目标和对策建议

（一）发展目标

技工贸总收入 750 亿元，同比增长 50%；工业总产值 570 亿元，同比增长 35%，其中规模以上工业总产值 460 亿元，同比增长 30%；财政收入 18.6 亿元，同比增长 30%；固定资产投资 215 亿元，同比增长 45%。

（二）主要措施

1. 加快基础设施建设，提升承载能力

目前辖区内的路网还不完善，配套设施还不健全，必须下大力气进行建设。要根据园区总体规划，科学论证、统筹安排各条主次干道的建设，城市主干道要注重结合本地环境搞好景观、绿化，园区支路要注重其运输功能。年内确保青年路、迅达大道等"四纵四横"8 条续建道路完工；争取板马路、茶园路、书院东路等 6 条道路主路路基成型；争取市里支持，完成宝塔南路、晓塘的建设；完成法华路、环西路等 4 条道路的前期工作。要按照"功能配套、适时跟进"的要求，协调推进电力、给排水、燃气网络等配套设施建设，做到开发一片、完善一片，提升一片。再强调一下，要尽快制定高压走廊土地综合利用工作方案，最大限度利用资源，加快高压走廊建设进程。要科学谋划好 2013 年乃至 2014 年的基础设施建设，争取到 2014 年末，园区路网基本拉通，园区整体形象明显改善，

园区综合承载力和社会影响力大幅提升。

2. 加强龙头项目引进，全力服务企业发展

加快高新区发展，必须坚持产业链招商，更加注重招引培育龙头项目。要深化主导产业和现代服务业规划，整合产业发展要素，着力引进新能源装备、钢材深加工、矿山装备三大主导产业和战略性新兴产业龙头项目，不断提高产业集聚度。要针对高新区重要地段商业地块，大力引进能够引领潮流的三产项目，促进现代服务业和总部经济繁荣发展，提升城市功能，增强经济活力。要改进和创新招商模式，紧盯世界 500 强和国内 100 强企业，进驻长三角、珠三角等先进发达地区，建立常态化招商对接机制，及时掌握信息，提前介入，要做实项目前期，高档次策划农民街的改造、滨江项目的建设，不断提高招商的针对性和工作实效。争取年内引进大型龙头项目 4 个以上。要切实帮扶园区企业，推动园区中小企业快速壮大，培育本土发展龙头。对胜利钢管、湘电风能、康奕达、钢丝绳等现有龙头企业，要建立工管委班子成员"一对一"联点帮扶机制，全力帮助解决发展运营中的实际问题。

3. 加快科技创新体系建设，彰显高新区特质

要大力推进科技成果转化、科技项目孵化、科技企业加速，依托湘潭基础优势，围绕三大主导产业，着力构建具有湘潭高新区特色的创新发展体系。要充分发挥院士工作站、创业孵化基地、大学生创业园、技术转移示范机构等创新创业平台功能，进一步集聚高端人才、高端项目，密切科技金融关系，着力培育一批"瞪羚"企业。要积极热忱帮助企业开展知识产权保护工作，加大对企业技术中心的申报、建设工作，形成一批具有自主知识产权的拳头产品，增强发展后劲。重点抓好企业加速器和东方金谷的建设，科学制定规划，尽快掀起建设热潮，精心筛选、全力扶持入驻企业，促其快速成长壮大。

4. 加强资源要素保障，提高项目建设速度和企业运行质量

通过银行贷款加强基础建设，鼓励企业融资扩张发展，要尽快在上半年包装好一批项目，积极落实融资抵押物，深化与银行的战略合作，加快企业债券发行步伐，进一步加大企业上市的融资力度。力争全年融资到位 30 亿元以上，帮助企业融资 20 亿元以上。要强化土地报批，加强闲置土地清理，创新征拆管理办法，积极探索并推行货币安置，加快征拆进度。力争全年报批土地 6000 亩以上，征拆腾地 6000 亩以上。要分步分批推出综合地块、商业地块上市出让，提升土地综合利用效益。要增强效益园区观念，注重项目运作效益，优化财务结构，优化项目实施方案，降低财务成本，进一步增强国有资本的经营能力。要注重人才引进和培养，力争全年引进高端优秀人才 10 名以上，充实产业发展、科技创新、社会管理服务一线工作力量。要牢牢盯住重点项目建设，胜利钢管、钢丝绳、九城汽车上半年要建成，康奕达要完成一期建设。

5. 加强民生工程建设，着力提升辖区居民群众满意度和幸福感

把辖区群众的冷暖放在心上，把为民服务落实在具体的民生工程上。要切实抓好失地农民安置，不断完善配套设施，将集中安置区建设成为百姓的温馨家园。要保障辖区范围内群众的基本生活，继续推进养老保险全覆盖相关政策，统筹推广其他社会保险，确保征拆推进到哪里，就将哪里的百姓无条件纳入社保。要快速完成街道组织机构设置，积极探索村级经济转型发展新模式，加快城市化建设进程。要加大社会管理创新力度，真心为民办实事，切实解决好群众关心的就学、就业、就医难题。

B.35
2012～2013年湘潭经济技术开发区产业发展研究报告

喻 湘*

2012年，湘潭经济技术开发区坚持以科学发展观为指导，紧紧围绕"建设大园区、打造新中心"，以加快转变经济发展方式为主线，不断探索产业承接与自主创新统筹结合，推进转型、高端、创新发展，在区域经济发展中起到了积极有效的窗口、辐射、示范和带动作用。

一 2012年园区产业发展情况

（一）加快结构调整，着力推进产业集群化发展

湘潭经开区紧紧围绕"工业新区、滨江新城"总体定位，大力推进产业转型升级，壮大三大主导产业集群，促进第二、第三产业融合发展。全年实现技工贸总收入710亿元，同比增长71.5%；完成工业总产值406亿元，同比增长49.8%，地区生产总值195亿元，同比增长48.8%，规模以上工业增加值完成107亿元，同比增长40%，第三产业营业收入304.04亿元，同比增长1.02倍，园区经济实力不断增强。

1. 特色产业集群不断壮大

突出龙头聚集效应，培育一批能带动产业集群发展、形成规模经济、提高产业综合实力和竞争力的龙头企业集团，以带动产业链在发展定位和空间布局上向集群化方向拓展和延伸。一是汽车及零部件制造产业2012年产值达133.32亿元，同比增长43.1%，产值过亿元的企业9家，产业龙头吉利汽车产值突破百亿元，已建成全球鹰远景和英伦海景两大整车平台，年产整车20万辆，成为全

---

* 喻湘，中共湘潭经济技术开发区工作委员会书记。

区第一家"百亿企业",带动零部件工业企业25家,汽车物流企业3家,汽车服务企业近30家,本地零部件配套率达15%以上;二是电子信息产业全年完成产值108.63亿元,同比增长132.9%,12家企业产值过亿元,全创科技、三星爱铭以及新引入的蓝思科技新材料生产基地,加速壮大产业集群,兴业太阳能光伏生产基地成功建成世界最大的太阳能屋顶发电厂;三是先进装备制造产业完成产值131.09亿元,同比增长107.5%,16家企业产值过亿元,通过央企裂变和军民融合发展战略,培育了中冶京城、泰富重工、江麓重工等矿山机械装备产业龙头,并向上、下游延伸产业链条,实现共同快速发展。其中,泰富重工港口矿山装备制造基地年产值达300亿元;四是战略性新兴产业迅速发展。园区以三大主导产业发展为根本,建立以战略性新兴产业为核心的"两型"产业体系。目前已入驻战略性新兴产业39个,总投资达30亿元,包括桑德环保、景翌环保、九华新材料、众泰科技、巨发科技、海洋生物、恒信电器等大批项目,涉及环保装备、新材料、新能源、生物科技等多个战略性新兴产业领域。2012年其他战略性新兴产业产值达20.93亿元。

2. 滨江新城快速崛起

园区根据城市化进程加速和人口聚集增长的特点,大力发展服务业,加快形成现代服务业与三大主导产业联动互进、协调发展的新格局。全年生产性服务业完成营业收入304.04亿元。现代物流、汽车商贸、房地产行业发展迅速。全年现代物流业实现收入144.55亿元,同比增长1.03倍,其中,钢材物流实现收入122.08亿元,同比增长1.01倍,汽车物流实现收入21.6亿元,同比增长1.08倍;现代商贸业实现技贸收入181.95亿元,同比增长1.02倍,其中,汽车大世界等28家汽贸企业收入达24.95亿元,同比增长82.4%,泰富国际依托其总部经济实现收入49.28亿元,同比增长1.09倍。同时,园区已有7家金融网点及3家小额贷款、担保公司,2012年,全区房屋销售面积达45.3万平方米,建设的新都汇、红星美凯龙、步步高摩尔城等一批具有国际一流品质的大型商业综合体和新都五星级酒店、九华新城、万境水岸、隆平科技博览园、中心医院、雅礼中学等工程,满足园区广大投资商、产业工人日益迫切的居住、休闲、娱乐、购物、就医、就学等需求。

3. 产业效益不断提升

2012年,工业产品销售收入396.62亿元,同比增长49%,产销率达97.7%;实现财税收入18.81亿元,同比增长42.5%;吉利汽车、中冶京城等21家企业税收过千万元,单位工业用地面积实现规模工业增加值增长率达16.2%。

（二）突出自主创新，着力推进创新发展

26 家高新技术企业实现高新技术产值 259.52 亿元，占工业总产值的 50.5%，同比增长 94.6%；规模工业研发经费占规模工业增加值的比重为 8.5%，高新技术产品增加值占规模工业增加值的比重为 81.8%；申请专利 233 件，同比增长 45.63%。湘潭锅炉、广绘轴承、通达线缆、聚宝米业商标获批为驰名商标，金海钢构、宏大真空、三峰数控、巨发科技获批为著名商标。园区积极引导科技成果转化，取得了新进展，并成为产业发展的新亮点。恒信电气"HXXS–NB/380V 型混合再生制动能量吸收设备研发与应用"项目，已列入国家发改委新型电力电子器件产业化专项，荣获湖南省科技进步奖三等奖。中冶京城 400T 电动轮矿用自卸车，在哈尔乌素露天矿完成安全性能和动力性能测试，经各项试验和用户鉴定，该车达到了同类设备的世界先进水平。宏大真空、玉丰真空、恒润高科、开启时代、电气设备申报的 10 项科技成果通过省级科技成果登记。在产品创新的背后，是园区对科技创新的关注和重视。通过实施知识产权和自主创新战略，园区兴业太阳能、恒润高科、开启时代报批为省级企业技术中心；三峰数控、电气设备报批为市级企业技术中心；恒润高科获批湖南省创新型企业；泰富重工、湘潭锅炉等企业分别与湖南大学、西安交大等高校签订了产学研合作协议，共同开展科技攻关；金海钢构与中国工程院院士马克俭合作成立了"院士工作站"；中冶京城联合市质监局等单位正在创建防爆电机国检中心；江麓重工正在创建湘潭市矿山挖掘装备系统集成与控制技术研究中心；三弘重工正在创建湘潭市矿山电控装备工程技术研究中心。园区形成了以高新技术创业服务中心为骨架、省级工程技术中心为塔尖、市级工程技术中心为塔身、中小企业与高校联合产学研机构为塔基的"金字塔式科技创新体系"。

（三）贯彻"两型"理念，着力推进高端化发展

1. 更加突出节能减排

以最少的资源消耗创造最大的经济效益。在企业研发、生产、流通和使用等各领域大力推广节电、节油、节气、节水生产和绿色制造。如兴业太阳能启动吉利汽车和浙江利欧等厂房 30MW 集中连片太阳能光伏屋顶智能微电网项目；湘潭锅炉生物质锅炉项目，以稻为原料，年减少二氧化硫排放 2.5 万吨，区内管网采用"两型"给排水管网体系，用水工业、生活分网分质，污水雨污分流。加速淘汰和改造落后生产工艺和技术装备，对九华纸业等环保不达标的园区企业实

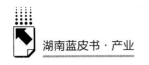

行退二进三，加大力度对锰矿尾砂库历史遗留问题进行综合治理。

2. 构建废物综合利用产业链

对液体废弃物回收、提炼、加工，形成产品，形成资源的闭环流动和循环利用。如景翌环保公司以全创科技的废水为原料提炼硫酸铜，既减少了水污染又增加了效益；金海盒式钢结构对建筑废料利用率达 80% 以上；桑德环保产业园项目，利用城市固废进行资源化处理、物资再生利用，逐步实现长株潭地区城市固废集中处理及园区内部循环。

3. 加大新能源推广力度

大力发展新能源和环保装备生产。与中国华电签署战略合作协议，建设分布式能源为园区进行集中供冷、供热，实现能源阶梯利用，较传统燃煤节约能耗 17% 以上。在园区住宅、道路、社区、企业内统一使用新能源产品，全区全年共推广 4 万只节能灯泡。大力在园区推广国际质量及环境认证，投资 1.2 亿元对 4 个社区实行公园化改造，在主要道路、路口广场安装 LED、分类垃圾箱并推行公共自行车免费租赁。2012 年，全区万元工业增加值能耗为 0.1 吨标煤，同比下降 28.6%，企业主要污染物排放总量消减率为 1.9%，万元规模工业增加值主要污染物排放强度为 20.45 千克，万元规模工业增加值能耗降低率为 17.14%。管委会在全市率先通过了 ISO 9001 国际质量管理体系和 ISO 14001 国际环境管理体系认证。

（四）突出项目支撑，发展动力不断增强

2012 年全区续建和新开工项目 117 个（含省、市重点项目 30 个），累计完成固定资产投资 201.45 亿元，同比增长 81.5%。一是工业项目建设加速。全年 47 个工业项目完成投资 69.91 亿元，投资过亿元的项目 13 个，泰富重工、吉利汽车四期、蓝思科技新材料基地、桑德动力电池及全创科技二期等一批重大工业项目相继开工和投产。二是基础设施加快完善，全年共完成基础设施及配套工程投资 66.25 亿元，九华大道北段已启动建设并完成部分主体工程；沿江风光带全线动工，完成投资 9 亿元，东西连贯、南北通达的"四纵三横"园区主次干道骨架全面拉开，水电气配套有序跟进。三是全年房地产新开工建设面积 144 万平方米，竣工面积 102 万平方米，同比增长 1.54 倍和 2.3 倍，完成投资 39.79 亿元，同比增长 1.79 倍，新都汇、九华新城、峰尚国际等一批大型城市商业综合体封顶，并成功引进新都等五星级酒店；黄河索菲特超五星级酒店、步步高摩尔城、红星美凯龙商贸城、湖南民营企业总部基地等一批配套项目正在加快建设。

（五）坚持开放合作，区域发展加速融合

牢固树立区域一体化理念，不断强化内合意识，坚持以区域空间的对接促进城市群资源的共享，不断形成区域核心竞争力。2012年6月20日，湘潭经开区与长沙先导区签订合作框架协议，全面开展相向发展，实现两区对接、两城融合。目前，九华大道、湘江风光带等对接长沙主干道正在加快推进；沪昆铁路湘潭北站是具备始发站功能的长株潭中心站，辐射湘潭、株洲、长沙西南部，具有"综合性、立体式、零换乘"功能，目前项目建设已全面铺开，建成后将极大促进湘潭与东部地区和西南地区的经济交流合作，实现产业经济发展的空间积聚和资源的有效配置；国际集团零部件基地、九华汽车城将为周边乃至中南地区提供零部件及汽车配套服务；引进的泰富国际、隆平高科建设的隆平博览园以滨江新城独有的特色发展总部经济，进一步加速长株潭经济一体化的进程，区域辐射带动能力不断增强。园区正全力申报的湘潭综保区，将进一步推进外向型经济发展。2012年，园区成功签约项目16个，合同引资127.9亿元，包括吉利汽车、华电集团、中铝集团等3家世界500强企业，全年实际到位市外资金65.02亿元，同比增长49.3%。

二　2013年园区产业发展趋势及问题分析

（一）发展趋势

1. 产业发展后劲充足

园区新增产业龙头将拉动新的经济增长，推动产业向更高水平、更高层次跨越。2013年，蓝思科技、泰富重工、桑德环保等一批重特大项目将竣工投产，预计全年新增投产企业25家以上；预计新增项目产值约200亿元，其中泰富预计实现产值70亿元、蓝思科技实现产值100亿元。

2. 结构进一步优化

产业集群及服务业发展形成多点支撑，力促经济发展。吉利、泰富、蓝思等龙头企业和桑德环保、兴业等战略性新兴产业将联促产业集群经济增长，汽车物流、汽车商贸、会展和总部经济的发展将形成更多产业支撑，对工业增长起到稳定作用。未来，园区将在承接产业资本转移、加快新兴战略产业发展、科技孕育创新、绿色经济兴起四个方面取得突破，走出一条以产业结构调整促进区域经济

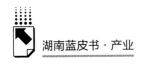

协调发展的新道路。

3. 创新力量不断提升

已初具雏形的新兴产业的招商引资力度将不断提高，以培育战略性新兴产业为导向的产业结构调整将孕育新的增长点，使经济发展方向实现由单一到综合，由粗放到集约。同时园区将更加注重企业的科技创新能力，加速向创新驱动阶段转变，获取、创造和发明新的技术将成为九华企业的发展主方向，科技创新将成为园区进一步壮大的主导力量。

4. 第三产业发展力度加大

随着新型工业化和新型城市化发展，第三产业的滞后，已经成为园区发展的"短腿"，制约经开区的可持续发展，第三产业的发展将放到更加迫切、突出的位置，加强服务业与工业的关联、渗透度，不断推进第二、第三产业交融结合，成为产业发展的新方向，园区将用繁荣的第三产业为工业经济的发展搭建坚实的承载平台。

5. 对外开放程度提高

园区与长沙先导区战略合作和综合保税区的申报，将进一步提升园区对外开放水平，吸引更多、更大、更优的外向型企业和项目投资落户，为园区发展提供强劲动力。

6. 投资环境进一步优化

园区将进一步创新观念，不断解放思想、先行先试，深化行政体制改革，优化行政作风建设，在体制机制上不断创新，集中解决园区发展的深层次、体制性矛盾，为发展搭建坚实平台、营造良好环境。

（二）存在的问题

1. 主导产业集群的竞争优势仍不明显

近年来，园区产业集群虽然有了跨越式发展，但支撑产业发展的仅是几个具有代表性的龙头企业，各个产业集群没有形成极具竞争力的规模优势，辐射带动作用不强，各产业链环节紧密融合程度不高。

2. 土地和资金瓶颈制约发展

"十二五"期间，区固定资产投资达800亿元以上，年投资需求160亿元以上，如何实现如此巨量的资金需求，成为未来园区建设发展的关键。园区大批用地上千亩的优质大项目招商引入，每年产业及配套土地需求量近万亩，为确保项目及时落地，供地矛盾成为项目引进和建设的瓶颈。

3. 人才及配套设施相对滞后

随着产业升级以及高新技术产业发展，经开区人才结构不合理、高层次复合型人才少等问题逐步凸显，人才培养与引进不适应产业发展要求的问题亟待解决。同时，园区生活配套设施不完善、科研氛围缺乏也直接影响高端人才进驻园区；高科技支撑服务体系不够健全，如会计、审计、质量认证、技术产权交易等中介服务机构还未形成配套体系，配套功能还需加强。

三　2013 年加快园区发展的对策建议

（一）发展目标

园区将以科学发展观为指引，积极转变发展观念，创新发展模式，提高发展质量。2013 年，是园区全面贯彻落实党的十八大精神，实现"建设大园区、打造新中心"目标的关键年。园区将围绕"全面贯彻十八大，建设美丽新九华"主题，以工业提质升级为根本，以滨江新城建设为重点，以深化"两型"改革为动力，以改善人民生活为己任，按照"保增量、提质量、促和谐"的要求，积极转变发展观念，坚持发展不动摇，保持发展速度不动摇，充分发挥经开区经济领跑作用。2013 年的发展目标是：实现技工贸总收入 1100 亿元，增长 56%；工业总产值 600 亿元，增长 50%；地区生产总值 280 亿元，增长 43%；规模工业增加值 150 亿元，增长 40%；新建和续建项目 136 个，完成固定资产投资 280 亿元，力争 300 亿元，增长 40% 以上；税收收入增长 40%，财税总额达到 26 亿元。

（二）发展理念

一是转型发展。转型发展是园区产业下阶段发展的必然选择，转型发展的主要内容是由传统产业经济向发展循环经济、绿色经济转型，由工业发展向产城融合发展转型，由单体经济向开放型转型。湘潭经开区将紧紧围绕资源驱动向创新驱动提升转变，优化产业结构，加强工业与服务业的关联、渗透度，将产业与城市融合作为一个良性互动的有机整体来进行全面统筹，实现第二、第三产业同步发展、有机融合，由外延扩张向内涵提升，以集约、低碳、绿色、开放的产业态势促进经济的可持续发展。二是高端发展。高端发展关键要实现三个融合：第一是适用性和战略性相融合。既要注重满足当前的发展需要，更要瞄准未来的发展方向，抢占产业和价值制高点；第二是城市建设和产业发展相融合。特别是要把完善现代生产、生活服务业作为城市建设的头等大事和长期主题来抓；第三是积极推进湘潭经开区与长沙大河西的融合发展，打开九华发展的北大门，抢占长株潭融城的第一高地。三是创新发展。首先是在理念上必须树立创新的观念，不断解放思想、先行先试，绝不能在发展的成绩面前因循守旧，在困难和问题面前缩手缩脚；其次要把企业作为园区创新驱动的主体，不断提升核心竞争力；再次要在体制机制上不断创新，为发展搭建坚实平台、营造良好环境。

（三）发展思路及措施

1. 以壮大产业集群作为产业发展的主要途径

紧紧围绕三大主导产业，按照"优化存量、做大增量、保证质量"的要求，制定和实施"百亿企业""千亿产业"实施计划，加快重大工业龙头的建设进度。力争到"十二五"末，打造吉利汽车、蓝思科技、泰富重工、桑德环保、兴业太阳能5家百亿元龙头企业。

（1）汽车及零部件产业。一是围绕整车生产，重点抓好美国塔奥、国际汽车零部件产业园等零部件配套项目建设，引进一批汽车电子、空调、车桥等核心零部件配套生产企业，通过2~3年的努力，形成吉利为主的轿车、恒润高科为主的新能源及特种用车、中冶京城的大型矿用车的各类整车40万辆产能，本地配套率达到60%以上，成为长株潭及周边整车零部件生产基地。二是延伸汽车服务产业链，建设京顺达、金达等汽车物流、仓储、配送服务项目，大力推进整车及零部件贸易、二手车市场建设，加快汽车4S店聚集，定期举行大型车展。到2013年，实现汽车产业集群产值可突破200亿元，其中吉利汽车实现产值180亿元。

（2）电子信息产业。一是围绕蓝思科技、全创科技等龙头企业，在触摸显示屏、集成电路、新一代移动通信、新型元器件、汽车电子等领域，引进一批上下游配套企业。二是利用智慧九华物联网示范基地平台，引进一批物联网产品制造、软件开发企业和华拓数码等服务外包企业。到2013年，电子信息产业集群产值可达150亿元。

（3）先进装备制造产业。一是围绕泰富重工、中冶京城、江麓重工等龙头企业，在冶金矿山、工程装备等领域，着力提高研发设计、生产制造、装备供应、技术服务的总承包和总装集成能力。二是加快推进泰富重工、桑德环保产业园、湖南农机产业园等项目建设，力争2013年实现先进装备制造产业产值200亿元，其中泰富重工实现产值100亿元。

2. 以"产城融合"作为产业发展重要推力

一是依托现有主导产业，大力发展配套物流、商贸等配套生产性服务业，完善法律、咨询、金融、会计、知识产权、电子商务、资产评估等信息服务机构及配套设施。二是高标准、高规格对"一带两湖一站"（风光带、九华湖、兴隆湖、沪昆铁路湘潭站台）区域进行开发，对兴隆湖、沪昆高铁站场周边的开发，建议按照"管委会引导、企业谋划、市场化运作"开发模式，引进国内外知名的商业地产开发集团，利用其丰富的开发管理经验以及与商业资源，整体开发，打造集购物中心、创意休闲街区、体验型娱乐中心、生态公园、高档会所于一体的大型商业文化广场。三是加速完善滨江新城基础设施和公共服务配套建设，加快建设索菲特超五星级酒店、新都汇、隆平科技博览园、九华德文化公园、中心医院、雅礼中学、宋庆龄基金幼儿园，"三馆一中心"等，完善生活配套服务，带动区域地产繁荣和人口集聚。四是加快完善现代金融服务体系。引进、培育和扶持一批创业投资、风险投资基金等投资机构和村镇银行、小额贷款公司、融资性担保公司，鼓励企业上市，力争2013年有1家企业上市。

3. 以自主创新作为产业发展的重要支撑

一是提升企业创新能力。突出技术创新体系和创新环境建设两条主线，鼓励企业与高校、科研机构在关键技术和重大产品研发领域开展产学研合作，形成各种类型的创新组织，鼓励和支持企业技术中心建设，支持园区企业建立院士工作站和博士后科研工作站。二是搭建科技创新体系。积极实施标准化战略，依托九华创新创业服务中心，建设完善共性技术研发平台等公共技术服务平台，实施一批战略性新兴产业重大科技项目，加快做好支持具有自主知识产权的关键技术和重大产品研发，促进企业核心技术和专利技术向标准转化。发挥自主创新和引进创新"两轮驱动"，引导创新要素和资源向园区聚集。三是加强人才培养。加快湖南软件职业学院、湖南汽车职业学院、工程师学院等专业技术人才教育、实训基地建设，积极探索人才、智力、项目相结合的人才引进机制和人力资本优先发展积累机制，引导人力资源与产业对接。采取聘请、引智等多种形式，大力引进国内外高素质、复合型人才，为九华发展提供人才保障。

4. 以节能环保作为产业发展的着力点

一是大力推进工业节能降耗。推动园区企业清洁生产技术改造，重点实施兴业太阳能示范区基地及华电分布式能源项目，争取建立蓝思科技的华电燃气发电直供专线；加快推行合同能源管理，鼓励企业建立能源管理体系。二是建立和完善资源综合节约利用的激励约束机制，实施九华纸业退二进三，淘汰落后产业；

推动重大低碳技术的示范应用，探索低碳产业发展模式；合理保护开发园区的自然资源，尽量保留原有山体、植被。三是发展循环经济和再制造产业。重点建设桑德环保产业园，建立长株潭固体液体废弃物回收利用循环体系。

5. 以深化改革作为产业发展的重要保障

（1）创新服务机制。重点推进管委会政务服务机制的规范升级，向着规范化、科学化、服务化的方向探索改革。一是建立招商引资内部机制，强化工业标准规范及准入条件，对入园工业项目的定位、可行性、布局和选址、产业配套和扶持政策进行论证决策，建立项目投资、产值、税收等指标履约情况的跟踪机制和考核机制。二是建立项目建设内部协调机制，明确招商、产业、建设、征拆等部门责任，及时解决项目建设中各类问题，对重大项目实行周调度、月调度、一事一调度，特事特办、急事即办，保证项目在征拆、场平、建设、生产运营等各个环节的顺利进行。

（2）保障产业发展要素。一是突出资金保障在经开区开发建设中的重大推动作用，构建多元化、多层次的投融资体系，全力做好第三批次25亿元债券发行工作，尽快出台鼓励区内企业加快上市融资的政策，争取在2013年新成立一家小额贷款公司，并引进、培育和扶持一批创业投资基金、风险投资基金等投资机构。二是加大投资软环境建设，致力于不断尝试和探索新体制，积极进行行政管理、投融资、社会保障、土地使用制度等方面的率先改革。不断深化管理体制改革，坚持以为投资者提供"全方位、全过程"优质服务为宗旨，以经济手段、市场手段为主导，营造出良好的投资环境。三是加快产业发展政策制定，尽快出台"百亿企业""千亿产业"发展规划、第三产业发展规划、城乡统筹发展规划和加快人口集聚、支持企业上市和资本市场发展的具体措施。

（3）提升对外开放水平。一是全力推进湘江沿江风光带九华段、九华大道北段等重大基础设施建设，力争2013年底风光带道路全线拉通，2014年5月对接长沙。二是抓好沪昆高铁湘潭北站站场及周边配套设施建设，主动对接，做好长沙大河西至沪昆高铁站地铁线路规划，尽快落实建设，实现高铁、地铁、公交"零换乘"。三是全力以赴抓好湘潭保税区建设，争取在2013年初完成综保区申报工作。尽快发挥保税功能和招商引资的"政策洼地"作用，吸引更多、更大、更优的企业和项目落户投资，促进长株潭外向型产业不断向园区聚集。

2012～2013年岳阳经济技术开发区产业发展研究报告

岳阳经济技术开发区研究室

　　岳阳经济技术开发区是沿江开放城市创办的首批开发区，1992年正式开发建设，2010年3月升级为国家级经济技术开发区，现辖3个乡镇、2个管理处，管辖面积253平方公里，常住人口约16万人。建区20多年来，岳阳经济技术开发区先后启动建设白石岭综合工业园、康王高科技工业园、监申桥工业园、木里港工业园等四大工业园，引进各类企业600余家，其中规模以上工业企业150余家，初步形成了先进制造、生物医药、新型材料和现代物流等主导产业，已发展成为岳阳对外开放的窗口、招商引资的主阵地、推进新型工业化主战场和区域经济发展新的增长极。

一　"二次创业"基本思路和2012年发展回顾

　　2012～2021年的十年间，是岳阳经济技术开发区确定的"二次创业"阶段，指导思想是：深入贯彻落实科学发展观，围绕湖南省委"四化两型"和岳阳市委"五市一极"发展战略，按照"三并重、两致力、一促进"的发展方针（即先进制造业与服务业并重、吸收境外投资与利用境内投资并重、经济发展与社会和谐并重，致力于提高发展质量和水平、致力于提高体制机制活力，促进开发区向以产业为主导的多功能综合性区域转变），努力把开发区建设成为全市乃至全省"对外开放的窗口、体制创新的试点、产业升级的平台、城乡统筹的示范和'两型'发展的'领头雁'"。总体目标是：全面实现"5678"奋斗目标：即到2021年，城区建成面积达到50平方公里，规模工业增加值达到600亿元，地方生产总值达到700亿元，财政总收入达到80亿元。园区建设上，形成"一区五园多基地"的园区发展格局。"一区"即岳阳经济技术开发区，"五园"即木里港工业园、监申桥工业园、康王高科技工业园、洪山物流园、现代农业产业园，

"多基地"即打造"北斗卫星导航产业发展基地"、"亚洲工业磁力应用设备制造基地"、"全国石化装备制造基地"和"中国造纸装备自主研制基地"等特色产业基地。产业发展上，主导产业产值占工业总产值比重的85%以上，高新技术产业增加值占规模工业增加值比重达到50%以上，三产业占GDP比重达到35%以上，基本形成以先进制造和生物医药为主体，以高新技术产业为主力，以现代服务业为支撑的产业发展体系。城市建设上，力争10年内城市建成区面积达到50平方公里，逐步实现从"建区"到"造城"的战略转型，把开发区建设成为宜工、宜商、宜居的现代生态新城。社会发展上，在全市率先实现全面小康，率先实现基本现代化。

2012年，是开发区实施"二次创业"的起步之年。一年来，在岳阳市委、市政府的正确领导下，全区上下深入贯彻落实科学发展观，强力推进"四化两型"和"五市一极"建设，全面攻坚"四三六"工程，着力推动各项工作"上水平、争一流、作贡献"，实现了"二次创业"强势开局。突出表现在以下几个方面：

1. 经济持续健康发展

全年实现GDP177.95亿元，其中规模工业增加值131.4亿元；完成规模工业总产值477亿元；完成固定资产投资86.83亿元；实现社会消费品零售总额78.67亿元；完成财政总收入18.8亿元，其中公共财政预算收入8.47亿元；争取各类政策性资金3.4亿元，实现融资到位9.4亿元。被评为全省省长质量奖先进县市区、全省扩大对外开放先进园区、全市"美丽岳阳"建设先进单位和全市推进新型工业化先进单位。

2. 招商引资成果丰硕

新签约项目21个，总投资151.95亿元；新开工项目27个，总投资60.85亿元；新投产项22个，总投资41.63亿元；实际到位内资28.39亿元，实际利用外资3600万美元，完成进出口贸易8343万美元。引进了首个投资过百亿元的项目，投资100亿元的南翔万商（岳阳）国际商贸城项目，将建设成为湖南省标志性商业建筑群和华中地区规模最大的现代化新型商贸物流中心；引进了首个投资过10亿元的工业项目，投资22.6亿元的北斗赛拉维电动汽车项目，全部达产后可年产10万辆电动车，年创税2.5亿元，提供近万个就业岗位；引进了首家五星级酒店，投资8.75亿元的岳阳万通温德姆至尊豪庭大酒店，总建筑面积6万平方米，预计全面营业后可年创税收1000万元以上。

3. 项目建设如火如荼

全年重点推进 67 个项目，新开工项目 27 个，总投资 60.85 亿元；新投产项目 22 个，总投资 41.63 亿元。累计完成土地报批 4103 亩，征地拆迁 4640.93 亩，拆迁房屋 1061 栋 185675 平方米，开发建设规模和速度前所未有。投资 13.2 亿、全长 7.3 公里的京港澳高速公路连接线项目，全程道宽 120 米，双向 12 车，需架互通式立交桥 1 座、跨线桥 3 座、人行天桥 5 座、综合管沟 7.3 公里，仅用 300 天时间就全线通车，被誉为岳阳工程建设的"连接线速度"。投资 4.51 亿元的中科电气冶金电磁设备产业升级及电磁工程技术研究中心项目、投资 9.98 亿元的中南科伦生物医药一期已竣工投产，王家河综合治理拆迁腾地、北斗导航赛拉维电动汽车制造、烟草物流园、体育馆等项目均顺利推进。

4. 发展平台日趋优化

随岳高速、大岳高速、岳长高速、污水处理厂及管网配套工程等一批省、市级重点项目顺利推进，完成珍珠山路、茅庵路、湖滨游路等城区主干道路暨配套设施建设，完成屈原路、旭园路、白石岭、青年路等 9 条道路油化提质工程，完成了南片大水、大电工程建设，城市规模向东扩张的骨架基本成形。监申桥、木里港工业园、康王工业园基础设施不断完善，项目承载能力显著增强。在晋升国家级经济技术开发区后，先后获得国家级高新技术创业服务中心、国家级高新技术产业孵化器、国家新材料成果转化产业化基地、湖南省承接产业转移示范园区、湖南省首批知识产权工作试点园区和"两化"融合试验区等众多产业发展的优质平台。在做大做实开建投基础上，组建轩达、新金两家集团公司，全年实际融资到位资金 3.4 亿元，另协助区中小企业协会融资到位资金 2 亿元。

5. 发展后劲显著增强

财政收入总量跃居全市第一，工业税收超 5 亿元，区内纳税过千万的企业达 15 家。企业自主创新意识、创新能力和创新转化效率不断提升，发展潜力不断增强，全年新增授权专利 149 件，拥有国家级、省级和市级产学研平台共 25 家，新增省级以上高新技术企业 5 家，达到 68 家；吉祥石化、科德科技、中南科伦和新华达制药 4 家企业进入 2012 年省第三批创新型试点企业；中科电气已签订矿山安全系统和数字化城市合作项目；国信军创 6906 已获得北斗二代科研生产资质，能够自主生产全套北斗用户机产品和集成电路芯片，获得北斗导航民用分理服务资质，即将取得北斗导航终端芯片制造资质。全年实现高新技术产业产值 286 亿元，高新企业产值占规模工业总产值的比重达 60%。三产来势可期，投资 100 亿元的南翔万商（岳阳）国际商贸城成功签约，九一物流园、温德姆至尊豪

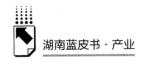
庭五星级酒店、华天五星级酒店、中南商贸新区、汽车 4S 店、岳阳商会大厦等项目相继落户并开工建设。

二 2013 年发展思路、目标和举措

2013 年，是贯彻落实党的十八大精神的开局之年，是全面建成小康社会的起步之年，是实施"十二五"规划的关键之年，也是岳阳经济技术开发区加快"二次创业"的突破之年。总体要求是：认真贯彻落实党的十八大和省、市"两会"以及中央、省、市经济工作会议精神，坚持以科学发展观为指导，深入落实"四化两型"战略，积极推进"四三六"工程，加速"二次创业"步伐，加快改革、创新管理，乘势而上、突破求强，确保"四三六"工程建设争一流、年度综合考评争先进。

主要目标如下。

——经济发展大提速。完成地方生产总值 200 亿元，同比增长 12%；完成规模工业增加值 150 亿元，增长 15%；完成固定资产投资 100 亿元，增长 16%；实现社会消费品零售总额 90 亿元，增长 15%；完成高新技术产品增加值 70 亿元，增长 25%；实现财政总收入 22 亿元，增长 17%；城乡居民人均收入分别增长 15% 以上。

——项目建设大推进。基础项目上，重点抓好岳望高速、临岳高速、京港澳高速连接线拓改二期工程及收费站西移改造、临湖公路、王家河流域综合治理、北港河水系保护和治理、游港河治理以及大桥河、珍珠山、架子山景区景点等项目征地拆迁、禁拆治违、施工环境等协调服务。完成长岭头路、中科路、木里港路建设，启动康王路、枣子山路、监申桥路等园区骨干道路建设。工业项目上，加速推进赛拉维电动汽车产业园、湖南科伦生物医药二期、中轻国泰机械二期、吉祥燃烧器、汇一富运国际汽配城、长炼机电园、昌德复配材料、三力数控机床、富兴旧车拆改和零配件再制造等项目建设。三产项目上，重点抓好南翔万商（岳阳）国际商贸物流城、九一物流园、温德姆至尊豪庭五星级酒店、华天五星级酒店、中南商贸新区、汽车 4S 店、岳阳商会大厦、九鼎总部大厦等项目建设。与此同时，进一步加大招商引资和产业升级的力度，力争到位内资 50 亿元，外资 5000 万美元；新增规模工业企业 10 家以上，省级以上高新技术企业 5 家以上。

——城乡建设大提质。实现城市东扩 3 平方公里，重点加快金凤桥片区、新

华片区城市拓展建设。完成土地报批 5000 亩，拆迁腾地 5000 亩，其中监申桥工业园拆迁腾地 1500 亩以上，康王工业园拆迁腾地 1500 亩以上。加大"五创提质"工作力度，完成市定全国文明城市、交通管理模范城市、治安模范城市、绿化模范城市、环保模范城市的创建任务。加强农村环境卫生整治，精心打造花园村、群贤村、乌江村、金家村、西塘村五个模范村，认真创建 107 国道、武广高铁、京港澳连接线、奇西公路"四大示范带"。规划、建设康王、三荷卫星集镇，抓好西塘集镇规划，扎实推进西塘全市统筹城乡试点镇建设。

——财税融资大突破。实现财政总收入 22 亿元，其中工业税收 8 亿元以上，纳税过千万企业达到 18 家以上。到位贷款 13 亿元，其中开建投 6 亿元，轩达公司 5 亿元，新金公司 2 亿元。发行企业债券 17 亿元，其中开发总公司 10 亿元，开建投（与市城建投捆绑发债）7 亿元。实现国土出让收入 8 亿元。力争到位政策性项目资金 3 亿元以上，为中小企业融资 3 亿元以上。

——社会管理大和谐。计划生育保先进位；安全生产不发生重特大安全事故；信访维稳不发生重大群体性事件、重大群体性越级上访事件、重特大刑事犯罪案件。

为完成上述目标，全区上下将紧紧围绕"二次创业"主题，突出统筹兼顾原则，着力在改革创新、项目建设、创优环境、队伍建设上突破求强，创新方法抓紧、抓实、抓好以下五项重点工作。

1. 突出"筑巢引凤"，抓好招商引资

着力抓好招商引资基础工作，以园区为平台、以资源为依托、以企业为纽带，招大引强、抓大择小，大力提升招商质效。一是强化平台支撑。加快木里港工业园、监申桥工业园开发，加快国家级创业服务中心大楼建设，实施绿化、亮化、净化、美化工程，大力改善园区基础设施，提升园区整体形象和项目承载能力。二是强化用地保障。加快做好园区土地、新拓道路两侧土地、零星土地等收储工作，依法全面清理各类闲置土地，促进土地连片开发、集约利用。积极适应拆迁政策的新变化，推行拆迁包干的新办法，探索安置主体下沉的新机制，着力解决拆迁难、安置难问题，最大限度地降低开发成本，提高拆迁效率。三是强化引资效益。按照"不污染、规模大、强度高、效益好、合规划"总体要求，坚持第二产业与一、三产业招商相结合，单个项目招商与区域板块招商相结合，在引进战略性新兴产业项目上求突破，在弥补产业缺失链条上求突破，在引进国际国内 500 强企业上求突破。围绕项目谋划、论证、洽谈、服务等环节，建立科学完整高效的招商服务链，强化领导干部带头招商、部门单位全员招商考核力度，鼓励企业以商招商、专业机构招商，进一步增强招商引资的针对性、实效性和可持续性。四是强化政策对接。准确把握国家宏观政策的取向和变化，认真分析中央、省、市出台的财政、项目投向等"一揽子"政策措施，加强协调配合，主动捕捉项目信息，抓好项目对接，争取更多支持，争取多分"蛋糕"。

2. 突出项目建设，推进"四三六"工程

坚持把项目建设作为一切工作的重中之重，全面推进"四三六"工程重点项目建设。一是强化管理服务。在巩固"一个项目、一名领导、一个单位、一套人马、一个方案、一抓到底"工作机制基础上，进一步理顺项目管理体制，除重特大项目外原则上不设项目建设指挥部，强化园区属地管理责任，实施重点项目部门申报领办服务制，强化督查督办，严格兑现奖惩，提高项目合同履约率、资金到位率、开工率和达产率。二是抢抓工作进度。坚持牵头领导定期深入建设一线，定期督促检查，主动掌握情况，不断加大指导、协调和服务力度。要求部门单位制定推进落实计划，及早做好征地拆迁、工程招投标、资金筹集等工作，对已经实施的项目，进一步落实责任，倒排工期，加快各环节工作力度，力争提前竣工；对准备开工的项目，安排专人，落实责任，明确时限，跟踪催办，千方百计达到进度要求。三是改善政务环境。最大限度地协调统一发改、经贸、建设、规划、国土、环保等部门，在政策允许范围内积极主动简化审批程序，提高服务项目效率和水平。强化区优化办、督查室、问责办职能，为优化企业投资环境提供坚强的保障。

3. 突出拓城建镇，加快城市东扩

坚持精益求精、精打细算、精细化管理，大力推进新型城市化、新型城镇化，努力把岳阳经济技术开发区打造成为岳阳城市发展综合先导区、城乡一体化示范区。一是完善规划编制。按照"有利于城市发展、有利于产业发展、有利于城乡统筹"原则，进一步完善岳望高速、临岳高速、机场高速、107国道（改线）、蒙西铁路等重要交通组织，连接线两侧、临湖公路两侧、巴陵东路北片、岳阳大道南片等重要地块的城市设计或概念性规划，木里港工业园、新华片区、金凤桥片区等重点区域的规划编制，以及所有建制镇（乡）总规编制和重点集镇、村庄规划编制，进一步提高规划的整体性、指导性和前瞻性。二是加快城、镇建设。注重把城、镇建设与岳阳中心城区建设结合起来，适应多样化的功能需求，因地制宜，科学规划，合理开发。中心城区加快配套建设好学校、医院、商场、娱乐等生活性服务设施，加速引进建设好金融、物流、信息、科技等生产性服务场所，不断提升区域的城市功能、居住功能、商务功能、服务功能。切实把城镇化建设摆在更加突出位置，启动金凤桥管理处办公基地、三荷、康王卫星集镇规划和建设，完善西塘集镇建设选址及规划。强化经营理念，千方百计拓宽融资渠道，想方设法盘活土地经营，积极探索走出一条"土地换投资、资源换资产"的滚动开发新路子，努力形成中心城区和中心集镇扩容提质、特色小镇（村庄）有序有效发展的良好局面。三是提高管理水平。牢固树立"建管并重"的思想，按照"白天与晚上一个样、主干道与背街小巷一个样、中心城区与城郊结合部一个样"的标准，大力推进"五创提质"工作，加大市容市貌综合整治和生态环境专项治理力度，落实24小时分片包干长效保洁责任，着力提升居住舒适度、环境优美度、生活便利度和服务满意度。

4. 狠抓"三农"工作，促进城乡统筹

全面建成小康社会，实现城乡统筹发展，基础在农业，难点在农村，关键在农民。一是改善农村生产生活环境。认真落实各项支农惠农政策，积极争取更多的项目和资金投入，加强农田水利、农村道路、电网、通讯、文化、沼气等基础设施建设。注重抓典型、抓示范，以点带面、以奖代投，千方百计调动群众积极性，依靠自身力量加大农村环境卫生整治力度。二是提升现代农业发展水平。积极扶持农业产业化企业、农业专业合作社做大做强，鼓励和引导以绿色、休闲、生态为主要特征的都市现代农业发展，积极支持把水果基地扩大，把水果产业做大，鼓励其他农业产业发展壮大，实现由"传统农业"向"现代都市农业"的战略转型，促进农业增效、农民增收。三是加强基层组织建设。进一步加强基层管理，加大基层干部关爱力度，充分发挥村（居委会）书记、主任领头羊与火车头的作用与责任，促使其配合抓好禁拆治违、信访维稳、计划生育、安全生产等工作，真正保一方稳定，保一方平安；配合抓好项目建设、环境优化等工作，真正服务中心，顾全大局。

5. 突出改革创新，增强发展活力

着力在各领域探索改革创新，破除瓶颈障碍，释放更加强劲的发展活力。一是创新内部管理。按照因地制宜原则，重新明确"三定"，进一步理顺机构编制管理，合理整合现有机构，优化事业单位岗位设置，科学界定部门职能，进一步提高运行效率。改革用人机制，机构确定后竞争上岗，建立能上能下用人机制。改革收入分配办法，充分体现"干多干少不一样、工作绩效好坏不一样"。二是完善制度体系。进一步完善各方面工作制度，使之更加成熟、更加规范、更加定型，确保各项工作有序开展，各项权力在阳光下运行。进一步健全对各部门单位履职效率、效能建设、服务效果、创新创优的绩效管理体系，建立激励与约束并行、动力与压力并举、效率与效益并重的监督考核机制，切实提高工作效能。三是加强财税改革。加大税收协控联管工作力度，进一步健全财源建设和税费征管激励奖励制度，加强重点企业、专业市场、房地产业等重要税源以及房屋出租、个体工商户等零星税收的征管；不断完善乡镇、管理处财政管理体制，提升各级财政自身保障水平；深化国库集中支付改革，严格预算管理，严格控制接待、会务、差旅等非生产性开支，强化财政监督，全力建设规范财政、效益财政、活力财政。四是加大投融资力度。加强区属企业管理，规范内部运作，扩大经营范畴，增强投融资能力。大力拓展股权转让、发行债券、信托理财、信用贷款、委托贷款等多种融资方式，规范完善BOT、BT等项目建设方式，吸引更多的民间资金参与开发建设。深化银企、银政合作，扩大信贷规模。大力培育上市企业，支持重点企业上市融资。五是加快公司化运作。在确保资金安全的前提下，积极探索政府投资带动社会投资的路子，如成立创业投资公司，扶持中小企业发展；成立拆迁保险公司、物业总公司，提高失地农民保障水平，确保失地农民"失地不失业、失地不失收"；成立投资评审公司、工程咨询公司、环卫保洁公司，参与市场竞争，缓解投入不足等。

B.37
2012～2013年长沙国家生物产业
基地产业发展报告

胡晓江*

2012年，国家级浏阳经济技术开发区（以下称长沙国家生物产业基地）以科学发展观统领全局，把调结构与转方式结合起来，坚持产业发展和城市建设同步推进战略，实现"造园"到"造城"的蝶变，园区发展实现历史性跨越，继被国务院批准晋升为国家级经济技术开发区以后，又被国家商务部批准为湖南第四家国家科技兴贸创新基地，被省能源局批准为首批循环经济试点示范园区，为湖南经济发展做出了新贡献。

一 2012年产业发展情况分析

（一）产业实力显著增强

一是主要经济指标完成较好。2012年，长沙国家生物产业基地实现工业总产值375亿元，同比增长49%；招商引资到位资金27亿元，其中，到位省外境内资金10亿元，到位外资7400万美元。外贸强劲增长，特别是长沙国家生物产业基地最大企业蓝思科技股份有限公司实现出口交货值70.35亿元，同比增长98%，继续位居全省进出口额第1位。二是财政税收破十亿元大关。2012年是长沙国家生物产业基地财政收入完成最好的一年，实现了高基数上的快速增长，完成财政总收入12.48亿元，占年度目标预算的103%，比上年同期增加4.11亿元，增长49%；其中上划收入完成6.8亿元，占年初预算的102%，比上年同期增加2.4亿元，增长55%；地方收入完成3.8亿元，占年初预算的100%，比上年同期增加1.27亿元，增长50%；土地出让金收入1.88亿元，占年初预算的

---

* 胡晓江，长沙国家生物产业基地管委会办公室。

111%，比上年同期增加4358万元，增长30%。三是规模企业迅速成长。全年新增税收过4亿元企业1家（蓝思科技）；新增税收过1000万元企业3家，总数达19家，其中，尔康制药、威尔曼制药、盐津铺子食品3家企业税收分别过5000万元大关；新增税收过500万元企业4家。2012年，长沙国家生物产业基地税收过100万元的规模企业总数达59家，整体实力显著增强。

（二）产业招商取得突破

2012年，长沙国家生物产业基地继续抢抓沿海产业转移的机遇，进一步巩固已经初具规模的电子信息产业集群，实现了生物医药、电子信息、健康食品三大产业同步增长。超额完成省、市下达的各项经济指标，其中，规模工业总产值和增加值的增速稳居长沙四区十园之首，新引进项目数排名第1位、工业投资增速排名第2位。一是引大引强效果明显。2012年，长沙国家生物产业基地新引进项目21个，总投资达114亿元，为历年之最。其中，投资过30亿元项目2个（蓝思科技新材料项目、中以光二代光纤生产基地项目），投资过10亿元项目2个（粤港城商业综合体项目、豫园广场商业综合体项目），投资过5亿元项目4个，投资过1亿元项目11个；总占地面积2841亩，投资强度达400万元/亩，同比增长33%。二是三大产业同步推进。新引进生物医药企业6家，分别为：江苏正大天晴投资5.2亿元建设肝炎药、心血管药制剂生产基地；华强制药投资5亿元建设制药生产基地；奇异生科投资2.3亿元建设植物提取物生产基地；艾尔希科技投资1.2亿元建设医疗特种气体生产基地；泰松生物科技投资1.5亿元建设肠衣及肝素钠原料加工基地；豫园生物投资1亿元建设生物菌生产基地及国家生物有机肥和根瘤菌工程中心。新引进电子信息企业3家，分别为：蓝思科技投资40亿元建设新材料生产基地；中以光通信投资5亿美元建设二代光纤生产基地；锐林新能源投资1.5亿元建设新能源储能材料生产基地。新引进健康食品企业4家，分别为：旺顺食品投资5亿元建设纯净水、饮品生产基地；坛坛香食品投资1.2亿元建设调料食品生产基地；上海赛艺食品投资1亿元建设进口食品加工生产基地；湘楚情食品投资0.8亿元建设湘菜配料生产基地。三是第三产业招商获得历史性突破。先后出台了《支持园区企业参与商业综合开发的有关政策》《促进第三产业发展的暂行规定》等相关政策，积极鼓励园区第三产业发展，吸引了众多第三产业品牌商的入驻。华强公司投资12亿元建设粤港城商业综合体项目、豫园公司投资10亿元建设豫园广场城市综合体项目、洞天公司投资6亿元建设五星级酒店项目。步步高、家润多、肯德基、麦当劳、餐谋天下、横店影视城、君逸山水酒店等与园区成功签约，部分已实现营业。这些第三产业品牌的进驻，不仅满足了园区广大员工在餐饮、娱乐、购物等方面的需求，也极大地提升了园区城市化品质。

（三）产业建设再上台阶

一是优化产业发展环境。全面做好企业服务工作，争取浏阳市对园区进一步授权到位，"企业宁静日"制度等得到执行。全年共计组织138个（次）企业申报14个争资项目，争取上级资金近4000万元。蓝思科技、威尔曼制药、兴嘉生物向中国证监会递交了上市材料。新增小额贷款公司1家，园区金融服务机构达13家。新增"好味屋"为"中国驰名商标"、新增"金磨坊"等5家企业申报"湖南省著名商标"。对介面光电、神力胶业等8家企业办理了环保"三同时"验收手续；处理环保投诉48件，下达环境监察整改文书48份、责令停止生产文书2份；征收排污费64.8万元。加强安全生产工作，全年共检查生产经营单位366家次，下达当场整改指令书86份，限期整改指令书25份，排查整改隐患323处。督促蓝思科技投资280多万元建成了高标准的易制爆危险化学品硝酸钾专用仓库和其他类危险化学品专用仓库。有力推进安全生产标准化工作的开展，19家企业通过了安全生产标准化验收。二是加快产业建设步伐。通过促产促建，现有绿馨园食品、馋大嘴食品、尔康制药三期、威尔曼制药银河项目、三清制药、康师傅水厂三期、信达新材、洁洁环保等20个新项目开工；有永和阳光、普济生物、宝利士、立德新材、九道湾食品、好味屋食品二期等15个项目投产；有裕翔生物、盐津铺子蜜饯项目等近10个项目在建；还有蓝思科技新材料、厚生医疗器械、贺福记食品等近20个项目在做平地、可研、设计等前期筹备工作。三是促推产业科技创新。推荐科技、发改、经信等职能部门10个计划类别项目总计76项，35个项目确定立项，获政府资助资金2500余万元。科技部重大新药创制专项"长沙国家生物产业基地创新药物孵化基地建设"获国拨资金1136万元，已全部下达到各课题单位。目前11项子课题进展顺利，其中，湖南省实验动物中心成为全省唯一一家通过国家GLP认证的药物安全评价研究机构。知识产权工作得到加强。8月，长沙国家生物产业基地知识产权工作站顺利晋级为省市共建知识产权工作站。全年有专利申请企业43家，同比增长34.4%；专利申请量达到138项，其中发明专利57项，同比增长达40%。

（四）产业配套亮点纷呈

城市化建设与产业发展相辅相成，基础设施建设的完善，对促进产业发展至关重要。一年来，长沙国家生物产业基地狠抓基础设施建设，为产业发展打好了坚实的基础。一是融资工作再创佳绩。一年来，融资部门全力拓宽融资渠道，取得了融资工作新的突破。全年获批贷款10.1亿元，年底到位资金7.2亿元，超额完成了管委会下达的3亿元融资任务。积极做好土地款清欠工作，收回企业购地款9858万元。二是征拆安置工作再创新高。征拆部门加大园镇合作力度，突出重点、细化责任、全力推进，超额完成了年度征拆任务。一年来，累计完成土地征收3223.4亩，占任务的161%；拆迁房屋86户，占任务的143%；拆违拆旧20余栋、迁移坟墓1500余家、租赁农田600余亩。完善了北辰、南阳、东惠三大已建安置区的硬化、绿化、亮化、美化；全面铺开了永龙路安置房、南园安置区、安阳家园的建设工作。全年发放656名老年失地农民生活补助，完成959名被征地农民的农转非手续。三是基础设施建设快速推进。全年基础设施建设直接投资9亿元，完成平地1660亩、路基5.5公里、路面5.5公里；完成新建绿化及铺装面积9.05万平方米，新架、改造电力线路25.3公里，新安装路灯213盏（约8.5公里）。自来水厂三期建设全面完成投入使用；污水处理厂三期完成土建，进入设备安装阶段；第二办公楼工程完成主体五层；影视会议中心工程完成基础、主体一层。其中，蓝思科技新材料项目平地分七个标段同步施工，科学调度、日夜奋战，历时五个月，调运土石方206万立方米、平地1000亩，打赢了重大项目落户关键性的战役。

（五）产业服务成效显著

一是拓宽社会配套内涵。投资165万元新建工业园实验小学综合楼、投资145万元新建环园实验小学宿舍楼、完成9个公交站台建设、完成园区门牌编制和路牌设置及安装工作、基本完成农贸市场建设。吸收丰国贸易、金爱丽、罗比特、豫园生场等加入企业互助协会；为东风制药等20家企业争取贷款1.256亿元。协调40多家企业参加现场招聘会，组织37所高职院校与蓝思科技、介面光电等实现校企对接。二是构建和谐用工关系。"五险"参保230324人次，同比增长21%；征收社会保险基金3.2亿元，同比增长38.8%。为蓝思科技减少社会保险支出9800余万元。调处劳资纠纷207起。三是加强公共服务。针对流动人口众多的特点，加强计划生育工作，全年发放避孕药具140箱，安装自动取套箱80个，发放孕前优生等宣传资料3万余份；采集录入流动人口信息116827条；37家企业成立了计生组织。加强公共卫生监管，全年发放餐饮服务许可证83份，取缔7家卫生不合格单位；制定了《突发公共卫生事件应急预案》；对323

家食品生产经营户和餐饮单位 2503 名从业人员实施有效监管。四是加强党政服务。文秘、调研、考核、督察、后勤、会务、接待等协调推进。长篇纪实文学《拐弯》由湖南人民出版社正式出版，该书由湖南省委原书记杨正午亲笔作序，是反映园区创业历程的重要史料。组织了《大梦敦煌》2012 年新春答谢会，省长徐守盛亲自出席并接见园区企业家。做好了省委书记周强、省领导梅克保、陈肇雄等来园的接待工作，累计接待客人、客商 169 批次，共 3231 人。其中，外省的考察团队有北京中关村海淀园、河南潢川经济开发区等十余个。

（六）产业不足需要重视

2012 年，长沙国家生物产业基地发展迅速，为"十二五"末跃上千亿元园区的台阶打下了坚实的基础。但是，纵观产业发展的格局，依然有一些问题需要引起重视。一是土地制约依然存在。由于政策等因素影响，长沙国家生物产业基地土地指标一直偏紧，加上受各方面利益影响，征地拆迁难度进一步加大，项目落地压力较大。二是城市配套依然滞后。长沙国家生物产业基地 2012 年度的第三产业招商和城市化建设力度是历年最大的，但需要较长的周期，加上房地产开发受宏观调控影响，形成销售旺季需要时间。三是产业政策需要跟进。长沙国家生物产业基地对生物医药产业的管理和服务经验相对比较丰富，但电子信息产业的管理和服务相对较弱。同时，获批为国家级经济技术开发区以后，站在更高的层面，需要加强产业等方面的对接。

二 2013 年产业发展对策及思路

2013 年，是长沙国家生物产业基地晋升为国家级经济技术开发区的第一年，也是我国建成全面小康社会的开局之年，做好 2013 年的工作，保持高位增长，对于长沙国家生物产业基地在"十二五"末成为国家级开发区"千亿园区"俱乐部中的一员至关重要。

（一）狠抓产业优化

在生物医药领域，将继续推进国家创新药物孵化基地 12 个重点项目的研发和产业化，在全国生物产业蓄势待发中，率先抢占基因制药、酶催化、高端辅料药等领域的制高点；继续推动园区生物产业企业上市和实现资本重组、嫁接改造。重点要抓好南园三清、科源、明瑞、华强等 8 个医药企业的建设。在电子信息领域,将以苹果、三星等高端手机生产企业为主要客户,以蓝思科技、介面光电以及正在洽谈的一批重大项目为龙头,不断拓宽、延伸产业链,形成更大的产业规模和更强的产业集群。同时,整合中南大学等高校院所的创新优势和社会的资本优势,打造新的电子材料产业集群,培育新的经济增长点。食品行业重在培大育优盐津铺子等具有市场竞争力的企业,并支持其早日上市。还将大力发展节能环保和新能源等战略性新兴产业,使园区不仅在科技创新上领先,也在产业发展中进一步形成集群效应、掌握市场话语权。

(二)实施片区开发

长沙国家生物产业基地正在由单个项目运作为主向成片区域开发为主转变,2013 年将自我投资 18 亿元基础设施建设资金,开发好"三区一带",即瑞林片区、枫浆桥片区、红树林片区和捞刀河商务风光带。积极探索土地入股、BT 运作、产业基金等多种投融资模式,由以投资公司开发为主向由社会资本、战略投资者和公司共同开发转变,充分发挥财政资金杠杆作用,拓展城市空间。

(三)突出文化特色

挖掘园区特色,提升城市软实力,加强三大文化体系开发。形成以医药文化馆、药王庙、药膳养生城、医药歌舞剧为重点的医药文化体系和以捞刀河两厢酒吧、酒店、广场、雕塑等为载体的关公财、义文化体系,以及利于吸引三星等韩国品牌落户的以洞阳道教二十四洞为主体的韩国罗、李宗族文化体系,将园区打造为长沙工业、商贸、国际旅游目的地,提升城市品位。

(四)强化城市配套

尽快建成影视会议中心、五星级洞天酒店和粤港城、豫园广场等大型城市综合体,完善职工免费公交线。提高居民素质,引导失地农民就近就业,提高居民幸福指数。全年铺排重点项目 23 个,包括:占地 300 亩的安阳小区大型农民安置示范区项目、占地 2000 亩的捞刀河综合开发项目、影视娱乐中心(工人俱乐部)、药王庙文化区扩建、电力扩容(新增 5 万千瓦)、洞天五星级酒店、长郡中学园区分校、二甲医院、第二自来水厂、中心公交站、克里大桥、沥青路面改造等。确保全年新平地 1800 亩,新增道路 12 公里。

(五)确保高位增长

2013 年,长沙国家生物产业基地将实现工业总产值 500 亿元,同比增长

35%；实现财政税收 16.5 亿元，同比增长 35%。计划全年完成固定资产投资 93 亿元，同比增长 20%。计划全年新引进投资过 1 亿元项目 15 个，其中，投资过 10 亿元项目 1 个，过 5 亿元项目 2 个；实现招商引资到位资金 32 亿元，同比增长 20%；其中，到位外资 8800 万美元。力争工业产值过 200 亿元企业 1 家，税收过 5 亿元企业 1 家，税收过 1 亿元企业 1 家，税收过 5000 万元企业 3 家。全年确保在建项目 25 个，竣工投产项目 15 个。

专题篇

Special Reports

ℬ.38
推动战略性新兴产业健康发展的
若干思考

唐宇文*

党的十八大报告提出：要使经济发展更多依靠现代服务业和战略性新兴产业带动。要强化需求导向，推动战略性新兴产业、先进制造业健康发展。战略性新兴产业作为中国及湖南省近年来大力扶持的产业领域，发展成效明显，但也存在核心技术缺乏、无序竞争等问题，亟须以全球视野谋划和推动创新驱动发展战略，不断招大引强，实现重点突破。

一　发展现状

近年来，湖南省战略性新兴产业取得了长足进步，特别是2010年出台《关于加快培育发展战略性新兴产业的决定》以来，通过实施"753"战略，湖南省战略性新兴产业呈现快速发展的良好势头。2011年，全省战略性新兴产业增加

---

* 唐宇文，湖南省人民政府经济研究信息中心副主任、研究员。

值比上年增长31.1%，比GDP增速快18.3个百分点；2012年，全省七大战略性新兴产业增加值比上年增长20.2%，仍高于GDP增速8.9个百分点。

但与发达省市相比，湖南省战略性新兴产业尚存在规模水平不高，产业链条不长，创新能力不强，投融资体系、市场环境、体制机制政策等还不能完全适应战略性新兴产业快速发展的需要等问题。目前，除工程机械、轨道交通、金属新材料外其他产业规模都较小，骨干龙头企业不多；实力最强的先进装备制造业省内配套率不足40%；2011年规模战略性新兴产业相关企业研发经费占企业主营业务收入的比重仅为2.3%，研发投入不足，成果转化率不高，拥有核心技术少，而发达国家如德国的机械制造行业将营业额的10%投入研发，超过11%的研发人员从事机械制造业，德国的机械制造业能在经济危机中增长得益于其高科技的投入和强大的出口能力。

核心技术缺乏是战略性新兴产业发展的一个通病。我国战略性新兴产业的技术创新活动，2005年出现增长拐点，开始呈现显著的指数型增长。但具体技术领域各产业存在明显差异，有些产业领域发展较好，如电子通信领域中国本土企业近十年技术创新活动比例一直攀升，目前已占据国内公开专利数的2/3，控制了国内技术的发展；有些则处于劣势，如插电式混合动力电动汽车，技术成果大部分由日本、美国等国家的跨国公司所拥有，对本土企业形成了牢固的技术壁垒，其中2001～2010年比亚迪电动汽车专利数48个，虽在本土企业中排第1位，但在中国境内各类企业电动汽车公开专利数量中仅排第14位，大大低于在中国排第1位的日本丰田的专利数（692个），比亚迪现在世界整体排名第51位，大大低于丰田电动汽车在全球的公开专利数（4716个）。再如太阳能电池虽然中国产量居世界第1位，但具有高转换效率的太阳能薄膜电池等新一代光伏电池核心技术，中国并没有掌握；生物医药产业虽然发展迅速，但缺乏创新药物和工程化技术与装备；基因工程开展了大量研究，但没有掌握工业化的转基因技术，开发具有自主知识产权的新品种速度慢；装备制造业规模较大，但大型装备的关键核心部件、控制技术和高性能材料严重依赖进口；新兴信息产业虽然在系统设备研发方面取得了明显进展，但在集成电路、光电、高性能计算等领域的基础性技术还有待突破。

二 展望未来

展望未来，战略性新兴产业仍处于发展的重要战略机遇期。

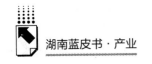

1. 节能环保产业将进入快速增长期

节能环保是建设资源节约型和环境友好型社会的重要环节，对于人均能源资源严重不足，而能源需求持续增长的湖南省来说，发展节能环保产业具有重要的战略意义，是完成减排目标和促进经济发展一举两得的重要选择。据预测，到2015年，中国节能环保产业总产值将达到4.5万亿元左右。目前节能环保产业是湖南省规模工业战略性新兴产业中，仅次于先进装备制造、新材料产业的第三大产业，2011年其主营业务收入已达到672.82亿元。可以预期，在加快建设"两型"社会的进程中，节能环保产业必将迎来一个快速发展期。

2. 新一代信息技术仍将高速发展

信息技术领域近年来所出现的新一代宽带网、智慧地球、云计算、系统级芯片等新技术、新应用，极有可能推动信息产业实现新的质的飞跃。与此同时，信息技术还会带动互联网、电子商务、文化创意等多个产业强劲增长，创造新的商业模式。据预测，到2015年，中国电子信息产业总产值将达到10万亿元左右。信息产业是近年来湖南省战略性新兴产业中发展最快的产业之一，如2011年其创造的增加值增长率达到了74%，未来仍有较大发展空间。

3. 生物产业有望跃上新的发展平台

据统计，2010年中国生物产业总规模已接近2万亿元，其中生物医药就超过1万亿元。未来中国在推动生物医药产业发展的同时，也将加快推进生物农业、生物能源等生物产业新领域的发展。据预测，到2015年中国生物产业总产值将超过4万亿元。发展壮大生物产业，符合湖南"四化两型"战略的总要求，随着国家相关政策的引导、资金的投入，未来湖南生物产业必将获得新的更大发展。

4. 高端装备制造业仍有较大提升空间

高端装备制造能力是衡量一个国家和地区科技水平高低的关键指标，更是打造世界工业强国的战略重点。未来几年，高端装备制造业面临难得的发展机遇。据预测，到2015年中国装备制造业总产值将超过6万亿元。近年来，先进装备制造业对湖南工业发展的贡献日益加大，已成为支撑湖南工业发展的主导力量，未来湖南装备制造业产值仍可望获得显著提升。

5. 新能源产业将加速发展

国家"十二五"规划已明确提出，到2015年，新能源和可再生能源占一次能源消费比例要提高到11.4%的约束性指标。提高非化石能源占一次能源消费量的比重，减少碳排放，必然要依靠新型能源开发。据预测，到2015年，中国新能源总产值将达4000亿元。湖南新能源装备制造业基础良好，今后有望在新能源的开发利用上实现更好更快的发展。

6. 新材料产业将实现跨越式发展

新材料产业作为湖南省重要的战略性新兴产业，其门类涉及金属新材料、化工新材料、先进复合材料、先进硬质材料、先进储能材料等众多领域。新材料产业的蓬勃发展，既为传统材料企业的改造带来机遇；同时，随着加工制造环节的微型化、集成化发展，新材料产业与上下游产业相互融合更加紧密。据预测，2015年中国新材料产业总产值将达到2万亿元。湖南省发展新材料产业有丰富的资源优势和较好的产业技术基础，全省已初步形成了以郴州和衡阳为中心的有色金属新材料产业基地、以岳阳为核心的石化新材料产业基地、以华菱为代表的精品钢材产业基地、以株洲为代表的先进硬质材料产业基地等，未来有望实现跨越式发展。

7. 新能源汽车产业将实现新的突破

大力发展节能与新能源汽车，既是有效应对能源和环境挑战，实现中国汽车产业可持续发展的必然选择，又是把握战略机遇、缩小与发达国家差距、实现汽车产业跨越式发展的重要举措。据预测，中国新能源汽车将在2015年前后迎来第一波产业化高峰，届时新能源汽车累计产销量将超过50万辆。长株潭作为中国"节能与新能源汽车示范"试点城市，以公共领域的示范试点为突破口，加快推广电动汽车，将极大地促进湖南省新能源汽车产业的发展。如株洲市从2009年就提出"城市公交车电动化3年行动计划"，截至目前，株洲市城区现有的627辆公交车全部被置换成混合动力公交车。

三 几点建议

从短期来看，湖南省战略性新兴产业发展所面临的外部环境有喜有忧。从国际形势来分析，许多国际组织、机构和投行公布的报告均对2013年全球经济增长预期较为悲观。IMF最新预测2013年世界经济增长仅为3.6%。2012年的中国广交会也显现出"经济复苏态势疲弱"的信号，境外采购商与会人数比上届同期减少10.26%，出口成交同比下降9.3%。这些都会对湖南省战略性新兴产业开拓外部市场带来不利影响。从国内来看，目前中国经济稳中温和回升，未来几年GDP应会维持在7.5%或以上的增长水平。而湖南经济在国家宏观政策效应进一步显现和项目建设加快推动下，有望缓中趋稳，增长速度会略有回升，2012年湖南GDP增长11.3%；2013年应可保持在11.5%以上。其中，既有发展战略性新兴产业的机遇，也可期待战略性新兴产业将会为全省稳增长做出更多积极贡献。

从战略性新兴产业下一步发展的思路来看，应按照党的十八大对战略性新兴产业发展的要求，坚持以科学发展观为指导，继续全面实施战略性新兴产业发展"十二五"规划，不断增强创新能力，加速科技成果产业化步伐，依靠重大关键技术创新来推动产业发展，多渠道加大战略性新兴产业投资力度，着力引进和培育一批主导性、基础性大企业，形成一批战略性新兴产业集群，进一步突出重点领域进行扶持，培育壮大有湖南特色的战略性新兴产业。

1. 大力强化创新能力，实现以重大技术突破为基础，推动战略性新兴产业的发展

要发展湖南的战略性新兴产业，必须推进科技经济的一体化，突出自主创新，促进协同创新，鼓励发展企业技术联盟，实现核心及关键技术在最有条件、最有基础的领域得以突破，形成自己的专利、技术及标准。

针对处于技术劣势的新兴产业，至少可从以下几个方面考虑：一是完善科技评价制度，把自主创新绩效纳入科技人才、科研机构、高新技术企业、高新区、科技计划项目的评价指标体系。二是支持重点研究机构、研究性大学在战略性新兴产业中的技术研究及成果转移。力争在节能环保、工程机械关键零部件、动力电池、高性能数字芯片、云计算、生物农业、新能源等领域突破一批核心、关键、共性技术瓶颈，推动优势产业向价值链和技术链高端发展，为第三次工业革命做好技术准备。三是要鼓励开放式创新，既要支持申请国际专利，也要支持对国际关键专利的收购。消化吸收再创新已被日韩的实践证明是一条技术进步的捷径，为弥补我们在某些新兴技术方面的不足，政府要支持企业加紧收购某些紧缺关键专利技术，但要建立严格的审查制度和管理制度，特别是要强调吸收利用。四是要建立战略性新兴产业技术创新活动预警平台，为产业发展中的重大知识产权问题提供有效的支撑。通过对专利数据的分析，有效跟踪产业技术领域创新趋势，掌握本土企业核心技术优势和不足，分析相关技术的成熟程度和国际合作的重点领域，有针对性地支持重点领域的发展。

2. 招大引强，把引进世界知名的跨国公司、国内龙头企业和培育本地大企业结合起来

应尽早从产业链高端环节切入，加快引进龙头企业和相关核心配套企业，争取跨国公司在湘设立总部、研发中心或先进制造基地，支持优势企业来湘参与开放式重组，整合和盘活现有产业资源，重点培育一批具有较强自主创新能力的先导产业、具有较强国际竞争力的品牌和处于同行业世界前列的核心企业，培育成千上万家发展潜力大的"专、精、特"中小企业，加速形成有核心竞争力的战略性新兴产业基地。在京广交通沿线布局产业链的关键节点，形成既有"月亮"、也有"星星"的集群式产业分布图。

四川省在发展电子信息产业方面采取的大企业大集团聚集带动的做法，值得湖南省大力借鉴。他们从 2003 年就开始招大引强，先后引进英特尔、思科、戴尔、富士康、德州仪器等世界 IT 巨头，并推动这些跨国企业将尖端发展项目，及前端研发、后端生产、末端市场的完整产业链整体转向四川，使四川 IT 产业爆发出巨大能量，电子信息产业正加快迈入"万亿俱乐部"。目前，世界 500 强中超过 40 家电子类企业进川，全球软件 20 强中有 13 家、服务外包 20 强中有 5 家入川。四川省电子信息制造业、软件业主营业务收入相继在 2010 年和 2011 年突破千亿元大关。在四川省引进的品牌及厂商中，苹果、联想、戴尔是全球排名前五的电脑品牌，富士康是全球最大的电子产品代工企业，仁宝是世界最大的电脑代工企业，纬创是第三大笔记本电脑制造商。未来几年，四川生产的各类电脑产量有望超过 2 亿台，即全球每 5 台电脑中，就有 1 台产自四川。到"十二五"末，四川电子信息产业有望成为包括笔记本电脑、平板电脑、液晶和等离子电视、集成电路产品等拳头产品的万亿元产业。

3. 多措并举，进一步扩大对战略性新兴产业的投资

战略性新兴产业的发展需要持续的技术创新、雄厚的人力资本及高强度的研发投入，同时伴随市场需求与商业模式等不确定性因素，需多措并举加大投资力度。近年来一些先进省市的实践，也说明了这一点。如 2012 年 7 月以来，已有涵盖东中西部的十多个省市，先后出台了新一轮地方性稳增长政策和投资计划，涉及金额超过 10 万亿元，其中不少投资瞄准了战略性新兴产业。如重庆提出，未来三年，全市工业将累计投入 1.5 万亿元，其中电子信息产业投入 3000 亿元，汽车产业投入 2000 亿元，先进装备制造投入 2500 亿元，新材料投入 2000 亿元，能源产业投入 2000 亿元。天津市今后 4 年将投入 1.5 万亿元重点建设 10 条产业链。其中，重型装备产业投资 3700 亿元，新能源汽车 1500 亿元，物联网云计算 1500 亿元，航空航天 700 亿元，绿色能源 700 亿元，新材料 650 亿元，生物医药 404 亿元，节能与循环利用 500 亿元。浦东新区未来 5 年计划投入千亿元发展战略性新兴产业，使战略性新兴产业规模占全区工业的比重达到 50%。为实现这一目标，上海市政府将研究设立战略性新兴产业投资基金，鼓励非上市股份公司在上海股权托管交易中心和待建的全国场外交易市场挂牌融资，深化知识产权质

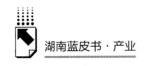

押融资，探索商标、版权等质押融资试点。

因此，要发展湖南的战略性新兴产业，也亟须多措并举加大投资力度。从发挥政府投入的引导作用来看，要扩大湖南省战略性新兴产业发展专项资金规模，着力支持重大关键技术研发、重大产业创新发展工程、重大创新成果产业化、重大应用示范工程、创新能力建设等，资金使用应从短期的补助向参股创业投资企业、跟进投资等长期方式转变。同时要完善战略性新兴产业发展的金融服务平台。逐步形成政府资金引导，民间资本、风险投资等共同参与的多元化投入格局；引导金融机构创新服务，建立适应战略性新兴产业特点的信贷体系和保险、担保联动机制。美日德的实践表明，在致力健全战略性新兴产业融资机制时，应以政府政策和金融扶持为导向，以银行间接融资为依托，大力发展多层次资本市场，建立相应监管体系，保证资金流动安全。

4. 根据国内外发展绿色产业和低碳经济的大趋势，结合湖南省情实际，可考虑将节能环保产业作为湖南省战略性新兴产业下一步发展的重点加以扶持

徐守盛省长在政府工作报告中曾经提出，培育战略性新兴产业，要选择有一定基础、有比较优势、有可能率先突破的领域先行发展。2012年7月出台的国家战略性新兴产业"十二五"规划，把节能环保产业列为需重点发展的第一个战略性新兴产业，提出要大力发展高效节能、先进环保和资源循环利用的新装备和产品，完善约束激励机制，创新服务模式，优化能源管理、大力推行清洁生产和低碳技术、鼓励绿色消费，加快形成支柱产业，提高资源利用率，促进"两型"社会建设。

大力发展节能环保产业，既符合世界产业发展大势，也符合党的十八大提出的建设美丽中国的总体布局和国家战略性新兴产业重点发展方向，更与湖南省"四化两型"战略部署相一致。节能环保产业主要涉及新型高效节能、先进环保、资源循环利用技术和装备，节能环保服务业和再制造产业等。这些产业对与之关联的产业部门有较强带动效应，应在今后的发展中予以重点培育和发展。

节能产业在湖南省有较好的发展基础。据统计，截至2011年底，湖南省节能企业近3000家，总产值达1754亿元，已成为湖南省新经济增长点。目前，湖南省节能技术装备发展迅速，涌现了一批技术力量强、工艺水平高、有一定知名度的制造企业；高效节能产品不断增多，形成了节能汽车、LED照明、节能炉灶、太阳能光伏等产业；节能建筑稳步推进，并产生了一批节能建材企业；节能服务业不断壮大，在合同能源管理、节能评估、技改、咨询和监测等领域的服务稳步推进。而环保产业是一个跨行业、跨领域、跨地区与其他行业相互交叉、相互渗透的综合性产业，有专家称其为继"知识产业"之后的"第五产业"。资料表明，全球环保产业的市场规模，2010 年已达 6000 亿美元，各国均视其为"朝阳产业"。

从近期来讲，湖南省要发展节能环保产业，必须加大政策扶持力度，努力创新投融资机制，大力推广节能环保工艺、技术和产品，不断推进企业技术创新，加强国际合作，培养节能环保人才，实现节能环保产业的跨越式发展。

B.39
湖南省实施排污权交易财政政策研究

湖南省财政厅经济建设处

排污权交易制度是环境经济政策的重要内容，是财政干预引导经济发展的重要手段，也是湖南推进"两型社会"建设和加快产业结构调整的重要抓手。开展排污权交易财政政策研究，对客观分析当前经济快速发展日益增加的环境需求与环境容量降低的矛盾，找出科学合理的财政政策，促进发展方式转变有重大意义。

一　开展排污权交易的重要意义

1. 有利于高效配置环境资源

通过高污染治理成本的厂商向低污染治理成本的厂商购买排污权的方式，对污染治理量小的企业进行间接经济补偿，可促使全社会总的污染治理成本最小化，达到环境资源的最优化配置。

2. 有利于降低政府环境成本

在排污权交易机制中，政府的主要职能是确定和调节排污总量，进行初始排污权分配，以及对排污单位的监测和对排污权交易市场的监督。这样就减少了政府直接干预具体企业的生产和排污，降低了政府的环境治理成本和管制成本。

3. 有利于弥补传统排污收费不足

目前，湖南省实行的是排污收费制度。实行排污权交易以后，可以有效克服收费标准不合理、收费标准偏低、征收范围过窄和征收方式不科学等问题。

4. 有利于调整优化产业结构

排污权总量是有限的，以某种形式初始分配给企业之后，不良企业可通过出让部分排污权而获得调整产业结构或者技术改造所必备的资金，新加入的企业也可通过购买排污权而获得快速发展的机会。新企业只有污染水平足够低，经济效益足够好，购买排污权后才有利可图。这势必带动污染小、收益高的新兴产业发展，促进污染水平低而生产率高的工业布局，推进产业结构调整优化。

5. 有利于促进"两型"社会建设

湖南是偏重化工业的中部省份，在探索"两型"社会发展中，节能减排压力巨大。排污权交易试点作为"两型"社会综合配套改革中的重要举措，通过排污权的自由交易形成对高污染企业改造升级的倒逼机制，促进"两型"社会建设。

二 湖南排污权交易建设现状

2010 年 6 月，湖南省开展主要污染物排污权有偿使用与交易试点以来，在制定相关政策规定、设计试点方案、测算交易价格、建立试点台账等方面取得了大量成就，具有推广排污权有偿使用与交易工作的良好基础。

1. 建立了有关政策法规

2003 年 2 月，国家计委、财政部、国家环保总局、国家经贸委联合下发了《排污费征收标准管理办法》，对排污费的收费标准作了明确规定。2010 年 7 月，湖南省发布了《主要污染物排污权有偿使用与交易管理暂行办法》，决定在长株潭三市开展主要污染物排污权有偿使用与交易先行试点，并对主要污染物排污权有效期、收费管理等做出了明确细化。《排污权有偿使用与交易资金管理办法》《主要污染物排污权有偿使用与交易实施细则》等相应法律法规也在进一步起草酝酿中，不久将陆续出台。

一是将对资金管理进行界定。正在研究制定的《排污权有偿使用与交易资金管理办法》，对加强排污权有偿使用与交易资金的收支管理有明确的界定。对污染物排污权有偿使用费按事业性收费，实行"收支两条线"管理。征收的排污费一律上缴财政，环境保护执法所需经费列入本部门预算，由本级财政予以保障。排污费用于主要污染物排污权收购、交易平台建设、交易机构日常运行、环境污染治理、环保监管能力建设等；主要污染物排污权有偿使用与交易经费通过财政专设账户进行结算；实施有偿使用费有限年度逐年递增政策。

二是将对收费标准进行明确。正在测算制定的《主要污染物排污权有偿使用收费标准》，将对排污权收费标准进行进一步明确。总体来讲，按照与污染物总量控制目标一致、与污染治理成本挂钩、与区域社会经济的发展状况和企业的经济承受能力相适用、与外省的定价标准基本匹配等原则确定收费标准。根据区域环境容量资源的稀缺性、不同行业治理成本和区域经济社会发展状况确定调整系数，科学探索收费标准，提高标准的引导作用。

2. 排污权交易机构相继成立

成立排污权交易机构是开展排污权交易的重要内容。试点工作开展以来，省环保厅立即组织省级中心的成立筹备工作。目前已向机构编制部门申请，成立"湖南省主要污染物排污权储备与交易中心"，隶属于省环境保护行政主管部门，属社会公益性事业单位，挂牌于湖南省产权交易所。省主要污染物排污权储备交易中心职责界定为拟定和组织实施初始排污权分配与有偿使用，组织实施省级及省级以上审批项目、火电企业、跨市州的排污权交易工作，储备主要污染物排污权，参与排污权市场交易，开展排污权储备与交易的试点研究。同时，按照试点工作安排，湖南省还拟成立长沙、株洲、湘潭三个排污权储备与交易机构。其中，长沙市排污权交易机构已于2008年11月挂牌成立；株洲、湘潭的交易机构正在筹备当中。机构的成立，为排污权交易提供了组织保障。

3. 试点范围不断扩大

2011年4月，湖南省正式启动排污权交易试点。一是明确了试点范围和主要污染物种类。按照《湖南省主要污染物排污权有偿使用与交易管理暂行办法》规定，在长沙、株洲、湘潭三市的化工、石化、火电、钢铁、有色、医药、造纸、食品、建材等九个行业，开展二氧化硫、氮氧化物、化学需氧量、氨氮等四种主要污染物的排污权有偿使用与交易先行试点。二是试点企业不断增多。试点范围内九个行业共有排污单位1456家，列入试点范围的有1012家，其中长沙416家、株洲426家、湘潭170家。二氧化硫总排量10.68万吨，其中长沙2.51万吨、株洲3.43万吨、湘潭4.74万吨；化学需氧量总排量2.08万吨，其中长沙1.32万吨、株洲0.37万吨、湘潭0.39万吨。分行业来看，火电、钢铁行业已推广到全省。火电参与企业数增加到26家，其中长株潭4家，其他地区22家；钢铁行业21家，其中长株潭1家，其他地区20家。

4. 重点城市试点成效显著

根据长株潭"两型"社会建设综合配套改革试点方案，关于开展环境资源交易试点的要求，长沙环境资源交易所率先成立，交易所工作成效显著。一是对坪塘产业退出企业进行环境资源收购，测算坪塘镇的环境容量，对长沙坪塘水泥厂退出的 CO_2 进行补偿和对长沙坪塘退出企业的 SO_2 进行收购。二是组织排污权拍卖。组织对长沙造纸厂委托的52吨COD、61.39吨 SO_2，长沙新城热电厂委托的200吨 SO_2 进行拍卖，拍卖资金近40万元，并当场签订购买合同。三是收购长沙市三环线以内已进行清洁能源改烧的 SO_2，现已收购1481吨，作为长沙市排污权交易的首次存量。四是对长沙坪塘地区的退出企业进行补偿。现已对湖南省新生水泥厂安排退出补助资金 45 万元。

株洲作为湖南省主要污染物初始排污权分配及有偿使用首批试点城市之一，其工作开展效果明显。截至 2011 年底，株洲市区 90% 以上的企业已在株洲市排污权交易所办理了初始排污权有偿使用费相关缴费手续，缴费金额约 390 万元。加上株洲市辖五县（市）企业缴纳的费用，金额合计约有 500 万元。株洲针对化工、石化、火电、钢铁、有色、医药、造纸、食品、建材 9 类污染较重企业，启动了主要污染物——COD 和 SO₂ 初始排污权有偿使用交易。市区试点的 135 家企业中，除 14 家涉及重金属即将关停的企业外，需购买初始排污权有偿使用费的企业有 121 家，其中 112 家已办理相关缴费手续，其余企业也已向市环保局提交了延期申请。市辖五县（市）需购买初始排污权有偿使用费企业有 502 家，已有 305 家办理了相关缴费手续，缴费金额约 110 万元。

截至目前，湖南省一级市场共有 1139 家试点企业申购了初始排污权，缴纳有偿使用费 1798 万元；二级市场开展排污权交易 14 起，买卖 SO₂ 排污权指标 8375 吨、COD 指标 120 吨，交易金额 2370 万元，成效显著。

但是，湖南省排污权交易进展中也存在不少困难。一是国家尚无排污权有偿使用和排污权交易的法律依据。排污权交易与排污收费的关系需进一步明确。二是试点地区新扩改建项目要购买排污指标，相对于没有试点地区，增加了投资成本。三是现有污染源在线监控能力不能满足排污权有偿使用和排污交易对污染物排放的计量监测要求。四是排污权工作涉及多个部门、多级政府，协调难度大。

三　国外排污权交易实践

排污收费是国家对排放污染物的组织和个人实行征收排污费的一种制度。这是贯彻"污染者负担"原则的一种形式，国外称为污染收费或征收污染税。排污收费制度始于德国，1976 年德国制定了《废水收费法》。美国、日本、德国、挪威、法国、英国、荷兰等许多国家都规定排污收费、超标违法并应加重收费。

1. 有明确的收费标准

征收污水排污费的收费标准，国外多数国家采用的是超量收费的政策，以筹集更多的集中治理资金。法国水污染收费采用两种收费制度，一是依据地面水和地下水消耗量收费；二是对污染海水和淡水的排污者征收排污费。但在收费因子的确定上，法国只对六类污染物征收排污费，即悬浮物、耗氧物质、可溶性盐类、禁用物质、有机氮、氨氮和总磷。排放标准、收费标准由国家确定。排污费收入根据国家污染控制规划，分配给地方政府和工业企业，用于铺设排污管网，建设污水处理厂。德国的水污染收费制度是国家确定最低水质标准及工业和市政排放标准，确定收费污染物与年收费标准，地方当局负责贯彻执行。主要措施有：收费因子增加了 AOX 物质、铬、镍、铅、铜；如果排污者排污量低于国家制定的最低排放标准的 50%，将准予 100% 免征排污费；对采用先进技术削减有毒物质的企业将准予 2 折收费。德国排污费收入由地方征收，主要用于水污染政策管理方面的财政支出和公共污染削减措施的财政补助。

2. 适当提高标准有利于环境保护

各国排污收费制度在水污染控制领域内取得了成功，主要原因是：一是全球水污染问题明显严重，人们要求重视水资源社会功能的呼声很高；二是与大气污染相比，水污染的控制可以实现集中处理，排污费收入的再分配使用，调动了排污者污染治理的积极性；三是不断提高的收费标准（荷兰）形成持续增强的刺激作用，促使排污者采用比现行技术更好的办法解决污染。但是从环境效益的标准来评价，为筹措资金的收费，其收费水平远远低于从经济效益角度所期望的水平。即使企业通过治理达到了社会期望的治理水平，也不能补偿由于水污染而造成的环境损害的全部代价。

3. 收费方式灵活多样

国外许多国家对造成环境污染的原料和产品实施环境税收制度。几乎所有的 OECD（世界经济合作与发展组织）成员国都对含铅汽油征收消费税，或者对化石燃料征收碳税和硫税。产品费是根据一些产品特性或对产品本身征收的一种费用，是附加在生产或消费过程中产生污染的产品价格上的一种税收，产品费既有激励目的，也有增收目的。其收入可根据产品污染特征，用于污染防治措施，或者为其他环境政策筹措资金。如法国、德国、意大利采取对润滑油实行产品费，收费标准为每吨 3.2～96 欧洲货币单位不等。挪威对不可回收的容器如易拉罐、聚酯瓶、含汞、锂电池征收产品费。荷兰对含铅汽油、废汽车征收产品费。从各国情况看，收取产品费的目的多是为了筹集治理费用。但是普遍存在产品费收费标准太低，有些对环境有害的产品，缺少影响购买能力的刺激作用。

四　几点建议

1. 建立健全排污权交易的法律法规体系

排污权交易是个新生事物，没有现成的法律规章可以参考。因此，要尽快建立健全排污权交易的法律法规体系，为排污权交易提供法律保障。一要出台《排污许可证管理条例》，明确排污许可、排污权有偿使用的法律地位，明确强制执行的约束性条款，作为实施总量控制、推动排污交易的法律依据。二要出台《排污权有偿使用资金管理办法》《排污权指标分配和管理办法》等政策规章，为排污权交易资金管理、指标分配提供法律依据。三要尽快研究出台排污权有偿使用及交易"实施细则""有偿使用收费标准"等相关政策制度。确保排污权交易制度有法可依。

2. 科学确定收费标准

排污权有偿使用收费是一项国有资源收益，需要制定科学合理的收费标准。遵循"污染者付费、利用者补偿、开发者保护、破坏者恢复"的原则，结合各地主要污染物控制情况，适时调整排污费征收标准。建立既能让企业有责任把减排放在经营的目的之内，又不挫伤其经营积极性的排污费征收标准。一些主要污染物排污费征收标准也可以根据各地主要污染物控制情况适时做出调整，保证在全国大标准统一的情况下，各地可以灵活处理，建立适合本地的排污费征收标准。让价格反映各地治污成本、环境资源稀缺程度、当地经济发展水平等综合因素，既要体现环境治理的价值，也要体现资源稀缺性价格。同时，要将实施排污权有偿使用和交易政策列入约束性条款，明确规定将排污权有偿使用作为核发排污许可证、实施项目环评审批、项目竣工验收、申报环保资金等工作的前置条件。

3. 逐步完善指标分配制度

排污权分配是排污权交易制度的重要内容。为此，一是要参照排污收费模式，实行分级征收和分级提成。尽快制定排污权分配政策法规，明确跨区的排污权交易、行业性排污权有偿使用和交易等工作。二是要明确规定把总量指标落实到每个排污单位，以排污许可证的形式确认，并保持指标分配政策的连续性。在排污指标分解落实到排污单位之后，排污单位的总量控制基数就已经确定。三是要通过排污权交易和指标动态管理，逐步实现排污权指标、排污许可量、总量控制指标三套数据的统一。

4. 加快交易基础设施建设

一是要建立全省统一的排污权储备与交易中心机构建设方案，加快省级以及长株潭三市排污权交易中心建设，建立和完善试点企业污染物排放量台账、初始排污权核定台账和排污权有偿使用费核定与收缴统计台账等，争取早日挂牌交易。二是要建立统一的排污权交易信息管理系统。可以采取分级开发的方式，逐步建立省市两级信息管理系统，加强两级信息联网和信息共享。三是要不断提高科学技术监测水平。针对现有政策规定的十分严格的检测条件，而湖南省实际断面监测、污染源监测等技术薄弱，在线检测设备精度不足的现状，采用多种现代化的监测方法，加大普及采用连续监测系统以获得数据，为排污权交易总量目标的控制奠定基础。

5. 积极推广排污权交易制度

排污权交易制度是美国经过多年的环境管理实践探索出来的一种运用市场机制进行污染治理的有效手段。排污权交易制度的实施，可以兼采法治之下的环境治理与市场经济体制下的"自动流通有无"二者之长。在这种制度下那些无力或忽视使用减少排污手段、导致手中没有排放指标的企业，可以按照市场价格向市场或其他企业购买该指标。排污权交易制度在一定程度上可以调和或减缓经济发展与环境保护二者的矛盾，把市场法则与法律规范的调整手段结合起来，可有效解决可持续发展的问题。因此，我们要加强排污权交易宣传工作，大胆探索符合湖南省情的排污权交易制度，建立规范的排污权交易体系，充分发挥其在运用市场机制配置资源等方面的积极作用和优势，促进湖南"两型"社会建设。

B.40
加快打造现代服务业发展的重大引擎

——长沙与中西部5城市现代会展业发展比较研究报告

长沙市人民政府研究室*

会展经济是衡量一个城市国际化程度和经济发展水平的晴雨表，是城市经济的重要内容，对产业发展、对外贸易、拉动需求、稳定经济增长等发挥着巨大作用。2010年，全球大型会展超过15万个，会展业直接经济收益高达3000亿美元，按1∶9的产业拉动系数计算，会展业为世界经济带来3万亿美元的增长，其中我国会展业收入2480多亿元，吸纳就业1900多万人。加快会展经济发展，争夺会展业发展制高点，成为国际国内城市的共同选择，我国各类专业展馆达到300多个，超过德国居世界第2位。为加快实现长沙会展业新一轮大发展特调查研究，形成此报告。

一 长沙会展业发展比较分析

长沙会展业发轫于20世纪90年代中期，在中西部城市具有一定的先发优势，但"十一五"期间发展相对减缓，硬件设施建设落后等问题十分突出，面临着边缘化的危机。

（一）会展业发展经济总量比较分析

20世纪90年代中期以来，长沙市会展业发展迅速，会展活动频繁，会展对经济的拉动作用不断增强。"十一五"期间，长沙会展活动数量、展览面积、会展业直接收入分别增长86.2%、27.8%和102.2%。2011年，全市共举办各类会展621个，展览总面积128万平方米，实现会展直接收入10.3亿元（图1）。但与中西部城市比较，会展经济总量规模偏小、增速偏慢、质量偏低，全市会展业

---

* 执笔：唐曙光、王德志、张杰。

直接收入为 10.3 亿元，分别为重庆、成都、武汉、郑州的 23.6%、32.2%、71.3% 和 71.3%；年均增幅 13.2%，低于全国平均增速近 7 个百分点；展览面积为重庆、成都的 33.4% 和 54.9%；比较优势不断弱化（图 2）。

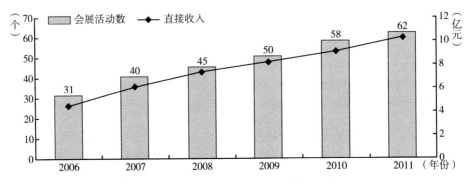

图 1　2006～2011 年全市会展活动数量及直接收入变化

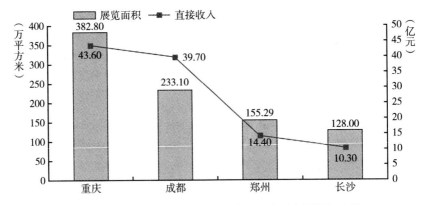

图 2　2011 年长沙与中西部城市会展业发展主要指标比较

注：因武汉市会展业发展统计口径不一致，无法列入进行比较。

（二）会展业发展场馆设施比较分析

设施一流、综合配套的现代会展场馆是现代会展业发展的基础前提和基本竞争力的重要标志，代表着一个地区和城市的实力。目前，全市有湖南国际会展中心（金鹰影视会展中心）、长沙红星国际会展中心（现代农业博览交易中心）、湖南省展览馆等 3 家专业展馆，净展览面积 8.2 万平方米，在中部地区领先于南昌、太原等市，但仅为重庆的 1/5、武汉的 1/3、成都的 1/2（表 1）。2005～2011 年，长沙的会展场馆建设停滞不前，而同期的中西部 5 城市会展场馆显著改善。武汉市场馆净展览面积、标准展位分别由 8 万平方米和 3800 个增至 27 万平方米和 1.1 万个，5 年内分别增长 237.5% 和 189.5%。就单体展馆室内展览面积而言，武汉新建的国际博览中心为 20 万平方米，成都世纪城国际会展中心为 11 万平方米，合肥滨湖国际会展中心为 23 万平方米，而长沙市最大的湖南国际会展中心为 4 万平方米，仅为全国最大的会展场馆上海大虹桥会展中心（建筑面积 120 万平方米，可用室内展览面积 50 万平方米）的 8%（表 2）。

表 1　2011 年长沙与中西部 5 城市会展场馆设施主要指标比较

城市	地区 GDP（亿元）	城市户籍人口（万人）	会展场馆主要指标			
			专业展馆（个）	室内净展览面积（万平方米）	标准展位（个）	排名
武汉	6756	817	3	27.0	11000	2
成都	6855	1160	4	16.4	8300	4
重庆	10011	3330	8	39.0	20000	1
郑州	4913	752	2	8.9	5000	5
合肥	3636	708	2	26.7	10000	3
长沙	5619	704	3	8.2	4000	6

表 2　长沙市主要场馆与全国排名前 10 位的展馆室内展览面积对比

单位：万平方米

场馆名称	所在城市	室内面积	排名	场馆名称	所在城市	室内面积	排名
大虹桥会展中心	上海	50	1	西部国际博览中心	西安	20	7
奥园会展广场	沈阳	50	1	长春国际会展中心	长春	18	8
新东盟博览中心	南宁	39	3	南京国际博览中心	南京	17	9
广州琶洲博览馆	广州	33.8	4	武汉国际博览中心	武汉	15	10
滨湖国际会展中心	合肥	23	5	湖南国际会展中心	长沙	4	—
新国际博览中心	上海	20	6				

（三）会展业发展资金投入比较分析

资金投入是会展业持续发展的保障。会展业发达的国家和地区经验表明，政府的会展投入与该地区财政投入保持着稳定的比例关系，政府投入越多，市场主体投资会展业的积极性相应增大，社会资本投入增多，对会展业发展越有利，对 GDP 的拉动作用也越显著。前段时期，长沙会展业发展良好，很重要的原因在于政府的资金扶持；目前会展业发展相对迟缓也在于财政投入不足、多元化市场投入机制尚未形成。2011 年，全市会展业各类资金投入约 3000 万元，其中市本级财政会展专项资金500万元，仅为成都的1/12、武汉和重庆的1/4、郑州的1/3（图3）；市直部门和各区、县（市）用于大型展会的资金投入约2000万元以上，与其他5个城市相差不大。

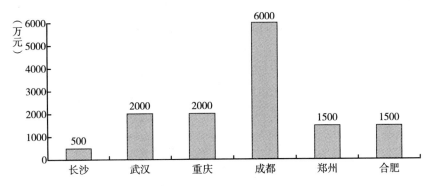

图3 2011年长沙与中西部5城市会展专项资金投入比较

（四）会展业发展品牌展会比较分析

纵向看，经过多年精心培育，长沙品牌会展稳定增长。2011年，全市举办国际性、全国性、区域性品牌会展36个，初步形成以金鹰节、农博会、科交会、房交会、花炮节、车展为代表的一批本土品牌展会，会展规模和综合效益居中部同题材会展前列，在全国具有较大竞争力、影响力，先后被评为"中国十佳会展城市""中国十大节庆城市""中国十大品牌会展城市"，有效促进了长沙经济发展。横向看，与成都、重庆等市还有一定差距，尤其是在国家部委主办会展和3万平方米以上大型会展等方面有很大的提升空间（图4）。

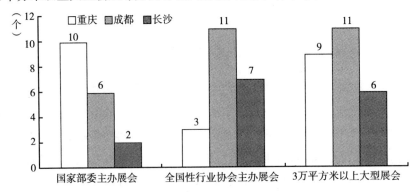

图4 2011年长沙与成都、重庆重点展会相关指标对比

（五）会展业发展推进机制比较分析

从工作机构看，武汉市 2005 年成立会展工作领导小组，2008 年成立会展研究中心，2009 年建立行业协会，2010 年在市商务局机电和科技产业处加挂会展促进处牌子；重庆市 2003 年设会展办，挂靠市商务委，现有编制 9 个；成都市 1987 年成立商品交易会办公室，2004 年改为会展办，2011 年改为博览局，现有参公编制 20 个、临聘编制 34 个，内设处室 7 个；合肥、郑州分别于 2003 年和 2004 年设立会展办；长沙市 2003 年成立会展办，是直属市政府的正县级全额拨款事业单位，设参公编制 12 个。从市场主体来看，重庆现有专业会展企业 200 余家，从业人员 5000 余人，其中会展策划师等专业技术人员 1000 多人；成都、武汉、合肥 3 市分别有会展企业 50 家、39 家和 30 家；而长沙现有专业会展企业 37 家，其中有固定举办大型会展项目的企业 20 余家，从业人员约 1500 名。会展专业人才匮乏，是各城市面临的共同难题。从政策扶持来看，各城市制定了扶持会展业发展的政策措施，长沙市先后制订实施《会展管理办法》《展会知识产权保护办法》等 7 部地方性政策法规，初步形成涵盖申办奖励、展位补贴、税收返还、知识产权保护等领域的会展政策扶持体系（表 3）。从会展统计来看，目前重庆、成都、郑州等市在积极与统计部门合作，建立符合自身实际的专业会展统计体系，其他城市也正在探索研究之中。

表 3   长沙市会展业发展相关政策法规

政策法规名称	时间	核心内容
《关于以市政府名义主(承)办各类展览会有关规定的通知》	2003 年	对以市政府主(承)办的各类展会的报批、审核、监管等内容做出明确规定
《关于加快长沙会展业发展的若干意见》	2003 年	从发展思路、组织领导、主要任务、政策扶持等方面提出加快长沙会展业发展的总体要求
《长沙市会展管理办法》	2005 年	首次以规范性文件形式明确长沙会展业的管理机构、运作模式和行业监管等内容
《长沙市申办全国性（国际性）展览项目奖励暂行办法》	2009 年	对引进有重大影响、消费拉动明显的全国性（国际性）展会的中介人，按不同规模分别给予 15 万元、25 万元、40 万元奖励
《关于进一步搞活流通扩大消费的若干意见》	2009 年	对经市政府认定的重点展会组展单位发生的营业税和地方所得税(不含省级)，实行先征后补

续表

政策法规名称	时间	核心内容
《长沙市展会知识产权保护办法》	2010 年	按照政府监管、展会主办方负责、参展商自律、社会公众监督的原则,建立知识产权行政管理部门行政处理与展会主办方依约处理相结合的展会知识产权"双轨"保护机制
《长沙市会展项目扶持资金管理暂行办法》	2011 年	对符合扶持条件的重点展会,依据展会规模,分别予以200 元/个、300 元/个的资金扶持

二 长沙会展业发展环境评估

现代会展业正处于新一轮发展机遇期,产业转移和转型升级、政策扶持、展会嫁接等成为加快发展的重要驱动,但区域与城市之间竞争日益激烈,发展面临巨大挑战。

(一)新兴特征分析

经过一百多年的发展,会展业不仅在引导产业升级、拉动消费需求、提升城市形象、促进经济发展等方面发挥出独特作用,而产业本身也呈现新的时代特征。

——集聚化发展趋向明显。随着区域产业和资源的优化整合及经济区域化的不断深化,我国会展业集聚发展、会展经济区域化格局加快形成。当前,会展经济在北京、上海、广州、深圳、大连等第三产业发达城市迅速崛起,出现以穗、沪、京为代表的珠三角、长三角,京津为中心的南、东、北三大"会展城市战略生态群"。全国举办会展最多的省市首推上海,北京次之,广东最为活跃。从会展收入看,广东、北京和上海占据了垄断地位,占全国会展收入的近90%。在这三大会展经济产业带的引领下,同时与东北会展经济带及中西部会展城市经济带相互协调,构成各具特色、多层次的会展经济发展格局。

——专业化展会快速增长。突出表现为展会主题、办展主体和办展方式正由综合化向专业化发展,专业性展览会数量不断攀升,协会、企业办展以专业展为主,政府主导型展会也向专业化发展,展览专业化程度不断提升。"十一五"期间,全国新增展览会项目中,专业性展会所占比重逐年走高,效益明显。以广西南宁的东盟博览会为例,2011 年吸引专业企业2300 家、客商5.06 万人,累计交易总额达 18.07 亿美元。未来的会展业发展，展览分工将越来越专业化、展览从业人员越来越专业化、观众也越来越向专业化方向发展，行业性专业展会将会更有生命力。

——品牌化效应持续凸显。品牌会展不仅可以聚集广大的人流、物流、资金流、信息流，而且可以提高主办城市的知名度和美誉度。不少城市因节而兴、因会而旺。法国巴黎因每年都要举办 300 多个重要的国际会展而享有"国际会议之都"美誉，汉诺威通过举办世博会改善了德国的国际形象，大连通过连续 30 多年举办"大连服装节"成为东北亚国际会展中心城市。随着国内市场的不断对外开放，我国会展业面临来自世界各国的竞争，努力培育品牌展会、建设会展名城、扶持领导企业，创建自己的会展品牌，提高自身竞争力，是会展业的发展重点所在。

——国际化合作不断密切。自我国加入世贸组织以来，服务业等许多贸易壁垒逐步取消，为国际会展业东移亚洲、转入中国畅通了渠道，许多国际会展纷纷登陆中国，许多国际会展企业纷纷采取合资、合作等多种方式加大与国内会展企业的联合办展力度，不仅带动我国会展经济持续快速发展，而且有力促进我国与世界各国和地区在政治、经济、文化、科技等方面的交流合作。会展业越来越成为推动我国提升国际化水平、提高国际知名度的重要方法，成为促进产业发展、扩大对外贸易、拉动内部需求、推动经济稳定增长的重要动力。

——信息化挑战日益严峻。现代科技不断创新和普及，一方面带来了技术革新，有利于促进会展业发展，另一方面也会给会展业带来了严峻挑战。网上广告和招展、网上协同办公、网络商贸等一系列互联网新手段，正在逐步侵蚀传统会展业领域。据不完全统计，2010 年举办的第六届中博会期间，中部六省共签订合同、战略性框架协议、意向引资项目 2547 个，其中网络签约占大部分。如何既保持现实会展活动的生命力以获得经济收益，又运用高新技术打造"永不落幕的展览会"，拓展电子商贸领域，对会展业来讲是一道全新命题，必须提前谋划、抢占先机。

（二）发展机遇分析

当前，加快发展会展业，以"会展经济"促进地方经济社会又好又快发展，面临着良好的机遇。

——产业转移机遇。随着亚太新兴经济体的迅速崛起以及欧美地区经济不景气的持续加剧，全球会展目的地和客源地逐步向亚太地区东移，中国已成为 21

世纪国际会展的首要目的地和全球会展业的重要一极。尤其是欧洲主权债务危机及美国经济复苏乏力，欧美传统展览大国的展览经济形势欠佳，我国展览业保持较高的活跃度和良好的发展态势，成为世界展览市场的亮点，国际会展业"西退东移"的态势明显。2011年，全国5000平方米以上各类展馆面积达7000多万平方米，会展业年收入2480多亿元人民币，吸纳就业人数1900多万人。

——转型升级机遇。尽管欧洲经济环境严峻，但据国际会议专业人士协会（MPI）和美国协会经理人学会（ASAE）联合调查，得益于新兴经济体的快速崛起，经过一段时间的调整，未来几年，世界会展业年均增长速度将可能达到30%~40%。根据国际经验，人均GDP达到1万美元时，会展业将由单纯量的扩张进入质的提升。2011年，长沙人均GDP达到1.3万美元左右，处于现代会展业加快发展、转型发展、持续发展的战略机遇期，只要把握机遇，特色化、规模化、集约化发展，就能实现会展大市向会展强市转变。

——政策扶持机遇。目前正值加快转变发展方式的关键时期。现代会展业是带动性强的复合产业，是无污染绿色产业，符合产业两型化发展方向。一方面，产业带动功能明显。根据专家研究，直接效益达1:9，间接经济效益更是达到1:90。比如美国，每展览1美元产品，可拉动产品销售40美元左右；在我国，每增加1000平方米会展面积，可新增100个就业机会。另一方面，各行各业正在把握宏观局势和市场走向进行调结构、转方式，大型会议、展览正是展示行业最新技术、发布行业最新成果的重要平台，是传播新视角、新导向的"风向标"，是国家扶持发展的重点产业。2011年12月，商务部出台《关于"十二五"期间促进会展业发展的指导意见》，现代会展业发展面临难得的政策机遇。

——展会嫁接机遇。以国家行业协会为代表的"国字号"专业类会展过去以流动展为主，随着市场经济的发展，行业竞争加剧，"国字号"展会纷纷有意筛选最佳产业聚集地和最佳会展环境城市落地合作。近年来，长沙持续实现了又好又快发展，积累了会展业发展的基础优势，完全有实力承接更多的会展。同时，会展业是加快与国际接轨、促进文化认同、提升国际影响的重要平台。长沙市2011年提出建设国际文化名城的目标，会展业可以紧扣这一发展主题，主动作为，为长沙走向世界做出更多贡献。

（三）面临挑战分析

——中心城市压力巨大。国内会展业日趋白热化，全国百余个城市大力发展会展经济，超过30个城市提出要将本市办成会展名城（表4），40个城市成立会展办或类似机构；各地新建、扩建的会展中心如雨后春笋，新创品牌展会层出不穷。激烈的市场竞争和快速的产业扩张，对长沙会展业发展是一个巨大挑战。

表4　中国会展城市层次和竞争情况

会展层次	规划个数	主要竞争城市
国际会展之都	2~3个	上海、北京、广州
中国会展名城	华东2个	青岛、厦门、南京、杭州、宁波、苏州
	东北1个	大连、沈阳、长春、哈尔滨等
	西南1个	成都、昆明、重庆等
	西北1个	西安、兰州、乌鲁木齐等
	华南1个	深圳、南宁、东莞等
	华中1个	武汉、郑州、长沙等
地区性会展城市	—	除2个国际会展都市和7个会展名城外的其他城市

——中部省会竞争激烈。当前，中部地区会展业发展呈现"一强一弱、多头并进"的发展格局。武汉的展览面积及总量等都大幅领先其他城市，长沙、郑州、合肥、南昌几个中心城市发展水平大体相当，太原相对落后（表5）。"十二五"期间，武汉提出要打造"中国会展名城"和"中部会展之都"，投资78.3亿元建成面积44.3万平方米的武汉国际博览中心，合肥"全力创建区域性会展中心城市，跻身全国二线会展城市行列，建成全国性会展名城"，郑州提出要建设"中部会展产业带龙头城市"，南昌、太原等城市也纷纷出台相应政策措施发展会展业，力争抢得先机。而长沙会展业受资金、场馆等制约，展览总数与面积由2006年的中部第2位降至2010年的中部第3位，发展形势十分严峻。

表5　2006年与2010年中部省会城市会展基本数据对比

城市	2006年				2010年			
	展览总数（个）	排位	展览面积（平方米）	排位	展览总数（个）	排位	展览面积（平方米）	排位
武汉	156	1	130万	1	207	1	200多万	1
长沙	76	2	90万	2	140	3	109万	3
郑州	75	3	86.2万	3	102	5	132万	2
合肥	70	4	43.9万	4	153	2	—	
南昌	60余	5			110	4	100万	4
太原					20余个	6		

注：由于各城市会展项目统计口径不一致，故此以展览总数和展览面积两个基本指标作为比较，更能客观体现各城市会展业发展状况。

——省内城市挑战明显。近年来，省内各主要城市对会展经济日益重视，纷纷加大硬件设施建设力度，岳阳建成了展览面积达3.3万平方米的文化艺术会展中心，张家界建成了2.9万平方米的国际会展中心，株洲拥有省内第一座城市规划展览馆，郴州正在建设6万平方米的国际会展中心。2010年，全省举办较大展览203个，长沙占59.60%，比上年下降近10个百分点（图5）。

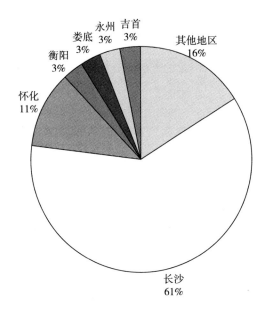

图5　2010年湖南省展览活动地区分布

资料来源：《湖南会展业发展报告（2010）》。

——自身瓶颈亟待突破。目前，长沙市会展管理机制虽已逐步完善，但会展办职能仍然相对较为弱化，管理权限分散的现象仍然较为突出，存在多头管理、条块分割、权责不明等问题，行业统一的、规范化的管理远未完全到位，会展活动随意批文、随意冠名、随意指导，重复办展、相互冲击、缺乏规模、忽视服务等现象比较普遍。同时，会展业市场准入制度不完善，缺乏对会展举办者的有效认证标准、管理机制，造成办会水准良莠不齐。

三　长沙会展业发展对策研究

将现代会展业作为全市现代服务业发展的重要支撑、促进产业转型升级的重要引擎、推进城市国际化的重要手段，科学合理规划、加强政策扶持、完善体制机制，实现重点突破、跨越发展。

对策一：科学定位——"中部第一、全国一流的中国会展名城"。坚持以特色化、专业化、品牌化、国际化为导向，以增强会展业综合服务功能为突破，以重大会展活动为抓手，整合会展资源，加强政策扶持，创新运行体制，营造优良环境，不断扩充产业规模，持续提升带动作用、辐射功能和影响能力，促进现代会展业向更新层次、更高质量、更优结构持续发展，使会展业成为全市现代服务业的重要支撑、促进产业转型升级的重要引擎，推进国际化城市建设的重要手段。为加快推进"五化一率先"建设，努力把长沙建设成为中部第一、全国一流的中国会展名城，力争从现在开始，用5年左右的时间，把长沙初步建设成为设施一流、服务优质、管理规范、品牌汇集、功能彰显的区域性会展中心、文化节庆之都和国际国内重要会议目的地城市，使会展业尽快成为长沙一个支柱产业，一块闪亮品牌，一张城市名片。到2016年，全市展出总面积达到319万平方米，其中展览面积1万平方米以上的展会达到60个以上；会展业收入年均增速达到20%以上，超过全国平均水平；全市会展场馆面积力争达到20万平方米，新建单体室内展览面积15万平方米以上的大型现代会展综合体；形成1～2个国内一流、国际知名的会展品牌和10个以上区域竞争力强的会展活动品牌，力争一个会展进入国际会展联盟。

对策二：合理规划——着力建设现代会展产业集聚区。大力优化全市现代会展业产业结构，加快形成"一核两区三中心多亮点"产业集聚区，打造布局科学、结构合理、体系完整的现代会展业产业体系。"一核"，即新国际会展中心。以新建的国际会展中心为载体，打造长沙会展经济核心区。成为大型会展集散地，带动周边全面发展。"两区"，即依托梅溪湖国际文化艺术中心和高档宾馆酒店，整合区域优势资源，打造以休闲、绿色、环保为主题，会议与商务、观光、旅游、娱乐、度假等多业态融合发展的先导会展区，将发展会议经济作为打造中央商务区的重要内容，依托现有会议酒店资源和相对成熟的服务配套设施，重点开发高端定制会议、企业年会等会议市场，加快发展芙蓉中央商务区。"三中心"，即巩固以河东的北、中、南三展馆为主的展览中心。湖南国际会展中心，依托湖南广电传媒重点举办区域性大型专业会议、展览和节庆演艺活动，打造多业态融合发展的国际会展服务中心；红星国际会展中心，依托红星商圈和省府新区，重点举办与市民生活较接近的农业商贸展会和本土中小型会展，建成具有集聚效应的会展综合服务功能区；湖南省展览馆，以举办消费类展览为主、人才交流和各种文化艺术展为辅，形成特色鲜明的会展服务区。"多亮点"，即各区县（市）结合本地特色文化旅游资源，推动会展与旅游、文化有机结合，组织策划特色节会。

对策三：突破瓶颈——加快推进会展硬件设施建设。集中建设中心场馆。按照"区位优越、环境优雅、设施完备、功能配套、集散便利、交通快捷、长短结合"的要求，高标准、高规格建好新国际会展中心，力争两年竣工投入使用，打造长沙新地标，形成中部领先、国内一流的大型现代会展综合体。加快现有场馆改造。坚持差异化发展道路，加快对湖南国际会展中心、红星国际会展中心、湖南省展览馆等重点场馆的智能化、信息化改造，不断完善功能、提升层次、彰显特色，构建优势互补的发展格局。完善设施配套。推进重点会展场馆地区与高速公路、火车站、飞机场方便通达，与公交车、地铁、城际铁路高效连接，构建便捷、快速、畅通无阻的交通网络。加强对重点会展场馆周围酒店宾馆、通信、餐饮和娱乐设施规划建设，完善邮政、银行、海关、商检、运输、金融、保险、贸易咨询等配套服务设施，推动服务专业化、标准化、规范化，营造会展业发展的良好外部环境。

对策四：产业升级——调整优化现代会展产业结构。培育龙头企业。市财政增加会展业发展专项资金，重点向龙头企业倾斜。各区县（市）每年配套安排会展业发展专项资金，用于支持本地会展业发展，形成以大型会展企业为龙头、中小企业为主体、相关企业为配套的会展产业体系。推进会展产业融合发展。促进会展业与仓储、物流、电子商务等生产性服务业和旅游、住宿、餐饮、交通、零售等生活性服务业的融合互动，延伸会展产业链条。培育会展业新兴业态。走创新发展之路，扶持符合长沙产业结构调整、战略性新兴产业发展的各种专题会展，重点组织举办文化创意、金融、物流、广告等现代服务业展览会。创新电子商务和网络会展的开发建设，发展"网上会展"和会展电子商务。

对策五：品牌推进——做大做强特色优势品牌会展。巩固传统会展品牌。办好金鹰节、花炮节、农博会、科交会、车展等大型会展活动，扩大规模与影响、提升质量与效益，使其逐步成为区域乃至全国知名品牌。培育特色会展品牌。优先发展工程机械配套博览会等符合长沙战略性新兴产业发展方向的重要会展，大力培育高端制造、新材料、新能源及节能环保、新能源汽车、生物产业、文化创意、信息网络等专业会展。争取环湘江自行车赛、汉语桥国际大学生中文比赛、国际广告节等永久落户长沙。策划举办中国（长沙）手机文化产业国际博览会、长沙国际图书展与版权交易会等，打造文化创意会展品牌。引进国内外会展品牌。加强与欧美、亚太、港澳台等发达地区及国家部委、全国性行业协会、国内外知名展览公司的衔接，争取每年引进 5 个"国字号"大型会展活动，力争 1 ~ 2 个固定在长沙举办，重点加强与国际展览联盟（UFI）、国际会议组织（ICCA）、美国国际展览协会（LAEM）、英国展览业联合会（EIF）等国际会展协会组织的联络，引进德国汉诺威展览公司、科隆展览公司、励展博览集团等知名会展企业来长沙落户，单独或联合举（承）办各种会展。

对策六：激发活力——大力提高现代会展市场化水平。加强市场培育。建立会展行业管理协调机制，加强对会展相关企业的引导管理，推行企业资质评定制度，提升从业企业专业化、标准化、规范化水平。加强对外合作。加快会展业国际化步伐，积极开展与欧美、亚洲、港澳台的合作。重点支持本地会展企业参与国内外知名会展企业的交流合作，争取世界知名的会展企业来长沙开展会展业务，实现与国外有关部门或知名企业联办公司与会展，提高会展能力和水准。加强规范管理。制定会展行业标准，加强会展活动执法检查，严厉打击假冒伪劣、侵犯知识产权等违法行为，培育诚实守信、合法经营的良好会展氛围。鼓励依法成立会展行业组织，加强行业协会工作，加强行业自律。

对策七：协同保障——营造现代会展发展良好环境。创新体制机制。建立领导小组联席会议制度，加强部门工作会商、协作，及时科学决策，定期研究会展工作。各级各部门要按照职责明确建设长沙会展名城的任务与职责，促进工作有序推进。健全会展业市场监管、场馆建设管理、安全管理等制度，完善加快现代会展业发展的制度体系。推进优质服务。实行备案管理"一站式"服务和绿色通道，简化办展手续。会展主办方不能现场办理的，可委托市会展行政主管部门代为办理。年度重点会展项目，由市会展办牵头，相关职能部门共同负责。规范会展收费和检查，原则上采取多部门联合执法的方式进行。形成发展合力。按照"中国会展名城"的总体目标，精心设计长沙会展整体形象，充分利用各种对外交流渠道，展示长沙特色与形象。全面整合会展资源，建立会展与传媒、商贸、物流、旅游、交通、宾馆等行业间的联动机制。建立完善会展工作考评体系，对会展工作成效显著的单位给予表彰奖励，激发工作积极性，形成推动会展业发展的合力。

B.41
湖南构建多点支撑现代产业体系的战略对策

刘茂松*

湖南省自 2006 年实施新型工业化带动战略以来，到 2011 年全省地区生产总值达到 19632 亿元，三次产业结构由 2005 年的 16.7∶39.6∶43.7，调整为 2011 年的 13.9∶47.5∶38.6；规模工业完成增加值 8122.7 亿元，同比增长 20.1%，增长速度在全国排第 7 位；全省工业增加值占 GDP 比重达 47.37%，比 2005 年的 33.3% 提高 8.07 个百分点；工业对经济增长的贡献率达 56.1%，超过了 50%，比 2005 年的 37.2% 提高 18.9 个百分点。特别是产业集群的水平提升，支柱产业贡献突出，2011 年全省省级及以上产业园区规模工业实现增加值 2726.10 亿元，占规模工业的 33.56%。但结构性矛盾比较突出，新产品产值总量只占全省 GDP 的 15.6%，远低于发达地区的水平；霍夫曼比值（重化工业比值）高达 0.48，重化工业产值为消费品工业产值的 2.08 倍，而重工业主要是工程机械等装备制造业，产业结构比较单一；工业生产中高耗能产业与高耗能规模企业所占比重很高，在 39 个工业行业大类中，综合能源消费量超过 60 万吨标准煤的有 9 个行业，占全省规模工业综合能源消费总量的 90%。可见，湖南加快经济发展方式的转变，应着力进行产业结构的调整升级，构建多点支撑的现代产业体系。

一 低碳时代中国产业转型升级的大格局

目前世界正在进入低碳发展的时代，我国也进入了工业化中期，为化解以往高碳发展的危机，防范"中等收入陷阱"，必然要加快推进经济结构战略性调整，经济发展方式需要由数量型粗放增长向结构型集约增长转变，全面实现绿色发展

---

* 刘茂松，教授，博导，享受国务院特殊津贴专家，湖南省经济学学会理事长，湖南师范大学商学院首任院长。

的转型。在这样一个大背景下，建设现代产业体系，形成多点支撑发展的新格局，对于国民经济又好又快发展就显得十分必要，其实质就是我国产业的绿色转型与优化升级，这是湖南构建现代产业体系的大前提、大方向、大格局。

1. 产业生态化

以现代科学技术为依托，运用生态规律、经济规律和系统工程方法，在自然系统承载能力内，对特定地域空间内产业系统、自然系统与社会系统之间进行耦合优化，达到充分利用资源，消除环境破坏，协调自然、社会与经济的持续发展的一种产业综合发展模式。产业生态化的核心是生态融合，也即在生态平衡（经济、社会和环境的一体化）的基础上进行产业的生态设计，将生态环境因素纳入产品设计中，要求在产品开发的各个阶段均考虑生态环境因素，从而使产业系统内的各企业之间能够进行物质传递和再循环，以实现其社会和经济效益最大、资源高效利用、生态环境损害最小和废弃物的多层次利用，最终引导产生一个更可持续的生产和消费系统。

2. 产业信息化

以信息技术改造和提升产业，重点围绕产品物流、资金资本流、营销业务流、商品价值流和产品、产业、企业生命周期，构造以信息化带动其他要素流动的产业关联，围绕核心产业和企业将供应商、生产商、经销商、用户和消费者连成一个整体的供应链管理模式，对资源进行优化配置、整合和生产经营过程的优化重组，实现智能化的制造和经营。其宗旨是减少产业成本，防范和减少不确定性；其发展方向是实现产业营运的数字网络化。总之，工业化与信息化的融合是新型工业化的本质，是现代产业体系发展的基本方向。

3. 产业高端化

产业高端化指产业发展水平高低和发展阶段、发展方向的标志。以产业结构合理化为基础，使结构效益不断提高，包括由第一产业为主向第二与第三产业为主的演进，由劳动密集型产业为主向资金密集型与技术知识密集型为主的演进，由初级产品产业为主向中高端产品产业为主的演进，由低加工度和低附加值为主向深加工度与高附加值为主的演进。其实质是通过技术创新和商业模式创新而进入更具独特优势的产业领域，保持技术和效益的领先地位。从根本上说，这是现代工业进取精神和科学本质的体现。

4. 产业轻型化

根据资源节约和环境友好原则，在产业的设计、开发、生产上达到产品体积轻便、生产过程清洁、消耗排污轻度和产业结构轻型的要求。归纳起来看，产业轻型化包括物理轻型和管理轻型两个方面。物理轻型是指在生产经营中通过优化产品设计，选用轻型材料和能源，在保证产品功能的前提下减少产品的体积体重，以直接降低原材料和能源的消耗和废弃物的排放；管理轻型则是通过管理体制和管理方法的改进，提高生产和工作效率，实现产业结构轻型化（如低消耗低排放的现代服务业和高新技术产业比重提高等），相对减少资源消耗和废弃物排放。当然这里最为关键的是物理性投入的轻型化，重点是调整能源投入结构，减少传统煤电和油电能源的消耗，发展分布式的生物质能、太阳能和页岩气，建立冷热电三联供系统，并在满足产品高强度、高刚度、高硬度、耐高温、耐磨、耐蚀、抗辐射等性能要求的前提下大力使用新材料，淘汰有毒原材料。同时，改进产品性能结构，从物理上解决产品"重、厚、长、大"的问题，节省资源的消耗。

5. 产业精致化

精致化是科学精神与人文精神的相互交融，在产业运营中追求卓越、精益求精、周到细致，既注重细节、过程，又重视产业发展结果，实现质量与效益同步提高，是追求卓越，提升品质的"精致文化"。因此，精致化是基于某种文化特质的行为方式，是制造文明的实质体现。进一步说，产品精致化是工业的品格，是工业生产者和工业化国家获得持续竞争力的素质精髓，在这里粗制滥造是必然要被淘汰的。总之，一个国家和地区的工业能否走向精致化，实际上是工业文明是否真正到来的显著标志之一。此外，精致化同艺术创意是天然盟友，产业精致化必然会使工业产品具有艺术品的特性，从而形成创意工业产品。

6. 产业服务化

制造业产业链的分解分工而向服务业延伸，形成了工业化服务业，这在本质上是制造业文明的深度化和拓展，故可以说是工业化服务业，如产品设计、职能分工、生产线构造、流程再造、组织控制、技术运用、成本核算等。由此可见，在工业生产过程中包含大量的服务性劳动，制造活动在某程度上就是服务活动。在这里，工业化服务业是由工业产品（设备）和工业技术支持的服务活动，并以工业文化为基因，其实质就是工业流程也即工业产业链的分解和专业化。实际上是以社会分工替代企业内部分工，从制造业中创造出了服务业。随着信息化的发展，特别是数字化高端制造的出现，工业化服务业还将有更大的发展。

二 湖南构建多点支撑现代产业体系的机遇

长期以来，指导发展中地区经济发展并参与国际竞争的理论基石是英国著名古典经济学家李嘉图提出的比较成本学说。李嘉图的这种比较优势理论认为，一国的竞争力主要来源于劳动力、自然资源、金融资本等物质禀赋的投入，各国应按照各自生产要素禀赋的比较成本优势从事生产，并通过对外贸易获得各自的比较利益。实践表明，湖南省在经济追赶的初期即工业化启动时期所建立的以资源禀赋为基础的经济发展方式，实现了经济的快速增长，经济规模的快速扩大，比较成本优势发挥了重要的作用。但随着发展中国家和地区经济结构高度化的演变以及世界经济发展趋势的变迁，特别是在我国工业化中后期，一方面信息化技术的发展对工业化进程和国内外市场竞争产生了重大影响，另一方面发展中国家和地区的人口和土地等资源红利逐渐减少甚至消失，高度依赖化石能源的传统工业化难以为继，必须实现绿色转型，这时比较优势理论便出现了较大的局限性，无法指导工业化中后期经济的又好又快发展。解决这个问题的关键是运用竞争优势理论作指导，抓住扩大内需、提高创新能力、促进经济发展方式转变和全球产业革命的新机遇，深度推进产业结构调整，彻底改变传统的高投资、高消耗拉动方式。

1. 建设现代产业体系与第三次工业革命相结合

目前，世界经济已进入深度转型调整期。化石能源推动的工业化给地球资源造成巨大压力和影响，生态环境严重污染失衡，温室效应导致气候异常，自然灾害频发。因此，人类经济社会持续发展迫切需要发展智能化、个性化、网络化和可循环的绿色经济，建立可再生的"去碳经济"新模式。这种范式转换的标志就是第三次工业革命。第一次工业革命是蒸汽机的发明和运用，第二次工业革命是电气化和流水生产线的运用，而这两次工业革命都是建立在化石能源推动的基础上。第三次工业革命是要从根本上脱离对化石能源的依赖，由一次性世界进入可再生性世界，这是人类社会可持续发展的内核。第三次工业革命的目标是充分运用信息化技术和组织机制，研发分布式可再生能源和数字化制造业，具有生态化、智能化、个性化、网络化、可再生化（可循环化）的特点。有六大产业创新支柱：一是发展再生能源产业，催生新型可循环的经济范式；二是发展分布式的微型能源，实现以直接满足用户多种需求的能源梯级利用；三是发展储能产业，解决可再生能源间歇式供应问题；四是发展智能电网，实现可再生能源上网远程传输；五是发展插电式运输系统，开发插电式运输工具及其基础设施；六是发展3D打印，建设定制型堆叠薄层一次成型的数字化高端制造业。第三次工业革命将全方位走出"获取—生产—消耗"的一次性经济旧模式，从而有可能从根本上解决人类冲突（包括同环境冲突）的矛盾，社会生产和生活方式将产生五大变革：第一是能源生产与使用的变革，形成去碳化的分布式可再生能源体系；第二是社会生产方式的变革，个性化大规模定制将取代大规模标准化和同质化的生产；第三是制造模式的变革，数字化薄层叠加一次成型制造模式将取代削减式多道工序成型的制造模式；第四是组织方式的变革，"分散生产、就地销售"方式将取代现在的"集中生产、全球销售"方式；第五是生活方式的变革，消费的同时就是生产，边消费边生产，将形成真正的体验式消费模式。这些重大的变革就为建设多点支撑的现代产业体系开拓出了十分广阔的新领域。

2. 建设现代产业体系与经济结构战略性调整相结合

新时期湖南经济实现可持续快速发展的本质要求是从高投入、高消耗、高增长的数量型低端增长模式，逐步转向以经济结构转型、技术与制度创新、企业管理创新以及企业家创新精神等为特征的"熊彼特创新发展模式"，特别是着力调整三次产业结构和重轻工业结构，加快发展具有低碳化特征的战略性新兴产业，切实提高资源利用率和资源环境承载力。基于这个本质要求，湖南新型工业化发展的根本内涵在以往信息化与工业化融合的一般意义上，要进一步定位于绿色化的"两型"产业，把其作为新时期湖南建设现代产业体系的主攻方向，集中力量做好低碳化的战略性新兴产业集群。重点是继续做大做强工程机械产业并大力提高其高端先进制造的水平，在此基础上抓节能汽车和新能源汽车产业集群；着力开发新能源、新材料、文化创意产业等，优先开发新能源装备制造业，打造太阳能光伏产业链和风电装备产业链；大力发展新兴配套产业特别是低碳化核心零部件的发展，如高档液压元器件低速大扭矩发动机、变速箱、混合动力系统总成、驱动电机及控制系统、高性能电池等，提高本地配套率，同时发展物流、信息、金融、商务和科技等生产服务业，提高支柱产业集群的带动力和影响力。总之，在"两型"产业的发展中，应以市场为导向，着力增强创新驱动发展新动力，注重发挥企业家才能，加快科技创新，加强产品创新、品牌创新、产业组织创新、商业模式创新。

3. 建设现代产业体系与具有湖南特色的资源禀赋相结合

传统工业化以一次性的化石能源为主体，形成了以重化工为主导的、高投入、高排放、高能耗产业体系，产业结构单一，技术水平粗放，社会效益低下。因此，经济发展方式务必实现绿色转型，由一次性消耗世界转向可再生性循环世界，建设可再生可循环的现代产业体系。湖南发展新能源工业具有一定的产能基础和可再生资源优势，尤其是新能源资源比较丰富。如太阳能全年日照数达1400~2200小时，年热辐射为 885.3×1015 千焦，太阳能利用的主要原料硅蕴藏量达 2 亿吨以上，且品位比较高；风能经济可开发量达 100 万千瓦左右；生物质能的可开发总量约 3150 万吨标准煤/年；纤维生物质资源年产可达 5000 万吨；地热资源属全国较丰富的省域，地热面积为 13.5 平方公里，可采量为 1012 × 183.3 千焦；核能矿产资源丰富，目前全省已探明铀矿储藏量 2.6 万吨，居全国前三位，并有一定的开采冶炼能力。此外，页岩气作为一种重要的非常规天然气资源，在湖南的蕴藏量也十分丰富，据有关专家初步估算，湖南有效页岩面积达 27.8 万多平方公里，主要集中在湘西和洞庭湖区域，页岩气远景资源量达 11 万亿立方米，约占全国总量的 10%。以上资源绝大多数可以再生，消耗后可得到恢复和补充，对环境不产生或很少产生污染，因此，加速可再生能源开发既能改善湖南省能源结构，又能建立可再生性的多元的产业结构。此外，湖南农业发达，农产品资源丰富，因此应大规模发展以农产品精深加工为主体的消费品工业，包括轻工、医药、纺织、食品、烟草等。消费品工业能源消耗水平较低。根据有关资料，消费品工业产品碳排放强度一般低于 0.1 吨标煤/万元 GDP，最高也没超过 0.3 吨标准煤/万元 GDP，如农副产品加工 0.1335、纺织服装鞋帽业 0.0890、食品制造 0.2178、家具制造 0.0610、医药制造 0.1860、烟草 0.0610、乘用汽车和摩托车制造 0.0876、家用电力器具制造 0.0643；而资本品工业产品碳排放强度普遍高于 0.5 吨标煤/万元 GDP，其中最高的黑色金属冶炼及压延加工业达 1.4175，普遍比消费品工业的碳排放强度至少高一倍以上。因此，消费品工业的发展对于充分挖掘利用好本地资源，满足居民消费需求和节能减排保护大气环境，实现湖南产业发展模式向低碳化转变具有重大意义。

三　湖南构建多点支撑产业新格局的战略路径

总的战略思路是运用信息化和全球化的技术和制度创新，全方位进行产业融合，通过产业链的分解和重组构建多点支撑的产业体系。产业融合是指不同产业或同一产业不同行业在技术与制度创新的基础上相互渗透、相互交叉，最终融合为一体，逐步形成新型产业形态的动态发展过程，其结果是形成新的产业或新的经济增长点。产业融合的类型可分为产业渗透、产业交叉和产业重组三类。产业渗透是指发生于高科技产业和传统产业的边界处的产业融合；产业交叉是指通过产业间的功能互补和延伸实现产业融合，通常发生于高科技产业链自然延伸的部分；产业重组主要发生于具有紧密联系的产业之间，这些产业往往是某一大类产业内部的子产业。总之，产业融合是在经济全球化、高新技术迅速发展的大背景下，提高生产率和竞争力的一种新的产业发展模式和产业组织形式。

1. 从产业结构方面构建多点支撑新格局

产业结构是指各产业的构成及各产业之间的联系和比例关系。各产业部门的构成及相互之间的联系、比例关系不尽相同，对经济增长的贡献大小也不同。一般来说，工业内部各产业的结构变化趋势分为从纺织、粮食加工等轻工业起步的发展阶段，以加工、冶金、金属制品、电力等产业为中心的重化工业发展阶段和工业高加工度化的发展阶段。而由于信息技术的发展，产业链要以模块化的形式分解，零部件等中间产品和企业内生产性服务活动独立形成新的产业门类。我们认为，第三个发展阶段是湖南建立多点支撑产业体系的主要目标，重点是联系第三次工业革命的发展趋势，发展分布式新能源产业、数字化高端制造业、智能化电子信息产业、新型装备制造业和制造业服务化。当然，现阶段湖南要加大对传统产业改造升级的力度，重点解决高消耗和高排放问题，大力发展消费品工业，并加快装备制造业核心零部件配套产业的发展。因此，目前湖南产业结构调整升级应采取"六调六新路径"，其重点是调存量，一是对传统行业结构调整"偏重"问题；二是对传统产品结构调整"粗放"问题；三是对传统技术结构调整"低端"问题；四是对传统能源结构调整"高碳"问题；五是对传统组织结构调整"散小"问题；六是对传统区域结构调整"同质"问题。通过这六调，实现传统产业结构向现代产业结构的升级，进而着力发展新型装备、新型能源、新型材料、新型生物、新型制造和新型服务等"六新产业"。这里的政策重点是，限产停产转产政策，有前景产能保护过渡政策，相关技术改造和进步政策，以支持和促进传统产业克服困难，顺利升级。实现尊重经济规律、有质量、有效益、可持续的发展。

2. 从空间结构方面构建多点支撑新格局

产业空间经济结构是依据资源禀赋的空间差异，对各产业及产业内各部门在整个国土空间范围内的分布与组合。一般在产业发展过程中，地区内部相似或相同行业在相同区位的空间集聚，形成不同类型的产业集群，由此形成地区特有的集聚经济结构。湖南多点支撑产业格局也是产业的集聚经济结构与偏离经济结构的结合。长株潭城市群是湖南的现代经济增长极，生产要素分布比较全面和集中，产业门类也比较全，以产业的集聚经济结构为主，且突出发展高端装备制造业、电子信息产业和制造业服务化。而其他市县地区则应根据资源禀赋状况，以产业的偏离经济结构为主。如洞庭湖地区应充分发挥农业资源丰富的优势，以食品工业、纺织工业、医药生物工业、造纸工业为主导产业，同时发挥长江岸线大港口、大容量、大排放的优势，发展精细化工产业，建成湖南的现代化工产业基地。其他山区则可发展绿色的林产品工业、矿产品工业和中医药工业；大湘南地区承接东部和国际化的产业转移，以发展加工贸易工业生产为主；大湘西地区主要属于生态功能地区，不宜发展重化工业，以发展林产品加工业、中医药工业和绿色矿产品精深加工产业为主。另外，产业空间结构的调整升级还要解决一个颇为关键的问题，就是实现产业园区集约发展。一般来说，产业园区主要包括高新技术产业开发区、经济技术开发区和工业园区等园区类型，是对外开放、招商引资、发展高新技术产业、促进产业集群的主要载体和重要平台，构成了区域经济跨越式发展的龙头。湖南省产业园区目前的发展还存在很多问题，包括优势集群少、规模偏小，特色产业集群不突出，园区间产业重构、配套不足和园区工业发展不平衡等问题。为此，应对产业园区科学规划和定位，以长株潭大都市区为重心，以战略性新兴产业为主导，加强园区与区域经济发展的互动，鼓励重点品牌企业以资金、技术、管理和信息等作支撑，鼓励特色优势企业争创名牌，在园区内聚集一批中小微企业，形成特色产业群的整体竞争力。同时完善产业配套及延伸产业链条，鼓励骨干核心企业通过技术转让、生产外包等方式，聚集一批配套生产和服务的企业；另外，引导中小企业主动嵌入产业链，进行专业化配套生产，构建围绕集群核心企业的初加工、精加工、深加工配套协作体系，并形成一批围绕园区核心企业进行配套的专业特色园中园，促进湖南省传统集群"归大堆式"的产业园区向现代集群"配套组合式"的"两型"产业园区转变。

3. 从技术结构方面构建多点支撑新格局

技术结构是指国家、部门、地区或企业在一定时期内不同等级、不同类型的物质形态和知识形态技术的组合和比例。它反映技术水平和状况，影响及至决定产业结构和经济发展。合理的技术结构是产业经济可持续、高速度和高效益发展的基础和重要条件。湖南应从工业化的产业结构和空间结构来安排技术结构，主要有四种类型：一是物质形态和知识形态技术搭配。前者指生产工具、设备、机器等；后者包括工艺、设计、技巧、能力、信息等。二是不同等级技术搭配。按世界标准，把技术划分为先进、中等、落后三个级别。在先进技术中，可把最先进的部分划出来，称为尖端技术；在落后技术中，可把最落后的部分划出来，称为原始技术，从而形成尖端技术、先进技术、中等技术、初级技术、原始技术五个级别的组合。三是不同类型技术搭配。分为劳动密集型技术、资金密集型技术和知识密集型技术，能源密集型技术和非能源密集型技术，污染型技术和非污染型技术等的结合。四是根据不同条件还可分为适用技术和非适用技术的搭配。综合起来，技术结构就是由不同等级、不同类型技术所构成的集合体，以支撑现代产业体系的发展，获取资源约束条件下最大化的社会效益和企业效益。湖南工业技术结构应适应产业结构的需要，在面上形成先进技术、中等技术和适用技术的结构，长株潭城市群作为高端产业集群地区要主攻低碳化的绿色尖端技术如数字化制造技术、新能源技术、新材料技术等，实现低碳绿色技术创新应同绿色新兴产业创新协同发展。湖南低碳绿色技术的亮点是风电技术、光伏设备制造技术、生物质能技术、混合动力客车、电动车辆、电气牵引技术、绿色煤电技术和核电用泵技术等。此外，有机农业技术、节水工程技术、生物农业技术、农副产品保鲜及深加工技术和低碳物流技术也有一定基础和优势。可见湖南在低碳绿色技术创新方面，具备基础和进一步发展的条件。应充分发挥技术优势，加快向绿色新兴产业的转化，成为湖南现代产业体系的主导产业。

当然，构建多点支撑的现代产业体系除了上述三个方面外，还需要强化社会化服务，建设大服务的平台。社会化服务体系是指由政府职能部门、行业协会、经济合作组织和其他服务实体组成的，集政府公共服务体系和群众自我服务体系于一体的综合性服务体系。在湖南，应坚持政府主导、市场运作、统筹安排、突出重点、连线成网、优质服务的原则，建设好产业集群支撑平台，发展产业园区的服务体系；人才培养支撑平台，根据需要进行劳动力和技工定点培训；自主创新支撑平台，进行技术研发、小试和中试等；资金融通支撑平台，开展融资中介、项目推介和渠道沟通等；资源持续保障支撑平台，提供资源信息，组织原材料等的运输配送；高效营运管理支撑平台，进行产品营销和科学管理指导；市场开发拓展支撑平台，开展产业及产品行情的调研、分析和预测；产业政策引导支撑平台，政府出台相关产业政策，以及产业政策的咨询等。通过以上全方位的社会化服务，促进湖南产业调整升级快速推进，建成低碳化和高效化的现代产业体系。

ℬ.42
湖南现代农业经营模式
选择与组织创新

曾福生 *

一 湖南省现代农业经营模式的选择

现代农业是湖南农业发展的基本方向，湖南现代农业的制约因素包括地少人多、农户经营规模小以及生产经营方式比较粗放等，同时，尚未形成集约化、专业化、组织化和社会化的现代新型农业经营体系。当前，为了推进现代农业又好又快发展，要在坚持家庭承包经营基本制度的同时选择和创新农业经营模式。

（一）农业经营模式的解读：基于生产力与生产关系的视角

1. 农业经营形式

农业经营形式是与生产关系相联系的农业经济组织形式和运行形式，是以基本生产资料所有制为核心的人与人之间的利益关系和劳动分工协作关系。农业经营形式及其演变路线如图1所示。

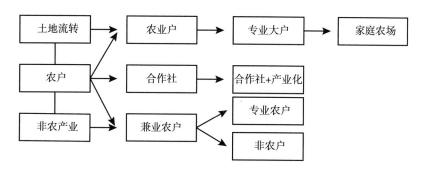

图1 农业经营形式及其演变路线

---

* 曾福生，湖南农业大学副校长、教授、博士生导师。

2. 农业经营方式

农业经营方式，即与农业生产力相联系的农业资源配置与利用方式，也是农业选择的生产技术道路。创新农业经营方式本质上是通过新生产要素的引入及要素重新配置，实现由粗放经营向集约经营转换、精耕细作向精细化农业转换、分散经营向规模经营转换。

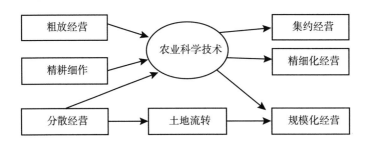

图2 农业经营方式及其演变路线

3. 农业经营模式

农业经营模式是农业经营方式和农业经营形式的有机统一，其中，农业经营方式是生产力方面的具体表现，农业经营形式是生产关系方面的具体表现。不同的农业经营方式与不同的农业经营形式结合构成不同的模式。农业经营方式主要是通过农业技术的改变实现最优的生产要素组合比例和组合方式。当前，中国农业经营形式的演化更多体现在同一经营主体的经营规模的变化，农业经营方式则更多体现为集约程度的变化。总体而言，农业经营模式的变革需要农业经营形式与农业经营方式的协同变迁，需要根据省情和农情进行农业经营模式的选择。

（二）现代农业经营模式选择及其创新

1. 农业经营形式的选择

家庭承包经营是适应农业生产的最好形式。农业经营形式的选择和确定决定于农业生产力的性质和水平。从农业生产的本质属性和世界农业现代化的经验看，家庭承包经营是符合我国农村生产力发展的最好选择。它把集体的统一经营和农户的分散经营结合起来，把农业的经营单位和农民的生活单位结合起来，把经营者和劳动者结合起来。因此，家庭承包经营在一定时期内仍是农业经营的基本形式。①农户经营形式的基本脉络为：兼业农户—专业农户—专业大户。农户兼业经营是一种家庭决策行为，从事农业经营和非农业经营是家庭内部分工的结果，是农户分化不彻底的表现和一种过渡形式。世界上，农户兼业化是一种普遍存在的现象，只是兼业化的程度不同。在湖南，农户兼业在相当长的一段时间仍将继续发展。但是，兼业在宏观上不利于农业现代化的发展，从长远来说是不利于经济发展的。只要条件成熟，农户兼业经营向专业农户适度规模经营转变是一个趋势。最终，专业农户应向专业大户转化。农户经营不是农业经营形式的全部，农户经营需要联合、协作、社会化，新的集体经济企业和家庭农场也会成为重要农业经营形式。②适度规模经营并不排斥家庭经营，家庭农场是家庭经营制度的完善。表面上看，家庭经营与规模经营是对立的。其实，在家庭经营基础之上，是可以实现适度规模经营的。家庭农场兼具小农经济和集体农场的优点，同时又在很大程度上克服了两者的缺陷，是家庭经营制度的完善。家庭农场实质上是一种适度的、适中的农地规模化经营形式，是农业专业化、集约化经营的一种必然选择。③工商企业不能成为农业经营主体的重要形式。中央明确要求不提倡工商企业长时间、大面积租赁和经营农户承包地，还明确不能用少数服从多数的办法强迫农民放弃承包权或改变承包合同。同时，工商企业进入农业很难完美地解决"三农"问题。因此，工商企业不能成为农业经营主体的重要形式。

2. 农业经营方式的选择

湖南农业仍属于低效高耗型农业，粗放经营和传统的精耕细作无法使产量有较大提高，也无法解决农产品质量等问题。目前，分散经营、精耕细作是一种无奈选择。从农业过渡阶段的发展形势和农业生产资源出发，农产品需求的不断增加和耕地的有限性决定了农业必须从粗放走向集约，但农业集约经营可能造成资源浪费和环境恶化。这种内生需求促使在努力寻求一种维持并提高农业产量的同时又能实现可持续发展的生产方式——精准农业。因此，农业经营方式将按以下顺序演变：粗放经营→集约化农业→中国特色的精准农业。

3. 农业经营模式的选择

农业经营模式主要是由生产力性质决定的，也涉及地权转移、家庭功能转变、农民观念转换等深层次社会经济问题。农业经营模式应选择专业农户为基础的适度规模的精准农业，应走集约型规模经营的道路。但单一的模式时代已结束，湖南农业经营模式的方向应是以专业农户为基础的适度规模的精准农业为主导模式，多种模式并存。

（三）湖南现代农业经营模式的实现

要实现湖南农业现代化，农业经营模式应选择以专业农户为基础的适度规模的精准农业。也就是说，湖南实现农业现代化必须实现农业规模化、专业化、组织化、精准化及两型化。

1. 推进农业专业化，实现农业内部和外部的分工经济

农业专业化包括三方面的内容：农业区域专业化，生产单位专业化即农户专业化，以及农业各个生产环节的专业化。①湖南省农业区域专业化发展应依据比较优势原则指导规划，各区作物布局应尽可能选择有综合优势的作物，实行区域专业化生产，从而提高农作物生产的产出效率。②要实现湖南省农业生产单位（农户）专业化，必须促进兼业农户向专业农户转变。应抑制二兼农户的发展，促进其向纯非农户转变；加速一兼农户的分化，促使其中的一部分向纯非农户过渡，一部分向专业农户转变；同时促进耕地向具有一定农业经营优势的主业农户，特别是专业农户适度集中，依靠市场力量推动专业大户兼业户向专业大户转变。③实现湖南省农业生产环节专业化主要有两种途径：一是通过农业合作经济组织为农户提供产前、产中、产后所需的各项服务；二是通过专业化农业服务公司（龙头企业）为农户提供产前、产中、产后全过程所需的各项服务。④促进劳动力、资金、土地等要素回流农村农业，真正实践"以工补农、以城带乡"政策。

2. 发展农业规模经营，实现农业规模效益

农业规模经营是从农业整体角度考察规模经营，是指农业经营主体通过实现土地、资本、劳动力、技术等生产要素的合理配置以达到最佳经营效益的活动。土地规模经营是农业规模经营的核心，但不是全部。还应在土地适度规模经营的基础上进行集约经营。①实现土地适度规模经营。现阶段，湖南省农村土地适度规模经营应该以家庭为主要载体，工商企业不能也不应该成为农村土地适度规模经营的主体。当前农村实现土地规模经营应以农户之间的自主自由流转为主。保留承包权的土地流转方式将一定程度上有利于土地适度规模经营的实现。②实现集约型规模经营的途径。在土地适度规模经营的基础上集约经营，不仅能获取规模效益，还能提高农业的全要素生产率，加快传统农业向现代农业的转化。在土地适度规模经营的基础上实现农业集约经营，湖南省必须加快农业科技进步，提高农业劳动者素质。

3. 发展精准农业，实现农业精细化、精确化

湖南省应根据各个地区的实际情况发展精准农业。岳阳、常德地势较平坦，农业基础较好，经济较发达，人均耕地面积较多，可以向系统的高级的精准农业发展。长沙、株洲、湘潭工业基础较好，可以发展设施型精准农业。其他经济较落后的地区可以发展"人力为本"的精准农业。总的来说，应根据实际情况，发挥地区优势，发展适合本地区的精准农业。湖南精准农业的重点发展方向：（1）实施精准施肥，提高化肥利用率。（2）实现精确灌溉，提高水资源利用率。（3）发展精准设施农业。要实现湖南精准农业，需要在如下方面加强：加大扶持及投入力度；加大对精准农业技术的研发；强化科技推广和人才培养；加强精准农业信息基础建设；建立精准农业示范基地。

4. 发展资源节约、环境友好型农业，实现农业可持续发展

在农业"两型"化中政府应转变职能，建设有限政府、责任政府和服务型政府。应建立多元化的"两型"农业投融资制度，充分发挥财政的导向作用。构建新的"两型"农业产业链，为"两型"农业提供低成本的符合"两型"农业要求的生产资料，提供符合"两型"农业发展要求的产中、产后服务，使"两型"农业得以快速发展。尽快完善"两型"农业生产体系的技术配套。培育新型农民，提高农业劳动者素质。

二 湖南现代农业的产业组织创新

（一）湖南现代农业的产业组织创新：基石与基本方向

目前中国农村占主流的农业经营组织不适应现代农业发展的需要。因此，要转变农业的发展方式，建设有强势竞争力的现代农业，就必须把农业技术的创新与组织的创新结合起来，依靠合力驱动来整体提升农业产业的持续发展能力。

1. 湖南农业现代化组织形式创新的基石：稳定家庭经营组织

现阶段湖南农业现代化组织形式创新的基石是以家庭经营为基本农业组织形式。但是，由于生产力的多样性，需要多种农业组织长期并存相互协作共同发展。现代农业的发展，要求创新农业组织形式，发展家庭农场、专业大户，农民专业合作组织、专业技术协会、农业企业等一批与现代农业发展水平相适应的新型现代农业组织。走多元化的农业组织发展之路，使各种农业组织长期并存、相互协作、共同发展，才能充分发挥现代农业组织的作用。

2. 湖南农业现代化组织形式创新方向：形成纵横交错的网络组织

纵向来说，就是要实现产业化，将农户组织嵌入产前产中和产后这样一个链条中去，横向来说就是要形成合作组织。"公司＋合作经济组织＋农户"是一种纵横交错的网络组织。在湖南省农业组织形式创新中，应积极发挥政府和市场的作用，在家庭经营基础上，一方面努力推进农户向现代化专业大户的转变，另一方面大力发展各种类型的合作经济组织，同时，注重各农业组织间的分工与合作，鼓励和支持"公司＋合作经济组织＋农户"的农业组织形式的发展，走农业企业化、产业化、现代化经营路子。

（二）湖南现代农业组织形式创新的路径

1. 培养现代化专业大户

制定系统完善的发展专业农户的规划和具体实施方案。设立专项扶持资金，健全管理体制，明确具体的责任部门。建立瞄准机制，在扶持现代化大户的初期，通过引导性政策鼓励专业大户发展。从长期来看，要将扶持专业大户发展作为一种专门的制度。明确支持对象，支持对象为专业合作社、家庭经营规模较大的专业农户、家庭农场。明确资金主要用途。正确引导土地承包经营权规范流转，改善农业生产基础设施条件，加强金融保险服务，促进农民专业合作社发展，切实解决卖难问题。

2. 完善农业产业化组织

自20世纪90年代以来，农业产业化成为一种非常重要的农业组织形式，它是家庭经营组织的一种完善和补充，不是替代。但是由于在运行中尚存在机制、基地建设等方面的问题，需要进一步完善：一是完善农业产业化经营机制。鼓励产业营销组织与农户签订产销合同；大力发展订单农业；鼓励龙头企业与农户建立更加紧密的利益关系；引导农民以生产要素入股，实行多形式的合作与联合，与大型龙头企业结成利益共享、风险共担的利益共同体。二是培育大型龙头企业和农业企业集群。围绕农产品优势产业带建设，加快建立一批产业关联度大、规模集约水平高、精深加工能力强、辐射带动面广的龙头企业集群示范基地。按照"扶优、扶大、扶强"的原则，培育壮大一批起点高、规模大、带动力强的龙头企业。三是培育和扶持专业大户和经纪人队伍，提高农民组织化程度。四是加强农业产业化基地建设。各地要制定完善农业产业化发展规划，根据优势农产品产业带建设和龙头企业加工需要，突出重点，强化特色，合理布局，建设具有规模化、专业化、优质化、标准化特征的农产品生产基地。并完善与基地生产相配套的社会化服务体系。五是强化科技创新。大型龙头企业要加快核心技术开发和技术创新，促进农业科研成果向现实生产力转化，要加强与农技推广服务部门的合作。

3. 创新"合作经济组织 + 农户"的农业组织形式

一是完善利益联结机制。农民合作经济组织应按照"风险共担、利益共享、超利返还"原则制定一整套完善、系统的利益分配方法。除此之外，要加强合作经济组织的内部管理。二是资金支持。设立专项账户，解决农民合作经济组织的资金问题。开展试点，在规定范围内允许吸收民间融资，建立小型农业信贷，不断满足合作经济组织的资金需求。三是人才支撑。根据章程选举合作组织的理事会、监事会和董事会。选择强有力的具有奉献精神、创新精神的能人担任带头人。应加强对组织带头人的培训，造就一批骨干队伍，更好地带动群众共同致富。此外，提供激励计划，在引进人才的同时留住人才。四是健全民主决策机制。农民合作经济组织的决策应当建立在农民自愿参与的基础上，尊重农民话语权，坚持"民办、民管、民受益"的原则，将民主原则贯穿于合作经济组织发展的始末。五是明确管理主体。村民委员会要明确自身定位，要同农民合作经济组织协调发展。农业、工商、民政、科协都可以参与到农民合作经济组织的管理中来。

4. 形成"公司 + 合作经济组织 + 农户"的农业组织形式

合作经济组织相对企业而言，由于组织原则方面的缺憾，导致其在经营方面具有天然的劣势。为了带动农民需要有效发挥龙头企业的作用。但是，龙头企业与农户之间的力量不均衡常常损害产业化的利益联结。于是，有必要将农户组织起来形成一个组织群体，在两者之间嵌入一个合作经济组织，形成"公司 + 合作经济组织 + 农户"的农业组织形式。这种新形式并不是完美无缺，仍然有改进与规范的必要。

B.43
洞庭湖水运共同物流体系发展战略与对策研究*

邓胜前　黄福华**

洞庭湖区内河网密布，纵横交错，"四水"从东、南、西三面向北汇入洞庭湖流入长江，形成了一个内通湖南省经济区腹地，外联长江沿岸各省，直达沿海各地，省内四通八达，省外江、河、海联成一体的天然水运网。随着湖南省国民经济尤其是外向型经济的快速发展、城镇化进程的加快，都对内河水运提出了更高的发展要求。为了适应新的发展形势和要求，理清洞庭湖水运物流发展思路，实现内河水运物流的跨越式发展，提升区域经济竞争力，需要从内河水运共同物流体系建设发展的战略高度，对洞庭湖水运共同物流发展的重要性、洞庭湖水运共同物流发展的战略与对策等进行研究。

一　洞庭湖水运物流发展现状

（一）区域航道网络体系基本形成，但现实航道通行能力不强

洞庭湖水运航道包括湘、资、沅、澧等水系干流航道和洞庭湖区内航道。湖南省的交通布局是"北水南路"，北水就是以洞庭湖为中心，以湘江为主轴，以千吨级航道为骨架构成四水相互衔接直达长江的水路网络。全省现有通航河流373条，航道总里程11968公里，占全国航道总里程的8.5%；洞庭湖区的航道里程为2948公里，占湖南省航道总里程的25%。虽然湘江、沅水被交通部规划为国家

---

* 基金项目：湖南省高校科研项目（12A079）：环洞庭湖生态经济区共同物流发展战略研究；2012年湖南省社会科学基金重大招标项目（12ZDA12）：湖南建立洞庭湖水运物流综合体系研究阶段性研究成果。

** 邓胜前，湖南商学院副教授；黄福华，湖南商学院教授，湖南物流研究中心主任，湖南省物流与采购联合会副会长。

水运主通道，湖南省也规划了"一纵五横十线"的高等级航道网，但现实中，高等级航道里程偏低，三级及以上航道仅占总里程的 5.1%，而且水道的承运能力相对欠缺。

（二）港口建设发展比较迅速，但港口现代物流体系尚未形成

全省现有港口 63 个，港区 207 个。拥有各类生产性码头泊位 1896 个、码头岸线 86198 米。以长沙霞凝港区、岳阳松阳湖港区建设为标志，洞庭湖水系内港口建设进入了加快发展和提升服务的新阶段。"十五""十一五"时期以来，境内先后完成了一批现代化的专业化码头建设。环湖沿江的中小港口码头建设也发展迅速，与腹地运输需求相适应，区域港口布局初步形成。但由于港口所依托的城镇和服务的经济腹地范围的千差万别，致使区域各港口的发展水平和运输规模各不相同，港口的结构性问题比较突出。一是港口泊位数量不少，但普遍没有形成规模经营。二是码头功能结构不合理。三是码头泊位的吨级结构不合理。

（三）区域航运相关船舶产业得到了一定发展，但船舶运营组织化程度不高

区域船舶工业自"十一五"时期以来发展较迅速，初步形成了具备一定基础的产业体系。2010 年，湖南省船舶工业总产值达 31.7 亿元，船舶完工船舶量 81.6 万载重吨、63.4 万总吨，拥有船舶生产企业 92 家，其中过亿元企业 6 家，逐步形成了以益阳、常德、岳阳、长沙四市为重点，依托南洞庭湖和湘、资、沅、澧四水岸线布点的环洞庭湖船舶工业产业集聚区，打造了一个国家级"高技术产业基地益阳船舶制造产业园"。船舶制造以及配套产业的发展，为区域航运的发展提供了有力的支持，也为区域水运物流的繁荣打下了一定的基础，但是，区域船舶组织化运营程度偏低，个体运输船舶经营方式、船舶承包经营、船舶租赁经营、船舶挂靠经营等方式还比较普遍，船舶公司化经营发展程度不高，不能适应航运企业和航运市场的发展需要，甚至从客观上阻碍了航运业的发展和航运企业市场竞争能力的提高。

（四）区域水运货物量呈现较好的增长态势，但水运物流市场潜力尚待真正开发

区域内河货运量一直保持着较为平稳的增长态势，内河货运量及周转量年均增长率分别在 30% 和 20% 左右。在整个区域水运货物量中，大宗散货运输占主

导地位。占总货运量的比重在70%以上，而其中又以矿建材料为主。随着洁净能源使用范围的不断扩大和汽车工业的较快发展，近年水运液体散货（石油、天然气及制品）呈较快的增长速度。另外，粮食、水泥、化肥、外贸集装箱等也是水路运输的重要货类，仍具有较大的发展空间。集装箱运输是一个地区现代水运物流发展水平的一个重要标志，1992年以来，区域内河集装箱运输从无到有、发展较为迅速，集装箱航线挂靠港也由最初的长沙港，逐步增加了岳阳、株洲、湘潭等港口，长沙港还开辟了冷藏集装箱运输业务。岳阳港的货物吞吐量在2012年首次突破1亿吨，成为区域内首个亿吨大港，其中，集装箱吞吐量达20.06万标箱，同比增长25%。长沙新港集装箱吞吐量也在2009年就开始突破10万标箱。但与内河水运发达的地区相比，洞庭湖区域集装箱运输规模、质量以及物流服务水平等方面仍存在巨大差距，水运物流市场潜力尚待真正开发。

（五）区域水运物流市场主体有了一定的提升，但规模化、集约化程度和专业化物流服务水平仍不够高

随着长株潭港口群、洞庭湖区内重要城市港口群等的快速发展，形成了一批实力较强大的港口经营企业。在区域港口竞争中，不断提升其各种水运物流的服务水平，尝试发展第三方物流，建立港航物流中心（园区）等，是区域水运物流市场的主力军。区域内水上运输企业数量众多，经过多年的市场竞争发展，航运企业朝着船舶吨位由小见大加速发展，企业自有船舶普遍开始从百吨级船舶向千吨级船舶扩大，船舶的专业化发展趋势较为明显。但同时，区域内港口经营单位众多，港口资源分散、重复建设、过度竞争，运输企业小而散，水运市场竞争力不强的情况比较普遍。在水运物流主体发展方面，整体上规模化、集约化程度和专业化物流服务水平仍不够高。

二 洞庭湖水运物流发展存在的问题

（一）水运基础建设方面

首先，基础设施建设投资不够。长期以来，政府将更多精力关注于公路、铁路的建设方面，而对于内河航运的开发没有给予应有的重视。湖南坐拥通江达海的优良水运条件而没有得到有效利用，水路交通建设缺乏稳定的资金来源渠道，水运基础设施年投资额不足，和沿海省市比差距巨大，与沿长江省市比较明显滞后。

2011年，湖南省完成水运基础建设投资还不到全省交通固定资产投资的1%，仅为公路的0.5%，基础设施建设明显滞后于国民经济的发展需求。其次，航道不畅、等级不高，铁公水综合运输网络不健全，铁水联运等多式联运综合运输网络亟待发展。最后，相关配套体系亟待健全。近年来湖南省千吨级以上泊位虽有所增加，但年吞吐量百万吨以上的港口大多机械化程度低，集疏运系统不完善，辐射能力弱。以专业化、标准化为标志的现代化船舶运力系统尚未形成。

（二）水运管理方面

一是宏观上缺乏水运物流发展的总体战略及规划。由于缺乏对洞庭湖水运物流总体战略规划，容易忽视现代物流的一体化理念，从而影响到水运物流服务供应链的形成和纵向一体化的发展。二是竞争无秩序。湖南省缺乏具有较强竞争力的地方龙头航运企业，使区域航运发展相对滞后。货运代理无序竞争，承运船之间无序竞争，本省、本区域内的船舶之间的无序竞争。三是管理机制不健全，经营机制不完善。一方面，内河航运市场通常更要涉及多个管理部门，如航道、港口、交通、海事、水利、税务等职能部门，多头管理的结果就是无人管理。另一方面就是地区封锁，相互恶性竞争腹地资源，导致行政区划与内河流域经济成为一对难以逾越的矛盾，造成许多问题的解决与推进都存在相当难度。

（三）现代化手段运用方面

一是现代物流理念与港航企业发展融合程度不高。目前大多数航运企业的操作模式多为订单式，相对被动地为货主提供运输服务。从物流的角度而言，运输只是其中一个环节，还需要一系列的资源整合。在这方面多数航运企业尚无从顾及，在追求低成本的同时往往忽略了物流理念的普及与提高。二是信息化与支持保障体系还较为薄弱。尤其是航运企业投入信息化建设的资金不足，数据传输通道较为滞后，支持保障设施还不系统，并存在信息资源建设滞后于网络硬件环境建设的现象。此外，信息化管理体制及推进措施尚需要进一步完善。

（四）水运物流人才方面

由于受传统水运生产模式的影响，加上现代物流理念的普及推广滞后，目前水路运输企业的从业人员的文化素质、技术水平及对物流认识水平还远不能适应现代物流发展的需要，特别是物流高层管理、复合型管理和建设人才、信息资源管理人才等的缺乏。

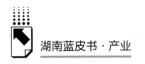

三　洞庭湖水运共同物流发展战略分析

为了推进洞庭湖水运物流产业的发展，在区域内尽快形成货畅其流、经济合理、专业化的现代水运物流服务体系，应该从区域水运自然条件、区域综合运输体系、区域经济发展和产业布局等方面统筹考虑，形成一个完善的水运物流经济系统。根据区域经济发展和物流发展的实际情况以及发展环境，洞庭湖水运物流的发展需要确立明确的战略发展方向。

（一）优先发展战略

2011 年 1 月颁布实施的《国务院关于加快长江等内河水运发展的意见》标志着内河水运发展上升到国家战略高度。洞庭湖生态经济区建设必须确立水运物流优先发展的战略，加快构建畅通高效的现代化内河水运体系、大力提升港口的发展质量和效益、提高航运综合竞争能力、加快发展现代航运服务业、促进现代物流体系建设、推动区域水运物流向纵深发展。

（二）协调发展战略

洞庭湖水运物流发展中，要重视协调发展：①与流域经济可持续发展相协调。②与综合运输体系中的公路、铁路、航空、管道等其他方式发展相协调。③与水资源综合利用的防洪、发电、灌溉、供水、湿地保护等功能发展相协调。④与水运物流自身体系中的航道、港口、船舶、信息安全支持保障系统、水运物流企业及从业人员发展相协调。

（三）绿色发展战略

随着水运建设和运营规模的不断扩大，能耗和排放总量也随之加大，水运物流发展自身同样也面临着通过节能减排实现绿色发展的问题。洞庭湖生态经济区规划建设，更是赋予洞庭湖水运物流绿色发展的时代使命。加快转变水运发展方式，建立绿色水运体系建设，深入推进"港、航、船"等各领域的节能减排。港口应突破单一的产业集聚，而应向临港工业集群和航运服务产业集群双支柱方向转型，将增强区域航运中心功能作为发展重点，通过金融、贸易功能的扩展，实现港口经济的转型升级，使其成为支柱产业。

四　洞庭湖水运共同物流发展对策与建议

（一）洞庭湖水运共同物流发展对策

1. 分阶段和有步骤地推进水运共同物流体系的形成

洞庭湖水运共同物流体系作为洞庭湖生态经济区的一个子系统，也是一个动态的发展过程，需要根据洞庭湖区域经济发展的实际情况与趋势，以及洞庭湖水运条件和环境的变化，制定符合实际，适当超前的水运物流发展目标，将远期目标、中期规划和近期举措有机结合，有步骤地推进水运物流的发展。

第一阶段措施：

①加快完善区域水运基础设施，提升整体水运能力。按照"深下游，畅中游，延上游"的航道建设方略逐步实施航道治理，为洞庭湖水运物流的发展奠定基础。②整合港口资源，重点加强沿湖港口群、长株潭港口群、长沙和岳阳港口物流中心的规划建设，拓展港口综合物流服务功能。形成点辐射式水运物流网络，促进中心区和周围地区之间的物资流通，加快以中心区为核心的区域物流发展速度。③推动运力结构调整和船型标准进程，鼓励水运企业自身信息系统建设，探索适用于洞庭湖水运物流发展的现代管理体制和法规体系。

第二阶段措施：

①启动以常德、南县、津市、益阳、沅江、澧水为核心的流域性港口物流中心规划，逐步开展地方性物流中心建设，进一步拓展港口功能，延伸服务范围，基本上构筑洞庭湖水运物流布局框架，形成线辐射式洞庭湖水运物流网络，促进"四水"辐射干线陆地带物资流通的优势互补，推动区域经济一体化发展。②进一步完善航道条件及洞庭湖水运物流信息平台，使"一湖四水"的航运与铁路、公路的衔接更为合理。③引导洞庭湖区域各类水运企业开展适宜自身发展的各种物流模式运作，市场经济主体作用得到更好的发挥；洞庭湖水运物流发展的现代管理体制和法规体系不断建立和完善。

第三阶段措施：

①进一步提升湘江、沅水高等级航道通航条件，延伸发掘水运开发价值较大的洞庭湖水系航道；完善港口布局，构建中心港口、重要港口和一般港口组成的层次分明、功能明确、与区域经济发展水平相适应并适度超前的现代化港口体系。形成以中心区为核心，以辐射干线为骨架，各地区相互衔接、分工合理的面

状辐射物流体系，促进区域物流各要素一体化、物流基础设施一体化、物流市场一体化的区域水运物流网络系统。②依托长江、湘江、沅水等水运大通道，规划部署沿湖、沿江开发、产业布局、临港产业园区等规划和建设，加强规模化、专业化港区建设和相关体制机制创新，推动水运物流与制造业的联动发展，根据区域内工农业生产的比较优势，进行产业布局优化。③完善洞庭湖水运物流服务保障体系，促进水运基础设施与多种运输方式一体化整合协调，全面提升品质，形成完善的水运物流综合体系。

2. 采取航道优先发展措施

航道是水运物流的基础。"一湖四水"给予了洞庭湖区域发展水运的天然条件，在建立洞庭湖水运共同物流体系过程中，应该把航道发展放在优先地位，着力开发"一湖四水"的水运潜力，构建水系沟通、干支直达、高通航标准的航道网络体系。

第一，着力提高主干水系的河道通航能力，提升主干航道等级水平。①要加快对已纳入国家高等级航道范围的湘江干流河道和沅水干流河道的航道规划建设，在积极争取国家内河航运建设资金的同时，加大省财政的资金投入，并调动社会资源，结合航电综合枢纽工程的规划建设对河道进行系统性的整治疏浚。②重点推进湘江长沙至岳阳城陵矶的航道整治工程。一是结合长沙综合枢纽的建设，提升主河流段的水深；二是对淤塞河段进行开挖疏浚，使其形成常年2000吨级船舶通行能力。③沅水也是国家高等级航道，可以采用航道整治和梯级开发相结合的工程措施，全面加快沅水高等级航道建设步伐，其中重点提高沅水浦市至常德的通航标准及通航的通畅，使其形成常年1000吨级船舶通行能力。

第二，强化洞庭湖水系出海通道建设，增强通江达海的功能。长江航道也是湖南水路交通网络的重要组成部分，湖南拥有长江自然岸线158公里，可建港岸线63.62公里，深水岸线58.52公里。因此，强化洞庭湖水系出海口的航道建设和开发，是增强洞庭湖通江达海的功能的需要。①进一步提高城陵矶出口的通航能力。目前海轮航道虽然延伸到了城陵矶，但维护水深为3.8米，为季节性航道，与船舶大型化的需求相去甚远，也与城陵矶港区后期码头建设不适应。为此，要重视出口航道的疏浚工作，通过航道炸礁、疏浚工作，提高维护水深常年至4.5米，达到5000吨级江海轮直达运输要求，与长江航务管理局协调，尽快申报立项建设岳阳至武汉5000吨级航道工程。②重视开发新的出海口。打通西洞庭湖连接长江的第二出海口。一是整治淞虎湖航道，使其常年通航，通航标准为500吨船舶通行，则可打通湖南内河与长江的第二水运通道，连接益阳、常德、津市至长江干线沙市以上。二是开凿一条津市至石首的大运河，津石运河工程既可以将现在洞庭湖的"J"字形改造成"U"字形的循环洞庭湖，使洞庭湖不仅有了东、西两个具有经济价值的出海口，增添了新的长江通道，还有力地支撑了有湖北和湖南共同参与的"环洞庭湖经济圈"。③加快研究湘桂运河的开发利用。通过湘桂运河的开发，可以沟通长江水系和珠江水系，打通湖南第二条水路出海通道。

第三，打通水系，构建以洞庭湖为中心的航道网。洞庭湖区内以及与湖相连的水系中，河流众多，各航道的自然条件、发展基础以及运输需求差异较大。因此，水运网络体系中，需要根据各航道的发展条件、功能作用和开发前景，对各水系航道进行分层布局规划和建设，并做到各水系的贯通。①国家高等级内河航道湘江、沅水是洞庭湖水系航道体系之"骨架"，在提升其高等级航道的基础上，还要力保其全线水路贯通。此两条水运通道的贯通，为洞庭湖水运物流的发展提供了坚实的支撑。沅水经认真规划和整治后，可使这条航道与贵州的清水江有效对接，形成贵州矿产等丰富资源运输的水上通道，将成为湖南乃至珠三角经济社会发展的能源运输大动脉。②资水干流、澧水干流以及湖区内淞虎—醴水航道为洞庭湖水系航道体系的"枝干"，可以规划建设成为区域内重要航道，也需要全线打通；部分自然条件好的河段可以进行航道等级提升，通过梯级渠化、疏浚和整治等措施打通澧水；对于资水，能尽早完成建坝渠化，改造船闸，利用柘溪上游的航道优势，资水流域的水运优势也将得到充分发挥并逐步形成500吨级至1000吨级船舶通行能力。③加强洞庭湖区内的南茅运河、新墙河、华容河、塞阳运河、藕池河、汨罗江等地方航道整治工程，保证这些支流能常年通航、季节性通航1000吨级以上船舶，形成洞庭湖区境内四通八达的航道网络。

第四，重视解决水系航道的梯级建设和开发中存在的阻航碍航问题。河流水系的梯级开发对综合利用水资源起到很大的作用，能使水系部分河道形成深水河道，提高这些河道的通航能力，提升部分航道的等级。一定要重视解决主干水系航道的梯级建设和开发中存在的阻航碍航问题。

3. 加强港口建设规划，重视港口资源整合

港口布局要体现洞庭湖水运物流体系的空间属性。要根据腹地经济社会发展，特别是沿江（河）产业布局与发展、矿产资源开发对内河航运的发展需求，对洞庭湖水系主要港口的功能定位和港口层次类型进行研究和合理规划，完善港口物流系统的空间布局。同时，要重视港口资源整合，增强港口城市在区域经济发展中的有效带动作用。①优势优先，把岳阳市打造成湖南航运物流中心。在已有的全省港口建设规划中，基本确定了岳阳港和长沙港为洞庭湖水运物流枢纽港口。而其中岳阳港因其区位和交通运输条件优势，在港口物流发展上更是得天独厚。②强化有重要城市依托，位于主要航道与公路国道、铁路交会处的港口布局和发展，发挥港口在区域性水陆物资转运中的重要作用。③逐步构筑起布局合理、层次分明、功能完善，与区域经济发展水平相适应、与航道布局规划相协调、与综合运输体系有机衔接的港口体系。形成全省水运集装箱运输系统，主要港口和地区重要港口逐步发展成为集装卸、仓储、配送于一体的地区物流中心。

4. 多式联运发展，水运、高速公路、铁路三位一体

以港口为节点的现代内河多式联运体系主要由水公联运、水铁联运、水空联运等构成。要发展内河多式联运，需要对水路、高速公路、铁路进行三位一体的规划和发展。主要举措有：①线路的建设、重新规划与完善。港口要有计划、有步骤地建设和扩建新的铁路或公路联运线路以改善内陆疏运或分流公路货流。地方政府要与铁道部门积极沟通协商，科学布局进港铁路，完善港口水铁联运物流功能；此外，扩建连接港口的高速公路，修建新的桥梁，启动新的连接隧道，进一步完善港口联运通道。②场站的建设与完善。除线路以外，集疏运系统中节点的建设和完善也要提到一个更为重视的位置。根据货运需求设置场站，在一些新建铁路的沿线同时新建铁路站场，为货物分段运输提供周转场所；在港口周边或城市建立多个适当规模的场站，有效减轻城市公路的运输压力，为适应未来数年货运量的增长而预留扩展的余地。③建立快速联运网络。港区附近的物流中心可以设有与码头间的专用运输通道；港区附近的大型仓储设施通过高架桥、高速公路与港区和空港等区域紧密相连，帮助港口实现货物快速、高效地疏运。

5. 建立水运公共物流信息平台

先进的电子商务平台是整合物流链信息资源的关键手段。公共物流信息平台公益性强，技术含量高，建设涉及面广，协调工作量大，必须由政府主导。建设与运营可借鉴上海模式，政府为主投入资金，新港配套系统机房和系统开发运营。第一步，在新港码头集装箱信息管理系统基础上，建立湖南 EDI 中心，与海关、检验检疫、海事、银行、保险、货主、收货人互联，形成以港、航为主体的覆盖贸易运输全过程的水运 EDI 信息系统。第二步，在 EDI 基础上，开发公共物流信息平台，实现船、箱、货实时动态跟踪、信息查询功能，货代与货主、货代与船代网上交易功能，网上报关报检、货主订舱、码头受理功能，网上结算功能。

6. 产业联动和港城互动式发展

港口在洞庭湖水运物流发展中具有独特的地位，对于城市具有一种强有力的纽带作用。港口与城市及区域的协调发展有两种方式：一是从港口入手，通过港口的功能转化等手段拉动城市的发展，即港口的拉动协调；二是从城市出发，通过扶持和发展与港口发展有关的产业来推进港城结构的整体效益，并与城市推进相协调。区域物流中心的建设要与所在城市总体规划相协调，要与城市功能布局的空间演变趋势相适应，进一步改善港城关系，创新港口布局设计，加快港区功能拓展。港口物流园区的建设要充分显示自身的货源特色，与工业园区、城镇的规划布局相结合，逐步成为城市商业配送中心。加快重点港区的公路专线、铁路专线的建设，建立与城市公路货运主枢纽、铁路货运主枢纽相衔接的快捷货运网络体系，强化港口物流中心（园区）的集散功能和增值服务水平。

（二）洞庭湖水运共同物流发展政策建议

1. 加大财政投入，并探索多元化基础设施建设的融资模式

中央和地方各级政府承担内河航运基础设施投资主体的责任，要进一步加大财政投入。除此之外，政府在加强资金直接投入的同时，在不同时期可根据航运建设的要求制定各种政策和法规，从侧面对沿海港口公用基础设施、内河航道、船闸枢纽等内河航运建设项目加以支持。①实行"以陆补水"政策，从公路改造资金中调用一部分资金，扶持内河航运建设。②利用洞庭湖的影响力，把湖区内的相衔接的航道整治工程进行捆绑打包，对外推荐宣传，申请世界银行贷款。③地方自筹资金部分由省全部投资建设转为省市共建，地方政府通过相关税收政策和征地拆迁政策给予支持，省以下政府对港航基础设施项目的投入采用了减免工程税费和给予施工拆迁补偿等优惠政策方式参与内河水运的建设投入。④推进了水运建设投融资体制改革，拓宽社会资本进入航道改造项目的渠道，开通全省内河"四自"工程，实行统一管理、统一贷款、统一还款。⑤设立专门的内河航运建设筹资平台，由政府担保或提供贴息，并吸引社会资金参与航道建设，或由综合交通统一筹资平台承担其职能，通盘考虑水运、铁路、公路、航空建设资金的筹集、使用。⑥发行指定用途的地方政府债券，专项用于内河航道建设，通过水资源综合开发利用（如水力发电）等经济收益来建立偿还机制，通过国债或地方债券融资得来的资金，主要用于干线航道的建设改造，解决内河航运大通道的拥堵问题。

2. 为港口物流和相关企业发展争取优惠政策

一是借鉴并综合长江沿线其他港口当地政府的做法，争取支持洞庭湖区域港口物流发展的配套政策，加快港口经济的发展。在洞庭湖生态经济区建设中，争取相关政策，取消地区港口建设费的征收，或者缩小港口建设费的征收范围，降低港口建设费的征收标准。二是对水运物流企业做大做强的经济鼓励政策。应该在发展港口的同时加大对船舶的资金投入和政策扶持力度，比如：政府对区域内的水运企业进行一定的油价补贴；加大对运输企业船舶更新改造的贷款扶持力度；适当降低船舶交通规费，特别是航道养护费一项，以减轻运输企业船舶负担等。

3. 加强管理和规范

一是规范水运市场经营行为。规范船舶货运代理人的行为，对现有船舶货运代理机构进行清理、整顿。建立代理协会，加强行业自律，不损害承托双方的利益。规范承运方的行为，提倡公平竞争，交通主管部门应引导船东加入船东协会，引导承运船之间有序竞争。二是制定有利于内河航运规模化发展的技术标准与法规。各级、各地政府需要协调和调整自己的技术标准和法规，促成该行业使用更有效率的船只和更有效益的营运方式。三是打造集装箱运输绿色通道。高速公路通行费支出在集装箱车辆运输成本中所占比重偏高，已成为影响运输成本的首要因素。要从支持湖南省港口物流发展的高度出发，对来湖南港口中转的集装箱运输车辆收费标准做出调整，甚至免收过路费。

B.44
湖南省开发区发展环境对策研究

禹向群 *

开发区是区域经济发展的龙头，是对外开放、招商引资的主要载体，是发展高新技术产业、促进产业集群发展的重要平台。1988年，湖南省第一个开发区正式成立，标志着湖南省开发区建设进入正式轨道。1996年，省人民政府颁布了《湖南省开发区管理办法》（省政府令第28号）、下发了《关于加强开发区管理的通知》（湘政发〔1996〕19号）两个涉及开发区的政策性文件。2009年，省委、省政府出台了《关于进一步促进产业园区发展的意见》（湘发〔2009〕4号）。这些政策文件的出台，为湖南省开发区的健康稳定发展起到了很好的促进作用。

一 湖南省开发区发展环境建设取得的成就

截至2012年，全省建成省级及以上开发区78个，其中国家级13个，省级65个，建设数量、质量都实现了跨越。全省开发区固定资产投资、实际到位外资和实际到位内资分别高于全省平均水平6.6个、7.6个和16.1个百分点，占全省总额的比重分别为21.1%、43.6%和36%，分别比上年提高1.9个、13.2个和1.1个百分点。涌现了长沙经开区、长沙高新区、株洲高新区等一批千亿元园区。主要特点有五个。

1. 管理体制逐步得到完善

开发区创立之初，一张桌子、一间租房、一班人马，轰轰烈烈把开发区建了起来。《湖南省开发区管理办法》《关于加强开发区管理的通知》《关于加强开发区机构编制管理的意见》以及《关于进一步促进产业园区发展的意见》等政策的出台，完善了开发区管理体制。目前，全省13个国家级及绝大多数省级开发区在机构职能、机构设置、机构编制和经济管理权限等方面都做出了明确和具体

---

* 禹向群，湖南省人民政府经济研究信息中心产业经济研究处处长。

规定，并在省级层面建立了开发区管理办公室，成立了开发区协会。存在两种管理体制：一种是准政府的管委会体制。设立党的工作委员会和行政管理委员会，作为当地党委、政府的派出机构，党工委与管委会合署办公；管委会设立办公室、产业局、规划局、招商局、事务局等机构，行使立项、规划、建设、管理等行政职能。另一种是行政管理与公司化运作并存的模式。如怀化工业园，先后与中国太平洋建设集团合作，以 BT 模式整体承建。又如易俗河经开区内的浙湘工业园就是由浙江省湖南商会牵头，组织在外湘商回湘投资兴建。

2. 政务发展环境稳步改善

政务发展环境是发展环境的重要环节。一是有健全的规章制度。一些园区出台了《优化经济发展环境禁令》《行政执法机关涉企检查审批备案暂行办法》《入区项目服务流程》等规章制度。有些园区实行"企业 25 天安静日"和"两个零接触"制度。如浏阳积极推进商标注册工作，成功注册"浏阳蒸菜"地理商标。国家级以上园区或大多数省级以上园区建立了政务服务大厅，实行一站式服务。二是有健全的政风评议。邀请企业代表参与行风评议，实行评议结果与奖惩挂钩制度。有些开发区制作了《优化经济发展环境服务卡》，收集企业急需解决的各类问题，并对每项问题的解决实行跟踪问效。三是有行政效能监察。采取定期督察与随机督察相结合、听取汇报与现场督察相结合等方式，进行"拉网式"排查，并下发《督察事项通知单》，实行追踪问效。四是适当赋予开发区一定特权。从各地开发区实际情况来看，大多数开发区都享有一定的特权，如湘潭高新区、永州凤凰园经济开发区等园区就享有发改、规划、工信等部门的 2 号章特权。

3. 政策支撑体系逐步健全

各级开发区建立后，都制定了具体的入园政策。在项目准入条件、行政审批程序、项目落户优惠、财税及中介奖励等完整的政策支撑体系。有些开发区对入园企业实行财政补助、税收优惠，或者免收一切行政事业性收费。省委、省政府赋予大湘南"先行先试"34 条，郴州市也出台了《关于加快园区建设发展的若干意见》，赋予园区市级综合经济管理权限和土地储备职能，实行"境内关外"政策，享受"三免、二退、一保"优惠政策。同时，创新开发区管理方式，以创建国家级或省级新型工业化示范基地、国家高技术产业基地、湖南省千亿元园区、湖南省承接产业转移示范园区、湖南省最具产业影响力产业园区等为抓手，以评促建，增强了开发区新型工业化发展能力。如益阳高新区围绕以创业促就业的总体要求，充分发挥小额担保贷款优势，2012 年共发放小额担保贷款 9289 万元，享受贷款人数 2209 人，实现新增创业实体 2349 个。另外，开发区还在引导产业聚集、完善产业配套，以及标准化厂房建设等方面，出台了相关支持政策。再次，开发区在园区公共服务平台建设上也有政策支持，促进了开发区中介机构的有序发展。如娄底经开区对园区内中介组织建立台账，实行跟踪管理。

4. 社会管理职能日趋完善

开发区建设以来，逐步形成了以国家级开发区为主力、省级开发区为重点、工业集中区为辅助的发展格局。开发区除承担产业发展、企业服务、科技服务等经济职能外，拆迁安置、社会治安、文教卫生等社会职能不断增加。随着开发区向工业新城发展，公共交通、社区学校等社会管理任务不断增加。如长沙高新区，有工业园，有街道，有乡镇。

5. 社会生活服务逐步改善

随着开发区的发展壮大，工业化与城镇化结合将更加紧密，产城融合趋势越来越明显，有些开发区在教育、卫生、文化、旅游、居住、环保等方面的服务也逐步得到改善。有些开发区成立了慈善总会、帮扶协会等慈善组织，有些新建了村级图书馆、绿色网吧，有些自发组织腰鼓队、街舞队、秧歌队等文艺团队，在养老、住房、救济、帮扶等方面提供服务。如长沙高新区 2012 年一年就举办了4 场大型招聘会，提供就业岗位 5450 个；完成安置房建设 20 万平方米。

二 湖南省开发区发展中存在的问题

20 多年来，湖南省在开发区发展环境建设中取得了可喜成绩。但是，经济社会环境变化很快，发展环境与发展需要的差距仍然存在，各种矛盾和困难依然突出。主要表现在五个方面。

1. 管理权属不清仍然存在

根据省政府的有关文件规定，开发区管委会作为当地党委、政府的派出机构行使管理权限，但是这一授权法律地位并不明确。国家行政序列中，开发区没有明确的地位，不是独立的行政区域单元，不具备相应的法律权限和地位。在管理层面上，开发区管委会与当地政府及职能部门的关系模糊，表现为权力授权难以到位，缺乏权威性和稳定性，甚至出现与相关职能部门相矛盾的情况。管委会作为政府的派出机构，只是一个服务协调机构，没有独立行政权，限于制定园区发展规划、落实入园优惠政策、营造良好投资环境。而在项目立项、土地审批、规划报建、环保评估等经济管理职能上大多没有直接的行政权，特别是省级以下开发区没有行政权。另一种就是政府主导、市场运作模式建立的开发区，更加难以行使行政权。在面对一些行政体制具体问题时，往往是市里一个意见，区县一个意见，在一些涉及管理权限的重大问题上左右摇摆，企业无所适从。其次，在湖南省省级以上开发区中，机构臃肿的苗头已经凸显，值得我们警惕。如长沙、娄底某些开发区，除了人大、政协、武装等机构没有设立外，其他机构是一应俱全。

2. 行政效率不高仍然存在

法律地位的缺失导致管委会缺乏必要的行政执法权。有些管委会对建设、土地、财政等事务缺少行政主体资格，无法发挥其相应作用。当企业涉及这些工作时，处理权均为上级部门，增加了审批程序，降低了行政效率。此外，个别地方政府职能部门在开发区内随意检查、交叉检查、以罚代收和乱收费、乱罚款、乱摊派等强制性行为仍然存在，影响了园区经济发展环境。一些开发区审批程序繁杂、项目跟踪服务不到位、信息化程度不高等问题仍然突出，服务质量和服务效率仍有待提高，服务方式和手段有待进一步发展。政务公开和网络审批等电子政务服务没有及时跟进。有的开发区办事人员长官意识太浓，凡是领导挂帅的项目，就加快审批、特事特办。如某企业反映，办理12项手续，签字达46个，有45个盖章，耗时达128天。又如永州凤凰经济开发区有企业反映，电力部门时常以停电相威胁，索拿卡要。

3. 资金压力大的问题仍然存在

根据《湖南省征地拆迁管理办法》，开发区征地拆迁成本不断攀升。如长沙高新区，政府征地成本是80万元/亩（农民补偿35万元/亩，征地费15万元/亩，安置房建设10万元/亩，基础设施建设10万元/亩，财务费用10万元/亩），而目前工业用地最高出价约30万元/亩，每亩差价近50万元。由于国家宏观调控、房地产调整，使盘活经营性用地以弥补资金短缺受阻。由于融资渠道的有限，园区企业贷款困难，特别是中小企业融资困难，制约了企业发展壮大。同时，开发区缺乏独立的财政体制，主要依靠地方拨款和银行贷款开发，在紧缩的财政体制下，地方融资平台融资功能受到制约，融资难和融资成本过高是园区面临的重大难题。在园区和企业均面临资金难题的时候，园区难免不向企业伸手，该减免的费用、税收就难免打折扣，企业也难以生存。

4. 企业紧缺人才供给不足仍然存在

劳动力是影响企业发展的重要因素，用工难普遍存在。企业急需的高端科研人才缺乏。像中联重科、三一重工，企业急需的高端液压人才、智能人才一直供不应求。企业急需的产业领军人才缺乏，市场开发能力、市场开拓意识和能动性不强，企业成长较慢等问题仍然存在。同时，企业急需的高级技工、熟练操作工人也供不应求，甚至月薪 8000 元都难以请到合适的高级技工。

5. 公共服务平台利用率不高仍然存在

公共服务平台的活跃程度代表着一个开发区经济的活跃程度。在第三次产业革命扑面而来，进入工业化或后工业化时期，公共服务平台应该非常活跃。由于各种原因，有些园区已经建成的平台利用率不高，有些园区甚至压根就没有什么服务平台，一些基本的咨询、会计、审计事务都难以开展。甚至个别开发区搭建了多年的科技孵化器里一家企业都没有，有些创业园没有几家企业入驻。再加上服务平台信息化程度不高，从而导致共享难度大。

三 优化湖南省开发区发展环境的几点建议

总体思路是：深入贯彻落实科学发展观，抓住"中部崛起战略"和"长株潭两型社会建设"机遇，着力减少审批事项、提高办事效能，创造零障碍、低成本、高效率的政务环境，深入实施《法治湖南建设纲要》，创造公开、公平、公正、可预期的法治环境，努力把开发区建设成全省落实科学发展观的示范区，"两型"发展的试验区。

1. 进一步健全开发区管理体制

要按照社会主义市场经济体制的要求，努力构建与之相适应的开发区管理体制和运行机制。一是转变职能。按照管宏观不管微观，管规划不管计划，管外部不管内部，管市场不管企业，管服务不管事务的原则，转变开发区管理职能，把工作重心从重管理转到重服务上来。二是精简机构。按照小政府大社会原则，改变旧体制下冗杂的机构设置，减少工作环节，提高管理效率，为企业提供宽松的生产经营环境。三是注重法制。依法治区是开发区建设的一项十分重要而又紧迫的工作。开发区在法律法规的健全方面还有大量工作要做。四是强化规范。许多开发区建立了一条龙服务的措施，实行一栋楼办公，一个窗口对外，一支笔审批，一站式服务，但管委会作为一种新型组织，还需要积极探索行政管理体制的改革与创新。

2. 进一步加强开发区行政效能建设

牢固树立企业至上、服务第一的思想，加强对企业的保护，帮助企业排忧解难。一是规范代理服务制。坚决取消一切不合理收费，所有收费都要统一收取，代缴财政。禁止开发区外的部门、单位直接向开发区企业收取费用。各行政职能部门到园区企业进行执法检查和处罚等工作，必须在园区优化办登记备案。二是控制非执法类检查和各类评比竞赛活动。各行政单位不得将职权下放给所属事业单位、社团组织对企业实行有偿服务或变相收费，不得随意开展要求企业出钱出物的达标、评比和考核活动。三是规范依法执法行为。实行同城（市县）一次检查制度，不得对企业进行多头重复检查和处罚。建立企业执法申诉制度，允许企业依法维权。四是营造优质高效服务环境。完善或出台《行政审批部门责任制》《审批事务代办制》和《行政效能监察投诉制》等制度，减少对经济事务的行政干预，增强服务意识，提高服务质量。五是严格责任追究。进一步完善服务承诺制、行政执法责任制、岗位过错责任追究制、评价考核制、登门道歉制、经济赔偿制等各种制度，强化效能考核和责任追究。

3. 进一步创新开发区财政金融体制

资金是开发区建设的基础。一是要创新开发区财政管理体制，扩大其财权，增强开发区自我发展能力。加大财政资金支持力度，提高土地收入园区留存比例，鼓励财政出资和土地抵押贷款作为募集建设资金的主要手段，加快开发区公共服务设施建设。二是建立银行与产业园区、区内企业经常性的协商联系机制，积极探索推广资产抵押、动产抵押等信贷担保方式，解决园区发展资金困难问题。三是创新金融体制。支持和鼓励符合条件的园区企业在境内外上市、发行债券或短期融资券，通过资本市场扩大直接融资。鼓励多种形式的金融创新，增强开发区企业资金保障能力。如农行福建分行开发了"工业厂房按揭贷款"业务品种，用于支持中小企业购买或者租用工业集中区的标准化厂房。

4. 进一步加大人才的培养引进力度

一是设立人才引进专项资金，建立和完善引进、管理、使用人才的机制和办法，形成鼓励、支持人才干好事业、干成事业的良好环境。二是积极引进高级专业技术人员、高级管理人员和留学回国人员以及海外高层次人才到园区工作，并为其配偶工作安排和子女就学创造条件。三是鼓励各类高新技术人才到园区创业，各类风险投资和创业基金应积极支持他们在园区创业。四是针对"用工难""就业难"问题，要组织毕业生"供需见面、双向选择"洽谈会，解决企业用工问题。

5. 进一步加快公共服务平台建设

公共服务平台的活跃程度代表着一个开发区经济的活跃程度。在第三次产业革命扑面而来，进入工业化或后工业化时期，公共服务平台应该非常活跃。一是完善电子信息服务平台。完善电子政务和电子商务，启动电子交易服务平台建设，促进信息化与工业化的融合。二是加快现代物流平台建设。发展第三方、第四方物流，加快物流人才培养，培育专业物流市场。三是加快技术创新平台建设。建立以企业为主体、以市场为导向、产学研相结合的技术创新体系。四是加快企业投融资服务平台建设。发展产业发展基金、风险投资机构、银行机构（包括村镇银行）等金融机构，拓展政策性融资担保、租赁、企业债券、资产证券化、信托等金融工具，扩大投融资渠道。五是加快行业公共服务平台建设。建立多位一体的行业协会组织，探索以行业协会为主体的行业管理新模式。

B.45
湖南发展创业型经济的省际比较与对策研究

左宏 肖潇*

创业和创业型经济的发展越来越受到各界的关注，创业已经成为促就业、扩内需、保增长的重要手段，大力发展创业型经济是全面建成小康社会的重要途径。近年来，中央及湖南省委、省政府相继出台一系列政策扶持中小微企业和民营经济，鼓励创业型经济发展。本报告通过对省际创业型经济的差异比较来说明湖南创业型经济发展的相撞，并提出切实有效的建议。

一 创业型经济活跃程度比较

（一）从全国比较来看：湖南创业型经济不够活跃，但近年活跃度不断增强

1. 湖南创业活跃度不够，CPEA指数①（中国私营企业创业指数）在全国和中部省份中处于中等偏下水平

根据2008～2011年数据，对CPEA指数进行测算，湖南CPEA指数为17.5，低于全国平均水平（30.9），在全国排第24位；低于江西（25.4）、湖北（23.7）、安徽（21）、山西（20.2）、河南（18.5），居中部第6位（见图1）。

---

* 左宏，湖南省人民政府经济研究信息中心产业处主任科员，湖南省经济学学会理事、湖南省公共经济研究会理事；肖潇，湖南省人民政府经济研究信息中心办公室主任科员，工程师。

① CPEA指数是指每万成年人口中的创业企业数量。这是由清华大学中国创业研究中心开发的衡量我国区域创业态势的指标：将成立时间不长于42个月的企业视为创业企业，即将过去三年（2008～2011年）累计新增的私营企业数视为该地区当年拥有的创业企业数；成年人口则选取15～64岁的人口数，本文用各省区年末人口总数乘以该省区抽样所得的15～64岁的比例数算得。

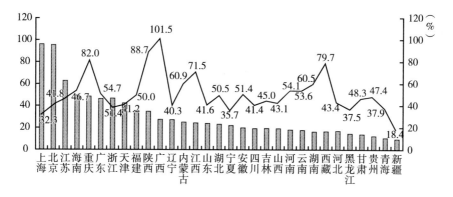

图1　各省 CPEA 指数及近三年私营企业增长情况

资料来源：国家统计局课题组整理。

2. 近年湖南创业活跃度有不断增强的趋势，增长态势明显高于全国平均水平，近三年私营企业和个体工商户数量的增幅数据说明了这一点

湖南私营企业近年增速较快，根据近三年数据统计，湖南私营企业数量从 2008 年的 13.7 万家增加到 2011 年的 21.9 万家，累计增幅为 60.5%，高于全国平均增幅 13 个百分点，仅次于广西、陕西、重庆、西藏、江西、内蒙古，在全国居第 7 位，中部居第 2 位；湖南个体工商户数量从 2008 年的 110.8 万户增加到 2011 年的 153.7 万户，累计增幅为 38.7%，高于全国平均增幅 10 个百分点，在全国居第 11 位，中部居第 3 位（见图2）。

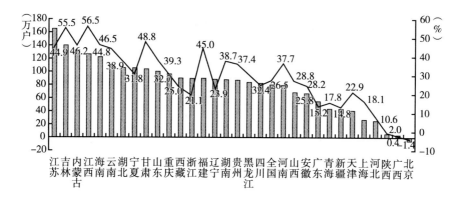

图2　各省每万成年人口中个体工商户数及近三年增长情况

资料来源：国家统计局课题组整理。

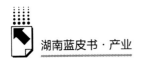

（二）从三次产业来看：第二产业创业活跃度不足，特别是制造业创业潜力还有待发掘

1. 湖南省产业在全国的占比数据和同比增长数据都显示，第二产业的创业型经济发展不足，还需要进一步加强

根据数据的可获取性，我们以法人单位数及其增长情况作为衡量指标来测算三次产业创业经济发展情况。2011 年，湖南省第一、第二、第三产业法人单位数分别为 0.98 万个、8.08 万个、22.42 万个，分别占全国的 3.1%、2.9%、3.4%。三次产业法人单位数比例为 3.1∶25.7∶71.2，与全国比例 3.3∶28.8∶67.9 相比，第二产业比例偏低，第三产业比例偏高（见图 3）。从增长情况来看，2011 年，湖南第一产业新增法人单位数 0.21 万个，同比增长 27.5%，比全国平均水平低 5 个百分点；第二产业新增法人单位数 0.05 万个，同比增长 0.6%，比全国平均水平低 7 个百分点；第三产业新增法人单位数 1.5 万个，同比增长 7.2%，比全国平均水平低 2 个百分点。与中部各省相比，湖南第二产业的创业经济发展也处于较低水平，2011 年，安徽、湖北、江西、山西、河南第二产业法人单位数同比增长分别为 13.1%、9.5%、6.9%、2.3%、1.7%，均高于湖南。

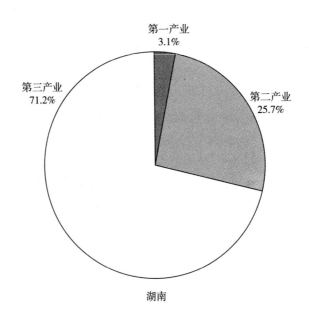

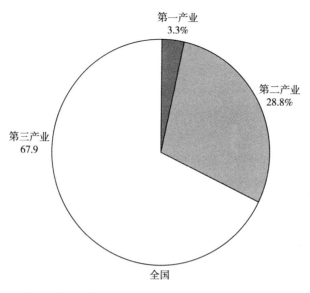

图3 湖南与全国的三次产业中法人单位数比例对比

资料来源：国家统计局课题组整理。

2. 从具体行业来看，第一产业、第二产业和部分第三产业创业经济发展速度低于全国平均水平

首先，农林牧渔业、采矿业、制造业、居民服务业、住宿和餐饮业、文体娱乐业发展动力不足，与2010年相比，2011年湖南省法人单位数在全国的占比均有0.1%~0.4%的下降幅度；科学研究、批发零售、房地产等少数几个行业创业经济发展较好，法人单位数在全国的占比有所上升。其次，制造业创业发展不足，与湖南省先进制造业的战略地位不相称。2011年，湖南省第二产业中制造业法人单位数为6万个，占湖南省全部行业法人单位数的19.2%，低于全国23.4%的平均水平；同比零增长，低于全国6.8%的平均增速。最后，伴随转方式、调结构力度加大，采矿业等传统高污染行业的创业活动被限制。2011年，采矿业法人单位数同比下降3.7%，在全国的占比下降幅度较大，表明该类行业整治力度较大，关停并转等整治措施有力，远大于全国其他地区的水平。

（三）从影响力来看：创业型经济对湖南省经济社会各方面的影响力不断增强，特别是就业带动力方面成效显著

1. 创业型中小企业对经济增长贡献率不断增加

2011年末，全省中小微企业实现增加值8154.32亿元，同比增长16.1%；

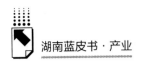

表1 湖南省法人单位数行业结构比例及变化情况

单位：%

产业类别	行业类别	湖南	总计	占全国的比例(2011)	占全国的比例(2010)	增减趋势
第一产业	农、林、牧、渔业	3.1	3.1	3.1	3.4	↓0.3
第二产业	采矿业	2.5	25.7	7.5	7.9	↓0.4
	制造业	19.2		2.7	2.9	↓0.2
	电力、燃气及水的生产和供应业	1.6		7.5	7.5	—
	建筑业	2.4		2.2	2.3	↓0.1
第三产业	交通运输、仓储和邮政业	1.5	71.2	2.1	2.2	↓0.1
	信息传输、计算机服务和软件业	2.8		4.2	4.4	↓0.2
	批发和零售业	15.9		2.2	2.1	↑0.1
	住宿和餐饮业	2.3		4.2	4.4	↓0.2
	金融业	0.5		2.7	2.6	↑0.1
	房地产业	3.1		3.0	2.9	↑0.1
	租赁和商务服务业	4.2		1.9	1.9	—
	科学研究、技术服务和地质勘察业	2.6		2.9	2.7	↑0.2
	水利、环境和公共设施管理业	1.0		4.4	4.5	↓0.1
	居民服务和其他服务业	1.7		3.1	3.4	↓0.3
	教育	4.7		4.3	4.3	—
	卫生、社会保障和社会福利业	2.6		4.0	4.0	—
	文化、体育和娱乐业	1.4		4.2	4.4	↓0.2
	其他	26.9		6.1	6.2	↓0.1
总法人单位数		100	100	3.3	3.4	↓0.1

资料来源：国家统计局课题组整理。

中小微企业增加值占GDP的比重为41.5%，比2010年提高0.8个百分点；中小微企业拉动GDP增长6.1个百分点，对GDP增长的贡献率为42.4%（见表2）。

表 2   湖南省中小微企业增加值

三次产业	2011 年(亿元)	增长(%)	中小微企业所占比重(%)
中小微企业合计	8154.31	16.1	41.5
第一产业	29.08	−2.1	1.1
第二产业	6141.07	18.4	65.9
工业	5291.78	20.2	65.5
建筑业	849.29	8.7	68.4
第三产业	1984.16	10.0	26.2
交通、运输、仓储和邮政业	349.9	6.9	37.5
信息传输、软件和信息服务业	118.31	7.0	28.6
批发和零售业	437.24	10.6	26.3
住宿和餐饮业	134.76	12.9	33.1
金融业	152.71	18.4	30.5
房地产业	334.53	−1.2	62.8
其他服务业	456.71	18.9	43.9

资料来源：湖南省统计局、湖南省中小企业局。

2. 创业型经济对就业的带动力显著

虽然湖南省创业企业的数量增长不够，但以私营经济和个体经济为主体的创业型经济对就业的带动效果非常显著。2011 年，湖南省私营企业带动就业人数从 2008 年的 236.9 万人增加到 355.8 万人，增加的绝对值在全国排名第 8 位，中部第 2 位；累计增幅 50.2%，居全国第 11 位，中部第 3 位（见图 4）；个体工商户带动就业人数从 2008 年的 202.1 万人增加到 330 万人，增加的绝对值和增幅也都非常显著，均高于全国平均水平。

3. 创业型中小企业税收稳步增长，对财政支撑作用进一步增强

2011 年，全省中小企业完成各项税收共计 898.97 亿元，比上年增长 28.4%，占全省全部企业税收的比重为 51.8%。分产业来看，第三产业是中小企业财政贡献的主要来源，2011 年，第三产业完成各项税收 465.01 亿元，高出第二产业 32.04 亿元，占全部中小企业税收的 51.0%；而第二产业在税收增幅上处于领先位置，2011 年完成各项税收比上年增长 32.7%，高出全部中小企业平均水平 4.3 个百分点。

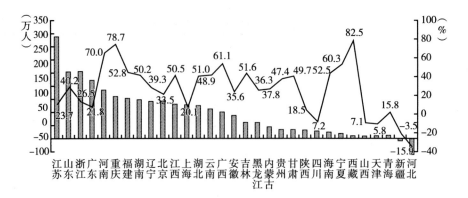

图4　2008～2011年各省私营企业就业增长数及增幅

资料来源：国家统计局。

4. 创业型中小企业技术创新活跃，专利申请授权量较快增长

2011年，全省中小企业专利申请量达10867项，比上年增长38.9%，占全部企业专利申请量的68.7%；专利授权方面，中小企业共获得专利授权6393项，增长20.4%，占全部企业专利授权量的72.8%。中小企业专利授权量与申请量之比为58.8%，高出全部企业3.1个百分点。

二　创业要素的省际比较与借鉴

本报告选取了扶持政策和管理机制、创业环境、创业融资、财税支持、服务体系等五个创业要素进行分析对比，找出湖南创业型经济发展的优势与不足。

（一）创业型经济的政策扶持体系和政府管理体制

发展现状：湖南省已经形成了较为完善的扶持创业型经济发展的政策框架和政府管理体制。湖南省委、省政府出台了《关于鼓励支持和引导个体私营等非公有制经济发展的实施意见》《关于大力推动全民创业的意见》《关于进一步支持中小微企业发展的实施意见》一系列政策文件，省直各部门、各级地方政府也相继推出配套政策，形成了较为完善的政策扶持框架（见图5）。针对中小企业和民营经济的政府管理体制也在逐步完善，2012年9月27日成立了以省委常委、副省长陈肇雄任组长的湖南省促进非公有制经济和中小企业发展工作领导小组，基本形成了以省经信委中小企业局为主，科技厅等其他八个部门各有侧重、地方政府市县两级分别有相应机构的创业型经济（中小企业、民营经济）政府管理体制（见图6）。

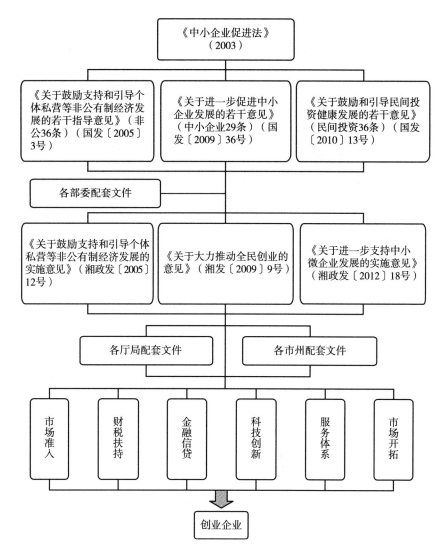

图 5　湖南省创业型经济的政策扶持框架

比较与借鉴：从法规政策和机构设置的省际对比来看，湖南省对创业型经济重视程度不够。主要体现在三个方面：一是对创业型经济的战略定位不高。湖南省在2009年才第一次提出大力推进全民创业，着重点是以创业来解决就业问题，而没有把创业型经济放到经济社会发展的全局性地位来认识。吉林、

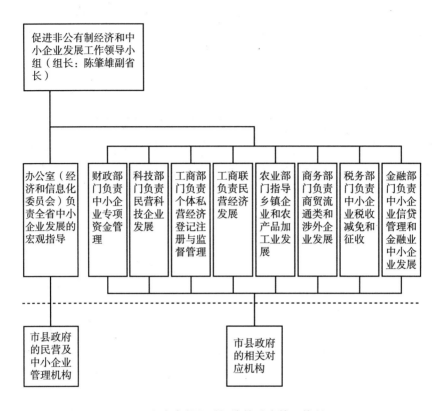

图 6　湖南省创业型经济的政府管理体制

江西、浙江、广东等省将创业经济提到了省级战略高度来加以重视。例如,江西早在 2005 年就制订出台了《关于推动全民创业、加快富民兴赣的若干意见》,50 多个省直属部门出台了相关支持、服务全民创业的具体措施,成效显著。二是扶持创业型经济发展的政策法规的完善程度和落实程度不够。湖南省缺乏与《中小企业促进法》(2003)相对应的法规条例,同时,在配套政策出台和政策落实方面不理想。截至 2011 年底,江苏、广东、浙江、上海、辽宁、重庆、宁夏等 16 个省区市人大常委会颁布了《促进中小企业发展条例》。三是主要管理机构设置偏低。湖南省中小企业管理部门是省经济和信息化委员会下设的正处级机构,虽然局长高配了副厅级领导兼任,但与其他很多省区市相比设置偏低。根据对全国 31 个省区市的统计发现,将中小企业管理部门设置为正厅级的省区市有 8 个,副厅级的省区市有 10 个,设为处级的仅为 13 个,而且大多集中在中西部地区(见表 3)。

表3　全国各省区市中小企业管理体制概况

类型	属性	省区市	备注
类型一	省政府组成部门(1个)	辽宁省中小企业厅	正厅级,"天下第一厅"之称
类型二	省政府直属部门(1个)	陕西省中小企业发展促进局	正厅级
类型三	市政府管理部门(1个)	重庆市中小企业发展指导局	正厅级,既不是政府组成部门,也不是政府直属部门
类型四	省级工信委加挂中小企业管理局(5个)	江苏、吉林、四川、甘肃、云南	正厅级,"两块牌子,一套人马"
类型五	省级工信委归口管理(10个)	广东、浙江、山东、天津、江西、山西、河北、内蒙古、河南、安徽	副厅级
类型六	省级工信委直属部门(13个)	北京、上海、湖北、湖南、青海、宁夏、新疆、广西、福建、黑龙江、贵州、西藏、海南	正处级

资料来源:课题组整理。

(二)创业型经济的发展环境

发展情况:湖南省创业环境不断改善,创业准入门槛不断降低,但"玻璃门"现象依然存在;行政审批不断精简,但收费项目依然偏多。湖南省逐步落实"非公经济36条""民间投资36条""中小企业26条",鼓励新创企业开拓行业领域。除目前处于国家垄断的烟草、电信、航空、铁路、管道运输等行业外,湖南省非公经济已全面进入,其中,从事金融业,科学研究、技术服务和地质勘察业,水利、环境和公共设施管理业,教育业的私营企业实现了零的突破,新创数量和规模都迅速上升。但是,一些垄断领域的"玻璃门"仍未打破,全社会80多个行业允许民间资本进入的只有41个,大大少于国有资本和外资准入行业。同时,省政府不断优化行政环境,2008年以来,省政府精简省级行政审批262项,精简幅度达28.3%;精简省级行政事业性收费项目169项,减轻社会负担50亿元。但是,目前向中小企业收费的部门还有18个,收费项目高达69个大类,且在"加强监管"名义下收费项目越来越多,交费比交税还多。

比较与借鉴:从全国比较来看,湖南省创业经营环境在30个省份中排名靠后,但改善力度较大。根据中国经济改革研究基金会国民经济研究所(NERI)和中国企业家调查系统(CESS)联合对中国分省企业经营环境做了三次跟踪调查,湖南省2006年、2008年、2010年排名分别为第28名、第27名、第21名,上升趋势显著(见表4)。

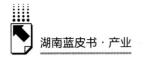

表4 2006年、2008年、2010年全国各省区市经营环境排名

排名	2006 年	2008 年	2010 年
1	上　海	上　海	上　海
2	浙　江	江　苏	江　苏
3	江　苏	浙　江	天　津
4	天　津	北　京	浙　江
5	山　东	天　津	北　京
6	广　东	福　建	安　徽
7	福　建	安　徽	河　南
8	北　京	辽　宁	广　东
9	辽　宁	山　东	福　建
10	安　徽	广　东	山　东
11	河　北	河　北	重　庆
12	四　川	吉　林	辽　宁
13	吉　林	黑龙江	四　川
14	河　南	河　南	湖　北
15	黑龙江	广　西	云　南
16	新　疆	四　川	江　西
17	内蒙古	重　庆	山　西
18	云　南	湖　北	河　北
19	湖　北	内蒙古	吉　林
20	重　庆	宁　夏	黑龙江
21	山　西	陕　西	湖　南
22	海　南	贵　州	内蒙古
23	青　海	江　西	海　南
24	广　西	云　南	甘　肃
25	江　西	甘　肃	广　西
26	陕　西	新　疆	宁　夏
27	贵　州	湖　南	陕　西
28	湖　南	海　南	贵　州
29	宁　夏	青　海	新　疆
30	甘　肃	山　西	—

资料来源：《中国分省企业经营环境指数2011年报告》，中信出版社，2012。

（三）创业融资比较

发展情况：湖南省通过对中小金融机构的培育、担保体系建设、银企合作和直接融资等方面不断创新融资方式、拓展融资渠道。中小企业信用担保体系不断完善。目前,湖南省担保机构达到109家,注册资本突破100亿元,基本形成了以省担保有限公司为龙头、覆盖全省的省市县三级担保体系。银企合作取得进展。湖南省银行机构相继推出了设备、应收账款、仓单、专利权质押等9大类75个适应中小企业特点的信贷产品。2011年6月,由湖南省中小企业服务中心打造的网络融资平台"湖南省中小企业融资超市"开始运行,截至2012年11月1日,融资超市已注册企业2480家,融资需求101亿元,银行授信13.5亿元,放贷金额15.8亿元。不断加强直接融资力度。目前正积极推动中小企业集合票据发行工作,这一举措将有助于企业以较低的融资成本获得企业所需中期资金。通过多方面举措共同努力,截至2011年末,全省中小企业贷款余额达4603.20亿元,较上年增加1042.90亿元,增长29.3%,中小企业贷款余额占全部企业贷款余额的54.8%。

比较与借鉴:从全国比较来看,湖南省中小企业贷款余额规模偏小。2011年中小企业贷款余额仅为全国的2.1%,但增速比全国平均水平高10个百分点。湖南省创业融资体系存在几个特点:一是中小企业融资依然困难。占全省企业总数99.8%的中小企业仅获得了全省54.8%的企业贷款。中小企业从银行获贷的成本也远高于大型企业,银行方面对中小企业的贷款利率一般上浮20%~50%,并且服务费用、理财费用多,中小企业的信贷综合成本达到了10%~13%。二是中小金融机构发展不够。发展中小金融机构是解决中小企业融资难问题的关键,湖南省中小金融机构数量偏少,规模偏小。以小额贷款公司为例,截至2012年6月底,湖南省小额贷款公司数量为67个,从业人员746人,贷款余额46.42亿元,各项指标在中部均处于垫底位置(见表5)。相比来看,其他省份小额贷款发展迅速。2011年,贵州省小额担保贷款余额为上年的4.4倍,四川小额担保贷款余额同比增长155%,江西累计发放小额担保贷款在全国率先突破200亿元。三是创业风险投资发展潜力较大。2011年,湖南有22家企业获得创业投资,投资额为111.05亿美元,平均每笔投资额为5.05亿美元。投资案例数占全国的2.25%,居全国第9位,中部第2位;投资额占全国的1.24%,居全国第10位,中部第2位。但投资额偏少,单笔投资额为全国平均水平的55.07%(见图7)。四是金融创新力度有待加强。全国其他省份在中小企业融资创新上不断推陈出新,很多做法值得借鉴。2011年,福建创新小微企业贷款批量化营销模式,小微企业贷款余额占全部企业贷款余额的46.6%,居全国首位;海南中小企业贷款增速高于全部贷款增速20.7个百分点,贷款增量为上年同期的1.7倍;河南实施千家"小巨人"企业信贷培育计划,中小企业贷款增速高于贷款平均增幅11.8个百分点。

表5　2012年上半年中部地区小额贷款公司发展情况

地区	机构数量(家)	从业人数(人)	实收资本(亿元)	贷款余额(亿元)
全　国	5267	58441	4257.03	4892.59
安徽省	424	4944	267.42	287.68
山西省	232	2308	139.89	138.35
河南省	193	2614	71.81	73.55
江西省	155	1743	138.89	156.09
湖北省	121	1123	81.10	97.34
湖南省	67	746	41.09	46.42

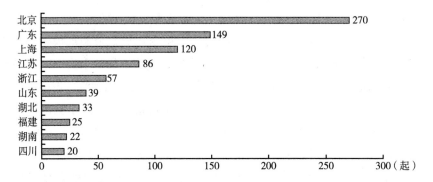

图7　2011年中国创投市场地区投资案例数量前10位

资料来源：www.chinaventure.com.cn。

（四）创业财税扶持比较

发展情况：湖南省财政资金通过专项资金、风险补贴、政府采购、税费减免等方式加大创业扶持，重点支持中小微企业转型升级等项目建设，改善对中小微企业的公共服务和创业基地建设等基础性工作。财政扶持方面。2013年起，中小企业贷款贴息资金合并到中小企业发展专项，资金从1.4亿元增加到1.6亿元；2011年底省财政在有关专项收入中安排了3.57亿元，其中3亿元作为省担保公司注册资本金，5400万元支持筹建小额贷款公司，另预算新增安排4000万元作为省担保公司注册资本金；2013年起，省财政将省级银行业金融机构支持中小企业融资考核奖励资金在现有基础上适当增加；各部门政府采购项目要安排预算总额30%以上的份额专门面向中小微企业，其中预留给小型微型企业的比例不低于60%。减免税费方面。新建中小微企业公共服务平台建筑设施报建费按综合费率不超过 40 元/平方米征收，利用闲置场所改造建设公共服务平台建筑设施，免征各项报建费；按照省有关政策规定，免征部分行政事业性收费；自 2012 年 1 月 1 日至 2015 年 12 月 31 日，对年应纳税所得额低于 6 万元（含）的小型微利企业，其所得减按 50% 计入应纳税所得额，按 20% 的税率缴纳企业所得税。

比较与借鉴：与其他一些省区市比较，湖南省财税扶持政策存在几个问题：一是中小企业发展专项资金偏少。目前湖南省专项资金仅为 4000 万元，虽然 2013 年起，中小企业贷款贴息资金合并到中小企业发展专项，资金从 1.4 亿元增加到 1.6 亿元，但与发达省份相比依然偏少，例如广东仅专项资金就达到了 2.5 亿元，其他在研发、风险补偿、外向型经济等方面都另外安排有专项资金。二是税收减免力度不足。根据国发〔2010〕35 号及财税〔2010〕103 号文件精神，再生资源企业 2010 年 12 月 1 日起发生纳税义务的增值税，需同时缴纳城市维护建设税和教育费附加。湖南与江西同为中部省份，江西省采取了很多比湖南有力的税收扶持政策扶持产业发展。以有色金属铜再生为例，按照目前 8 万元/吨的均价，湖南省铜再生企业每吨产品比江西东乡要多 4824 元税费，多缴税 38%；比江西鹰潭要多 4010 元税费，多缴税 32%。湖南再生资源企业生存空间受到严重挤压，发展压力越来越大。目前已有汨罗、浏阳、怀化、娄底、邵阳、长沙、冷水江、衡阳等地 40 多家湖南本土企业迁往江西创业。三是高税费状况没有实质改变。在我们的调研中，很多有过省外办厂经验的企业主表示，湖南的实际税负水平是沿海地区的三倍以上，各种收费尚未包括在内。湖南省"名义税率"和"实征税率"存在巨大差异，中小企业的税收占销售收入的负担率为 6.81%，高于企业总体 6.65% 的平均水平。同时，非税规费高居不下，向中小企业征收行政性收费部门有 18 个，收费项目达到 69 个大类，企业实际综合税费率高达 30% 左右。

（五）创业服务体系比较

发展情况：全省逐步建立完善了信息服务、融资服务、技术支持、人才培训、管理咨询、创业辅导、市场开拓、政策法律等 8 个社会化服务体系，建立了覆盖全省的社会化服务网络。省级和 10 个市州、70 个县市区成立了中小企业服务中心，建立了一批中小企业公共技术服务平台和法律服务平台；成立了管理咨询服务联盟，组织 30 余家管理咨询服务机构为中小企业开展管理咨询服务。科技服务能力不断增强。目前，全省生产力促进中心总数与国家级示范中心分别达到 113 家和 7 家，生产力促进中心服务企业数量突破 16800 家，直接服务收入达到 6.25 亿元，为企业增加收入达到 167.07 亿元。加快创业平台搭建，为创业提供孵化基地，截至 2009 年底，省级以上科技企业孵化器已达到 30 家，孵化场地总面积约 50 万平方米，在孵企业 1000 多家。

对比与借鉴：创业服务质量和数量还需进一步加强，其中，科技服务是湖南省的薄弱环节，需要加大扶持力度，创新服务模式。一是创业服务的数量和质量都还难以满足湖南省中小企业发展需求。根据省经信委调查显示，全省中小企业管理水平相对较高的 40 家长沙市"小巨人计划"企业的战略管理、法人治理结构、人力资源管理、技术创新管理、市场营销管理、财务管理、基础管理平均得分仅为 49.65 分，离 85 分的科学管理水平相差很远。中小企业对创业服务需求迫切。二是全省拥有的国家级研发机构和创新平台偏少。2011 年，湖南省拥有国家认定的企业技术中心仅 27 家，数量不仅远低于沿海发达省市（山东 86 家，浙江 45 家，江苏 51 家，广东 43 家），在中部省份中也低于河南（48 家）和湖北（31 家）与安徽并列第 3 位。三是针对创业型中小企业的科技平台资源整合潜力有待挖掘。各地开展的多种更有效探索值得借鉴。北京探索了"政府主导下的科技资源所有权和经营权分离的特色资源服务模式"，对首都高校院所采取科技资源整体开放，引入专业服务机构作为资源服务运营载体，形成以市场化、网络化、专业化、规范化为特征的服务平台；浙江长兴绿色动力能源技术创新服务平台以"公共厨房"的运行模式，提供开放式实验室、企业实验室以及全球专家的技术指导等，逐步形成了集检测、研发、信息、培训、品牌推广于一体的公共服务平台，成为蓄电池产业创业创新的共享平台。

三 湖南加快创业型经济发展的对策建议

（一）将加快创业型经济发展上升为省级战略

1. 全面落实《中共湖南省委、省政府关于大力推动全民创业的意见》，从省级战略层面高度重视创业型经济发展

各级政府和部门应把营造创业氛围、鼓励支持创业，作为一项最大的富民工程来抓，全面制定和落实各项支持措施，造浓创业氛围，选树创业典型，弘扬创业精神，解决创业难题，进一步形成创业型经济蓬勃发展的生动局面。深入加强规划引导，编制湖南省创业型经济发展规划，在财政税收政策扶持、要素配置、社会服务体系建设等方面，完善促进创业型经济发展的对策举措。

2. 完善和落实法规政策

建议加快制定湖南省《促进中小企业发展条例》，完善配套的法规政策，围绕国家政策进一步制定细化的省级配套政策，组织开展对已有政策措施落实情况的监督检查工作，形成促进中小微企业发展的差别化政策法规体系。

3. 加强和完善管理体制和服务体制

一是在现行管理体制架构下，充分发挥"促进非公有制经济和中小企业发展工作领导小组"的领导作用，将目前存在的10个创业领导机构进行整合充实，对42个部门和单位的职能进行升级改造，进一步明确和细化各自职责，重点加强和完善部门间的协调机制；二是借鉴国内外经验，将湖南省现有中小企业管理部门升格为副厅级以上机构，甚至可考虑设置高规格、有权威的专门机构，负责全省中小企业、民营经济的管理和协调工作，并引导推动各市州理顺相关政府管理体制，建立起省市县上下统一、协调一致、运转高效的创业型经济管理体系。

（二）完善创业型经济的配套体系

1. 引入市场机制，整合已有资源，完善创业服务体系

根据湖南高校科研院所较多的特点，可借鉴北京"政府主导下的科技资源所有权和经营权分离的特色资源服务模式"整合研发检测平台，为中小企业提供科技服务，对高校院所采取科技资源整体开放，引入专业服务机构作为资源服务运营载体，形成以市场化、网络化、专业化、规范化为特征的服务平台。

2. 加大行业自律组织培育，解决融资信息不对称问题

地区行业和园区内部之间信息沟通更为真实有效，应充分发挥市场组织的自律机制，通过企业之间的监督自律来解决融资的信用问题。鼓励推广汨罗"联保贷款"等创新模式，即允许同一市场或产业集群内3家以上小微企业通过"联保"方式获得免抵押、免担保的信用贷款；鼓励园区内部发展中小企业担保公司，为园区中小企业提供融资服务。大力发展城商行和农村合作银行，以此为突破口建立区域中小金融体系，同时加大小额贷款公司和村镇银行的发展创新，在民营资本进入上率先试点突破，引导区域中小金融机构服务本土企业。

3. 提高财政资金投入效率，落实税收优惠政策

在扩大规模的同时，财政专项资金应更多地注重使用效率，投入在基础设施建设和公共服务平台搭建上，并加强专项资金的绩效评估，以此优化使用结构和使用效率。彻底清理中小企业创办和经营中所需缴纳的各类税费，比照大企业，确保一半以上的减免力度。在此基础上试点建立中小企业税费支付整合系统，归并各类税费，实施简单低税制，例如，可考虑按照纯利的固定比例缴纳，建议为10%～20%，每月一次定时定点办理。

4. 贯彻"放水养鱼"原则，改善创业经营环境

放宽创业经营的政府限制，大力发展服务中小企业的各类商会组织，健全服务职能，形成公平有序的行业竞争秩序。允许非正规个体经营户和中小企业发展，将小商小贩等劳动者纳入社区管理体系。进一步清理各种审批事项，大规模废除不必要的审批和许可；推进"一站式"办公，通过网上审批、许可等提高工作效率和透明度。

（三）创新创业型经济的培育模式

1. 打造载体，通过产业集群推动创业企业集聚壮大

产业集群中的创业氛围更为活跃，创业成本更为低廉，创业配套更为完善。美国的硅谷、128公路、ICT产业集群，以及印度班加罗尔的软件业、意大利的瓷砖业以及中国的广东省和浙江省等都是比较著名的例子。通过培育产业集群发展创业型经济，能形成浓郁的创业氛围和良好的创业配套，从而提高创业成功率。建议围绕湖南省优势产业集群和优势产业龙头企业，引导中小企业聚集发展，提高企业之间协作配套的能力和水平，充分发挥群体效应，进一步培育和壮大具有一定规模和品牌效应的创业型中小企业特色产业集群。围绕比较优势和区域特色，着力培育一批特色产业生产基地，发展区域品牌产业基地，为量大面广的中小企业和全民创业提供发展载体。

2. 引入动力，加快承接产业转移带动创业经济发展

创业与承接产业转移是产业由小到大、由弱到强发展壮大的"两大源泉"。广东、江苏等地发展均是通过承接国际产业转移，带动本土创业型经济发展，形成了从外源动力衍生内源动力，从模仿创新向自主创新的发展模式。湖南省要借助湘南国家级承接产业转移示范基地建设契机，以承接产业发展为手段，带活本土配套产业、同类产业的创业发展，推动创业，不断培育具有创新能力和良好发展前景的企业。

3. 激发活力，营造有利于创业者成长的环境

创业者是创业型经济的关键因素，必须在社会氛围、培训体系、人才政策上形成对创业的有利体制机制。鼓励高校开设创业培训课程，完善由政府补贴的社会化创业培训机制，形成鼓励创业的良好氛围。重点鼓励有资金、有技术、有经验的人员开展专职、兼职、合伙等灵活多样创业活动，并在编制、社保等机制上灵活处理，解决创业者的后顾之忧。引导企事业单位有经验的管理人员、党政机关干部、大专院校和科研单位的科技人员进一步解放思想，充分发挥资源优势，争当全民创业的参与者和带头人。利用闲置厂房加快建设一批创业孵化基地，开辟城市夜市场所，为创业者提供低租金，零费率的创业场所。

4. 紧跟趋势，鼓励以互联网创业为代表的新兴创业

网络创业已成为发展趋势。数据显示，截至 2010 年 4 月 30 日，全国已有 106 万人通过淘宝网上开店创业就业，在淘宝上开店的店主已覆盖中国所有省份和直辖市。浙江、广东等地政府与阿里巴巴等网商开展网络创业合作；深圳在 2009 年就出台了《互联网产业振兴发展政策》，自 2009 年起，连续 7 年，每年投入 5 亿元，设立互联网产业发展专项资金。支持互联网初创企业入驻政府投资的互联网产业用房，并给予 2 年免房租、第 3 年房租减半资助等一系列优惠政策，降低初创企业运营成本，增强市场竞争力。湖南省应该抓住互联网经济发展和"数字湖南"建设契机，出台财税、用地、融资、培训等方面的扶持政策，开展网络创业培育，积极鼓励各类人员，特别是大学生依托网上交易平台，进行以 C2C 为主要模式的网上交易，通过网络实现创业。

附 录

Appendix

B.46
2012 年湖南产业发展大事记

1月5日 娄底发现大储量优质页岩气。

1月6日 全省国防科技工业工作会议召开。

1月6日 2012湖南（红星）年货购物节在长沙红星国际会展中心开幕，省内外近1000家商家、上万种年货亮相。

1月7日 全省战略性新兴产业产学研结合创新会议在长沙召开。

1月9日 湘鲁情深经贸洽谈会暨湖南省山东商会揭牌仪式在长沙华天大酒店举行，标志着湖南山东商会正式成立。

1月11日 中国长沙（灰汤）第三届温泉旅游节暨灰汤华天城温泉度假酒店开业庆典在宁乡县灰汤镇举行。

1月17日 中电48所组建的"国家光伏装备工程技术研究中心"顺利通过科技部组织的专家评审，正式获准列入组建项目计划。

1月21日 最高运行时速100公里、最大载客量达600人的新型绿色交通工具——中低速磁浮列车在中国南车株洲电力机车有限公司下线，标志着我国装备制造科技创新能力步入世界前列。

1月31日 三一重工联合中信产业基金投资顾问公司共同出资3.6亿欧元，收购德国混凝土泵生产商普茨迈斯特的全部股权。

2月3日 省政府颁布《关于切实改善企业运营环境促进工业经济平稳较快发展的若干意见》。

2月15日 三一集团在长沙召开第一次归侨侨眷代表大会暨侨联成立大会，是湖南省成立的首家民企侨联组织。

2月16日 省工商局颁布《关于发挥工商行政管理职能促进文化产业发展的若干措施》。

2月17日 省科技重大专项"非煤矿山重大灾害监控预警技术及安全装备研究与示范"启动，并为3家示范企业授牌，这是湖南省科技重大专项首次聚焦安全生产。

2月24日 长沙海关分别与省文化厅、湖南广播电视台、中南出版传媒集团签署合作备忘录，就支持湖南文化产业"走出去、引进来"达成共识。

2月24日 光大银行湘潭支行正式开业。这是光大银行长沙分行在湘设立的第24家网点机构，也是光大银行在湖南省继株洲、郴州之后铺设的第3家二级分行。

2月25日 省政府与中国华电集团在长沙签署《页岩气开发利用战略合作框架协议》。

2月27日 全省扩大开放暨湘南承接产业转移示范区建设推进大会在郴州召开。

2月27日 长沙市文化体制改革进程中第一家成功转企改制的文化企业——湖南和光传媒有限责任公司成立。

3月1日 湖南省春云农业科技股份有限公司种业科学院在长沙成立，将利用现代生物技术手段，利用油菜、水稻、棉花杂种优势开展研究，力争3年时间收集约5000份世界种质资源，每年选育新品种5~10个。

3月13日 富士通半导体株式会社与湖南国科微电子公司在长沙举行签约仪式，合资成立湖南国富通半导体有限公司，共同研发汽车电子、家庭娱乐、三网融合等多领域芯片。

3月15日 国电湖南电力有限公司与新化县人民政府在长沙正式签约，双方共同开发新化县杨家山井田中深部约4100万吨煤炭资源。

3月20日 国务院批准浏阳成立国家级经济技术开发区，实行国家相关园区政策。这是长沙市获批成立的第3家国家级经开区。

3月20日 省政府颁布《湖南省现代农业发展规划（2011～2020年）》。

3月27日 总投资73亿元的大唐攸县煤电一体化项目正式开工。

3月31日 国内首家就业创业研究机构——湖南省就业创业研究会在长沙成立。

4月5日 省政府与中国农业银行签署《关于共同推动金融服务创新、促进地方经济社会发展的战略合作框架协议》。

4月8日 全省金融工作会议在长沙召开。

4月13日 湖南省有色地质勘察局与建行湖南省分行签订战略合作协议。建行湖南省分行将向省有色地勘局意向性提供10亿元授信额度，用于支持该局"多找矿，找大矿，找好矿"。

4月18日 省政府与大唐电信科技产业集团在长沙签署战略合作协议。未来5年，大唐电信集团将在湘投资5亿～10亿元，与湖南在智能卡应用、物联网、智慧城市和云计算等战略性新兴产业领域深入开展合作。

4月20日 国家级浏阳经济技术开发区（长沙国家生物产业基地）在长沙举行投资说明会，并签约了一批新项目，项目总投资达74.2亿元。

4月25日 郴州市在深圳举办承接产业转移招商推介会，共签约项目195个，签约总金额917亿元，其中10亿元以上项目27个。

4月28日 省政府与国家工商行政管理总局签署《关于推进湖南广告业发展战略合作协议》，共同提升广告产业集约化、专业化、国际化水平。

4月29日 省政府正式批准湖南城陵矶临港产业新区、湖南韶山永泉科技园为省级高新技术产业开发区，实行现行的省级开发区相关政策。

5月5日 湖南文化艺术品产权交易所在长沙召开新闻发布会，宣布推出首个文化消费品实物产权交易项目——白沙溪《非遗茶韵》黑茶套装产品。

5月8日 国家开发银行湖南省分行在湘表内外贷款余额已突破2000亿元大关，达到2010亿元，成为在湘银行中贷款余额突破2000亿元的少数银行。

5月8日 省政府颁布《湖南省"十二五"旅游发展规划》。

5月11日 省政府颁布《湖南省湘南承接产业转移示范区规划》。

5月18日 湖南绿色发展推介会在长沙举行。推介会上，湖南与各方签署了54个重大合作项目。

5月19日 第八届中国（深圳）国际文化产业博览交易会上，湖南文化产业宣传推介会暨项目签约仪式在深圳国际会展中心举行，18个大项目在推介会现场正式签约，合同资金约120亿元。

5 月 20 日　比亚迪新车下线仪式暨湖南环保科技产业园十周年发展成果展在长沙举行。

5 月 31 日　中国南车株洲所试制的高速动车组用 600 千瓦永磁同步牵引电动机成功试行。

6 月 1 日　广东惠州产品（长沙）展销会在长沙市红星国际会展中心开幕，共展出 230 家企业的近万个品种 10 万多件（套）产品。开幕式现场签约 31 宗，签约金额 97.56 亿元。

6 月 7 日　省政府颁布《湖南省"十二五"服务业发展规划》。

6 月 8 日　上海浦东发展银行在湘批量设立村镇银行启动暨签字仪式在长沙举行。

6 月 8 日　省政府颁布《关于推进湘南承接产业转移示范区建设的若干意见》。

6 月 12 日　新起点、新机遇，产业合作共赢交流会暨湖南第八届两岸经贸交流合作会在台北圆山大饭店隆重举行。

6 月 18 日　省政府颁布《关于加强农业信息化建设的意见》。

6 月 19 日　湖南·德国商贸展示中心全球启动暨凯宾斯基酒店入驻顺天国际金融中心签约仪式在长沙隆重举行。

6 月 21 日　全省钢铁产需企业现场对接会召开，成功签订 90 万吨钢材采购合同，购销金额逾 50 亿元。

6 月 25 日　投资 2.6 亿元的长沙新奥燃气星沙储配站竣工投产。

6 月 28 日　广汽菲亚特工厂竣工暨首款新车——菲翔下线仪式在长沙举行。

6 月 28 日　省政府颁布《湖南省"十二五"高新技术产业发展和自主创新能力建设规划》。

7 月 3 日　长沙经开区分别与意大利马尔凯大区、日本双日物流签署经贸合作协议，双方决定长期开展经贸合作和产业招商活动。

7 月 5 日　株洲云龙示范区与普洛斯签订协议，由普洛斯首期投资 1 亿美元，在云龙示范区建设现代综合物流园区。

7 月 5 日　省政府颁布《湖南省"十二五"林业发展规划》。

7 月 6 日　2012 长沙（国际）动漫游戏展在省展览馆开幕，来自国内外的 200 多家优秀原创动漫游戏和衍生品企业参展。

7 月 10 日　总投资 50 亿元的平板显示超薄玻璃项目落户邵阳。

7 月 12 日　省政府与中国长城资产管理公司签署战略合作框架协议。

7月12日 巴陵石化与壳牌中国公司在岳阳签约,预计总投资12亿元新建第二条煤气化生产线,建成后可年产氢气6万吨。

7月15日 省政府颁布《湖南省"十二五"利用外资和境外投资规划》。

7月16日 住友橡胶(湖南)有限公司在长沙经开区星沙产业基地举行投产仪式。

7月17日 国际标准化组织起重机技术委员会秘书处在长沙成立。

7月18日 长沙市房地产商会成立大会在湘江世纪城世纪金源大饭店隆重举行。

7月22日 湖南华晟能源投资发展有限公司在长沙成立,这是由省政府打造的首个省内页岩气开发主平台,由华菱集团、湘煤集团、湖南发展集团共同组建。

7月26日 甘肃—湖南产业合作对接会暨项目签约仪式在长沙举行。会上签署了一批合作项目,签约金额达103亿元。

7月29日 长沙市益阳商会荣获湖南首家国家级5A商会庆典在长沙举行。

8月3日 招商银行长沙分行支持长沙文化产业发展银企对接会暨授信签约仪式举行。招商银行长沙分行将提供20亿元的授信额度来满足长沙文化、旅游中小企业的融资需求。

8月4日 湘南承接产业转移示范区首批重大项目建设推进大会召开,湘南永州、衡阳、郴州3市共启动项目92个,总投资719.4亿元。

8月8日 霍尼韦尔博云航空系统(湖南)有限公司在长沙麓谷高新区奠基。该公司将成为国产大飞机——C919大型客机的机轮与刹车系统唯一供应商。

8月9日 由省委宣传部与国家开发银行湖南省分行联合编制的《湖南省文化产业发展系统性融资规划(2011~2020)》在长沙正式发布。这是国内首部省级区域文化产业融资规划。

8月10日 中国工程院与中国南车股份有限公司院企合作协议签字仪式暨"储能式电力牵引轻轨车"下线仪式在株洲举行。

8月10日 省政府颁布《湖南省稀土产业"十二五"发展规划》。

8月21日 为期3天的湖南中小微型企业产品产销洽谈会在长沙红星国际会展中心开幕,共签订产销合作项目485个。

8月22日 中南纸业大市场开工建设,总投资约8亿元,占地面积6.7万平方米,计划2014年12月竣工。

8月23日 湖南省页岩气开发有限公司在长沙成立,湖南省页岩气开发利用迈出了实质性步伐。

8 月 26 日　省政府与富士康科技集团签署《湖南省人民政府、富士康科技集团关于实施"绿色照明工程"战略工作框架协议》。

8 月 30 日　全省建筑行业落实省委、省政府"三优先"精神合作对接会议在长沙召开。由省住建厅、省经信委牵头，省内大型建设项目业主、建筑业企业、工程机械企业和钢材、水泥等建材企业参会，共签订 12 个产需合作协议。

9 月 8 日　长沙与台湾高新技术企业对接会在长沙举行，两地 42 家高新技术企业参加对接洽谈活动。在线游戏、自动化生产线、物联网、云端计算机管理平台、APP 程序开发等多项高新技术产业将在长沙实现对接。

9 月 9 日　2012 亚洲品牌 500 强排行榜在香港发布，三一重工获评亚洲品牌 500 强第 36 位，并获"亚洲十大最具影响力品牌奖"。

9 月 11 日　国务院正式批准衡阳高新技术产业开发区升级为国家高新技术产业开发区，成为继长沙、株洲、湘潭、益阳高新区之后湖南省第 5 个国家高新区。

9 月 13 日　中国·长沙首届自然生态博览会 2012 中国（望城）休闲农业与乡村旅游系列活动在长沙市望城区开幕。

9 月 16 日　省政府颁布《新型工业化"十二五"发展规划》。

9 月 17 日　2012 年中国食用菌产业发展大会暨首届全国食用菌专业合作社会议在常德举行。

9 月 18 日　湖南省规模最大、技术水平最先进的珍稀菌工厂化生产基地——春华生物茶亭菌业科技园在望城区茶亭镇开工奠基。

9 月 21 日　省政府与中国华能集团公司在长沙举行会谈，并签署《能源战略合作框架协议》。

9 月 24 日　国际标准化组织/烟花爆竹标准化技术委员会第一次全体会议在浏阳召开，来自 10 个国家和地区的烟花爆竹行业代表研讨《烟花爆竹分类》《烟花爆竹通用语》等 4 个国际标准提案草案，着手制定烟花爆竹产业国际标准。

9 月 27 日　省政府与中国银行股份有限公司签署《"走出去"金融服务合作框架协议》。

9 月 28 日　中联重科股份有限公司发布全球最长臂架泵车、最长臂塔式起重机两款新产品，双双创造吉尼斯世界纪录，建成的我国首个工程机械主题展览馆同时开馆。

10 月 11 日　省政府与中国南方航空集团公司战略合作协议签字仪式在长沙举行。

10 月 12 日　世界 500 强企业博世集团宣布投资 7 亿元人民币的博世汽车部

件（长沙）有限公司的新工厂及新研发中心正式启用，博世在长沙的工厂产能将提高 1 倍。

10 月 12 日 世界 500 强企业中化集团的全资子公司——中化石油湖南公司在长沙揭牌成立，继中国石化、中国石油之后在湖南成立分公司。

10 月 16 日 全国种业技术领域首家专业交易平台——中国种业技术交易平台在长沙挂牌成立。

10 月 28 日 2012 中国（长沙）科技成果转化交易会在长沙高新区麓谷会展中心开幕。

10 月 30 日 "湘菜产业红色湘东行"调研工作汇报会在平江县举行。

11 月 1 日 第四届中国国际辣椒产业博览会在长沙红星国际会展中心开展。这是长沙连续第四次举办这场全球唯一的国际性辣椒专业展会。

11 月 9 日 全省移民产业开发现场会在浏阳召开。会议提出扶持 60 个移民产业基地县，通过龙头企业引领移民发展"两茶两水"（茶叶、茶油、水果、水产）四大主导产业。

11 月 16 日 华菱钢铁与湖南省高速公路管理局签订战略合作协议，双方将在钢材物资采购、新产品研发、新技术推广应用、质量管理、装置维护、生产和需求、电子商务及仓储和物流配送等方面开展广泛交流与战略合作。

11 月 18 日 由国家农业部和省政府共同主办的 2012 中国中部（湖南）国际农博会在长沙红星国际会展中心开幕。中部 6 省 130 多家国家级、省级农业"龙头"和 2000 多家中外企业参会。

11 月 20 日 第 19 批国家级企业技术中心名单在第十四届高交会上公布，铁建重工成为国内地下工程装备领域唯一获得国家认定的企业技术中心，也是中国铁建在工业制造板块第一家获得国家认定的企业技术中心。

11 月 26 日 全国首批 9 家"国家广告产业园区"之一，中部首家国家级广告产业园在长沙市天心区奠基。

11 月 28 日 长沙市知识产权投融资服务"金桥工程"签约仪式举行，长沙大家物联网络科技有限公司等 5 家企业凭借知识产权从 4 家银行融资 1.71 亿元。

12 月 7 日 《湖南省主要产品（工序）能耗限额指导目录（第一批）》正式发布。

12 月 11 日 美国康宝莱国际公司首个全球原料基地——康宝莱蕾硕（湖南）天然产物有限公司在长沙正式开业。

12 月 13 日 中联重科公告称通过中联香港发行由该公司提供担保、以机构和专业投资者为对象、2022 年到期的 6 亿美元国际债券。

12 月 16 日 国家级宁乡经济技术开发区在宁乡县通程国际大酒店举行授牌仪式。

12 月 19 日 大唐华银株洲发电有限公司 4 号机组烟气脱硝改造工程顺利竣工。该工程是长株潭地区首个火电脱硝改造工程，投产后每年可减少氮氧化物排放约 5530 吨，相当于近 20 万辆机动车的排放量。

12 月 22 日 株洲南车时代电气股份有限公司自主研制的 3300V 轨道交通用 IGBT 芯片通过技术鉴定，该技术和产品填补了国内大功率 IGBT 芯片技术空白，达到国际先进水平。

"皮书"起源于十七、十八世纪的英国，主要指官方或社会组织正式发表的重要文件或报告，多以"白皮书"命名。在中国，"皮书"这一概念被社会广泛接受，并被成功运作、发展成为一种全新的出版形态，则源于中国社会科学院社会科学文献出版社。

皮书是对中国与世界发展状况和热点问题进行年度监测，以专家和学术的视角，针对某一领域或区域现状与发展态势展开分析和预测，具备权威性、前沿性、原创性、实证性、时效性等特点的连续性公开出版物，由一系列权威研究报告组成。皮书系列是社会科学文献出版社编辑出版的蓝皮书、绿皮书、黄皮书等的统称。

皮书系列的作者以中国社会科学院、著名高校、地方社会科学院的研究人员为主，多为国内一流研究机构的权威专家学者，他们的看法和观点代表了学界对中国与世界的现实和未来最高水平的解读与分析。

自20世纪90年代末推出以经济蓝皮书为开端的皮书系列以来，至今已出版皮书近800部，内容涵盖经济、社会、政法、文化传媒、行业、地方发展、国际形势等领域。皮书系列已成为社会科学文献出版社的著名图书品牌和中国社会科学院的知名学术品牌。

皮书系列在数字出版和国际出版方面成就斐然。皮书数据库被评为"2008~2009年度数字出版知名品牌"；经济蓝皮书、社会蓝皮书等十几种皮书每年还由国外知名学术出版机构出版英文版、俄文版、韩文版和日文版，面向全球发行。

2011年，皮书系列正式列入"十二五"国家重点出版规划项目；2012年，部分重点皮书列入中国社会科学院承担的国家哲学社会科学创新工程项目；一年一度的皮书年会升格由中国社会科学院主办。

法 律 声 明

　　"皮书系列"（含蓝皮书、绿皮书、黄皮书）由社会科学文献出版社最早使用并对外推广，现已成为中国图书市场上流行的品牌，是社会科学文献出版社的品牌图书。社会科学文献出版社拥有该系列图书的专有出版权和网络传播权，其LOGO（▮）与"经济蓝皮书"、"社会蓝皮书"等皮书名称已在中华人民共和国工商行政管理总局商标局登记注册，社会科学文献出版社合法拥有其商标专用权。

　　未经社会科学文献出版社的授权和许可，任何复制、模仿或以其他方式侵害"皮书系列"和LOGO（▮）、"经济蓝皮书"、"社会蓝皮书"等皮书名称商标专用权的行为均属于侵权行为，社会科学文献出版社将采取法律手段追究其法律责任，维护合法权益。

　　欢迎社会各界人士对侵犯社会科学文献出版社上述权利的违法行为进行举报。电话：010-59367121，电子邮箱：fawubu@ ssap. cn。

社会科学文献出版社